果子沟 高寒复杂地质区域 高速公路建设成套技术

本书编委会　主编

人民交通出版社股份有限公司
China Communications Press Co.,Ltd.

内 容 提 要

《果子沟高寒复杂地质区域高速公路建设成套技术》研究历时10年，在高寒复杂地质区域高速公路勘测设计、桥梁建设、复杂隧道建设、路面建设、新型建筑材料、营运安全技术和生态环境保护等关键技术方面有重大突破和实质性创新，形成了集理论、实践于一体的建设成套技术，解决了果子沟高寒复杂地质区域高速公路建设的重大难题。

本书可作为工程技术人员参考书。

图书在版编目(CIP)数据

果子沟高寒复杂地质区域高速公路建设成套技术 / 《果子沟高寒复杂地质区域高速公路建设成套技术》编委会主编. —北京：人民交通出版社股份有限公司，2016.1

ISBN 978-7-114-12721-2

Ⅰ.①果… Ⅱ.①果… Ⅲ.①寒冷地区—复杂地层—高速公路—道路建设—成套技术—伊犁地区 Ⅳ.①F542.3

中国版本图书馆CIP数据核字(2015)第320054号

书　　名：果子沟高寒复杂地质区域高速公路建设成套技术
著 作 者：本书编委会
责任编辑：袁　方
出版发行：人民交通出版社股份有限公司
地　　址：(100011)北京市朝阳区安定门外外馆斜街3号
网　　址：http://www.ccpress.com.cn
销售电话：(010)59757973
总 经 销：人民交通出版社股份有限公司发行部
经　　销：各地新华书店
印　　刷：北京凯鑫彩色印刷有限公司
开　　本：880×1230　1/16
印　　张：13.25
字　　数：370千
版　　次：2016年1月　第1版
印　　次：2016年1月　第1次印刷
书　　号：ISBN 978-7-114-12721-2
定　　价：58.00元
(有印刷、装订质量问题的图书由本公司负责调换)

本书编委会

序 Preface

改革开放以来，伊犁州的交通面貌发生了可喜的变化。但是，由于特殊的自然环境和西天山崇山峻岭的重重阻隔，公路交通仍然是制约当地经济社会发展的最大瓶颈。再加上过去公路建设标准偏低、抗御灾害能力差等原因，每到冬春季节，想要穿越果子沟走出伊犁河谷，就成了众多人望而却步的艰难旅程。为了彻底打破伊犁河谷的交通瓶颈，确保果子沟公路全年畅通无阻，新疆维吾尔自治区人民政府、交通运输部决定修建果子沟高速公路，以彻底改变国家高速公路网中G30线最西端的交通状况。

2006年8月8日，果子沟高速公路正式开工，来自新疆、广东、陕西、湖北等13个省市近3万名建设者从四面八方集结在果子沟，一场面对西天山重重阻隔和各种重大技术挑战的攻坚战就此打响！如此浩大、复杂的工程，都集中在果子沟的崇山峻岭、深沟险壑狭窄的空间内，这在新疆的公路建设史上是空前的，在国内其他省区也不多见，建设者们面临着多方面的考验。为了保证工程顺利建设，项目大力开展了科技攻关和技术创新活动，多次组织国内知名专家和科研机构共同试验研究，掌握第一手数据资料指导施工。历时近十年的研究和建设，破解了复杂地形地质选线、地质阶梯与深切峡谷跨越技术、特殊不良地质段穿越技术、大型地质灾害控制技术等一系列世界级难题。这一成套技术，不仅是建设者圆满完成新疆史无前例、空前艰难、浩大的果子沟高速公路建设任务的重要保障，也为其安全运营，取得重大社会效益和经济效益提供了良好的条件。

果子沟高速公路的建成不仅充分体现了当今新疆山区高速公路建设的最高水平，同时也是新疆山区高速公路建设理念、科技水平、管理水平、施工水平发展到一个新阶段的重要标志。如今，站在果子沟松树头远远望去，雄伟的果子沟大桥及蜿蜒曲折的山坡展线桥首尾相接，令人赞叹，更令人震撼。桥隧相连的果子沟高速公路如一条巨龙穿行于莽莽西天山中，与果子沟国家级风景区浑然一体，美不胜收。“山因路而添彩，路因山而增光”，果子沟高速公路是新疆交通建设的杰作，既代表了当下新疆公路建设的最高水平，又实现了新疆效率，彰显了新疆精神，让新疆人走向了新的高度。

新疆交通运输厅总工程师：

2015年9月

前言 Preface

果子沟高速公路是新疆第一条山区高速公路，是亚欧大陆桥桥头堡的咽喉要冲，其建成对新疆实现东联西出，巩固和拓展国际道路运输，打通制约伊犁州发展的交通瓶颈，促进霍尔果斯经济特区的发展具有重要意义。果子沟高速公路沿线地形地质条件复杂、构造及不良地质发育、气候条件恶劣、生态环境脆弱，高速公路建设面临着复杂地形地质选线、地质阶梯与深切峡谷跨越技术、特殊不良地质段落穿越技术、大型地质灾害控制技术等一系列世界级难题。

《果子沟高寒复杂地质区域高速公路建设成套技术》研究历时10年，在高寒复杂地质区域高速公路勘测设计、桥梁建设、复杂隧道建设、路面建设、新型建筑材料、营运安全技术和生态环境保护等关键技术方面有重大突破和实质性创新，形成了集理论、实践于一体的建设成套技术，解决了果子沟高寒复杂地质区域高速公路建设的重大难题。

随着研究成果的完成和高寒山区公路建设的快速发展，一批不同等级、不同特点的高寒山区公路相继开展建设，为研究成果的推广应用奠定了良好的基础，各级政府和行业主管部门对果子沟高速公路建设成套技术给予了高度的重视，为成果的推广应用提供了良好的契机和重要保障，项目的研究成果已在高寒山区典型区域进行了推广应用。本书出版的目的旨在对我国高寒山区复杂地质地形高速公路勘测与设计技术、桥型设计与建设技术、桥梁混凝土耐久性技术、隧道防水关键技术等方面具有启示作用，以期对高寒山区公路工程建设有所借鉴和帮助。

全书共分七章。第一章由孙宪魁、燕宪国、徐献军、郝永峰、包卫星撰写；第二章由孙宪魁、燕宪国、赵志平、蔡向阳、徐茂兵、包卫星、刘华撰写；第三章由孙宪魁、姚应洪、徐献军、申爱琴、黄成伟、贺跃峰、包卫星撰写；第四章由孙宪魁、林志、来弘鹏、包卫星、刘立臣、王三贵、李丰果撰写；第五章由郑南翔、孙宪魁、包卫星、石磊、徐献军撰写；第六章由包卫星、方靖、陈杰、王成、蔡明娟、王平撰写；第七章由包卫星、陈宗伟、王成、王玲、刘涛、买买提·图尔撰写。全书由孙宪魁、包卫星统稿，燕宪国审核。

这本书的编写和出版还得到了交通运输部、西部交通建设科技项目管理中心、新疆交通运输厅、新疆交通建设管理局等有关单位各级领导和专家的大力支持和帮助，在此一并表示感谢 。

本书编委会
2015年9月

目录 Contents

1 绪　　论

我国在平原及微丘区修建高速公路技术方面取得了丰硕的成果，积累了宝贵的建设经验。然而，我国地形复杂多样，山区面积占整个国土面积的69%，全国有56%的人口生活在山区，而目前我国山区高速公路的已通车里程据初步统计还不足整个高速公路网的1/4。进入21世纪后，中国高速公路建设重心逐步向中西部山区转移，而西部山区高速公路建设中的复杂地形地质选线、跨越地质阶梯与深切峡谷等不良地质段落穿越技术、大型地质灾害控制等技术，成为公路建设者们必须面对的世界级难题与挑战。

图1-1　G30线果子沟高速公路

G30线果子沟高速公路（见图1-1）是一条典型的西部高寒高海拔山区高速公路，也是迄今为止新疆建设难度最高的高速公路。果子沟高速公路位于西天山边缘赛里木湖及果子沟风景区内，全线总长54.146km，沿线地质构造复杂、地震烈度高、地质灾害多发、气候条件恶劣、冰冻期长，部分路段地形狭窄、沟壑纵横，项目建设条件十分复杂。

（1）地形地貌复杂（见图1-2）

项目位于北天山的西段，由北向南横亘有库松木契克山、科古琴山及博罗科努山，南缘为伊犁盆地边缘地带，西北隅为赛里木湖洼地，海拔高度2000～3500m，地形起伏大，沟壑纵横，地势险峻，自然横坡陡峭。绵延纵横的山岭峡谷给果子沟高速公路布线及勘察设计施工带来了极大的困难，而且工程规模巨大，造价昂贵。

a)

b)

图1-2　沿线地形地貌

（2）地质构造复杂、地质灾害严重（见图1-3）

项目全线山区地质条件极为复杂，存在崩塌落石、坡面溜塌、坡面碎落、泥石流、滑坡、强震区等不良地质情况，极易发生各种地质灾害。存在线路如何选择才能避开大的不良地质体，选取何种桥型穿越深切峡谷才能保证施工和运营安全等一系列技术难题。

a)　　b)

图 1-3　地质灾害严重

(3)气候条件恶劣、复杂多变(见图 1-4)

项目所处位置属于典型的高寒区域,气候复杂多变,昼夜温差较大。冬季严寒,冰雪天气频繁,降雪量大,冰冻期为当年 11 月初至次年 4 月底,长达半年之久,路面结冰、雪崩、雪害严重。恶劣的气候与环境条件给工程带来了诸多问题,如混凝土耐久性、结构在山区峡谷风作用下的稳定性问题、建筑材料的温度效应问题等。

a)　　b)

图 1-4　高寒气候条件恶劣

(4)人文环境特殊、生态环境脆弱(见图 1-5)

项目处于赛里木湖国家级风景区和果子沟内,阴坡为云杉森林,果树依依;阳坡为平原地区,绿草茵茵。赛里木湖水天一色,碧波万顷。项目途经哈萨克、维吾尔、蒙古、锡伯族等少数民族聚居地,人文景观独特,地方民族特殊浓郁。工程建设中水土保持和环境保护任务非常艰巨。

a)　　b)

图 1-5　生态环境脆弱

(5)工程技术复杂

项目路线全长 54.146km,各类工程桥隧构造物共 162 座,结构物总长 22.766km。其中,果子沟双塔双索面钢桁梁斜拉桥为全国首座公路钢桁梁结构斜拉桥;山坡展线桥最高桥墩达 120m,最小半径 270m,如图 1-6a)所示;赛里木湖隧道(双幅,其中单线长 1827m)为新疆第一座制式公路隧道,如图 1-6b)所示。

深切峡谷桥梁建造、复杂地质条件下隧道的施工与安全控制、生态环境的保护和恢复等工程技术复杂，对设计、施工的要求极高。

a)果子沟大桥　　b)赛里木湖隧道

图1-6　果子沟大桥、赛里木湖隧道

(6)施工场地狭窄、交通不便(见图1-7)

项目第二、三、四、五、六合同段，集中在17.8km范围内，平均每合同段路线全长3.56km，施工最短的合同段仅为1.255km。桥隧相连，施工场地狭窄，交通不便，基本上没有可利用的乡村道路作为施工便道，设备、人员、材料进场难度大。地形的复杂导致施工单位之间和施工工序之间的衔接十分困难，从而导致工程质量、进度保障等一系列问题。

a)　　b)

图1-7　施工场地狭窄

上述这些特点决定了果子沟高速公路建设规模大，技术复杂，存在众多的技术难题急待探索和研究，急需系统地开展高寒山区复杂地质地形条件下高速公路建设成套技术，包括与之相配套的勘察技术、设计技术、施工技术、安全控制技术、生态和环境保护技术等研究。

为破解果子沟高寒区复杂条件山区高速公路建设的工程难题，将本项目建成“生态路、环保路、旅游路、景观路”，西部交通建设科技项目管理中心、新疆交通运输厅、新疆交通建设管理局于2004年陆续立项高寒山区桥梁、隧道、路面等建设关键技术课题，由新疆交通建设管理局主持，联合科研、高校、设计、施工等单位就工程建设中的重大关键技术问题，共同攻关，以期形成高寒复杂条件山区高速公路建设核心技术，并通过集成，形成高寒、高海拔、生态脆弱条件山区高速公路建设成套技术。项目研究成果，不仅对新疆高寒山区高速公路的建设具有重要的指导意义，而且将进一步推动我国高寒山区公路建设领域整体技术进步和技术标准体系的丰富与完善。

本项目在对国内外高寒山区复杂条件下高速公路建设技术广泛调研的基础上，从设计和施工方面重点研究了高寒山区复杂地质地形高速公路勘测与设计技术、高寒山区桥梁建设技术、山区高寒隧道建设技术、高寒区复杂条件山区高速公路运营安全控制关键技术、高寒生态脆弱区生态环境保护关键技术等创新技术，并通过果子沟高速公路工程实施，形成了集理论、方法和勘察、设计、施工技术于一体的果子沟高速公路建设成套技术。技术创新体系如图1-8所示。

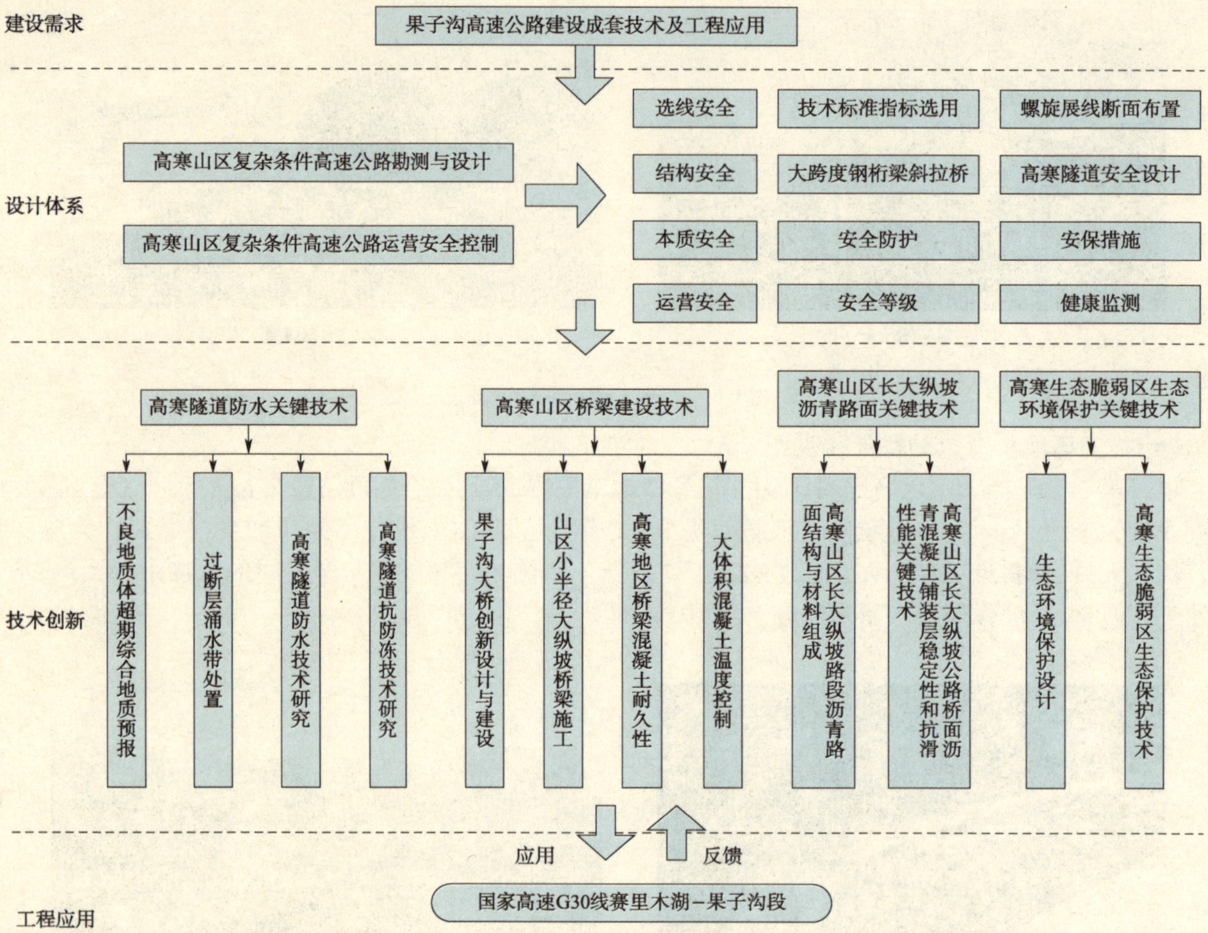

图1-8　技术创新体系

2　高寒山区复杂地质地形高速公路勘测与设计技术

2.1　项目勘测与设计技术难点

2.1.1　项目特点

(1)特大桥和隧道结构复杂,技术含量高,施工难度及施工风险大

本项目大型构造物多,特大桥和隧道结构复杂,施工难度大,技术含量高。尤其越岭段地势险峻,山坡坡度陡,相对高差大,地质构造复杂,路线采用依山傍势桥隧为主的方案布设。在该区段共有特大桥7510m/5座,大桥2340m/6座,其中除果子沟特大桥为全幅桥外,其他均为单幅桥;分离式隧道3座,共长7845m。果子沟特大桥为(170+360+170)m钢桁梁斜拉桥,主塔采用框架型钢筋混凝土塔,塔高达208m,其中桥面以下148m;赛里木湖隧道位于赛里木湖旁边,出口低于湖面水位约30m,库松木契克断裂与隧道轴线大角度斜交,隧道处于严寒季节性冻土地区,地质条件相对较差。

(2)地形条件复杂,地质病害较多

项目位于天山地区,地形、地貌、地质条件复杂,沿线地质灾害多,沿线不良地质病害主要包括:崩塌落石、坡面溜塌、坡面碎落、泥石流、滑坡、雪害、强震区等。

(3)气候条件恶劣

由于工程处于高纬度、高海拔、严寒地区,一般每年11月份开始下雪、结冰,次年4月份开始解冻,一年中较佳的施工期为每年的5月到10月,较佳的施工气候时间短,施工难度较大的月份为头年的12月至3月份。

(4)生态环境脆弱,环保要求高

项目所经区域有着丰富的自然资源,路线两侧多为森林和优质牧场,是新疆著名的风景名胜区,环保要求极高,受项目区高纬度、高海拔、高寒影响,工程所处地区生态环境极其脆弱,一旦破坏,极难恢复。

(5)混合交通大,交通组织困难

本项目地处欧亚大陆桥的桥头堡,为欧亚公路连接的咽喉要冲,其中沿湖段及沿溪段大部分工程为沿既有G30线一侧加宽,沿溪段沟槽狭窄,而G30线是伊犁与乌鲁木齐之间唯一全天候通车的交通大动脉,施工期间必须保证既有G30线的道路交通畅通,交通疏解及施工组织困难。同时,畜牧业比较发达,牲畜在春秋季两次转场,上百万只牲畜要在果子沟走个来回,使本段道路混合交通严重、交通秩序混乱、严重干扰主线交通。

(6)通信光缆、电力设施拆迁工程量大

亚欧通信光缆(在用光缆及备用光缆)纵贯既有公路两侧及既有公路下方,既有公路左侧路基边坡内为移动、联通、广播电视、通信光缆。根据调查,工程影响范围内需要改移的亚欧通信光缆有在用地下

埋设亚欧光缆15014m,在用地面架设光缆2178m,全线设有地下备用光缆(多位于右侧边沟内)及架空光缆,局部有两条备用光缆,同时,还要拆迁电力线485m和9540m传输局内部通信电线,拆迁、改移及保护光缆等工程量大。

这些光缆及电力设施能否尽快迁移或保护,不仅制约着工程进度、建设工期,还影响着整个地区的通信网络和生活、生产电力,如果有意外中断,会造成巨大的经济损失和政治影响。

综上所述:根据前述建设条件及本项目设计方案,本项目海拔从约1000m抬升至2100m,沿线气候条件恶劣,冰冻期长;地质构造复杂,地震烈度高,地质灾害多发、类型多样、地点多处;部分路段地形狭窄,沟壑纵横;处于高寒山区,每年有效施工期短;桥隧构造物多,有特殊结构特大桥、山坡展线特大桥、长隧道等,工程艰巨、技术要求高;生态环境脆弱、环保要求高;具有"复杂的地形、复杂的地质、恶劣的气候、极其脆弱的生态环境和复杂艰巨的建设"等特性。

2.1.2 技术难点

根据本项目特点,本项目勘测设计及施工面临一系列技术难点,具体表现在如下方面:

(1)冰冻积雪、超长纵坡运营安全及应急救援体系;

(2)高山峡谷、高地震烈度的桥位、桥型结构选择;

(3)隧道穿越断层且出口处较赛里木湖面低约30m;

(4)高寒地区桥隧等结构物防冻;

(5)高寒地区隧道防排水;

(6)道路防风吹雪、雪崩技术;

(7)工程方案与风景区等环境敏感点的协调;

(8)地质灾害频繁下的工程防灾措施;

(9)每年有效工期短、工期跨越时间长。

在勘测设计过程中,紧紧围绕本项目建设条件、项目特点及技术难点,运用公路设计新理念,结合专题课题研究,较好地解决了上述问题。

2.2 设计理念

本项目地处祖国西部边陲,位于西天山边缘,处于高纬度、高海拔的严寒地区,沿线地形、地质复杂,地质灾害严重,自然灾害频发,生态环境较好,但极为脆弱,一旦破坏,极难恢复,冬季寒冷,沟谷狭窄,工程规模大而艰巨,施工条件差,总体设计方案紧紧围绕以下设计理念进行:

(1)强调安全第一原则

越岭段和沿溪段受地形条件限制,路线纵断面设计不可避免地出现长大下坡,设计中对该段路线做了运行速度检算,并以此对路线平纵组合进行调整,同时设置避险车道及爬坡车道,并设置完善的安保设施。

对大型构造物选用了有科技含量、技术可靠、质量易保证的方案,以确保运营安全。

(2)认真贯彻公路设计新理念

设计过程中采用尊重自然、重视环保的设计思想,树立设计就是创作的理念。针对越岭段地形、地质及生态条件,在"标准选线、地形选线、地质选线、生态选线"的选线原则及"以人为本、安全至上、可持续发展、生态环保、全寿命周期成本控制"的建设理念基础上,在疆内首次提出并采用了"适应复杂地形地质和特殊桥隧结构的线形组合形式及其线形指标的以桥隧相连为主的沿山坡螺旋展线方案",首次采用百米高墩大桥及斜拉桥跨谷方案,既最大限度地满足了平纵线形的要求,又避免了深挖高填。

为尽量降低桥梁高度,在纵断面高程控制上,山坡展线桥段控制桥梁山体内侧预留施工空间即可,尽量不对山坡进行开挖，避免引发新的地质灾害。

沿溪段和沿湖段均结合地形地质条件，局部地段灵活地采用适当降低标准的路线方案，从而最大限度地防止了对环境的破坏，防止了由于公路建设引发的地质灾害，有效地降低了工程造价。

(3)以科技进步为先导，解决具体工程问题

果子沟大桥结合现场具体条件，推荐采用钢桁梁斜拉桥这一结构新颖、技术含量高的桥型方案，得到了国内桥梁专家的广泛赞同，该方案很好地解决了结构抗风抗震、工期、冬季施工、材料运输、后期养护、环保、耐久性等具体问题，如能顺利实施，将对我国公路桥梁的技术水平有一定的积极作用。

赛里木湖隧道位于湖边，穿越赛里木湖盆地和依犁盆地分水岭，隧道洞身约 55% 低于湖面高程，且库松木契克断裂贯穿隧道与赛里木湖，冬季寒冷，地下水丰富，隧道采用全包防水、保温防冻、注浆堵水、限量排放技术，确保施工及运营期间不会发生病害。

在方案选择上充分贯彻了全寿命周期成本最优的思想。

(4)坚持以人为本，注重设计的细节，树立让公众满意的意识

沿溪段全线和沿湖段部分路段设置了方便牧民牲畜转场的专用牧道，做到了转场期间畜车分离，最大限度地保证了牧民和牲畜的安全，保证了交通运营的畅通。

沿湖段为方便过路驾乘人员观赏美景，设置了观景平台。

2.3 高寒山区复杂地质地形高速公路综合勘测技术

2.3.1 综合勘察技术

果子沟高速公路沿线地形、地质条件复杂，为充分掌握沿线不良地质和特殊性岩土分布情况及工程性质，结合高寒山区特点，在丰水季节，应用先进的勘察手段，开展了勘察工作。在方案研究阶段，采用先进的遥感解译手段，对测区的工程地质条件进行解译，为公路选线提供宏观和直观视场依据。在设计阶段，在遥感地质解译基础上，进行了宏观区域地质调查，详细的路线地质调查，并采用物探、钻探、挖探等综合勘察手段，查清了沿线地质情况。

赛里木湖隧道洞身库松木契克断裂与赛里木湖贯通，隧道出口高程低于赛里木湖湖面约 36m。为判定隧道内断层与赛里木湖湖水的联系性，采取了断层阻隔判读、钻孔验证、水化学分析等综合勘察手段进行勘察，得出隧道断层与湖水无连通性，对隧道无影响，具体见“2.4.7.2 加强综合勘察技术，摸清断层、隧道与赛里木湖湖水的联系性”。

2.3.2 测量技术

(1)建立高精度桥隧独立平面和高程控制网

本项目除全线建立 GPS 平面控制网和高程控制网外(平面控制测量等级采用了 GPS 三级控制网，高程控制测量等级采用了三等水准)，针对越岭段为桥隧相连路段[即赛里木湖隧道、捷尔得萨依隧道、果子沟特大桥、将军沟隧道之间均为高架桥相连(全长约 10 km)]，设计及施工精度要求高，贯通(合龙)误差要求小，越岭段平面控制测量等级采用了 GPS 二级控制网，高程控制测量等级采用了三等水准，并在控制测量时将越岭段作为一个整体进行施测，如图 2-1 所示。

(2)1/2000 三维数字化地形图测量及抵偿面分幅技术

针对复杂的地形条件，采用常规测量技术难以满足设计、施工、控制要求，本项目采用航空摄影与数字摄影测量系统测绘 1/2000 三维数字化地形图，极大地加快了项目进度，满足了设计要求。

为了保证投影长度变形值不大于2.5cm/km，平面控制网坐标系统采用1980西安坐标系，中央子午线为81°，抵偿投影面分为4个，分别为赛里木湖抵偿面、松树头抵偿面、新二台抵偿面、果子沟抵偿面。

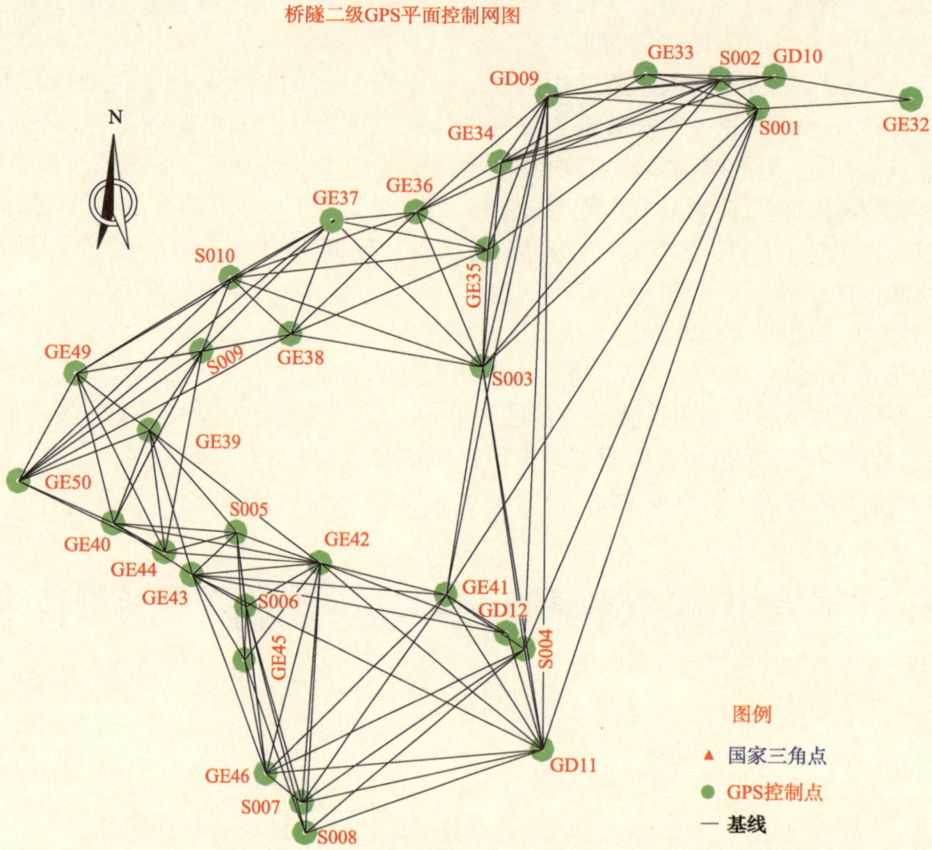

图 2-1 GPS 平面控制网图

2.4 高寒山区复杂地质地形高速公路设计技术

果子沟高速公路位于世界级风景名胜区赛里木湖风景区和果子沟风景旅游区内，为将本项目建成“生态路、环保路、旅游路、景观路”的目标要求，总体设计中，强调“安全第一”的原则，始终把安全放在首位，因地制宜、精心设计。

2.4.1 合理选用技术标准

果子沟高速公路采用双向四车道高速公路标准进行建设。沿湖段采用设计速度100km/h，路基宽度26m，局部困难路段线型设计采用80 km/h设计速度标准进行设计（K554+110～K557+510），行车道宽度及路基宽度不变；越岭段和沿溪段设计速度80km/h，路基宽度24.5m，中间困难路段线型设计采用60km/h标准（K586+200～K601+000），行车道宽度及路基宽度不变。

在技术标准的选定中，安全、灵活、合理地选用技术指标：

（1）充分结合项目特点，区分不同地形、地貌及地质条件的影响，全线采用了100km/h、80km/h、60km/h的设计速度标准，路基宽度采用26m、24.5m；

（2）为减少积雪冰冻对运营安全的影响，在沿溪段采用60km/h设计速度标准的路段，适当加宽了行车道宽度，由标准的3.5m调整为3.75m，路基横断面宽度由23.0m调整为24.5m；

(3)运用道路交通安全分析及设计速度与实际运行速度的计算分析,对沿溪段地势开阔且实际运行速度小于设计速度的路段设置爬坡车道、避险车道等安全设施设计。

2.4.2 总体选线思路

项目位于高纬度、高海拔的严寒(强季节性冻土)地区,生态环境较好,但极其脆弱,一旦破坏,极难恢复,项目共分为沿湖段、越岭段及沿溪段,根据不同的地形、地貌、地质条件、生态环境特点,本着"以新带老、标准选线、生态选线、地形选线、地质选线"的原则,在"以人为本、安全至上、全寿命周期成本控制、可持续发展"的设计理念指导下,各路段采用不同的技术标准、不同的总体设计思路进行路线走廊及路线方案的布设。

(1)沿湖段采用以新带老改扩建方案

果子沟高速公路沿湖段平、纵面线形除三台大拐弯处地形较复杂,难以满足高速公路标准外,其他段落地形平坦,均满足高速公路标准,但路线大部分路段位于世界级风景名胜区赛里木湖风景区内,为优质草场,生态脆弱,为尽量降低公路建设对风景区的影响,尽量减少占用风景区,本段采用沿老路拓宽改建方案,体现了公路建设"以新带老"的建设理念。

(2)沿溪段采用以新带老改扩建方案

沿溪段地貌上属峡谷区,沿线海拔高度 1000 ~ 1800m,山间地势陡峻,相对高差 200 ~ 500m,自然坡度 30° ~ 70°,沟谷多呈"V"形沟谷,极为狭窄,果子沟内常年流水,河床纵坡较陡,水流湍急,下切作用强烈,地形条件十分复杂。沟谷两岸植被茂密,风景优美,生态环境极佳;冬春季被积雪覆盖,雪害频发,对公路影响较大。沿溪段采用沿老路拓宽改建方案,局部路段受地形及路线线形限制采用新建方案,考虑雪害、泥石流等影响,路线多于果子沟沟谷阳坡布线。

(3)越岭段采用有利于环保的以桥隧为主的沿山坡螺旋展线方案

越岭段直线距离短(约 3.5km)而相对高差较大(约 500m),地势十分险峻,地形、地貌、地质条件复杂,地质灾害集中;沿线山坡植被茂密,阴坡上原始云杉林呈片状大面积分布,而阳坡多为草地,风景优美,生态环境较佳;冬春季积雪较厚,雪害时有发生;既有路标准低,沿老路改建极为困难,而该路段又临近赛里木湖世界级风景名胜区,区域植被丰富,环保要求高。因此,本路段采用以桥隧相连为主的螺旋展线方案,达到了有效克服高差,减少路基大挖大刷对山坡植被破坏、减少生态环境破坏的目的。

本段为适应地形、地质及生态条件,在"标准选线、地形选线、地质选线、生态选线"的选线原则及"以人为本、安全至上、可持续发展、生态环保、全寿命周期成本控制"的建设理念基础上,在疆内首次提出并采用了"适应复杂地形地质和特殊桥隧结构的线形组合形式及其线形指标以桥隧相连为主的螺旋展线方案",首次采用百米高墩大桥及钢桁梁斜拉桥跨谷方案。

2.4.3 越岭段以桥隧为主的沿山坡螺旋展线方案的确定

2.4.3.1 路线走廊确定

沿湖段路线走向明确,采用沿既有路拓宽方案。越岭段及沿溪段地形地貌复杂,地质病害多发,项目路线走廊确定过程中,做了大量的研究工作,提出了多条走廊带方案:果子沟方案(即沿既有路方案)、小西沟方案、大西沟方案。

考虑大西沟、小西沟方案均为新建方案,路线里程更长,沿线地质地形更复杂,地质病害更多,路线相对高差较果子沟方案更大,坡度更陡,工程规模更大,因全线新建,对该地区生态环境破坏更大,路线方案明显不如果子沟方案。而果子沟方案仅松树头至二台林场段越岭线需新建外,其余均可利用既有路。沿线虽然有多处地质病害,但由于该线二级路已改造通车多年,对沿线病害类型及具体情况已基本掌握,改建时加以防治或绕避,可以减少或避免公路病害对行车的不利影响。由于大部分既有路可以利用,工程规模小，施工条件好，且总体上对环境破坏相对较小。本项目选用沿既有线作为走廊带对路线进行改造方案，即：果子沟走廊带方案。如图 2-2 所示。

图 2-2　果子沟项目路线走廊

2.4.3.2　越岭段采用以桥隧为主的沿山坡螺旋展线方案

在果子沟路线走廊中，沿湖段及沿溪段路线走向明确，基本采用沿老路改建方案，重要的路线方案集中在自松树头至二台林场之间的越岭段，越岭段具有如下特点：

(1)位于高纬度、高海拔的严寒地区，地势险峻、沟谷纵横、地形复杂。

(2)地质构造复杂，断裂带集中，滑坡、雪害等地质、自然灾害集中。

(3)直线距离短而相对高差较大，必须展线。

(4)既有路标准低，回头弯多，若沿老路改建极为困难。

(5)临近赛里木湖国家级风景名胜区及果子沟风景区，区域植被丰富，生态环境较好，但极为脆弱，一旦破坏，极难恢复，环保要求高。

(6)越岭段如再发生病害，受地形、地质条件限制，整治处理条件少，加之，路线走廊作为一种宝贵的资源，一旦占用，将无条件再次进行改建。

综合以上特点，越岭段宜采用一次改建、一步到位的方案，以根治各类病害，根本改善路线线形，提高行车条件，同时，应加强环境保护，该段原则上采用废弃老路、另建新线方案。

根据越岭段建设条件及特点，设计中做了五个路线方案的比较，如图 2-3 所示，各方案优缺点分析详见表 2-1。

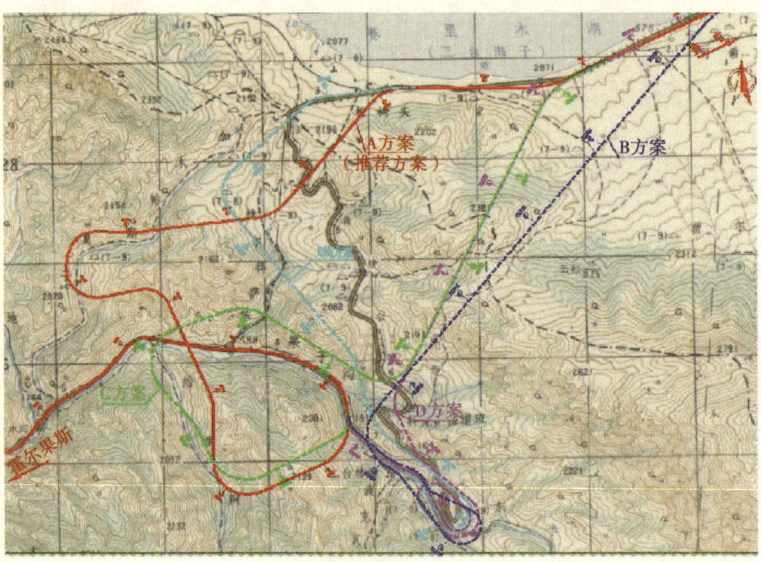

图 2-3　越岭段路线方案比较图

各方案综合比较表 表 2-1

方案	优 点	缺 点
A 方案	线形顺畅，地质条件相对较好，对环境影响小，运营条件好，美观，技术可靠，造价适中	桥隧施工难度大
B 方案	新建路线短，对环境影响小	线形较差，投资大，工期长，隧道施工不确定因素多，运营、通风、防灾、照明费用较高
C 方案	路线线形顺畅，运营条件较好，对环境影响较小	投资较大，隧道施工不确定因素多，运营、通风、防灾、照明费用较高
D 方案	新建路线最短	线形较差，投资较大，隧道施工不确定因素多，运营、通风、防灾、照明费用较高
E 方案	投资较小，但滑坡治理费用在工可阶段难以估列	线形较差，工程地质条件较差，病害隐患多，工程风险较大，对环境影响较大

尽管 A 方案工程投资较 E 方案略贵，但由于 E 方案自捷尔得萨依古滑坡群中通过，其滑坡治理费用难以估列，且安全隐患多。而 A 方案线形顺畅，地质条件较好，且避开了捷尔得萨依古滑坡群等地质病害区，不易引发新的地质灾害，可彻底解决困扰该段路线的地质病害问题；隧道采用长隧道及中隧道方案，隧道较短，有利于行车运营，造价较低；山坡展线桥在路线设计中控制设计高程，使其桥面下满足施工空间即可，尽量降低桥面高程，同时，尽量避免大挖大刷，有利于生态环境保护；运营养护费用低，采用螺旋展线，与环境协调较好，景观效果好等综合优势。

经研究，越岭段采用有利于环保的以桥隧为主的沿山坡螺旋展线方案。如图 2-4、图 2-5 所示。

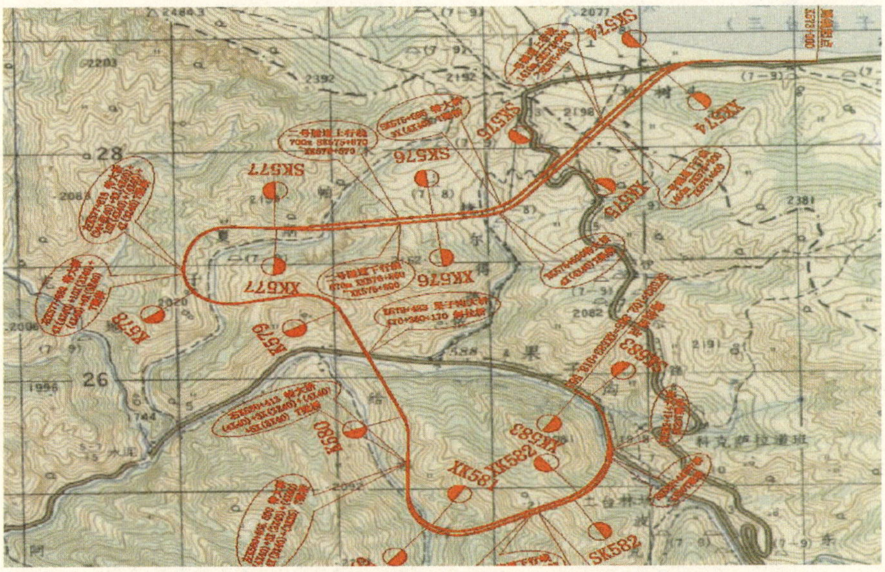

图 2-4 越岭段以桥隧相连为主的螺旋展线方案平面示意图

2.4.4 典型路段选线方案

(1) 地质与生态选线

越岭段赛里木湖隧道与捷尔得萨依隧道之间采用桥梁跨越沟谷，该处存在大型滑坡体，自然条件下，该滑坡体处于稳定状态，在安全设计中，本着地质选线原则，不扰动就是最大的保护，自滑坡体前缘通过，并在施工中提出具体要求，避免扰动滑坡体。同时，选线中，本着保护植被（雪岭云杉）原则，选定洞口位置，而后再进行布线，避免砍伐树木，同时，洞口避开小型断裂带。如图 2-6 所示。

(2) 地形与生态选线

路线以隧道穿过捷尔得萨依山体，在山体阳坡进行布线，一方面，阳坡坡面较平缓，同时，植被一般为草地，而阴坡茂密、高大的雪岭云杉，从地形选线及生态选线的角度，确定路线方案，如图 2-7 所示。

图 2-5　越岭段以桥隧相连为主的螺旋展线方案卫星影像图

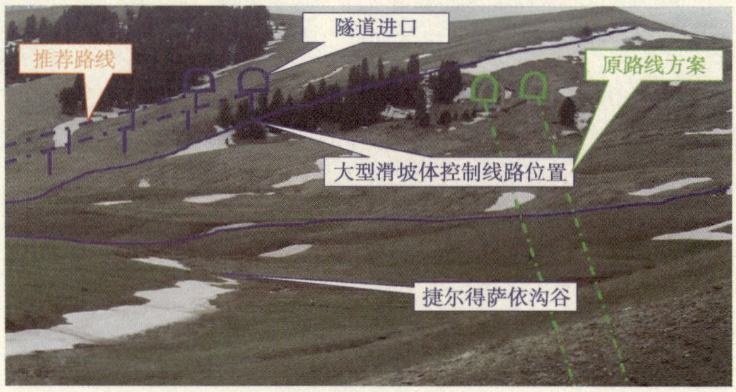

图 2-6　捷尔得萨依沟谷地质选线、生态选线

图 2-7　加木帕斯夏子沟谷地形选线、生态选线

(3)螺旋展线

越岭段果子沟段受地形及果子沟沟谷限制，难以直接降坡至沟内既有道路，采用螺旋展线方案，利用将军沟内阳坡布线，该坡面同样雪岭云杉较少，坡面较缓，受雪害影响较小，同时，兼顾了控制工程规模布线。如图 2-8 所示。

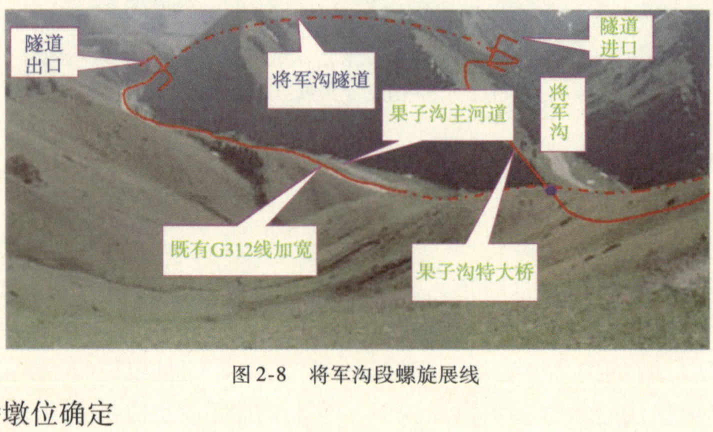

图 2-8　将军沟段螺旋展线

(4)果子沟特大桥墩位确定

果子沟特大桥小里程(西)端主塔墩墩位在设计中，曾考虑了两处墩位，在测设中，根据地形及钻探所揭露地质情况，确定采用南侧墩位，确定墩位后，再进行路线布线。如图 2-9 所示。

(5)根据地形灵活采用路基方案

①错台分离式路基

根据地形条件,考虑减少土石方数量、合理设置纵坡等,在不影响果子沟河泄洪前提下,沿溪段部分路段采用错台分离式路基。如图2-10所示。

图2-9　果子沟特大桥墩位

图2-10　错台分离式路基方案

②半路半桥整体式路基

沿溪段地形狭窄路段,受果子沟河泄洪影响,采用半路半桥整体式路基方案,个别路段采用悬出式路台。如图2-11所示。

a)

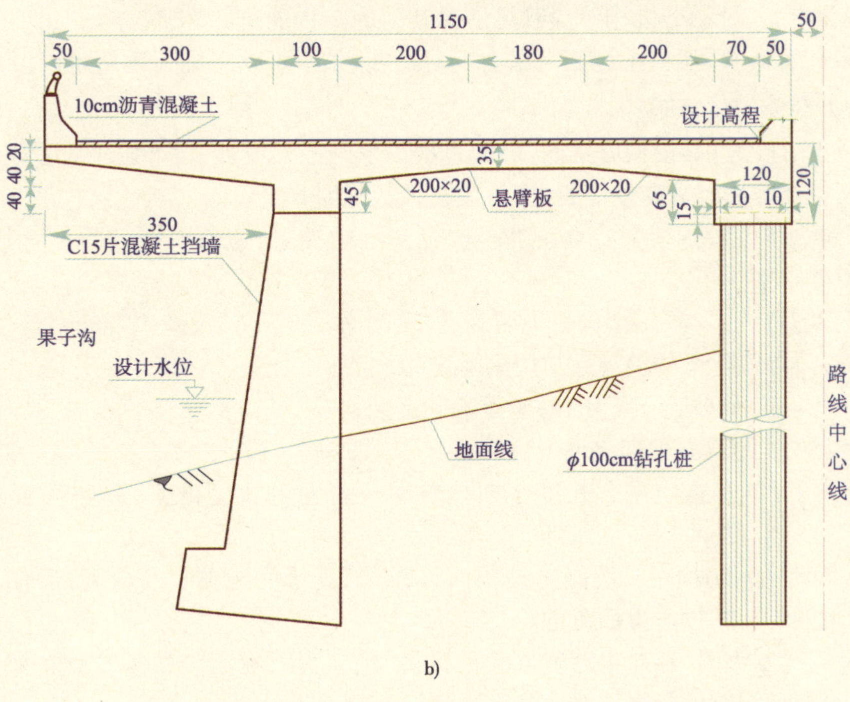

b)

图2-11　半路半桥整体式路基方案(尺寸单位:cm)

(6)改建公路以新带老

既有公路沿线有大量的弃土及弃渣场,本项目在设计中拟利用沿线弃土、弃渣作为路基填料,利用完后将其绿化恢复,体现重视改建公路以新带老的设计理念。如图2-12所示。

a)　　b)

图2-12　充分利用沿线弃土

2.4.5　果子沟大桥采用双塔双索面钢桁梁斜拉桥

果子沟大桥为国内第一座高寒地区大跨度钢桁梁斜拉桥,也是国内公路建设史上第一座大跨度钢桁梁斜拉桥,同时是新疆第一桥。

2.4.5.1　影响桥型方案选择的主要因素

果子沟大桥桥型方案选择主要影响因素有:

(1)地形高差大,山高坡陡,地势险峻,便道的施工难度大且造价较高;

(2)既有公路线形差,坡度大,病害多,运输条件极为困难;

(3)本项目穿越著名的果子沟风景区,环保要求高;

(4)施工场地狭窄,大量的桥梁构件预制场地及其他施工场地难以布置;

(5)冬季漫长,气温严寒,混凝土施工需采取特定措施,冬季混凝土施工质量难以保障。

2.4.5.2　桥型总体设计方案

本桥规模及技术难度大,其桥型方案的选择,直接关系到工程投资、设计施工难度、工程建设进度、日后运营使用情况及维修养护难易程度等,桥型方案选择的思路如下:

(1)方案选择结合本工程的实际特点,在安全、经济的前提下,应有一定的技术含量和技术创新,能体现我国桥梁的发展水平;

(2)项目处于风景区内,应采用结构受力明确、安全耐久、施工简易、施工期间对环境影响小、节省投资的桥型方案,同时应考虑桥梁的美观并与周围环境相协调;

(3)桥梁构件应尽量小型化、工厂化,易于运输和吊装;

(4)冬季避免大规模的混凝土现浇施工;

(5)桥梁悬臂施工时,宜选用悬臂长度小或能够尽早合龙的桥型方案,以减小长悬臂施工期间的风险;

(6)由于在西部地区钢结构相对混凝土结构而言,施工质量可能更容易保障,后期发生的桥梁病害也可能更少,要从运营的长期效益方面考虑。

综合考虑本桥的控制因素,经对大跨度连续钢构桥、预应力混凝土斜拉桥及钢桁梁斜拉桥进行综合比选,果子沟大桥选择采用钢桁梁斜拉桥。如图2-13、图2-14所示。

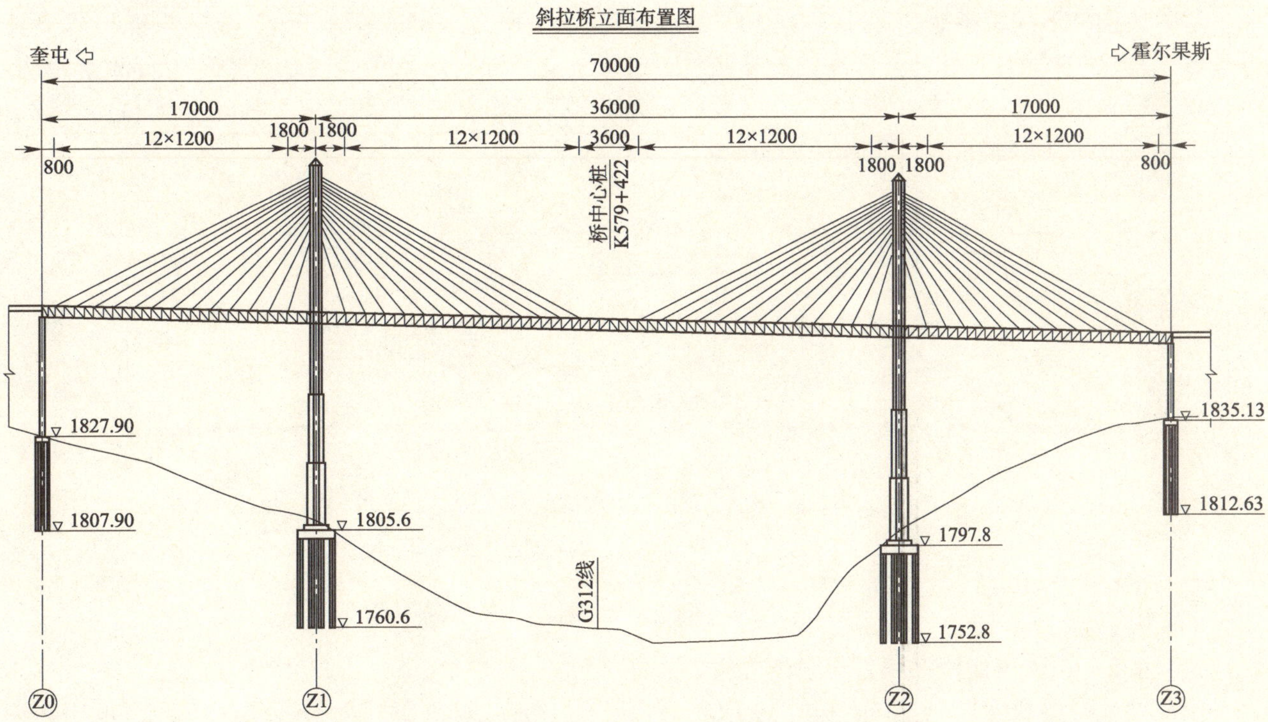

图 2-13　推荐方案桥型立面布置图(尺寸单位:cm;高程单位:m)

2.4.6　山坡展线桥桥型方案确定

越岭段采用以桥隧为主的沿山坡螺旋展线方案,越岭段全段除穿越山脊的隧道及跨越果子沟河的果子沟大桥外,其他均为沿山坡展线布线,由于沿线生态植被较好,但极为脆弱,一旦破坏极难恢复,如采用路基方案或半路半桥方案,将不可避免地存在高填深挖,且由于山坡较陡,将存在大量的防护工程及安全隐患,因此,沿山坡展线路段采用桥梁方案,为尽量降低桥梁高度,同时,避免大挖大填,在路线纵断面设计上,尽量控制路线高程,以满足桥梁上部结构施工的空间。

图 2-14　果子沟钢桁梁斜拉桥

2.4.6.1　越岭段山坡展线桥桥型方案

山坡展线桥梁多处于小半径平曲线上,从减小结构受力的复杂程度及减少设计及施工难度的角度出发,山坡展线桥宜选择小跨桥梁;另外,山坡桥梁基础为旱地施工,也较少遇到十分深和困难的基础,从经济角度讲,小跨比大跨有利;对于深谷路段跨谷桥梁,宜选择大跨桥梁一跨过谷,以节省投资。

中小跨径的混凝土 T 梁使用范围广,具有分片吊装,架设方便的特点。但若使用在本段工程中,则存在分片过多,T 梁类型多,预制及安装难度大,同时需大型预制场地,施工期对环境破坏较大,且赛里木湖及果子沟风景区生态脆弱,一旦破坏,极难恢复;此外,平曲线线形难于控制,桥面超高设置需采取多种措施才能满足要求,桥梁整体性较差,后期使用效果及外观较连续箱梁差。无论结构的使用性能及耐久性均不及箱梁,另外,梁底纵横格栅多,景观效果较差,因此,从本段工程的特点出发,应选择整体性能好,外形优美的箱梁结构。

经综合比选，山坡展线桥采用40m预应力混凝土连续箱梁结构。

越岭段山坡展线桥梁，大部分墩高在10～40m之间，最大桥高达65m，具有高墩、曲线半径小、坡度大等特点，山坡展线桥均采用40m跨度的连续箱梁。展线桥上部结构均采用等高强度预应力混凝土结构，单箱单室斜腹板截面。主梁顶板标准全宽11.75m，底板宽5.32m。主梁梁高为2.20m，桥面横向坡度由主梁整体刚性旋转形成。上部结构标准横断面图如图2-15所示。

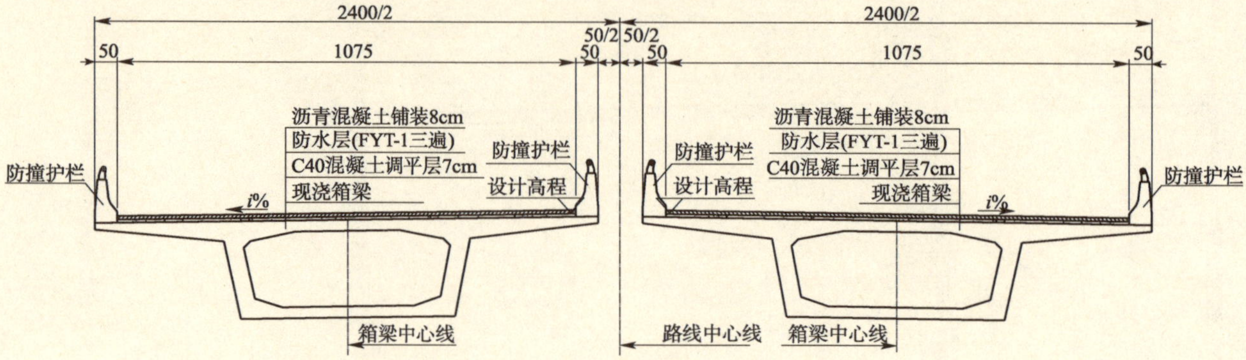

图2-15　上部结构标准横断面图(尺寸单位:cm)

2.4.6.2　山坡展线桥采用移动模架法施工

山坡展线桥梁长度长，大部分桥梁位于山坡上，桥梁结构距山体坡脚较远，上部结构采用混凝土连续箱梁结构。采用悬臂浇筑施工对中小跨度桥梁不合适，采用整孔预制吊装施工不具备施工条件。因此，设计对节段预制拼装和移动模架现浇的方案进行了比选。典型路段路线平面布置及山坡展线桥分别如图2-16、图2-17所示。

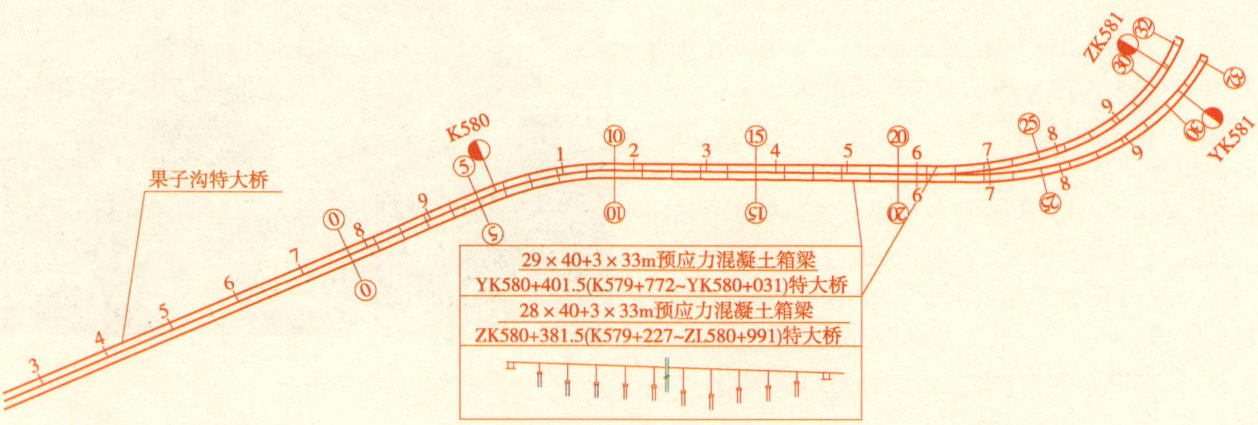

图2-16　典型路段路线平面布置图

节段预制拼装需要大型的预制场地，施工期对环境破坏大，桥梁是位于山坡上的曲线桥梁，预制节段分片多、类型多，设备种类多，施工工序多，效率不高，吊装困难，施工难度大，工程抗风险能力差。

移动模架法施工可以有多个施工作业面，施工速度快，设备利用率高，工期有保证，且梁体均采用现浇施工，对体内预应力的保护好，抗腐蚀能力强，结构整体性强，整个施工期间不占用大片的施工场地，有利于环境保护。如图2-18所示。

越岭段运输条件极差，大型预制构件运输极为困难，另外，路线穿越赛里木湖及果子沟风景区，环保要求高，桥位附近寻找大型预制及存梁场地几乎不可能。

综上所述，山坡展线桥推荐采用40m跨径的移动模架现浇法施工的混凝土连续箱梁方案。

图 2-17　典型路段山坡展线桥

图 2-18　下行式移动模架

2.4.6.3　移动模架应用效果

赛果高速越岭段位于果子沟风景区，地形高差大，山高坡陡，地势险峻，设计时按照果子沟山势和地质条件采用依山傍势、桥隧相连的方案布设线路，沿山坡展线，逐渐降低坡度。充分利用有限的线位资源，避免深挖高填，最大限度地减少了对环境的破坏。

果子沟山坡展线桥采用自行式小半径移动模架施工，在新疆公路桥梁建设史上尚属首次，该施工方案解决了现场施工场地狭窄，没有预制场地，极其困难的运输条件等一系列困难，大大提高了施工效率，保证了项目工期，同时避免了深挖高填，最大限度地减少了对环境的破坏，保护了果子沟风景区的脆弱生态环境。第五合同段桥梁建成后全景如图 2-19 所示。

图 2-19　第五合同段桥梁建成后全景

2.4.7　高纬度、高海拔、严寒地区隧道设计

作为国内首次在高纬度、高海拔、严寒地区、紧邻湖边、大部分隧道洞身低于湖面高程、有断层破碎带贯穿隧道洞身与湖水这种特殊自然地理环境下修建的高速公路赛里木湖隧道，为新疆高速公路建设运营第一长隧道，也是第一条穿越天山的长隧道。隧道保温防冻技术及采取的结构措施为疆内首次采用，且泡沫玻璃作为隧道保温材料、保温材料采用无损结构粘贴铺设工艺为国内外首次采用，取得了较好的应用效果。

2.4.7.1　关键问题

(1)冻害

国内外铁路、公路运营实践证明，在高纬度或高海拔的寒冷地区，加之地下水比较发育时，常常会发生冻害，有的还十分严重，直接威胁线、桥、隧等结构物及行车的安全，给国家财产造成严重的损失。

本项目地处中天山西段，位于高纬度、高海拔的严寒地区，生态环境较好，但极其脆弱，一旦破坏，极难恢复，本项目赛里木湖隧道、将军沟隧道及捷尔得萨依隧道位于越岭段的高寒、高海区，三座隧道位于强季节性冻土地区，最大季节冻土深度为 170cm，隧道冻害是本工程隧道建设的“瓶颈”问题。

(2)防排水方案与生态

赛里木湖隧道右线全长 1827m、左线全长 1802m。该隧道是目前新疆境内最长的公路隧道。隧道埋深小，洞顶覆盖层厚度在 4 ~ 100m 之间，围岩松散破碎，Ⅳ、Ⅴ级围岩占隧道全长的 55%，隧道须大角度横穿 3 条断层破碎带，其中，库松木契克断裂在距进口约 800m 处贯穿赛里木湖及隧道洞身，该处洞身高程低于湖面高程约 6m，湖边距隧道水平距离约 560m。隧道围岩周边水系发达，隧道出口高程低于湖面约 36m，赛里木湖湖水直接威胁着工程施工及运营，单洞开挖 80m 后涌水量就超过 $200m^3/h$，加上进口端为单向下坡，对涌水的处理难度加大。工程处于高寒地区，极限最低温度为 -40℃，日温差 12 ~ 18℃。在天山地区，海拔高、温度低、岩体破碎、构造复杂、不良地质发育，在这种特殊的自然地理环境下修建高速公路隧道，在我国是第一次，没有可借鉴的工程实例。如何治理好涌水、安全顺利穿越断层破碎带成为果子沟高速公路成败的关键指标之一。

另外，由于工程位于国家级风景名胜区赛里木湖风景区及果子沟风景区，当地生态环境极为脆弱，一旦破坏，极难恢复，而隧道修建不可避免会造成地下水的流失，有可能影响到该地区的生态环境。

按传统的山岭隧道防、排水方案及修建技术在此地区修建隧道，有可能给隧道建设与公路运营带来巨大的隐患及风险。因此，如何确保隧道施工安全、确保赛里木湖水不进入施工及运营隧道，隧道防、排水方案的选择，也是本工程隧道修建的一个关键问题。

(3)隧道洞口风吹雪

项目沿线雪害影响严重，尤其是赛里木湖隧道进口位于风吹雪影响最严重地区，隧道洞口防风雪极为重要。

2.4.7.2 加强综合勘察技术，摸清断层、隧道与赛里木湖湖水的联系性

针对赛里木湖隧道出口低于湖面约 30m 的前提下，库松木契克断裂横穿隧道洞身与赛里木湖，为判定断层、隧道与赛里木湖湖水的联系性，采取了综合勘察手段进行勘察，具体如下：

(1)基本判断：断层处路线设计高程为 2067.5m，湖面高程为 2073.5m，两者相差 6.0m 左右，隧道穿越断层处距离湖面水平距离约为 560m，因此，赛里木湖水对断层以北隧道段影响不大。

(2)断层阻隔作用及钻孔验证：F1-1 逆断层的存在，阻碍了湖水对断层以南地下水的补给。地下水的补给主要为降水及少量高山区径流侧向补给，补给量少，该区地下水较贫乏。

初勘 1Z-01 及 1Z-02(断层北侧、靠近赛里木湖侧)、1Z-05(断层南侧、远离赛里木湖侧)钻孔和详勘 ZKS1-1 及 ZKS1-2 钻孔(断层南侧、远离赛里木湖侧)中几乎无水，也印证了这一点。赛里木湖隧道钻孔布设如图 2-20、图 2-21 所示。

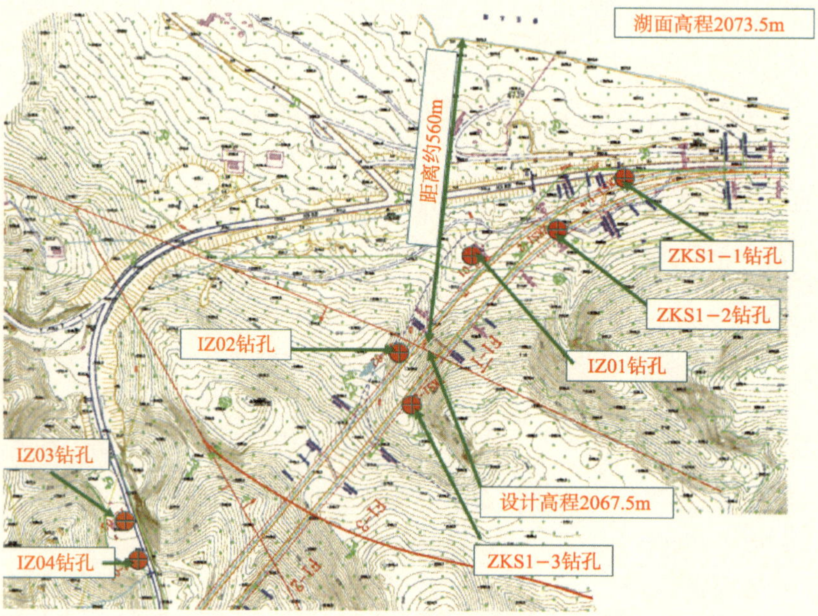

图 2-20 赛里木湖隧道钻孔布设图(一)

(3)地层及裂隙影响、水化学分析：隧道出口侧出露地层为砂砾岩，节理裂隙发育，设计高程低于湖面高程，湖水对隧道地下水的补给可能会产生影响，但 F1-1 逆断层的存在，对湖水有阻挡作用，这种影响大大减小。

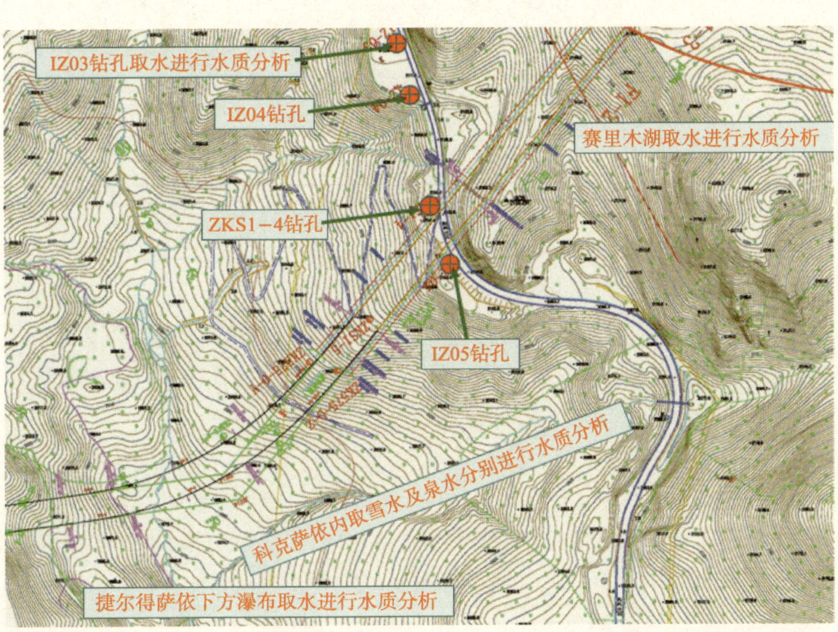

图 2-21　赛里木湖隧道钻孔布设图(二)

首先,在 ZKS1-3 和 ZKS1-4 钻孔抽水试验,出水量 3.37m^3/d。水量小,说明岩石虽然节理裂隙发育,但其连通性较差,补给量少。地下水主要接受降水及高山区径流的侧向补给。

其次,从水化学方面,钻孔水的矿化度为 1.1g/L,钻孔水中各主要离子含量较泉水、瀑布水、雪水都显著增加。

以上结果有两种可能:

一是岩层中节理裂隙发育,但连通性差,地下径流缓慢,水交替弱,溶滤作用强烈,水与岩石接触时间长,地下水矿化度及易溶离子含量都增高。

二是地下水接受降水及高山区径流侧向补给的同时,还接受了湖水的径流补给。

从水质分析结果看,湖水矿化度为 3.72g/L,两者相差约三倍,且钻孔出水量小,说明隧道通过区与湖水的水力联系相对较弱。因此,测区地下水矿化度升高主要为第一种情况所致,水化学分析见表 2-2 所示。

水化学分析表　　表 2-2

编号	地点	类别	Ca^{2+}	Mg^{2+}	Cl^-	SO_4^{2-}	HCO_3^-	Ds
			mg/L					
KS-03	IZ-03	钻孔水	137.5	93.6	58.1	424.6	537.0	1100
QS-03	2 号沟	雪水	3.2	2.9	14.5	4.8	11.6	40
S-02		湖水	12.4	433.4	489.9	1628.2	594.3	3720
238-2	瀑布	泉水	2.0	1.0	61.0	2.0		239

综合以上分析,测区岩层中节理裂隙虽然发育,但连通性差,地下水补给量少,与湖水的水力联系相对较弱,地下水较贫乏,为弱富水区。从水化学成分判断,瀑布水、泉水与湖水成分相差大,为不同类型水,不存在补给关系,主要接受高山雪水和地表降水补给。

在实施过程中,通过对隧道开挖通过断层处的地下水情况的测量及对地下水的化学分析,也验证了地质勘察中对断层与赛里木湖湖水无联系性。

2.4.7.3　隧道防冻防水结构设计

为解决设计中技术难点,并为工程设计方案提供依据,以保证设计质量和深度要求,在本项目设计过程中，开展了《隧道防、排水方案及冻胀力对结构的影响》专题研究。通过对隧道防、排水方案及冻胀力对结构影响的研究，建立冻土单轴冻胀本构关系，提出了隧道防、排水方案技术，低温条件下注浆堵水技术。通过对本项目隧道建设条件分析，结合专题研究结论，本项目隧道设计中，除考虑了普通地区隧道设计措施外，采用了如下措施，以确保隧道运营安全：

(1)减轻冻害影响措施

①采用了C30、P8混凝土(一般地区隧道采用C25、P8混凝土)。

②考虑冻胀力对结构的影响，应在结构上予以加强，在一般地区衬砌结构厚度基础上加厚5cm。

③结构设计中全隧道衬砌结构设置仰拱，以改善结构受力条件。

④出于耐久性考虑，对混凝土结构提出冻融性指标不低于300次冻融循环指标要求。

⑤二次衬砌表面设置隔热保温层，采用环保、无机、不燃、保温的5cm厚泡沫玻璃作为隔热保温层，其施工工艺采用对隧道主体结构无损伤的粘贴铺设工艺。

(2)防排水方案

山岭区隧道一般采用半包防水，并以排水为主，针对本项目具体情况，结合专题研究，本项目隧道采用全包、纵向分区防水。本项目防排水方案采取如下措施：

①设置完善的纵横向洞内排水系统，坚持隧道防水以结构自防水为主，外辅加防水层为辅的原则。

②隧道采用横向全包、纵向分区防水。

③防水层以外、隧道仰拱底设中心深埋水沟(冻土深度以下)。

④隧道出水口采用圆端掩埋式保温出水口，并在出水口外设置大坡度泄水水沟，以防止出水口冻结。

⑤采用山区高寒隧道富水断层综合处治技术，加强施工过程中的注浆堵水措施，限量排水。

2.4.7.4 隧道洞口防风雪设计

为解决设计中技术难点，在本项目设计过程中，开展了隧道洞口防风雪专题研究。调查项目沿线风吹雪、雪崩等雪害的分布，研究其触发的因素和成灾特点，通过仿真分析与研究，提出具体的工程防治措施。

根据研究结果，本项目五座隧道洞口不存在雪崩问题，但均存在风吹雪问题，风吹雪影响最严重的是赛里木湖隧道小里程端洞口中，设计中应用了如下措施：

(1)赛里木湖隧道小里程端采用长明洞方案，绕避了风吹雪最严重的松树头地段，结合隧道洞口前方路基边坡、路线、路基高度、清理边坡等措施，减轻了风吹雪对隧道洞口的影响；

(2)赛里木湖隧道小里程端洞门前方沿湖段填方路基适当抬高了路基，以填方通过，左侧迎风侧填方边坡为1:4的缓边坡，同时，对坡顶、坡脚进行了弧形处理(即采用流线型横断面)；

(3)维修完善既有路修建时在道路南侧(既迎风面)所修建的防雪土埂，减少以蠕移或跳跃运动方式引起的低吹雪的风雪流量进入公路路基范围之内；

(4)越岭段隧道洞门形式均采用与原始地形坡面相一致的削竹式延长明洞洞门，减少了风吹雪引起积雪堵塞洞口；

(5)沿湖段赛里木湖隧道小里程端洞口前方路基中央分隔带采用了沥青表处，防眩措施采用防眩板，加强了透风性能，增大了风雪流通过的速度，减少了路面积雪。

2.4.7.5 实施效果

2011年10月，本项目运营通车；2012年8月30日，进行了交工验收。

基于自治区交通运输厅高瞻远瞩，在设计阶段即对隧道关键技术进行研究，据伊犁公路局果子沟公路管理分局养护人员介绍，2011年、2012年冬季运营期间，尽管降雪较大，但在采取如前所述工程措施、保温、防排水、防风吹雪等措施基础上，隧道结构完好，经对衬砌背后温度测试，冬季为正温，保温效果较好；尽管隧道洞口仍存在风吹雪及积雪，但风吹雪及积雪相对较少，风吹雪进入洞内距离较短，特别是赛里木湖隧道小里程端洞口(进口)，因风吹雪而进入隧道洞内的积雪长度距洞口仅约50m，与数值模拟计算结论相近(正西南风时，在隧道内部约20m区域也会形成少量积雪)。在运营过程中，通过加强公路养护，在养护人员的辛勤努力下，降雪后及时清雪，在两年的冬季运营中，未因降雪而导致隧道洞口交通堵塞的情况。如图 2-22 所示。

a) b)

图 2-22 赛里木湖隧道小里程端（进口）洞内积雪除雪

2.4.7.6 “零开挖”进洞及出洞方案

捷尔得萨依隧道采用由出口往进口方向的单口掘进方案，出口生态环境较好，本着“晚出洞”原则，采用“零开挖”出洞方案。如图 2-23 所示。

图 2-23 捷尔得萨依隧道采用“零开挖”出洞方案示意

将军沟隧道进出口位于雪岭云杉茂密区，采用双头掘进方案，本着“早进洞”的原则，采用“零开挖”进洞方案。

“零开挖”进洞及出洞方案较好地解决了洞口开挖与环保的矛盾，为疆内隧道首次采用，尤其适用于生态环境脆弱的地区。

2.4.8 安全设施设计

本项目在设计过程中，利用国内外成熟的道路安全研究成果，就路线指标的选用、安全设施设置等运用道路安全性评价手段进行系统、深入的分析，以便及时发现事故隐患及不利于安全的设计，提出改善措施，最大限度保障道路使用者的安全出行需求，提升道路安全水平，降低事故率及事故严重程度，减少直接和间接经济损失。

在全面分析评价基础上，提出了具有针对性的速度控制方法、速度控制技术、交通工程设施与交通管理措施等安全保障措施，完成了《安全性评价报告》专册。

根据安全性评价报告，对设计进行了优化调整，具体体现在如下方面：

（1）对合成坡度控制及平曲线超高调整

为保持车辆在积雪、冰冻路面小半径弯道处车辆行驶的横向稳定性，设计中合成坡度控制在小于 7%，不满足合成坡度要求的小半径路段，对超高进行适当调整。设计中，对越岭段三处平曲线（2 处曲线半径 270m，1 处曲线半径 278m）超高横坡由原设计 6% 修改为 4%。

(2)对爬坡车道位置进行了调整

沿溪段左线下行方向(霍尔果斯至乌鲁木齐方向)连续上坡路段,设置了2处爬坡车道,根据评价结果,将原设于K582+800及K592+300的爬坡车道调至K583+250及K593+850。

(3)对避险车道位置进行了调整

自松树头至果子沟口上行方向(乌鲁木齐至霍尔果斯方向)为连续下坡,原设计根据规范要求及设计经验,设置了5处避险车道,按照安全性评价结果,对避险车道的设置位置进行了调整。

(4)安全设施优化

在最初的设计中,根据有关规范要求,设置了较完善的交通安全设施,如标志、标牌、标线、护栏等,在安全性评价结论基础上,对安全设施进行了优化。其中最主要的调整表现在越岭段桥梁护栏采用钢护栏。

2.4.9 设计中环境保护措施

2.4.9.1 综合考虑

鉴于本工程位于国家级风景名胜区赛里木湖风景区及果子沟风景区内,赛里木湖湖畔及果子沟内风景秀美,生态环境极为脆弱,工程项目区地形、地貌复杂,地质灾害频发,大型构造物多,工程施工不可避免会对环境造成一定程度的破坏,一旦破坏,恢复困难,为此,在设计阶段即充分完善施工组织设计,最大限度地保护生态、指导施工,将该路建设成为一条生态路、环保路、景观路、旅游路的预期目标。

为此,在设计阶段,我们即编制了《指导性施工组织设计》专册。

越岭段沿线海拔高、气候严寒,生态环境极为脆弱,桥隧道构造物多,为山岭深度切割区,地形地貌复杂,沟谷纵横,山高坡陡,地势险峻,地质构造复杂,滑坡、崩塌碎落等地质灾害多,远离既有公路,大型构造物施工及便道、施工场地、弃渣场建设对环境影响大。捷尔得萨依滑坡群是影响既有公路的主要地质灾害。

本工程施工组织设计的重点在于:越岭段重要构筑物施工方案、施工期间既有路交通疏解、环境保护。

2.4.9.2 路线布设、结构方案选择兼顾环境保护

为适应地形、地质及生态条件,越岭段采用了"适应复杂地形地质和特殊桥隧结构的线形组合形式及其线形指标的以桥隧相连为主的螺旋展线方案",并采用百米高墩大桥及斜拉桥跨谷方案,避免了大挖大刷对沿线生态环境的破坏;同时,为尽量降低桥梁高度,在纵断面高程控制上,山坡展线桥段控制桥梁山体内侧预留移动模架施工空间,尽量不对山坡进行开挖,避免引发新的地质灾害,从路线设计上达到了"不破坏就是对环境的最大保护"的目的。

2.4.9.3 施工便道

越岭段主要利用既有G30线及目前已废弃老路(加木帕斯夏子沟)为主,在赛里木湖隧道出口及捷尔得萨依隧道进口之间捷尔得萨依沟谷内,利用既有的"之"字形便道拓宽设置汽车便道,如图2-24所示;在将军沟内设置行车便道至将军沟隧道进口及果子沟特大桥主塔墩旁,将军沟隧道出口设置便桥,连接隧道出口及既有G30线,其他地方均不设行车便道及便桥,如图2-25所示。

如图2-26所示,山坡展线桥路段,沿线生态脆弱,山坡横坡面陡。如采用常规施工方案,沿山坡设置汽车运输便道、钻孔桩施工,将不可避免带来大量的环境破坏,施工组织设计中,创造性地提出了"组合便道及溜槽运渣"方案,并要求施工中尽量采用组合便道,通过沿山脚至墩位处设置钢管、竹排组合便道,同时,山坡上沿桥位纵向设置组合便道,以便于纵向联系,人工运输小型散料,不宜人工运输的采用斜拉卷扬机提升设备运输材料,最大限度地减少了越岭段山坡桥及隧道施工带来的生态破坏。

2.4.9.4 施工场地选择

施工组织设计中,施工场地尽量选择永久占地、既有养护工区、河滩地等,如本项目实施中,沿湖段第

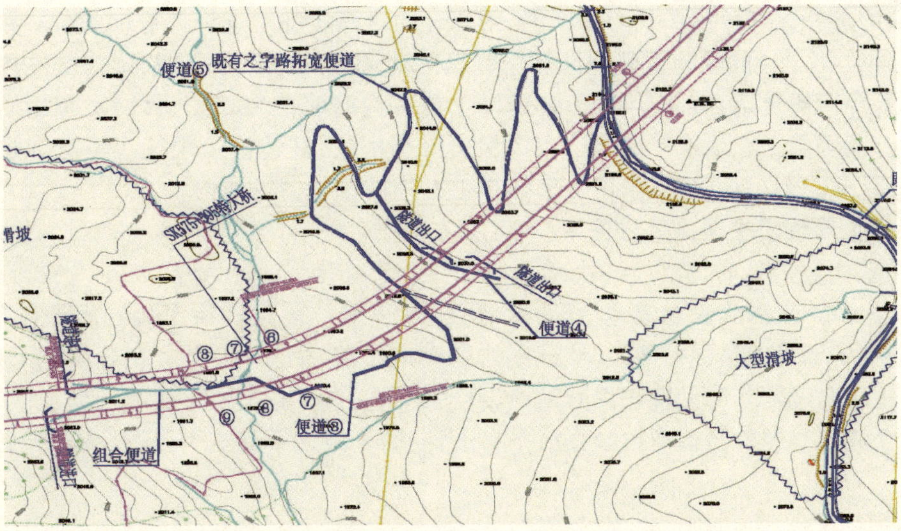

图 2-24　赛里木湖隧道出口至捷尔得萨依隧道进口间便道示意图

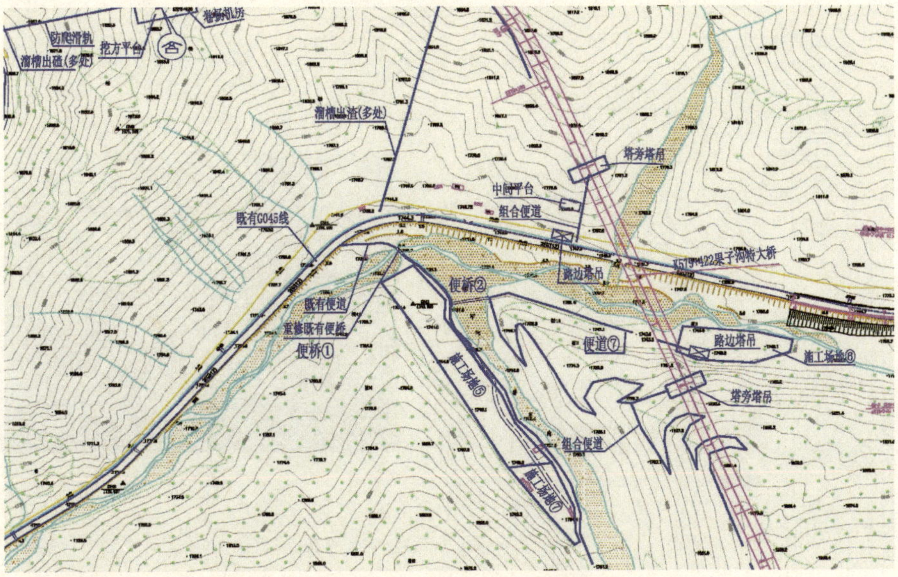

图 2-25　将军沟内便道示意图

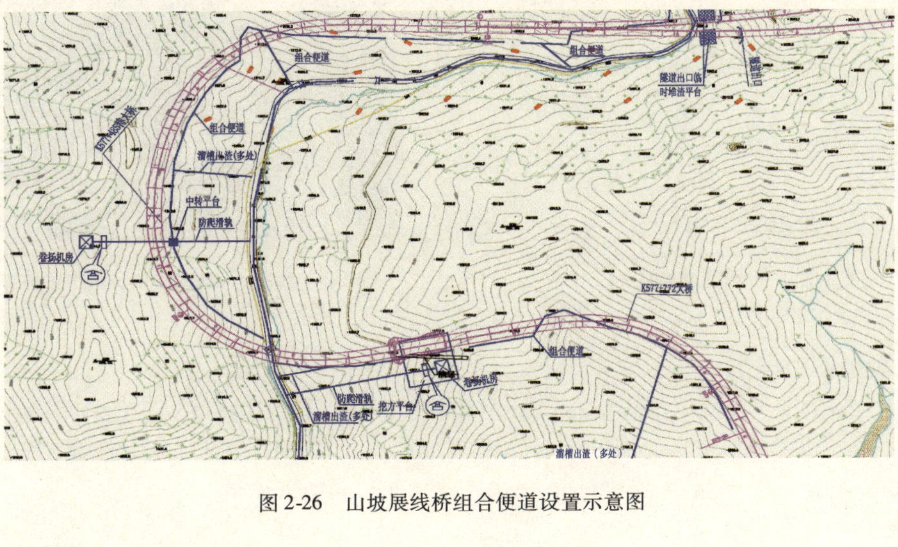

图 2-26　山坡展线桥组合便道设置示意图

一合同段施工驻地选择在三台渔场既有场区内，第二合同段施工驻地选择在松树头既有路旁弃土堆位置（赛里木湖景区外），第三合同段施工驻地选择在赛里木湖旁边既有房屋租用，第四合同段选择二台林场既有场区内，第五合同段及第六合同段施工驻地设于将军沟河滩地内，第七合同段租用既有的新二台养护工区内，第八合同段施工驻地选择在果子沟口租用既有房屋，其他施工现场小型场地根据具体情况选址于永久占地或既有路旁。总之，尽量避免选择在生态植被较好的场地内。

2.4.9.5 山坡展线桥主要施工方法

(1)桥梁桩基

越岭段除捷尔得萨依沟沟底处桩基（植被易恢复、地下水位较高）、将军沟沟底处桩基（处于河床）、果子沟大桥主塔墩桩基采用钻孔桩外，其他桩基均采用挖孔桩（见图2-27）。在岩质坚硬处，采取孔内微爆施工，孔内采用人工辘轳或电动辘轳提升出渣，并沿山坡每隔10个墩台设置一组合钢板溜槽，溜槽下设置存渣平台，弃渣通过溜槽直接溜滑至存渣平台上，运渣车停放于存渣平台下，待车满后直接运走。如图2-28所示。

(2)上部结构施工

山坡展线桥采用现浇结构的预应力混凝土连续箱梁，采用移动模架法施工（见图2-29）。混凝土由混凝土工厂集中生产，由混凝土运输车通过既有公路或新修便道运送到桥位附近，采用混凝土泵车泵送混凝土浇筑桥梁上部结构。

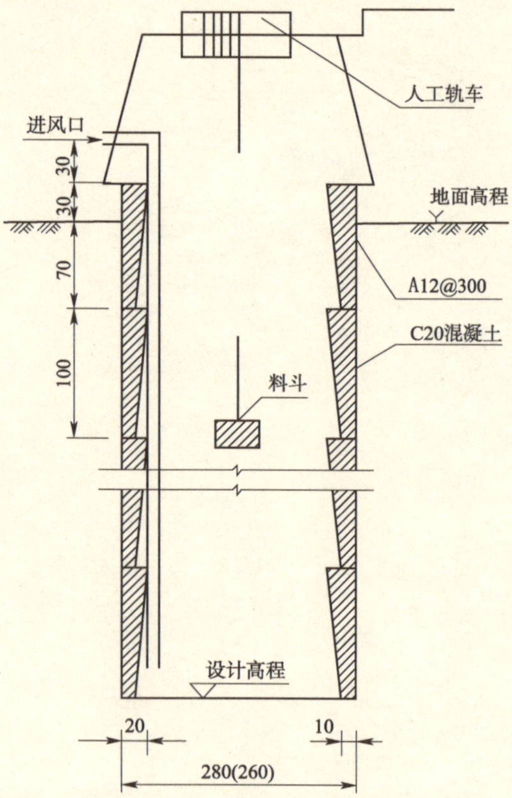

图2-27 挖孔桩施工（尺寸单位：cm）

图2-28 挖孔桩出渣

图2-29 移动模架法施工山坡展线桥

2.4.9.6 隧道洞口施工

越岭段赛里木湖隧道及将军沟隧道均由进、出口双向掘进，捷尔得萨依隧道采用由出口往进口方向的单口掘进方案，减少施工场地建设，同时，出口采用“零开挖”出洞方案。如图2-30所示。

将军沟隧道进出口位于雪岭云杉茂密区，采用“零开挖”进洞方案施工。

赛里木湖隧道进口采用长明洞方案，捷尔得萨依隧道出口及赛里木湖隧道出口采用延长式明洞洞门，本着“早进洞、晚出洞”的原则，控制边仰坡开挖高度，减少对山体破坏。如图 2-31 所示。

图 2-30　捷尔得萨依隧道采用零开挖出洞方案

图 2-31　赛里木湖隧道出口洞门

3　高寒山区桥梁建设技术

3.1　果子沟大桥创新设计与建设关键技术

3.1.1　果子沟大桥创新设计

3.1.1.1　技术特点

果子沟大桥为 G30 线赛里木湖至果子沟口段公路改建工程越岭段跨越果子沟谷的一座特大型桥梁（见图 3-1），为本项目的控制性工程，大桥位于果子沟与将军沟交汇处，其桥面距谷底约 180m，具有桥高、谷深、高墩、大跨的特点。

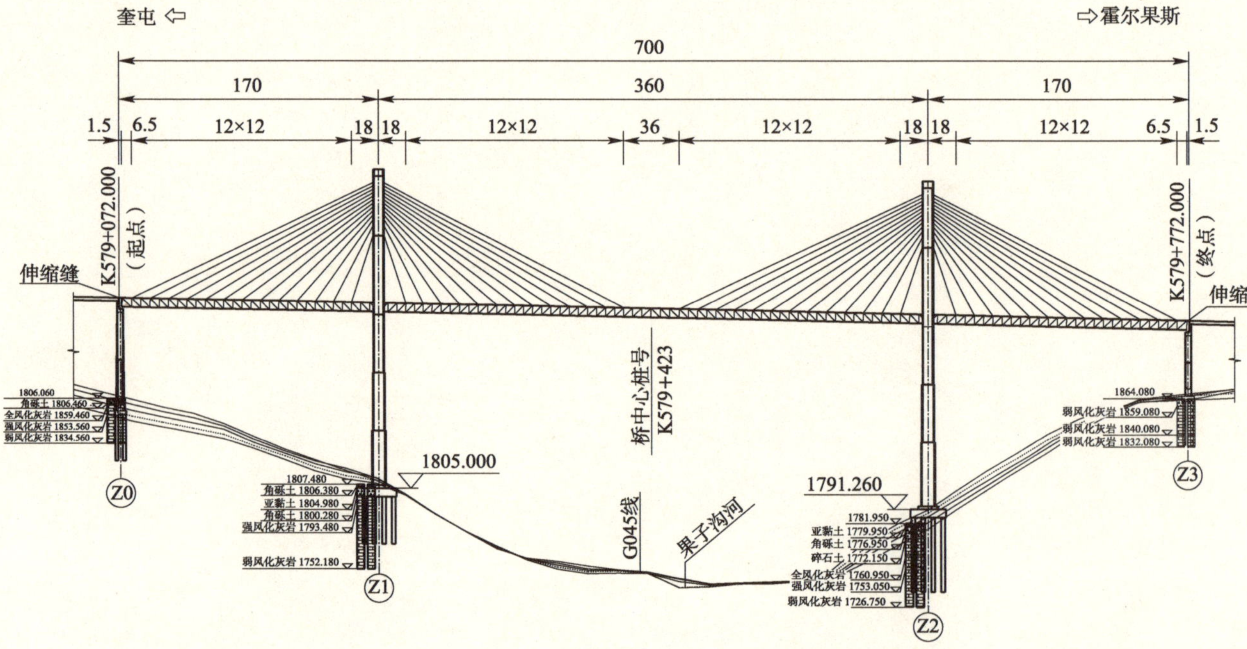

图 3-1　果子沟大桥桥型布置图（尺寸单位：m）

如图 3-2 所示，果子沟大桥位于新疆北天山西部著名的果子沟风景区内，地形起伏较大；区内年平均气温 8.2 ~ 9.4℃；极端最低气温达 -42.6℃，极端最高气温 40.1℃。最大季节冻土深度 170cm。果子沟大桥处 50 年一遇 10 分钟平均最大风速为 29.2m/s，100 年一遇 10 分钟平均最大风速为 30.9m/s。区内地层复杂，基岩岩性主要为石灰岩，桥位区附近有 3 条大的断裂通过。果子沟大桥南北塔场地类别均为 II 类，果子沟南岸场地 50 年超越概率 10% 的地震动峰值加速度 0.17g，北岸场地 50 年超越概率 10% 的地震动峰值加速度 0.18g。桥型方案主要控制因素有：

(1)地形高差大，山高坡陡，地势险峻，便道的施工难度大且造价较高；

(2)既有公路线形差，坡度大，病害多，运输条件极为困难；

(3)穿越著名的果子沟风景区，环保要求高；

(4)施工场地狭窄，大量的桥梁构件预制场地及其他施工场地难以布置；

(5)冬季漫长，气温严寒，混凝土施工需采取特定措施，冬季混凝土施工质量难以保障；

(6)桥址地处果子沟与将军沟交界处山谷之间，风环境复杂，地震烈度高。

a)

b)

图 3-2　桥位处地形、地貌

3.1.1.2　设计方案

(1)桥型总体设计方案创新

本项目越岭段路线采用螺旋展线方案，于果子沟与将军沟交叉口处需设置果子沟特大桥跨越果子沟谷地，综合考虑果子沟大桥的桥高、两端接线等因素，宜选择大跨桥梁跨越沟谷。

根据果子沟大桥复杂地形、复杂气候、脆弱生态、风景区景观要求、有效工期短、施工场地狭窄等建设条件，创新采用主跨 360m 的钢桁梁斜拉桥作为本桥实施方案，较好地解决了山区地形构件运输、梁体架设问题，体现了桥型选择与建设条件的紧密结合。该桥为国内公路建设史上第一座大跨度钢桁梁斜拉桥，同时也是新疆第一座现代化斜拉桥、第一高桥。

钢桁梁与混凝土梁比，结构受力明确，恒载小约一半，抗震性能好，适合桥址处较高的地震烈度；其具有良好的透风性，抗风性能好，适合桥址处复杂的风环境。

钢桁梁结构采用散件运输、散件拼装的施工方法(见图 3-3)，其杆件小型化，采用工厂制作，运输、吊装方便，不受气候影响，安装速度快，施工期间风险小，工期、质量易保证。实际施工证明，钢桁梁一个节段悬臂拼装速度可以达到 7 ~ 10 天一个节段。建成后的果子沟大桥如图 3-4 所示。

图 3-3　果子沟大桥悬拼施工

图 3-4　建成后的果子沟大桥

(2)主塔结构设计创新

大桥处于果子沟风景区,桥梁景观要求高,而斜拉桥主塔景观起至关重要作用。本桥两个主塔高度分别为209.5m、215.5m,主塔桥面以上高度低于塔墩高度,实属罕见,设计采用阶梯造型,视觉在高度方向进行分割处理,取得了较好的景观效果,具有国内独创性。如图3-5~图3-7所示。

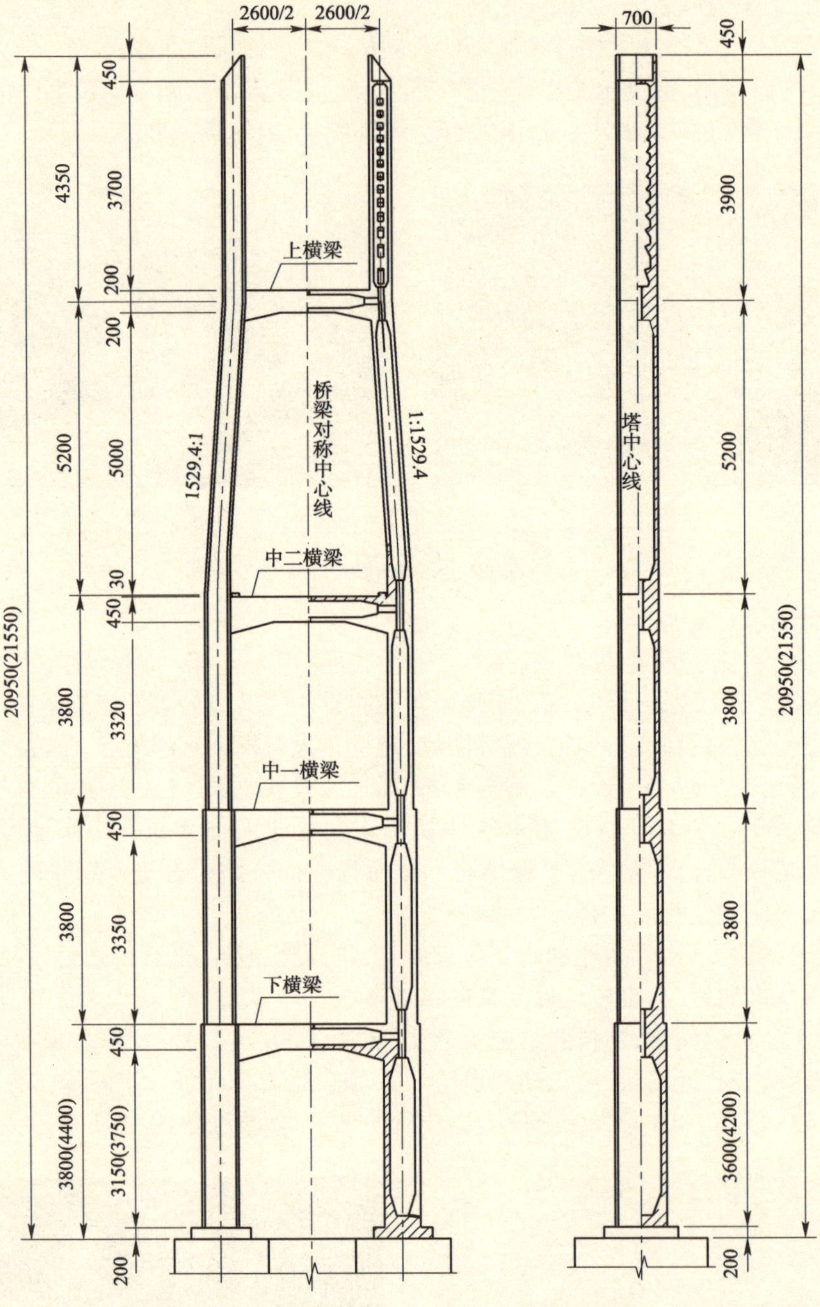

图3-5　主塔立面布置图(尺寸单位:cm)

(3)钢桁加劲梁设计

钢桁梁由主桁、横梁、上、下平联、横向连接系及桥面系组成。主桁为"N"形桁架,两片主桁,主桁中心间距26m,桁高6m,节间长度6m,采用焊接整体节点;主桁上下弦杆采用箱形截面,每侧竖板各设置一道板式加劲肋。主桁斜杆及竖杆均采用"H"形截面,杆件最大吊重17t。如图3-8、图3-9所示。

图 3-6 主塔封顶

a)

b)

图 3-7 主塔景观效果

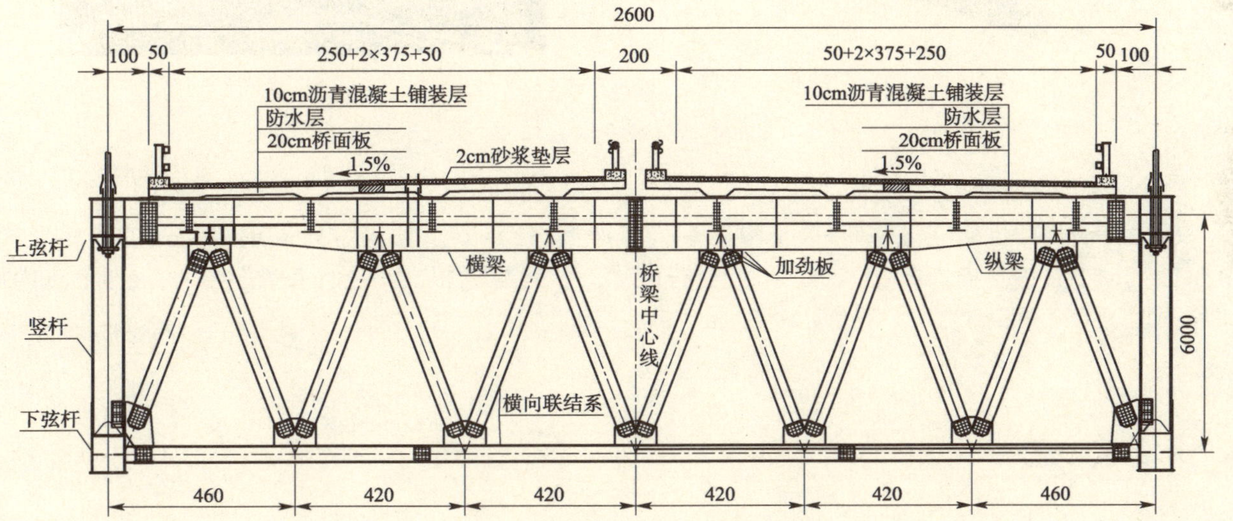

图 3-8 钢桁梁标准横断面布置(尺寸单位:cm)

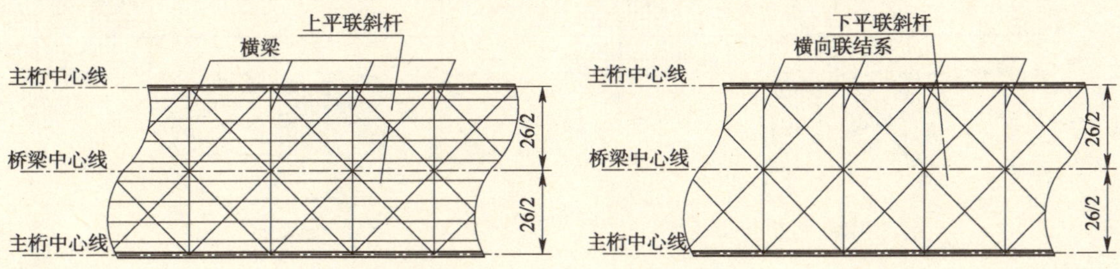

图 3-9 钢桁梁平面布置(尺寸单位:m)

(4)主桁整体节点

果子沟大桥主桁节点采用整体节点(见图3-10),整体节点具有节点与弦杆形成整体,外观整体线形流畅,整体性强,零件少,现场安装工作量小,节省钢材和高强螺栓数量的特点。本桥所处高山峡谷的特殊环境,风环境复杂,且冬季大约有5~6个月时间不能施工,整体节点能有效提高主梁安装速度,使主桁尽早合龙,有效降低施工期间的风险。

图3-10 主桁整体节点

(5)斜拉索设计

本桥斜拉索(见图3-11)采用ϕ7mm低松弛镀锌平行钢丝束拉索体系,钢丝抗拉强度标准值为1670MPa。斜拉索采用双索面平面扇形布置,索体采用双层HDPE防护。两端采用冷铸镦头锚具,梁端为固定端,塔上为张拉端。斜拉索减振采用内置橡胶减振块及PE外面表面设置防风雨振螺旋线,同时设置体外减振器。

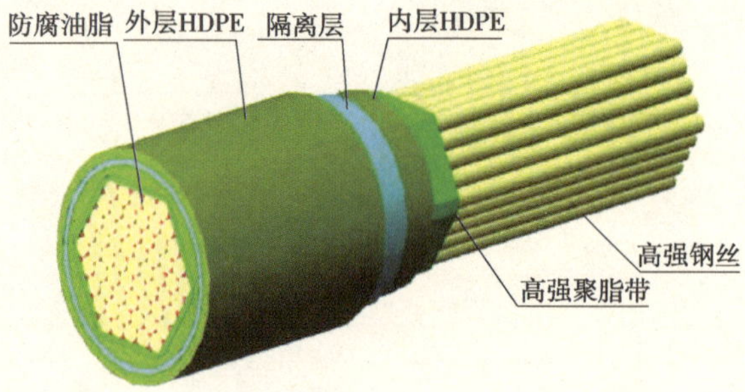

a)

b)

图3-11 斜拉索

(6)拉索梁上锚固方式(见图3-12)

根据果子沟桥位处气候条件,果子沟冬季气温严寒,拉索梁上锚固方式采用下锚式的锚固形式,节点锚箱设于整体节点内侧,索导管穿过上弦杆顶底板,斜拉索根据不同角度锚固于上弦杆节点内侧或底面。

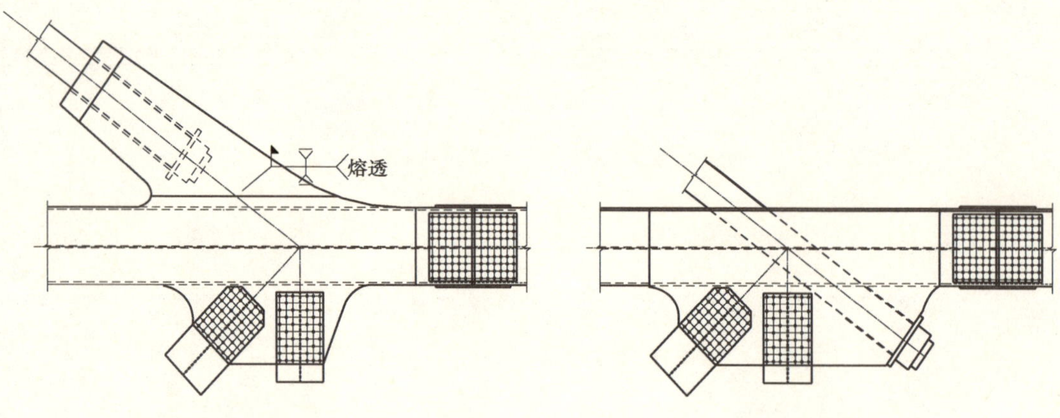

a) b)

图3-12 拉索梁上锚固示意图

下锚式节点的特点是：锚固节点全部在工厂加工完成，无须工地现场焊接，施工质量容易保证，节点板为局部承压，不存在低温情况下发生脆性破坏问题，可有效避免高寒地区钢结构低温脆断问题。如图 3-13 所示。

图 3-13　斜拉索锚固节点

(7)边跨压重设计创新

果子沟大桥静力计算表明边墩存在负反力问题，根据钢桁梁为通透性结构的特点，边跨压重方式采用在主梁端部 3 个节间范围内设钢筋混凝土块的方式，每端压重 1000t，混凝土块横向简支在主桁杆件上。此方案相对于设置体外索种方案来说构造简单，安全可靠，后期维护量小。此压重方式为国内公路桥梁首创。边跨压重构造如图 3-14 所示。

(8)合龙段设计创新

果子沟大桥合龙采取先合龙两边跨再合龙中跨的施工方案。钢桁梁合龙是大桥的施工控制性节点，设计采用弦杆通过竖板上长圆孔和圆孔，利用温度变化、钢梁的伸缩来实现精确合龙，斜杆通过现场投孔来实现半精确合龙。该合龙工艺为国内公路行业首创。合龙段构造细节如图 3-15 所示。

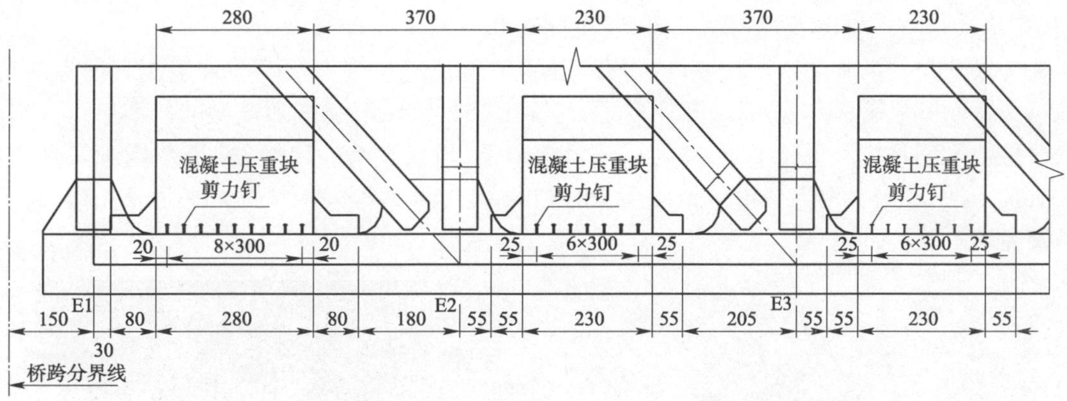

图 3-14　边跨压重构造(尺寸单位:cm)

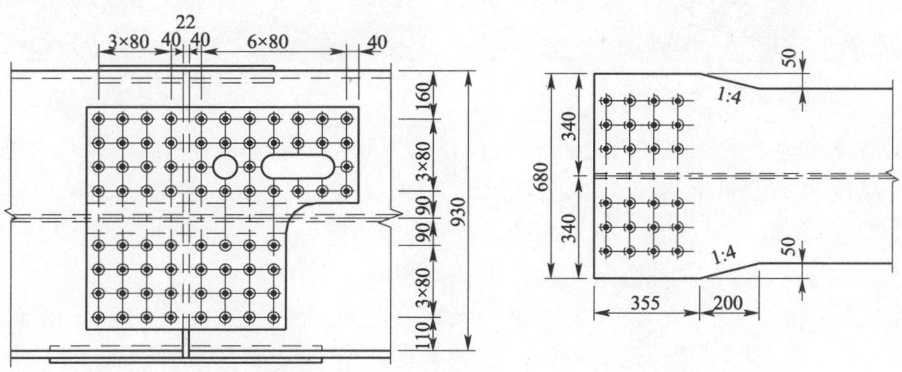

a)弦杆合龙处构造　　b)斜杆合龙处构造

图 3-15　合龙段构造细节(尺寸单位:mm)

果子沟大桥于 2010 年 8 月 28 日在无任何辅助措施情况下，仅利用温度变化即实现弦杆精确合龙，合龙精度控制在 2mm 以内，充分体现了该桥设计、制造、施工的精确性。如图 3-16 所示。

(9)桥面系设计

由于钢桥面铺装具有施工工艺复杂,使用环境要求高,运营期容易损坏等特点,本桥桥面系采用预制混凝土板,较好地避免了上述问题,提高了桥面铺装的耐久性及行车舒适性。如图3-17所示。

图3-16　果子沟大桥精确合龙

图3-17　果子沟大桥桥面板施工

3.1.1.3　专题研究

(1)果子沟大桥桥位气象观测及气象参数分析研究

根据观测分析得出的相关气象资料指导桥梁结构设计,如桥位处极端气温低,主梁钢材选型时采用E级钢、根据风速进行桥梁抗风设计等。如图3-18所示。

(2)果子沟大桥抗风性能及模型试验研究(见图3-19)

研究认为果子沟大桥施工阶段和成桥运营阶段的抗风稳定性是安全的。果子沟大桥在成桥运营阶段主梁的涡激振动不显著,不会导致行车不舒适,综合节段模型试验和气弹模型试验结果,可以肯定果子沟大桥颤振稳定性满足抗风设计要求,在各试验风向角下,风速达60m/s时,裸塔结构未发生驰振,也未发生涡激振动,说明在果子沟大桥桥位处风环境的建设条件下,钢桁梁斜拉桥方案是成立的,大桥结构抗风性能是安全的。

图3-18　气象观测站

图3-19　果子沟大桥风洞试验

在建立主梁高度风速与观测点风速之间相关关系的基础上,根据观测点极值风速可推算出果子沟大桥成桥阶段设计风速为32.5m/s,施工阶段设计风速为30.7m/s。抗风设计考虑的风攻角为$-2° \sim +6°$。施工期间还应当注意:北边跨风速通常大于南边跨风速,通过研究得出桥梁抗风设计相关的设计风速,同时施工期间两边跨风速不相同,注意桥梁在风作用下的扭转。

施工阶段增大桥面板的透风率,是有助于进一步提高结构的抗风安全性的有效措施。根据该结论,设计不考虑桥面板与主桁组合问题,预制桥面板之间的湿接缝待主梁合龙后浇注,桥面板在主梁悬拼过程中有较好的透风性,大大提高了结构在主梁悬拼期间的抗风安全性。

试验结果表明:采用透风的钢护栏比采用不透风的混凝土墙式护栏,对大桥在运营期间的抗风安全更加有利。

通过气弹模型试验和风载内力计算分析,获得了控制截面的风载内力。利用这些结果,可对结构安全进行评价,并优化细节设计。

(3)果子沟大桥斜拉索振动及减振技术研究

斜拉索存在风雨振动的可能性,特别是竖向倾角小的长索更易发生振动,设计采用抑制风雨振动的措施。

斜拉索振动试验如图 3-20 所示。由动力试验可知,花索及附设螺旋肋条对雨振抑制有明显效果,设计中,要求拉索外表面设置花纹或螺旋肋条。

图 3-20　斜拉索振动试验

根据试验结论,设计中,拉索在桥塔锚固端采用高阻尼减振圈,拉索在桥面锚固端采用黏性剪切性阻尼器。

(4)果子沟大桥钢桁梁斜拉桥抗震性能分析

根据分析结果:结构纵向位移很大,需要沿顺桥向设置耗能装置,减少位移及内力。设计中,在桥塔及边墩处各设一对液压阻尼器,全桥共 8 套。

设计中除纵向钢筋配置足够外,加强了箍筋和钢筋的锚固处理。

按时程分析结果进行内力验算,桥墩和主塔在纵桥向和横桥向都能满足地震需求,说明桥墩和桥塔的构造设计是合理的。

给出了阻尼器的技术参数要求,承包商直接向生产厂家订购了该种阻尼器。

(5)果子沟大桥长期健康监测

果子沟大桥桥址处地震运动频繁,风环境复杂,环境温差大。大桥设计基准期 100 年,在其服役过程中,由于环境荷载作用、疲劳效应、腐蚀效应和材料老化等灾变因素的耦合作用,结构不可避免地产生损伤累积和抗力衰减,从而抵抗自然灾害的能力下降,甚至引发灾难性的突发事故。对大桥运营期间进行健康监测、诊断以及各种灾害影响下的损伤预测和损伤评估,指导桥梁的运营和养护工作,对重大事件能进行预警,尤其能对一些人工无法到达的部位进行监测,从而保证桥梁结构的正常使用。

3.1.2　果子沟大桥钢桁梁架设关键技术

果子沟大桥所有构件均按设计无应力尺寸在工厂加工制作,运输到现场散件吊装,高强螺栓连接,具有吊装频次高、架设难度大、定位难、受环境因素影响敏感等特点。

3.1.2.1　钢桁梁安装总体方案

根据现场实际情况和结构设计特点,本工程不具备采取节段整体吊装的施工条件,在充分借鉴国内外施工经验的基础上,拟定果子沟大桥上部结构以单根构件(包括前端节点)作为吊装单元,采用悬臂拼装的工艺施工,单元最大重量为 180kN。总体施工方案围绕吊装设备、安装起点、桁梁与桥面梁系安装顺序、桁梁跨中无应力合龙位移调整措施等几个方面展开技术可行性、安全可靠性、经济合理性比较,确定适合本桥施工的总体施工方案。根据总体施工方案确定的原则,建立三维有限元模型,采用正装法和倒拆法试算,确定果子沟大桥主桥上部结构施工主要控制工况和控制参数,作为确定施工工艺流程和进行施工措施设计的依据。

图 3-21　附壁吊机

(1)特殊架设设备设计

果子沟大桥桥位处地形复杂,大型设备无法作业,因此必须针对性进行专业化设备设计,以满足施工需求。现场在主塔布设附壁吊机以满足桁梁杆件及斜拉索垂直运输问题。同时,在上横梁设置天车,实现横联桁架预拼成型,整体吊装。

①附壁吊机(见图 3-21)

附壁吊机安装在主塔侧面,主要作用是用于大型杆件

（上下弦杆）桥面板提升。

附壁吊机的技术参数如表3-1。

附壁吊机的技术参数 表3-1

序号	参数名称	参数	序号	参数名称	参数
1	整机工作级别	A4	4	回转半径	10m
2	额定起重量	200kN	5	回转范围	-60°～+90°
3	起升速度	0～5m/min			

②上横梁天车（见图3-22）

天车安装在上横梁上，主要作用：拼装临时托架，拼装零号块，拼装桥面吊机，将散件组装成小单元提高拼装效率。

上横梁天车的技术参数如表3-2。

上横梁天车的技术参数 表3-2

序号	参数名称	参数	序号	参数名称	参数
1	整机工作级别	A4	3	起升速度	0～12m/min
2	额定起重量	200kN			

③桥面吊机（见图3-23）

桥面吊机的技术参数见表3-3。

图3-22 上横梁天车

图3-23 桥面吊机

桥面吊机的技术参数 表3-3

整机参数		吊钩			变幅	
		最大起重量	主钩30t	副钩8t	形式	绳拉桁架臂
工作制度	A5	最大/最小幅度	28m/8m	29.5m/9m	变幅范围	23°～78°
最大起重力矩	600t·m	额定速度	0～5m/min	0～11m/min	额定速度	2.9m/min
起升高度	40m	容绳量				
吊臂长度	28m	回转			走行机构	
安全装置	力矩限制器 防风报警仪 低速端制动	形式	转盘式		走行速度	2m/min
限位装置	极限位置限动	回转范围	0～360°		最大轮压	15t
电源	120kW 380V	回转速度	0～0.5r/min			
工作时最大风压	300N/m^2	支承形式	三排液柱式全回转支承			
非工作时最大风压	800N/m^2					
防风装置	锁定 支顶	工作支顶的最大压力为60t				
整机重量	～110t					

(2)首节节段架设

起始节梁段靠近塔侧,是钢桁梁的起始段。由于山区重丘区地理情况限制,大型设备无法进行起始节段安装。只能依靠主塔侧附壁吊机及上横梁天车辅助塔吊进行安装。考虑到起吊设备作业半径、桥面吊机的工作性能以及结构受力安全等因素,起始节段架设有以下两种形式:

方式一:起始节段全部安装。

在索塔侧搭设落地支架或者墩旁鹰架(视桥面高程距地面距离而定),利用主塔附壁吊机和上横梁天车在支架(鹰架)上进行单根杆件架设拼装,安装 1 号斜拉索。

支架及鹰架必须满足首节梁段架设的结构尺寸要求并留有一定富裕,满足支承首节梁段重量及施工临时荷载的结构强度和稳定性要求。

由于起始段设备有限,且受塔身布置位置约束。而桁梁结构斜拉桥起始段(0 号节段)一般较长,如全部安装完毕,则需在桥塔两侧均布置一台附壁吊机,且附壁吊机作业范围要满足 1 号节段安装需求。待 1 号索安装完毕后,附壁吊机扒杆需拆卸一部分,以避免与 1 号斜拉索干涉。

架设顺序一般先底层杆件,再逐步向上;也可以先纵桁再横桁的顺序进行。整个梁段拼装完成经检测符合精度要求,然后整体更换高强螺栓进行节点固结。

方式二:仅安装部分起始段。

从前文可知,为加快施工进度,减少设备投入量。起始段可只进行部分安装,安装区域满足桥面吊机安装需求即可。然后进行桥面吊机安装。待桥面吊机安装完成后,再利用桥面吊机将起始段安装完成。如图 3-24 所示。

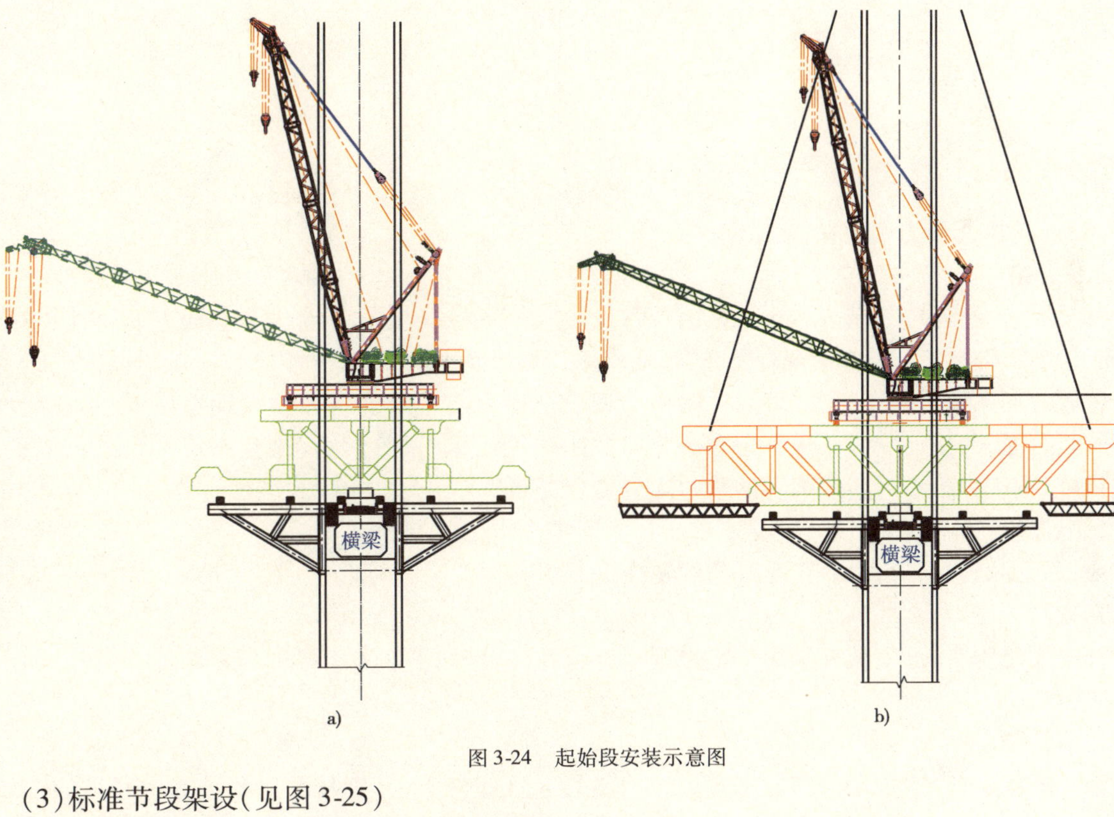

图 3-24 起始段安装示意图

(3)标准节段架设(见图 3-25)

标准节段架设采用桥面吊机悬臂对称拼装法架设。

标准节段由左右主桁桁片,横向联系桁架、下、上平联、纵梁构成。其中左右主桁、下、上平联、纵梁采用杆件吊装。主横桁片采用预拼成整体,采用平面构架法拼装。所有杆件由运梁车运送到位,通过桥面吊机架设到位,主桁架一端与前一梁段相应节点由高强螺栓刚性连接,另一端悬臂,主横桁片与主桁片同样由高强螺栓连接。

标准节段拼装完成后，安装斜拉索并进行初张，完成一个标准梁段的架设任务。

桥面吊机前移一个节段，就位，安装上一节段桥面板，然后进行下一架设梁段的架设。

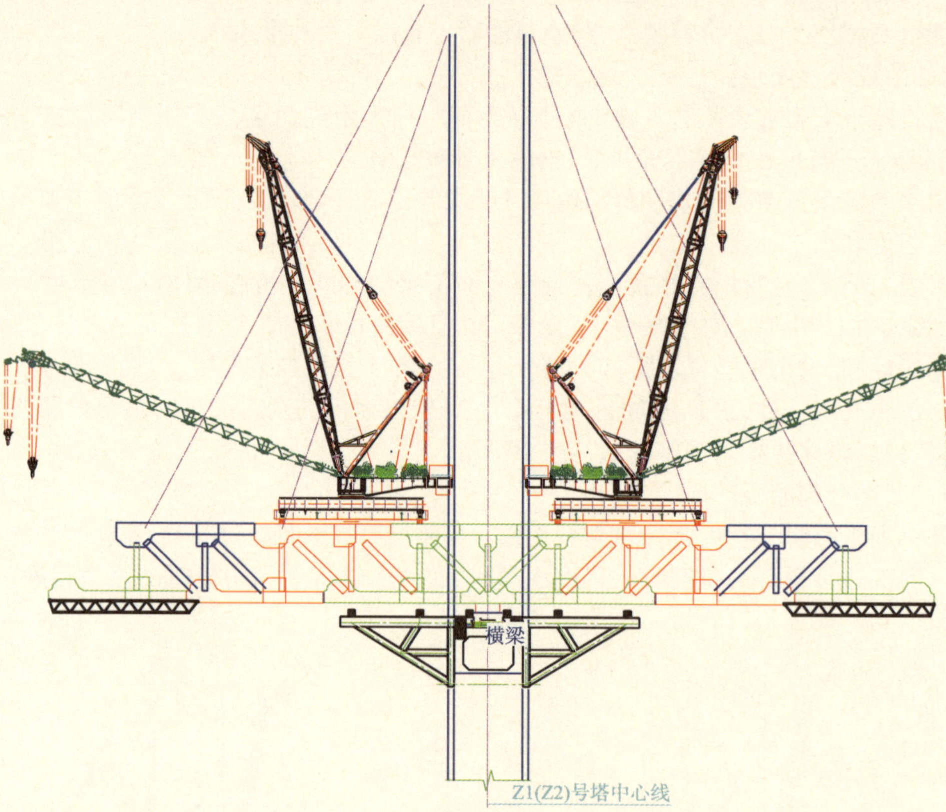

图3-25　标准节段安装示意图

3.1.2.2　跨中无应力合龙关键技术

(1)合龙思路

针对钢桁梁合龙难点，并结合本桥主体结构特点，进行了一系列钢桁梁合龙方案研究和对比，重点研究了360m主跨合龙方案。按通常规合龙方案，通常采用墩顶设顶落和纵横移千斤顶来调整钢桁梁合龙口的空间位置。而本桥采用了一种新思路，钢桁梁架设初期就将正式支座安装在理论位置，不设起顶设备。边跨先行合龙，并施加临时压重。中跨合龙通过用边跨压重，调整索力、改变中跨桥面吊机位置、辅助压重等措施，实现中跨相对转角为零的跨中无应力合龙条件。

①合龙顺序

先下弦，后上弦，再斜杆，最后合龙平联的顺序进行。

②合龙方法

下弦杆采用温度合龙，上弦杆采用一定强制措施合龙，斜杆和平联采用温度合龙。

(2)现场实施

①合龙口测量

中跨桁合龙前，选择通视条件较好且无阳光偏晒的天气条件下，分别从两岸采用同等精度的全站仪同时测量合龙口的平面位置和高程，计算合龙误差，拟订合龙方案，调整合龙口相对高差、转角和纵向误差，完成桁跨中合龙。

合龙口位置以早晚气温相对稳定，钢桁梁无阳光偏晒影响时的实测值为依据，结合连续24h观测当天的温度变化情况，温差按±10℃考虑。南北钢桁悬臂长度为180m，升降温5℃时，一侧合龙口纵向位移量为±17mm，下弦杆合龙前南北合龙口纵向位置差的允许范围为±40mm，栓孔竖向错孔不大于15mm。

②合龙口调整

③弦杆转角及高差调整

上下弦杆的转角和高差通过斜拉索索力调整、压重及改变桥面吊机位置调整，先调整下弦杆的转角和高差，确保栓孔上下错位不大于 15mm（可打入锥形冲钉），利用温度变化合龙下弦后，再调整上弦杆转角和高差。上弦杆调整必要时采用顶拉装置。

④轴线调整

主桁安装过程中各阶段轴线均应控制在 ±15mm 以内，中跨无索区三个节间每安装一个节间进行一次南北联测，合龙段安装时将南北主桁用 4 台 10t 手拉葫芦斜向对拉。

⑤纵向调整

如合龙口纵向实际偏差值大于 ±40mm，则利用合龙口顶拉设备（见图 3-26）进行调整。

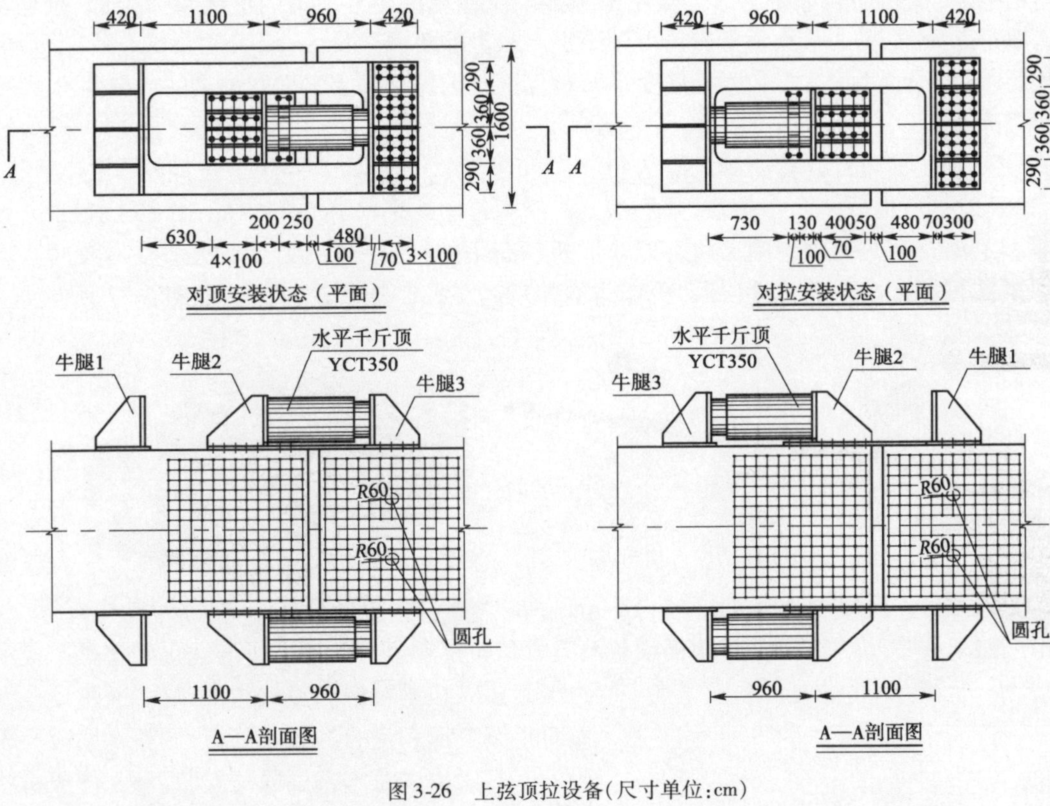

图 3-26　上弦顶拉设备（尺寸单位：cm）

(3) 实际合龙情况

果子沟斜拉桥主跨下弦杆合龙时间为 2010 年 8 月 27 日，上弦合龙时间为 2010 年 8 月 28 日，外界环境温度为 8℃，由于前期安装时控制精度较好，下弦杆合龙十分顺利，没采用任何辅助手段，即实现了合龙。

而上弦杆合龙则比下弦麻烦。相对于下弦，下弦合龙时只是前后两个接口，其合龙影响要小得多。而上弦在合龙时，除前后两个接口外，还需同时连接斜杆及竖杆。现场采用分步合龙方式，首先将合龙上弦杆与竖杆、斜杆连接，为便于上弦杆调整，上弦杆与竖杆、斜杆之间采用单个冲钉定位；然后用手拉葫芦将弦杆后接点合龙，冲满冲钉。此时测量最终合龙口上下偏位，通过索力进行调整相对转角。由于现场控制较好，仅采用了斜拉索索力调整，即实现了上弦杆精确合龙。原准备的上弦合龙强制措施均未使用，完全在无应力状态下实现了主桁跨中合龙。

3.1.2.3　钢桁梁安装全过程控制技术

(1) 总体施工控制体系

在整个钢桁架悬拼过程中，控制内容主要是钢桁架线形、钢桁架应力和斜拉索索力。三者互相关联，相互影响，不可分开分析。

①线形要求

钢桁架线形主要指纵面线形和平面线形。

纵面线形要求主要是指主梁的整体高程和局部平顺性要求。成桥后（通常是长期变形稳定后）主梁的高程要满足上述两方面的设计高程要求。

平面线形要求主要是指钢桁架主梁的实际桥轴线与理论桥轴线值的偏差应符合设计和公路工程质量评定等的要求。

②内力要求

钢桁架梁、塔和索的三大部分的截面内力（或应力）反映了斜拉桥的主要受力性能。其中起控制作用的是主桁架梁的上、下缘正应力，在恒载已定的情况下，成桥索力是影响主桁架梁正应力的主要因素，成桥索力小的变化都会对其产生较大影响。而主桁架梁的应力与主梁截面轴力和弯矩有关，密索体系的斜拉桥在成桥后以受弯（活载）为主，所以成桥后弯矩是主梁中起控制作用的因素。塔的情况与梁类似，只是索力对塔的影响没有梁那么敏感，塔中应力通常容易得到满足。索力除要满足最大、最小索力要求外（最大索力要求即钢丝强度要求，最小索力要求即拉索垂度要求），还要满足因振动等因素引起的索的疲劳强度要求。

③控制计算分析

控制计算主要是复核设计计算所确定的成桥状态和施工状态。具体方法是按照施工图设计所确定的施工工序，以及设计所提供的基本参数，采用 Midas 计算程序的平面和空间单元，分别对施工过程进行一次正装计算，相互校核，并得到各施工状态以及成桥状态下的结构受力、变形等状态控制数据。然后与设计单位提供的数据相互校对确认无误后，再作为斜拉桥施工控制的理论轨迹。如图 3-27 所示。

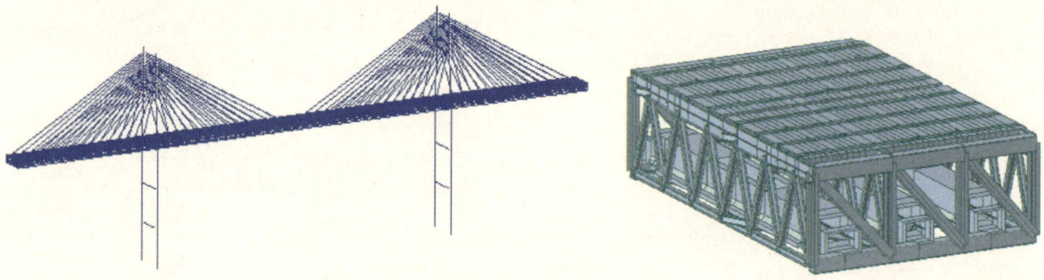

图 3-27　空间计算模型图

钢桁架施工控制主要以控制高程、控制钢梁截面应力和斜拉索索力为主。所谓优化调整是以应力和索力因素建立控制目标函数和约束条件，通过设计参数误差对桥梁变形和受力的影响分析，调整本梁段与未来梁段的安装索力以及未来梁段的安装高程，使成桥状态最大限度地接近理想设计成桥状态，并且保证施工过程中受力安全。必要时还可对已施工梁段的索力进行调整。

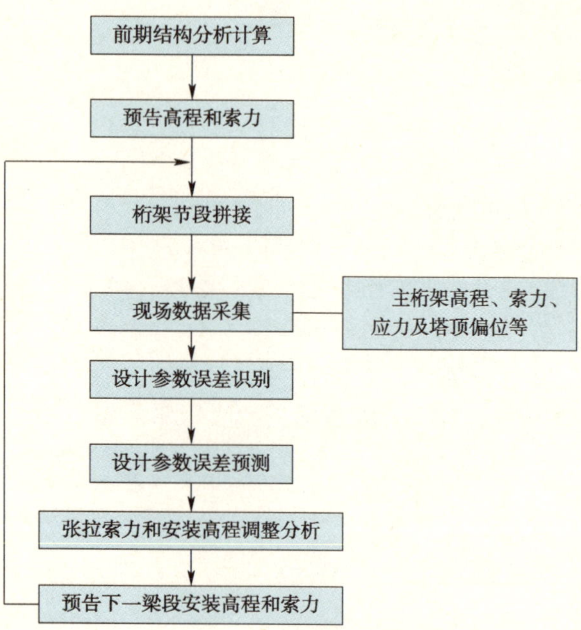

图 3-28　果子沟大桥施工控制图

（2）影响因素及调控策略

斜拉桥施工过程问题多、困难大，影响因数复杂。如：结构刚度、梁段的重量、斜拉索张拉力、施工荷载、温度等。在施工控制初期理论计算时，都取这些参数值为理想设计值。为了消除因设计参数取值的不确切所引起的施工中设计与实际的偏差，我们在施工过程中通过检测对这些参数进行识别和正确估计。对于重要的设计参数有较大的偏差时，应及时通报监控领导小组和设计方及时协商处理，对于常规的参数误差，通过优化进行调整。果子沟大桥施工控制图如图 3-28 所示。

对于主桁架梁和塔内力(或应力)的调整,最直接的手段是调整索力。由于索力较小的变化就会在主梁中引起较大的内力(或应力)变化,而索力本身又有一定的变化宽容度(即最大最小索力确定的索力允许变化范围),因此,索力可作为成桥目标中受力的调控手段。

对于主桁架梁线形的调整,调整安装高程是最直接的手段。将参数误差以及索力调整引起的主桁架梁高程的变化通过安装高程的调整予以修正。成桥后的整体线形调整主要是采用全桥的调索方案。

索力调整和安装高程的调整分两步完成,即先进行索力调整,目标主要是梁、塔截面的弯矩,还可加入已建梁段的主梁高程。主梁弯矩控制截面可选为各施工梁段的典型截面(一般为受拉索锚固点局部应力影响较小处),塔的控制截面可只选塔底以及截面变化处等少数控制位置。主梁高程控制点可选为每施工梁段前端点。

3.2 山区小半径大纵坡桥梁施工关键技术

3.2.1 山区小半径大纵坡预制箱梁施工关键技术

果子沟高速公路第四合同段路线总体呈现“S”形,桥梁全长 2.5km,为 40m 先简支后连续预制箱梁,桥梁包括三个小半径曲线,曲线半径为 270m,最大纵坡为 3.95%,最大横坡为 6%,曲线段占整个桥梁的 1/3。桥型平面、横断面布置分别如图 3-29、图 3-30 所示。

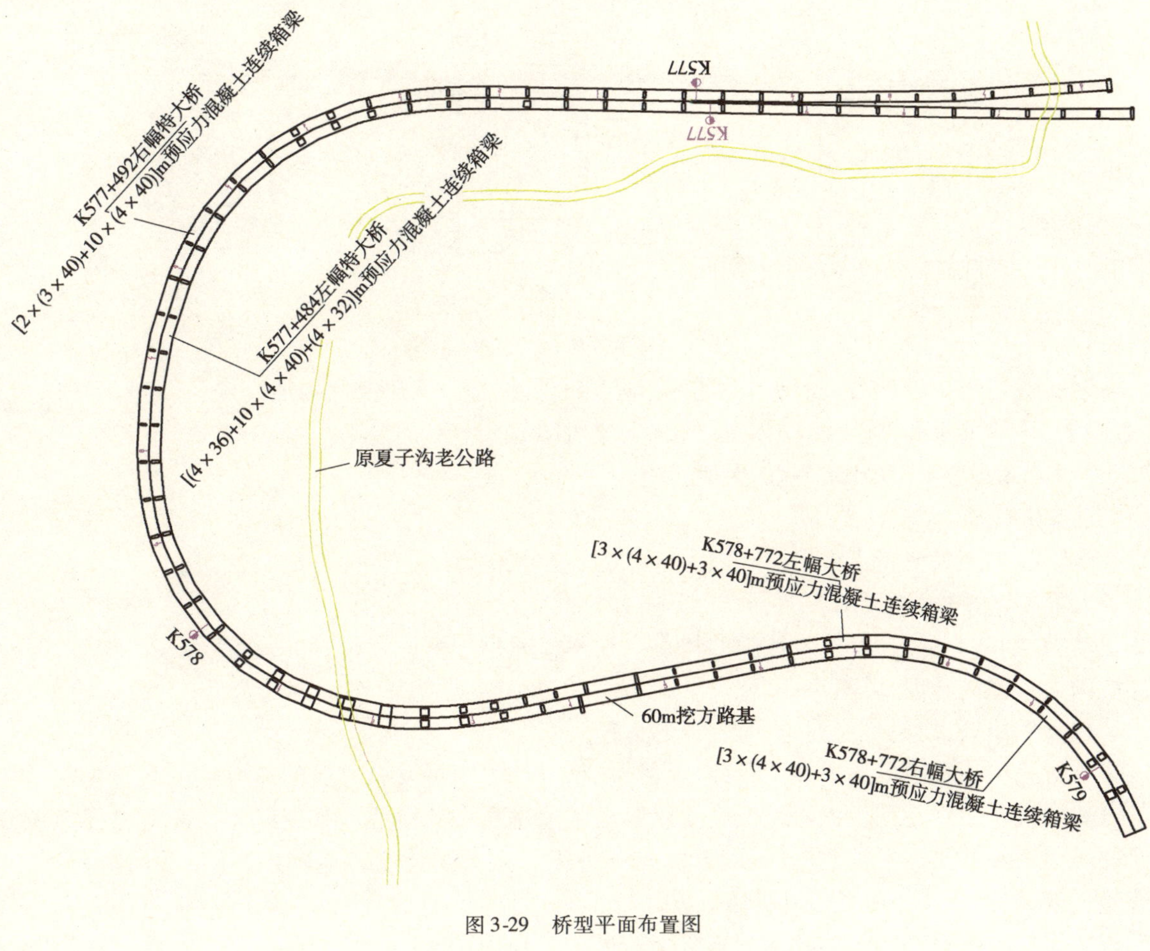

图 3-29　桥型平面布置图

箱梁安装采用先简支后连续，半幅四片梁布置，跨径40m。预制箱梁单片最大吊装重量为：边梁为1627.6kN，中梁为1505.4kN。

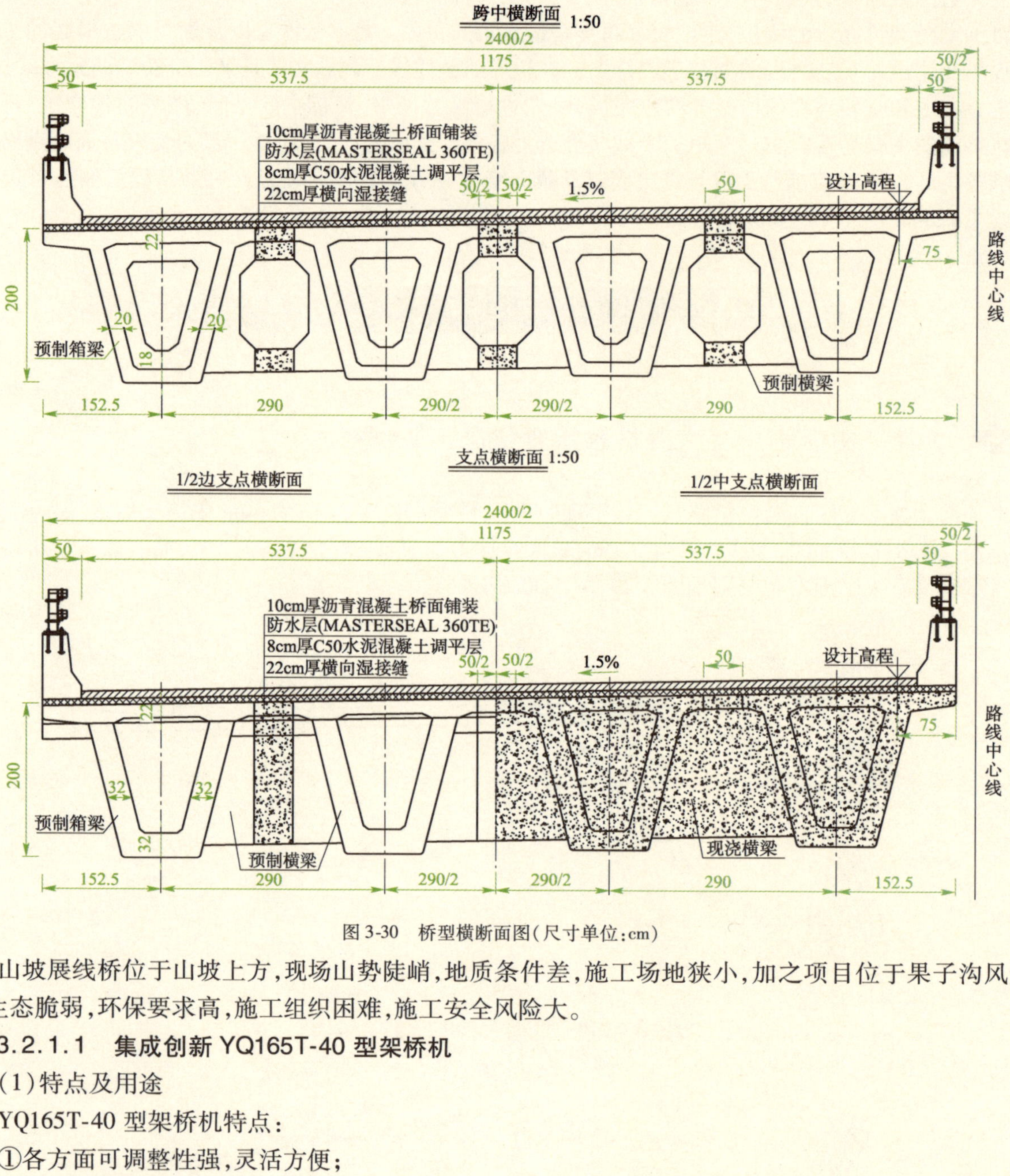

图3-30　桥型横断面图(尺寸单位：cm)

山坡展线桥位于山坡上方，现场山势陡峭，地质条件差，施工场地狭小，加之项目位于果子沟风景区内，生态脆弱，环保要求高，施工组织困难，施工安全风险大。

3.2.1.1　集成创新YQ165T-40型架桥机

(1)特点及用途

YQ165T-40型架桥机特点：

①各方面可调整性强，灵活方便；

②驱动力、制动力强，具有适应性强的特点。它不仅适用于平原地带，同时也适用于山地、水网地带；

③结构力学性能合理，风阻小；

④运行操作简单，使用平稳安全，组装拆卸方便。

该架桥机适用于预制梁的安装架设，对大横坡、小半径曲线桥梁有广泛的适应性。主要表现为：

①该架桥机利用中支承反托轮组及后支承驱动主梁过孔。其轨距可依据所架桥幅宽度任意调整，这样能保证已架设好的梁体不被压坏，所以更加安全可靠。且无须铺设其他辅助轨道，从而减少了铺轨时间和劳动强度，提高了架桥机的过孔效率。

②该架桥机利用自重及吊装的预制箱梁平衡过孔，架桥机可以在桥宽范围内的任何位置过孔。过孔

后前横移梁轨道可以用前天车起吊一次过孔。由于前液压千斤顶作为副支承调整高度,减少了人工搬运的时间和劳动强度。

③通过调整架桥机前、中、后支承管短节长度,及过孔时用支承内设置的液压千斤顶对前、中、后支承高低的调整可适应于5%以下坡度桥梁架设。

④由于增加了后支承及后支承轮箱,因此增加了架桥机上坡时的驱动力,下坡时的制动力使架桥机运行起来更加安全。

⑤为适应架设小半径曲线桥梁,架桥机上部主梁间及上、下横梁宽度都可以调整,天车连接等全部采用转向座连接。这样架桥机不但宽度可调整,还可使架桥机桥架左右主梁拉斜成平行四边形,使架桥机架设小半径曲线桥时更方便可靠。

(2)主要技术参数

架桥机的主要技术参数如下:

①最大起重量:165t;

②桥梁跨径:40m 及以下;

③托轮组速度:3.08m/min;

④桥机横移速度:2m/min;

⑤天车提升速度:0.81m/min;

⑥天车运行速度:3.08m/min。

适应范围:

①最大爬坡能力:4%;

②可架斜桥角度:0~45°;

③可架曲线桥最小半径:270m。

(3)主要结构

①总体结构

YQ165T-40 型架桥机(见图3-31)其主体结构由主梁、起升系统、前支承、中支承、后支承、运梁平车、电气系统等组成。

图3-31 架桥机现场照片

②主梁

采用"A"字断面,单边主梁全长为70m,分为五节,每节14m。主梁高272.8cm(包括天车轨道),底宽中-中为130cm,边-边为146cm。主梁节与节之间连接采用销轴连接,拼装时按出厂编号进行。

如图3-32所示,架桥机两主梁中间的连接由前支承处的前支上、下连接架及架桥机尾部的上连接横梁连接,这几处的连接均为销轴连接,因此架桥机两主梁可拉斜成平行四边形。

两主梁间的宽度根据桥梁参数进行调整,以适应架设小半径曲线时架桥机主梁调斜和喂梁需要。

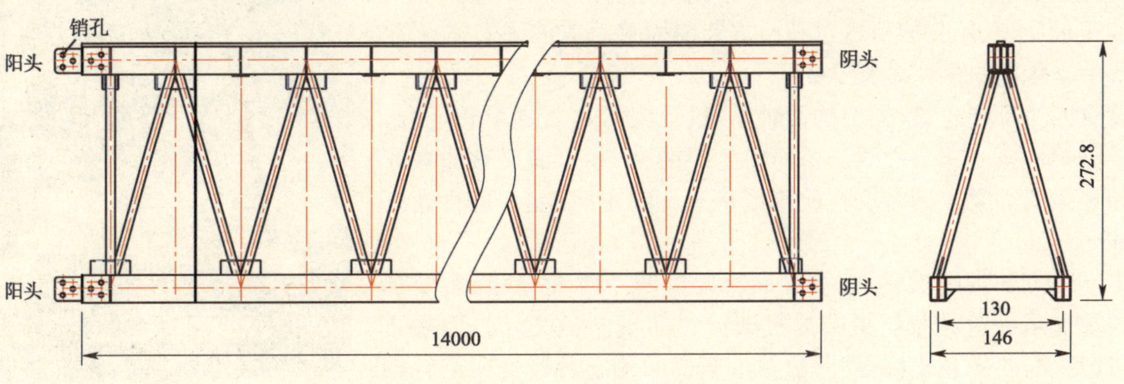

图3-32 架桥机主梁构造图(尺寸单位:cm)

图 3-33　起升系统现场照片

③起升系统(见图 3-33)

由起升机构及运行机构组成。其起升天车共 2 台,额定起重量为 85t/台。起升机构由天车上配备的卷扬机和滑轮组及吊具组成。起升天车主梁长 7m,并可以随意调整长短。

起升天车不但可以沿架桥机主梁上的轨道纵向(顺桥向)移动,还可以沿起升天车主梁上的轨道横向(横桥向)移动,这样可在架桥机完成横移后,天车进行微调将混凝土梁精确安装就位,其各向运行速度均为 3.08m/min。

当曲线段架设边梁时,架桥机到极限位置后,就通过起升天车在其主梁上横移来将梁放置到位。

④前支承(见图 3-34、图 3-35)

设有前走行机构,走行机构上设有转盘,可 360°旋转,这样在施工完毕后架桥机可整机迅速后退至桥头。

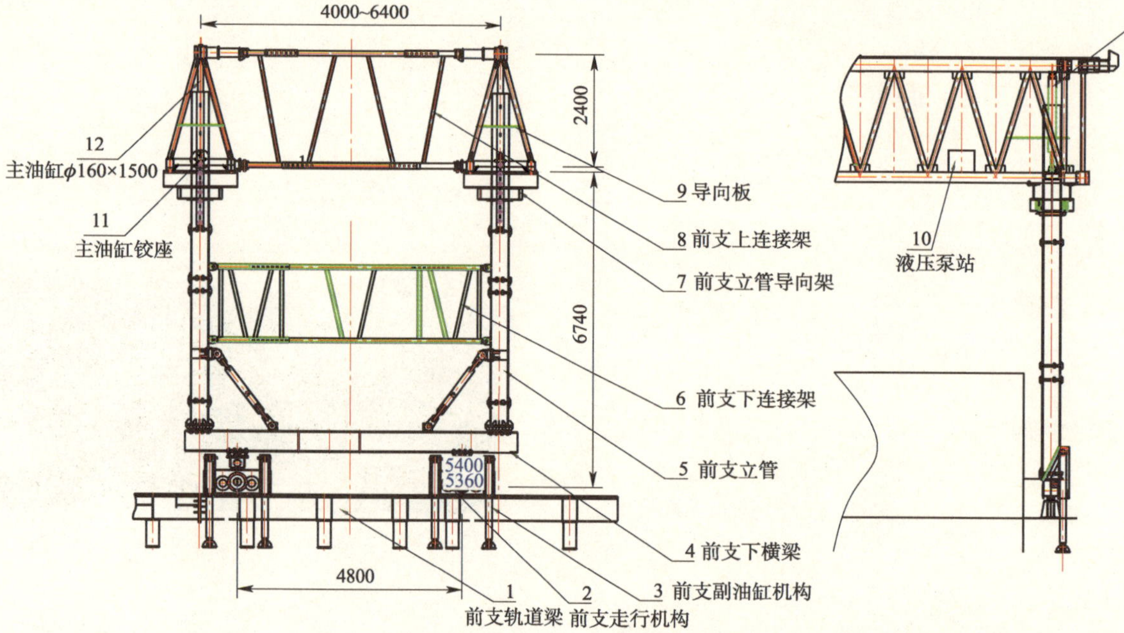

图 3-34　前支承构造图(尺寸单位:mm)

前支承加装下横梁,下横梁下方安装前行走机构,即前横移轮箱。前横移轮箱轮距可在 4 ~ 6.4m 之间调整。为防止架桥机架设边梁沿前横移轨道横移时,轮箱悬出盖梁外,轮箱轮距在架桥机拼装时调整为 4.8m。

前支承上部有 2 台主液压千斤顶,用来调整主梁高度;下部有 4 台小液压千斤顶,用作架桥机过孔后安装前横移轨道前的支撑。

⑤中支承(见图 3-36、图 3-37)

设有四个反托轮箱,其上均设转盘,过孔时可与后支承相配合,随时调整架桥机主梁中心线与桥面中心线的夹角,以满足其曲线处过孔和喂梁的需要。同时反托轮箱也是过孔的主要动力,运行速度为 3.08m/min。

中支承下部设中横梁,中横梁下部设置四个驱动轮箱,主要功能为与前支承一起在架桥机喂梁及架梁时实现整机横移。为防止架桥机横移时轮箱悬出桥面外,故在中横梁两侧上各设置四个轮箱位置,架桥机拼装时可以随意调整,架小半径曲线桥时用外端位置

图 3-35　前支承现场照片

(宽基距 5.2m),架直桥、弯桥时用内端位置(窄基距 4.0m)。

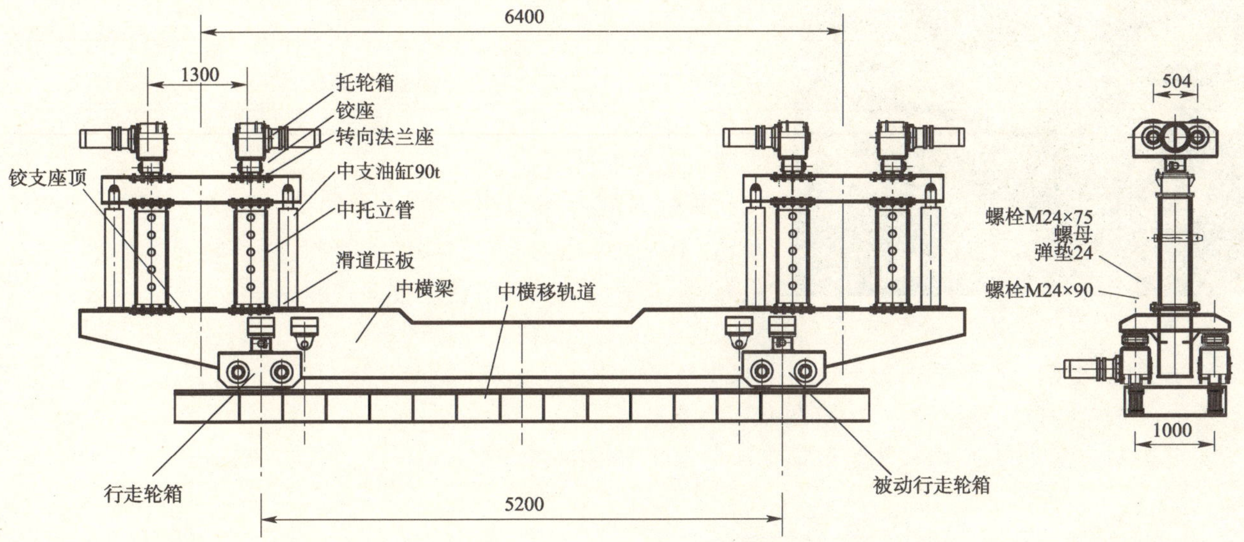

图 3-36　中支承构造图(尺寸单位:mm)

现场实际调整为 5.2m。中支承为架大坡度桥需要,加装有四台液压千斤顶,用来调整主梁坡度。过孔后与前支承配合,调整主梁至水平状态。

⑥后支承

设有两个动力轮箱,轮箱上设有转盘,是过孔时的后驱动力,同时过孔时后支承对主梁起稳定和调整其位置的作用。

过孔时后驱行走轨道为在已架设桥面上铺设的 P50 重轨。其轮箱的轨距是可调的,以适应不同梁宽的要求,保证混凝土梁不被架桥机压坏。现场拼装架桥机时设置为 4m,在两片箱梁的腹板上。

⑦运梁平车

配备 2 台主动轮胎式运梁平车,行车速度由变频调速器控制,以保证过孔及喂梁作业(见图 3-38)时运梁平车与架桥机同步。

图 3-37　中支承现场照片

图 3-38　直接喂梁

运梁平车采用 ZXLC160 轮胎式运输车(见图 3-39),以满足箱梁在桥上的运输需要。

(4)架桥机安装及调试

架桥机在拼装前,先根据桥梁的相关参数(如上部结构的组成、架设箱梁的最大宽度、平曲线半径、横坡、纵坡等)情况来决定架桥机两主梁间距、主梁间是否拉斜。在拼装时主梁中心距一般调整到最大,以保证架桥机架梁及后退时的稳定性。架设直桥及大半径曲线桥架桥机两主梁间不用拉斜,斜桥、小半径曲线桥则需拉斜,主梁拉斜角度根据斜桥角度及小半径桥内外弦线与盖梁中心线的夹角来确定。根据现

图 3-39　箱梁运输

场实际条件架桥机主梁间距确定为 6.4m，先架设的大桥 1-4 跨位于直线上，两主梁间先不拉斜。

由于路基长度仅为 60m，而架桥机长度为 70m，路基处无法完整地将架桥机拼装完成，根据现场的实际地形，将大桥第一跨处场地平整后（40m 跨），与路基一起作为架桥机的拼装场地。具体拼装步骤如下：

步骤一：将组装场地平整、夯实后，在桥台处铺设中支承横移轨道，中横移轨道与前盖梁中心线平行，横移轨道下方用硬木支垫好，轨道铺设应克服桥台横坡，要铺设水平；铺设完成后在其上安装中支承横梁及中支承轮箱。

步骤二：在第一跨顺桥向方向设置两条平行的，间距为 4.8m 的 P50 轨道，拼装前支承，前支承走行机构的两个轮箱也按顺桥向布置，落在 P50 轨道上。

步骤三：在中支承反向托轮组及前支承上安装架桥机第一节主梁。如图 3-40 所示。

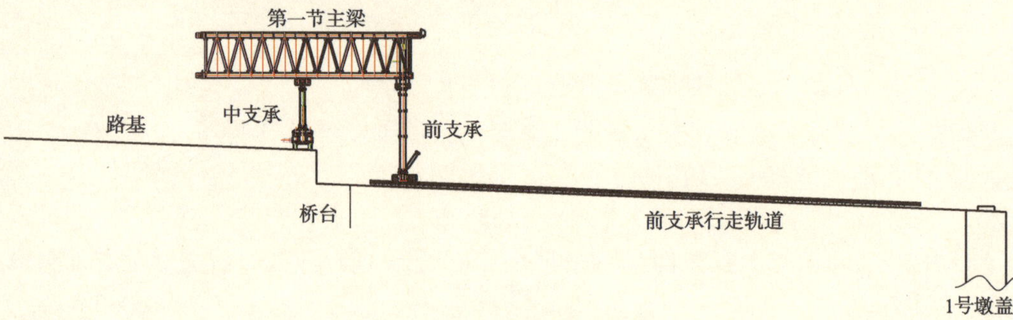

图 3-40　主梁拼装图

步骤四：第一节安装结束后，开动架桥机前、中支承行走机构，使架桥机向前方待架跨推进，待第一节主梁尾端靠近桥台时，接长架桥机主梁，每接长一节后开动前、中支承上的驱动装置使主梁向前推进。如图 3-41。

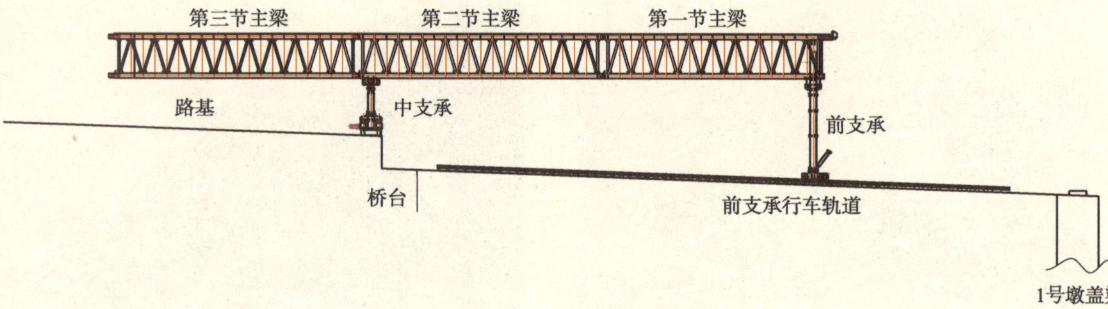

图 3-41　主梁接长拼装图

步骤五：待架桥机主梁逐节接长并向前推进，前支承前移至 1 号墩盖梁指定位置处，主梁就不再向前推进，在路基上用吊车将余下的主梁安装完。主梁安装好后在主梁上安装后支承和后液压千斤顶等支承装置。

步骤六：在 1 号墩盖梁上安装好前横移轨道，将前支承上 4 台液压千斤顶放下，并在盖梁上支起，将前支承行走机构轮箱旋转 90°后落在前横移轨道上，待落稳后将前支承上 4 台小液压千斤顶升起。

步骤七：安装架桥机两天车及电气设备等。

步骤八：架桥机加油、吊具穿设、调试，做好架梁准备。

架桥机安装好后，要对架桥机主要部件进行调试，检查其性能是否运行顺利、是否安全可靠。如图3-42。

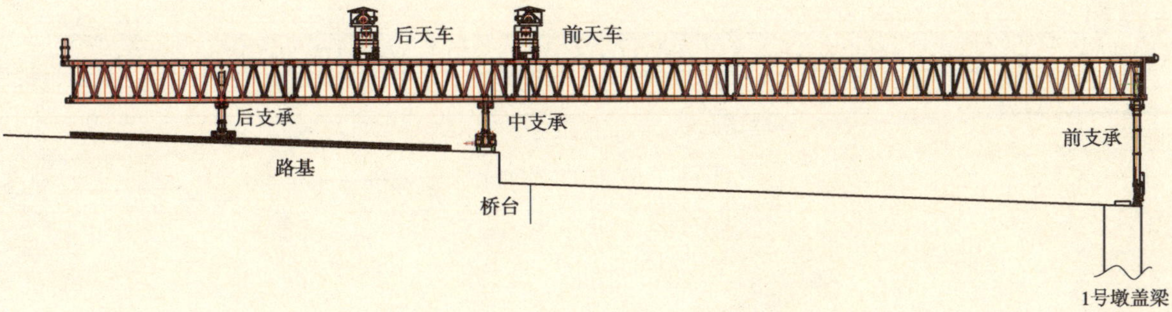

图3-42 架桥机拼装完成后状态图

(5)架桥机安装技术要求

①主梁的水平弯曲小于 $L/2000$。

②主梁上下弦杆的局部平整度，以2m平尺测量，在受压区 $H/3$ 内小于7mm，其他区域不大于11mm。

③后支腿从侧面看垂直度 $h_1 \leqslant H_1/2000$（H_1 为支腿总高）。

④在同一根主梁上小车轨距偏差 $\Delta K = \pm 2$mm；在两根导梁上线距偏差，在前后支腿处 $\Delta K = \pm 2$mm；在跨中 $\Delta K = \pm 5$mm。

⑤两主梁同截面相对高差 $\Delta h < 10$mm。

⑥小车轨道侧向直线度在2m长度内的公差≤1mm，全长≤10mm。

⑦车轮架空的情况下测量车轮轴线的垂直偏斜，$-0.0005 \leqslant \tan\alpha \leqslant 0.0005$。

⑧车轮轴线在水平面内偏角满足 $\tan\phi \leqslant 0.0009$。

3.2.1.2 小半径曲线处架桥关键技术

(1)小半径曲线处（$R=278$m）架桥机过孔技术

架桥机过孔具体步骤如下：

步骤一：过孔准备。

安装后支承，铺设后支承行走轨道（后支承为架梁方便一般过孔后拆除）。将装有箱梁的运梁平车开到架桥机尾部作配重用，前、后天车运行到架桥机尾部，增加架桥机过孔时后支承行走装置行走时的摩擦力。如图3-43所示。

步骤二：将架桥机前、后支腿升起，使中支承反向托轮组脱离架桥机主梁，用前天车将中支承反向托轮组调离中横移轨道放置在桥面上，然后用前天车吊装中横移轨道至已架好跨端，安放平顺后（此时中横移轨道轴线不一定要与前方盖梁中心线平行，能保证过孔就可），再放上中支承反向托轮组。中支承保持高度不变。如图3-44所示。

中支承放好之后，前主液压千斤顶下降使架桥机主梁落到中支承轮箱托轮上。

直线桥过孔两主梁与前盖梁垂直，不用拉斜；而弯桥过孔，过孔之前首先要对架桥机的两主梁进行拉斜操作，两主梁拉斜过程是一个渐变的过程，从直线段到缓和曲线段再到 $R=278$m 小半径曲线段后，架桥机两主梁的拉斜角度为4.122°，两主梁相错32.6cm，两主梁中轴线间距从640cm变为638.8cm。如图3-45所示。

桥梁从直线段直接过渡到 $R=278$m 小半径曲线架桥机主梁的调整按下述设置：

假定待架跨为 $R=278$m 小半径曲线跨，已架跨为直线跨，根据 $R=278$m 小半径曲线处的桥梁参数，架桥机中横移轨道放好后（与待架跨盖梁中心线平行），架桥机两主梁端头距离前一孔盖梁中线（横桥向）的垂直间距相差为32.6cm，这样架桥机过孔后前支承中心线与前一跨盖梁中心线交角过大，过孔后架桥机调整的幅度也相应变大，不安全因素增加。

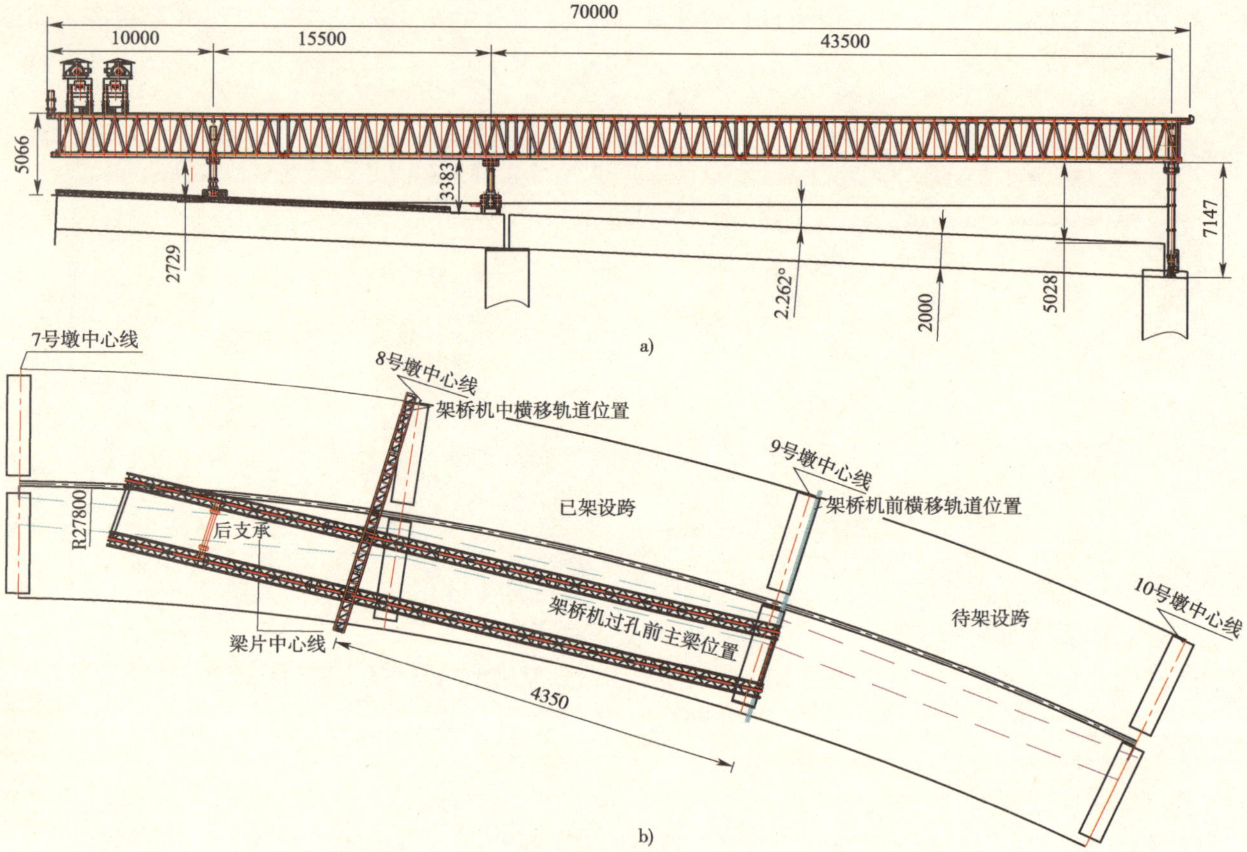

图 3-43　架桥机架梁完成后准备过孔时的状态(尺寸单位:cm)

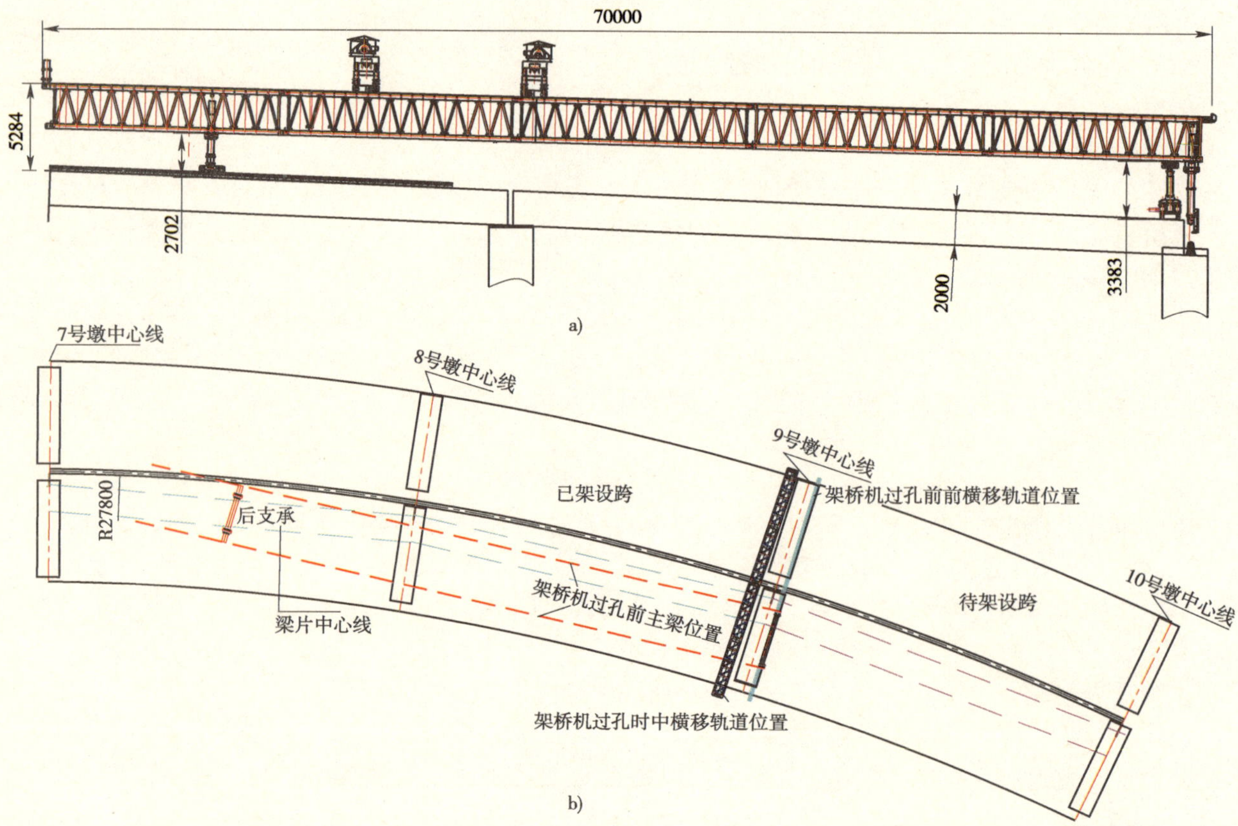

图 3-44　架桥机中支承位置调整后的状态(尺寸单位:cm)

架桥机过孔后的最佳状态为：架桥机两主梁中心线与待架跨梁片中心线平行，架桥机前支承同时到达前一孔盖梁上，当前支承放下时其中心线与盖梁中心线平行（横桥向）。这样不仅方便前横移轨道铺设，同时有利于后续架桥机架设边梁的顺利进行。

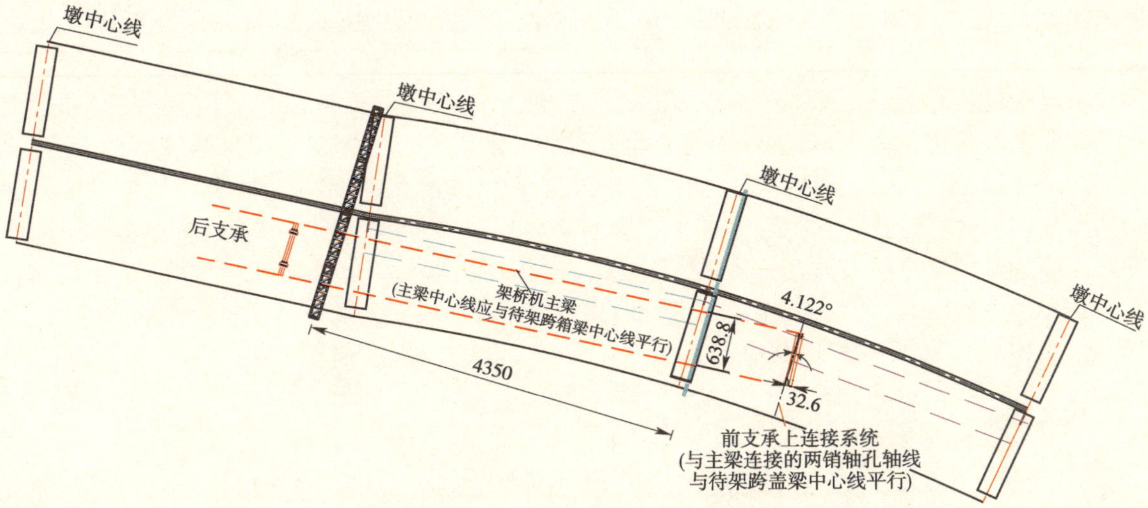

图3-45 架桥机主梁调整示意图（尺寸单位：cm）

因此，为保证架桥机过孔后其调整幅度变小，特采取如下措施来调整：

架桥机主梁拉斜调整是通过架桥机两主梁前后错动，用于两主梁连接的各销孔间销轴的转动来实现。

前支承处上连接架两销孔间间距为454cm，保持靠路线内弦侧架桥机主梁不动，另一侧主梁向前推进，则另一销孔轨迹应为圆弧形，当架桥机主梁运行到两销孔线连接线平行于前一跨盖梁中心线时，主梁停止运行，架桥机主梁调整到位。

经调整后架桥机主梁宽度变小，就$R = 278$m 小半径曲线而言，变化幅度为1.2cm，理论上中支承处反托轮箱间距应调小1.2cm。而中支承反托轮箱上滚轮的宽度为16.8cm，而架桥机主梁宽为13cm，这样过孔后主梁不会悬出中支承反托轮箱的滚轮，故不予调整。若架桥机拉斜角度过大（如架设斜桥），则需要同时调整前支撑架的宽度和中支承反托轮箱间距。

架桥机主梁拉斜具体调整步骤如下：

①中支承处液压千斤顶向上顶起，使架桥机前支承行走轮箱脱离前横移轨道。

②开动靠路线中心线侧架桥机主梁侧的中、后支承行走机构电机，将该侧主梁向前推进，推进32.6cm后停车。

③此时架桥机主梁调整完成，两主梁与连接体系构成平行四边形。

若要调整中支承处反托轮箱的位置，架桥机在进行上述步骤2时，再增加以下步骤：

主梁推进一段距离后停车（以主梁刚悬出中支承反托轮箱为控制点），将前支承上四个小千斤顶落在盖梁上并升起，中支承上的液压千斤顶下降，使架桥机主梁脱离中支承上的反托轮箱。

调整架桥机中支承上的反托轮箱位置，以主梁不悬出中支承反托轮箱的滚轮为止。

然后前支承处千斤顶回油，千斤顶缩回，架桥机主梁落到中横移反托轮箱上，驱动靠路线中心线侧架桥机主梁侧的中、后支承行走机构电机，使该侧主梁再向前推移，推移到位后停车。这样主梁拉斜就调整完成。

步骤三：轮胎式运梁平车进入架桥机尾部，架桥机后天车（架桥前进方向后面的天车）停在距后支承3m处，吊住梁端1.5m处（轮胎运梁平车随箱梁一起，不开出），钢丝绳不要拉紧，预紧一下即可。

步骤四：开动后驱动行走装置及中支承反托轮装置使架桥机向前纵向过孔。

过孔时，架桥机中支承机构作为架桥机过孔的一个支点，仅该处反托轮箱开动，与后支承处的行走机构一起为架桥机过孔提供动力,而不发生横移。

后支承行走机构的运行轨迹为弧线形,行走半径 $R=272\text{m}$(距桥梁中心线6m),后支承行走39.129m后,架桥机过孔到位。架桥机主梁相应以带转盘的中托轮箱为支点转动8.244°。

架桥机过孔时,后支承和运梁平车间距应保证相对一致,吊梁作配重的后天车可稍微用力,把钢丝绳拉紧。

架桥机过孔时后天车与运梁平车采取如下的同步措施:架桥机过孔时靠中支承反托轮箱和后支承驱动轮箱共同驱动架桥机,以3.08m/min的速度向前运动。运梁平车则由自带动力单独驱动,运行速度由司机换挡位加油门控制。由于架桥机过孔时用预制好的中梁为配重,所以由后天车用钢丝绳连同预制梁及运梁平车一起吊住。过孔时轮胎运梁平车以3.08m/min速度挡位运行。在运梁平车运行时,设专人在一旁观察后天车吊重钢丝绳垂直情况来指挥司机控制油门,当观测员观测到钢丝绳下端向后倾斜,观测员就指挥司机加油门,当观测员观测到钢丝绳下端向前倾斜,观测员就指挥司机减小油门。

过孔模拟图如图3-46~图3-49所示。

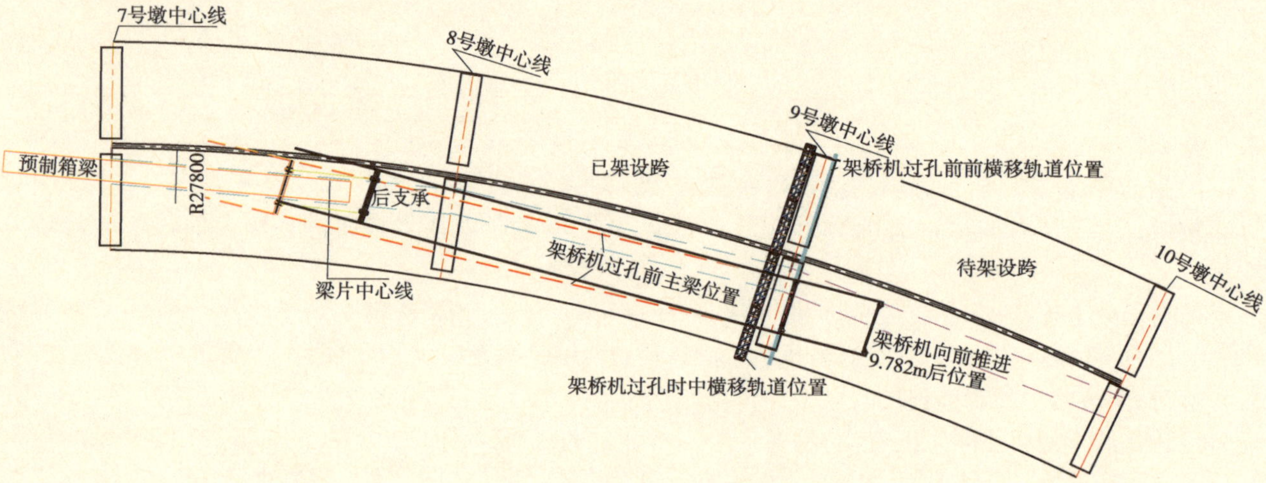

图3-46　架桥机过孔状态一(主梁向前推进9.782m)

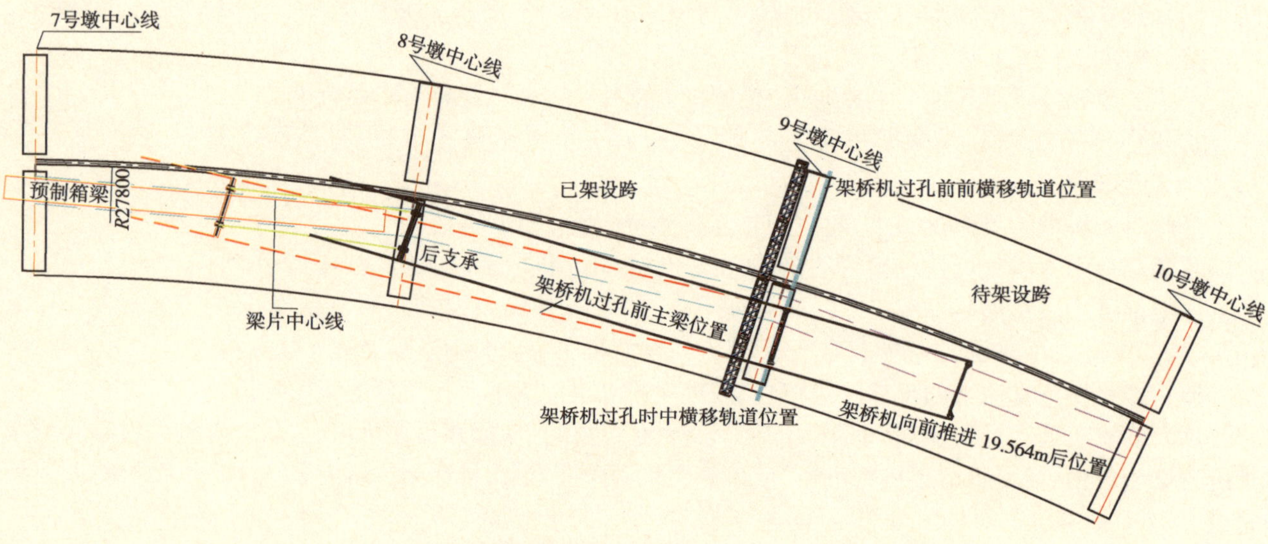

图3-47　架桥机过孔状态二(主梁向前推进19.564m)

随着架桥机前移过孔,其主梁也逐渐恢复水平状态,如图3-50所示。

步骤五:架桥机过孔到位后,吊装指挥员带一位熟练工人顺着架桥机主梁上的走道到达下一孔盖梁上,在前支承两边各一人观察指挥架桥机,对其进行细微调整。

步骤六：前支承 4 台前副液压千斤顶向下支撑到盖梁上作为副前支腿。然后技术人员到盖梁上，测量两盖梁中间挡块的高度，以此高度为基准，用前天车将预先制作的钢板凳放置到位，然后再在其上垫木板，直至水平。

步骤七：调整好后用前天车将前横移轨道一次整体吊运过孔，放在钢支撑上面（前行走轮箱下面），

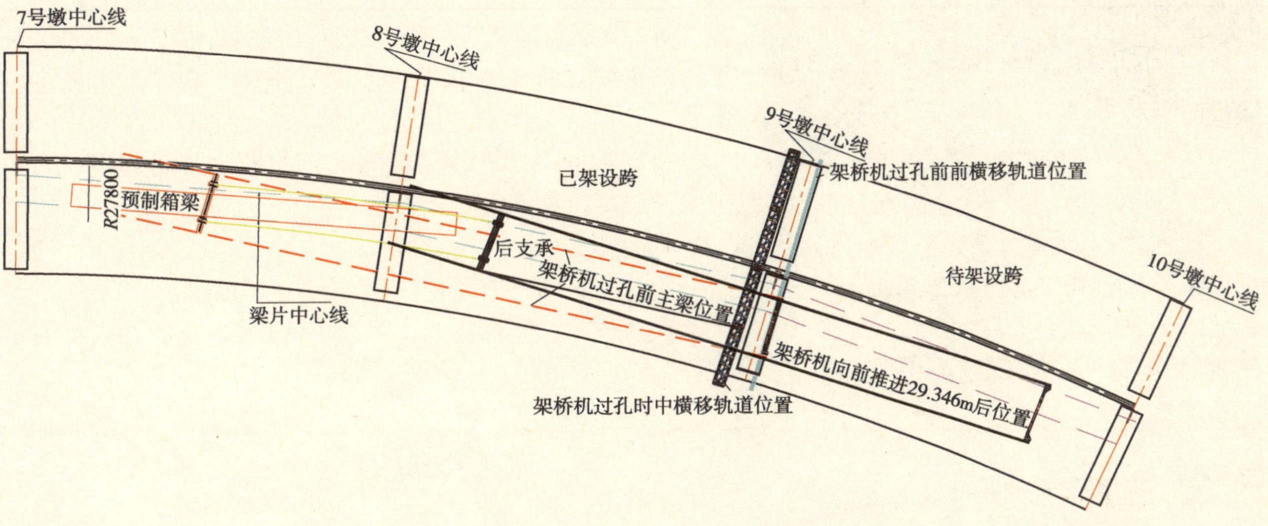

图 3-48　架桥机过孔状态三（主梁向前推进 29.346m）

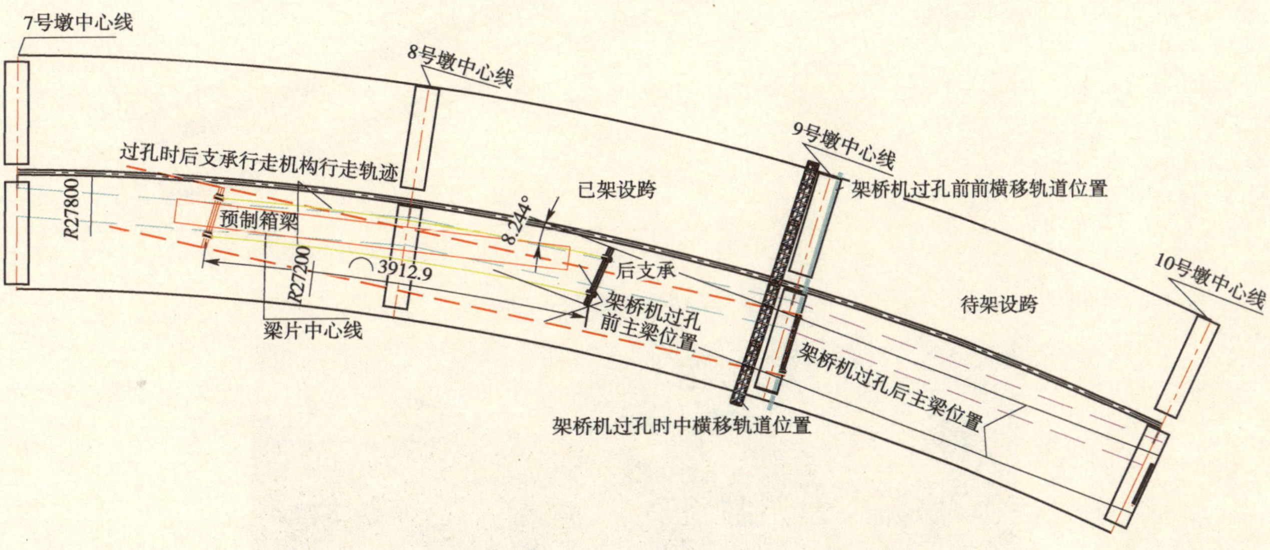

图 3-49　架桥机过孔后位置图（主梁前进到位）

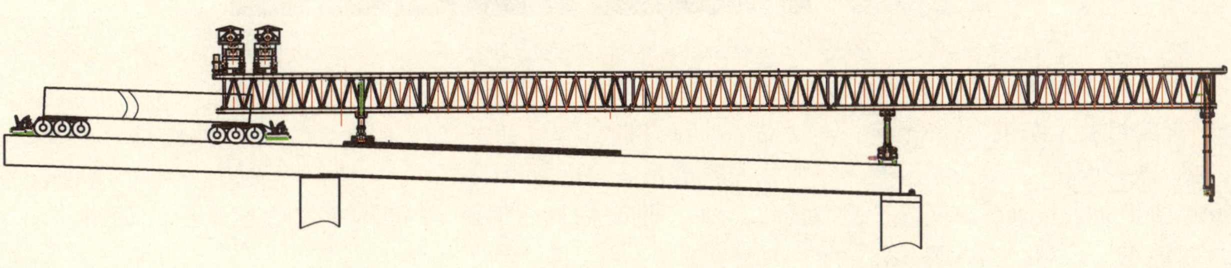

图 3-50　主梁恢复水平状态示意图

图 3-51　前横移轨道的安装

使前横移轨道与盖梁中心线平行（横桥向），且前横移轨道应平直，如图 3-51 所示。

固定好后将前、后支承升起，让中支承反向托轮组脱离架桥机主梁，用前天车调离中横移轨道，再一次调整中横移轨道的位置，使其中心线与前方盖梁横向中心线平行，调整好后将中支承反向托轮组安装就位，调整前、中支承的高度，使架桥机主梁保持水平状态。此时架桥机平面位置如图 3-52 所示。

步骤八：将架桥机调整好后，将中横梁与主梁用 4 台手拉葫芦前后拉紧固定。

步骤九：试运行架桥机横移机构，检查前、中横移轨道是否平直，准备架梁。

架桥机过孔完成后状态如图 3-53 所示。

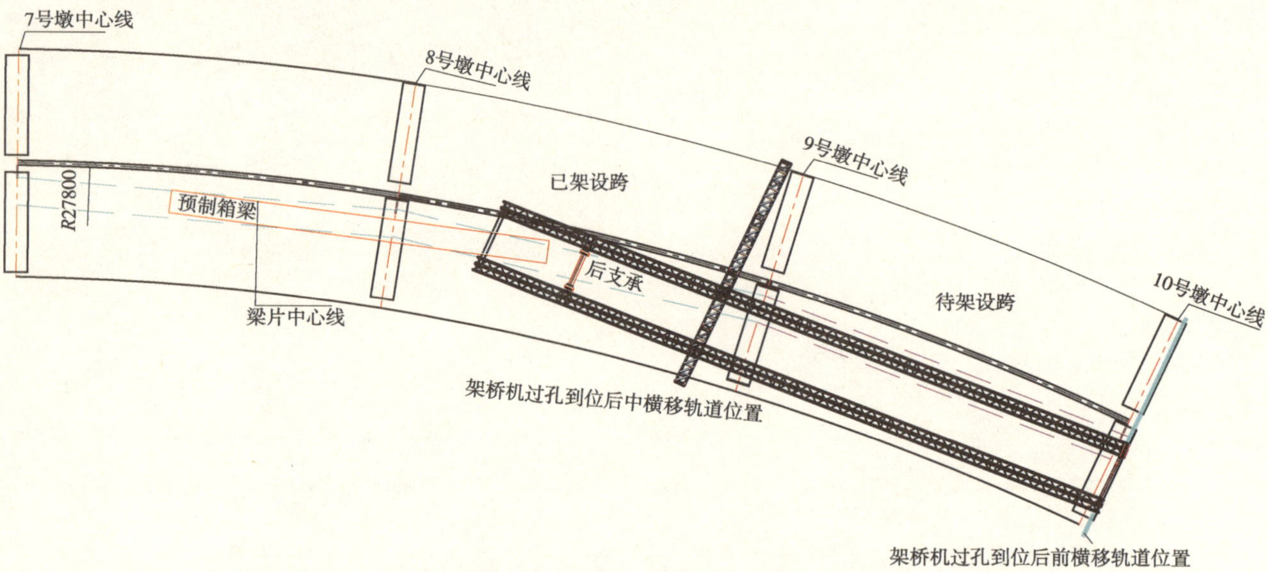

图 3-52　架桥机调整后状态图

图 3-53　架桥机过孔完成后状态

（2）大桥第一跨架梁技术

架桥机就位结束后，必须进行全面安全检查，检查螺栓、销子连接是否牢固，电气线路是否正确。电线是否破损或挤压，液压系统是否正常以及轨道接头是否平顺，限位开关是否可靠，制动力矩是否合适，跨度、轨距是否正确等。同时应清理横移轨道两侧杂物，然后架桥机在横移轨道上试运行两次，一切正常后，才能进行预制梁的吊装工作。

①喂梁方法的确定

如图 3-54 所示，由于第二预制厂设置在大桥和特大桥之间的路基及路基右侧新扩场地处，并占用路基右侧部分(该段路基长度仅为60m)场地。大桥第一跨箱梁架设时,架桥机尾部30m占据路基一定的空间,且预制厂内制梁台座方向与路线设计方向存在60°的夹角,无法采用常规的纵向方法喂梁,只能采用横向喂梁方法架设。即架桥机横向移动至大桥左侧位置→箱梁横移至喂梁位置→架桥机向右横移跨越箱梁后起梁→架桥机提梁架设。

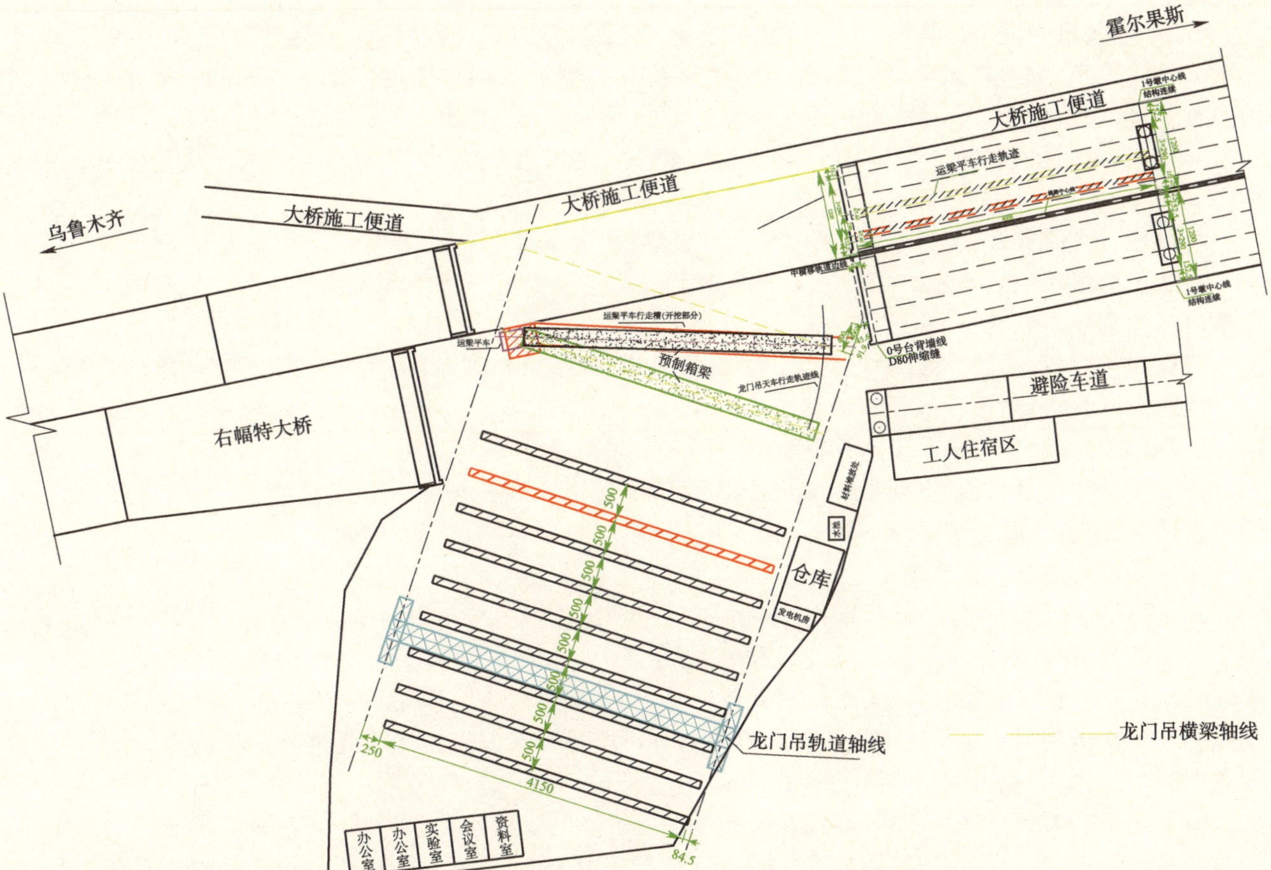

图3-54　2号预制厂平面布置图

②横向喂梁存在问题

A. 梁体需调整方向,由平行台座方向调整为顺桥方向;

B. 预制厂龙门吊轨道与桥机中横移轨道成立体交叉;

C. 桥机主梁尾部离地面距离小于2m,而箱梁的高度为2m。

③解决方法

A. 梁体方向调整方法有两种:

方法一:在台座侧一端设置转盘,另一端侧设置轨道,梁体下布置轨道小车或采用滚轴,采用卷扬机或手动葫芦拉动梁体单端,使梁体摆正方向;

方法二:箱梁装车后通过运梁平车前后转向调正梁体方向。

第一种方法需要两个条件:一是梁体转动空间内场地平整,无阻碍物;二是梁体转好方向后,箱梁的后端(远离桥机一端)需要用起重设备提起放置梁体在运梁平车上。根据现场实际条件,空间狭小,不具备条件。第二种方法需要车辆有前后调整的长度空间,现场同样不具备将箱梁调整30°的长度空间。

根据现场条件,我们采用在后端运梁平车上设置转盘,梁体前端由龙门吊提梁旋转的方法摆正梁体方向。

B. 龙门吊轨道与桥机中横移轨道高差1.3m,龙门轨道不接长,梁体送不到架桥机起梁位置,为方便拆卸，用槽钢制作了1m高的钢板凳并在一起，再在上面铺设钢轨作为龙门吊轨道，轨道一直接长至架桥机中横移轨道上，梁放置到位后，拆除架桥机中横移轨道上的钢板凳及钢轨，便于架桥机能顺利起梁。

C. 为了架桥机能跨越待架设梁片，在路基上向下开挖80cm，宽4m的槽口临时存梁，待架设梁体放置在槽内，这样架桥机主梁可跨越梁体，实现喂梁到位。

具体架梁步骤如下：

步骤一：铺设好龙门吊轨道，龙门吊吊起箱梁，向路基方向行走，到达图3-54所示预定位置后，龙门吊特大桥端天车（简称后天车）将梁下放至预先挖好的存梁槽口内停置的带动力的轮胎运梁平车上设置的转盘上，放稳后用葫芦将箱梁与运梁平车紧固好。

步骤二：龙门吊继续前行，其大桥端天车运行轨迹为圆弧形，特大桥端箱梁在运梁平车上随转盘一起运行。

步骤三：待龙门吊吊运的箱梁（大桥端）运至架桥机天车起吊范围时停车，并将行走轮固定。

在架桥机吊装位置处放置方木，龙门吊将箱梁下放至方木上。此时预制箱梁的状态应为：在临时存梁槽内的一端放在运梁平车上，另一端放在方木上。

步骤四：龙门吊开回，拆除中横移上钢板凳段轨道，架桥机整机横移，前天车吊住箱梁，准备喂梁。

步骤五：架桥机前天车将预制箱梁大桥一端吊起，当天车起吊梁后，必须调整架桥机主起升制动力矩，此后前天车和后运梁车同步运行直至后起吊天车起吊梁。

步骤六：架桥机后天车将预制箱梁起吊后，两天车都以3.08m/min的速度运行，天车前进到位后，架桥机整体横移到位，两天车同时下放梁就位。

操作要点及安全注意事项：

a. 龙门吊运行至预定位置，后端天车将梁下放至预定位置的带动力的轮胎运梁平车上。龙门吊下放时应缓慢运行，梁片重心应落在运梁平车纵向中心线上（平车方向调整装置的中点上），偏差不得超过20mm，放置稳定后（此时龙门吊天车钢丝绳依然受力），将箱梁与后车用手拉葫芦进行拉紧固定，并加斜撑或固定架支承箱梁翼板予以加强。固定牢靠后方可松掉天车的钢丝绳。此时箱梁状态为：特大桥一端放置在后车上，另一端仍由龙门吊天车吊起。

b. 龙门吊一端提梁继续前行，箱梁在平面上以后平车上设置的转盘为圆心，做圆弧形转动。因此，随着龙门吊的行走，龙门吊天车起吊端钢丝绳将逐渐不垂直。为使龙门吊天车起吊端钢丝绳垂直受力，则需要天车根据龙门吊行走距离进行调整。在实际操作中，应派专人观察钢丝绳垂直情况，龙门吊行走1.5m后，停止行走，将天车小幅横移调整至钢丝绳处于垂直状态。继续行走1.5m，再停止行走，横移天车调整钢丝绳垂直。如此反复直至龙门吊大桥端天车将梁调正。此间特大桥端箱梁随运梁平车上转盘一起转动。

c. 龙门吊行走轮固定后，将前端箱梁放置在临时设置的放梁的方木上。然后松开龙门吊行走轮，龙门吊开回预制厂，轮胎运梁平车准备给架桥机喂梁。

d. 出、装梁过程中除吊装人员和指挥人员，严禁其他人在龙门吊下和待吊箱梁周围等危险区域围观。

e. 龙门吊轨道端头必须设置限位装置，龙门吊在运行过程中应注意观察，防止掉轨。

(3) 小半径曲线处（$R=278$m）架梁技术

当架桥机两主梁中轴的中线与盖梁中线（左幅、顺桥向）重合时，此时喂梁位置最佳。

所架设的桥梁中梁宽均为2.4m，加上两边预留的湿接缝钢筋，总宽为2.88m；位于直线跨上的边梁宽为2.725m，加上湿接缝钢筋宽为2.965m；位于$R=278$m小半径曲线上边梁（Z8-4，$E=44.7$cm）最宽为3.172m，加上湿接缝钢筋宽为3.412m。架桥机净宽4.928m，如预制箱梁沿架桥机中心线进梁，则两侧各有0.758m的空间。

现以最宽的箱梁为例，架梁步骤如下：

①横向调整架桥机位置，使其有利于278m小半径曲线处运梁平车喂梁。利用运梁平车将待安装预制梁运到架桥机尾部的主梁内，后支承液压千斤顶升起，并插上立管销轴，并将后支承行走体系拆除。

②将两天车开行至架桥机尾部，前天车起吊箱梁。箱梁起吊后，将前运梁平车从架桥机下部开出，后运梁平车发动，准备喂梁。如图 3-55 所示。

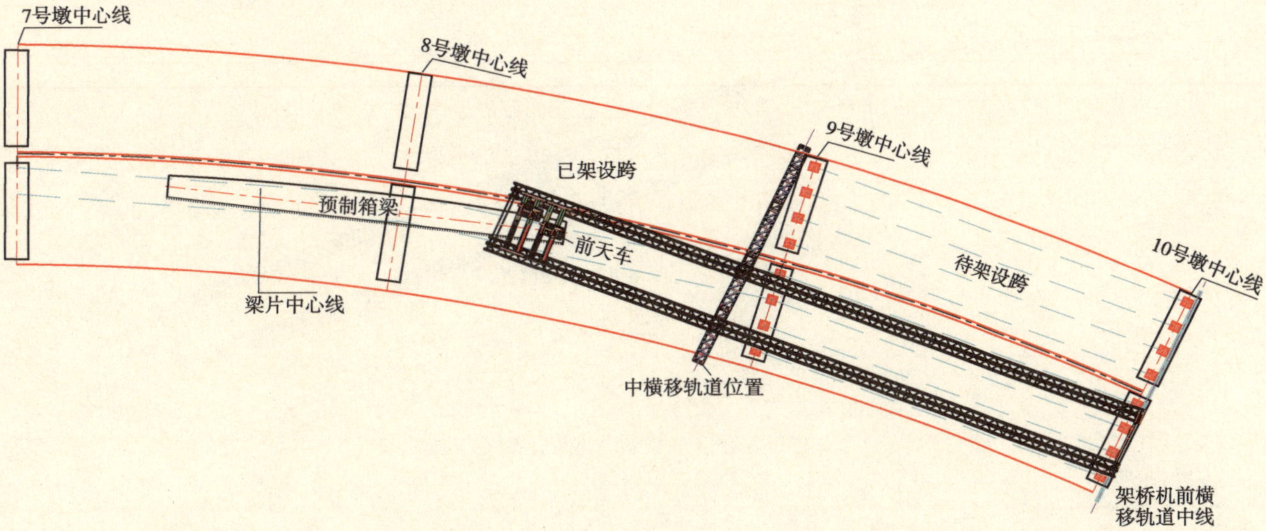

图 3-55　喂梁前架桥机及箱梁位置图

③前天车与后运梁平车一起以 3.08m/min 的速度向前运动，运动时横向调整架桥机、后运梁平车、前天车在天车横梁上的位置等，避免箱梁碰到架桥机主梁，如图 3-56 所示，箱梁运行 10m 后架桥机的位置。

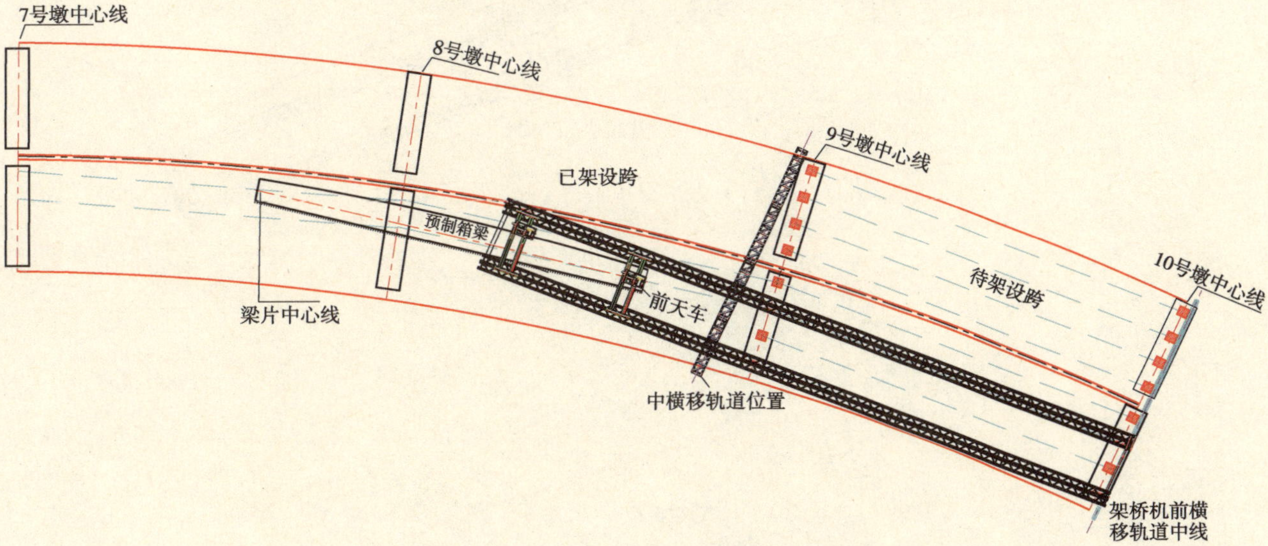

图 3-56　箱梁运行(喂梁)10m 后架桥机的位置

④后运梁平车与前天车继续向前运行，待箱梁尾部进入架桥机后天车作业范围时，同时停车。

架桥机后天车将箱梁后端吊起，起吊后调整天车的横向位置调整吊具高度，使待架设箱梁均匀位于架桥机两主梁中间，开动两天车卷扬机，使箱梁高度大致水平，调整好后两天车同时以 3.08m/min 的速度同时向前运动，作业过程如图 3-57 ~ 图 3-59 所示。

⑤两天车行进到位后，两卷扬机同时下降，将箱梁下放，待箱梁距盖梁 1m 左右时，架桥机横移至待架跨处，并在箱梁底部放置临时砂桶，准备落梁。

⑥落梁方法为：架桥机主机运行至大概位置后停车，利用其天车体系上的横向移动轨道，运用天车在横移轨道上的细微移动进行精确落梁。

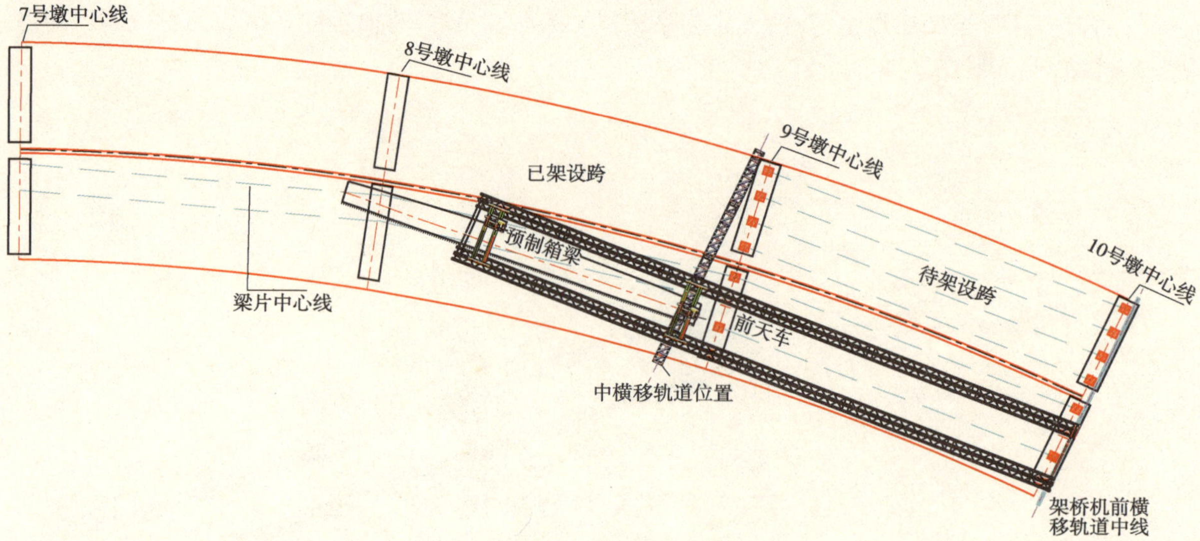

图 3-57 箱梁运行（喂梁）20m 后架桥机的位置

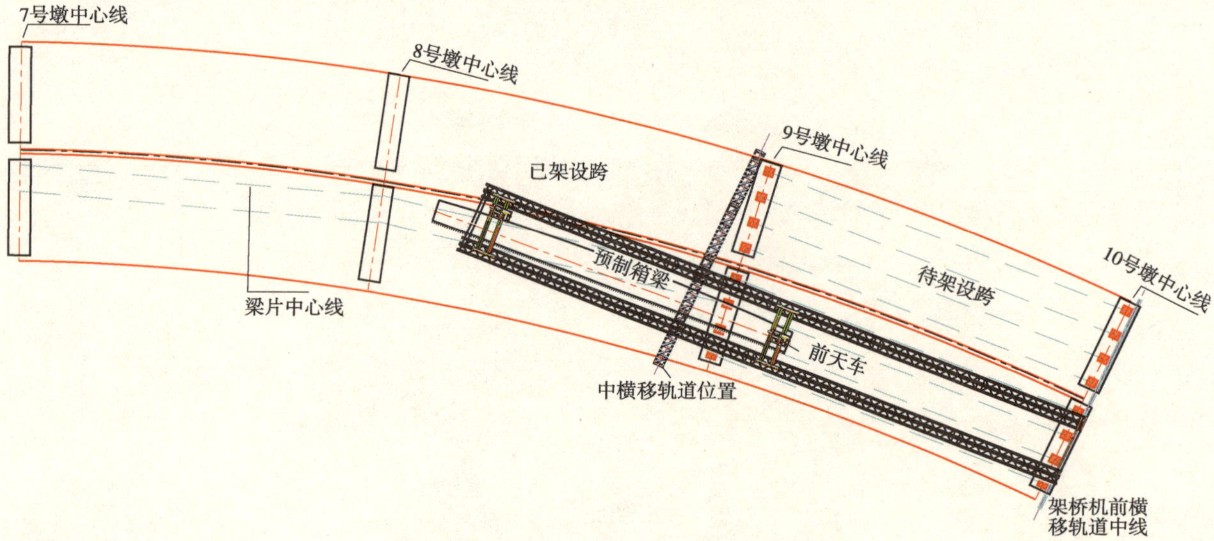

图 3-58 箱梁运行（喂梁）30m 后架桥机的位置

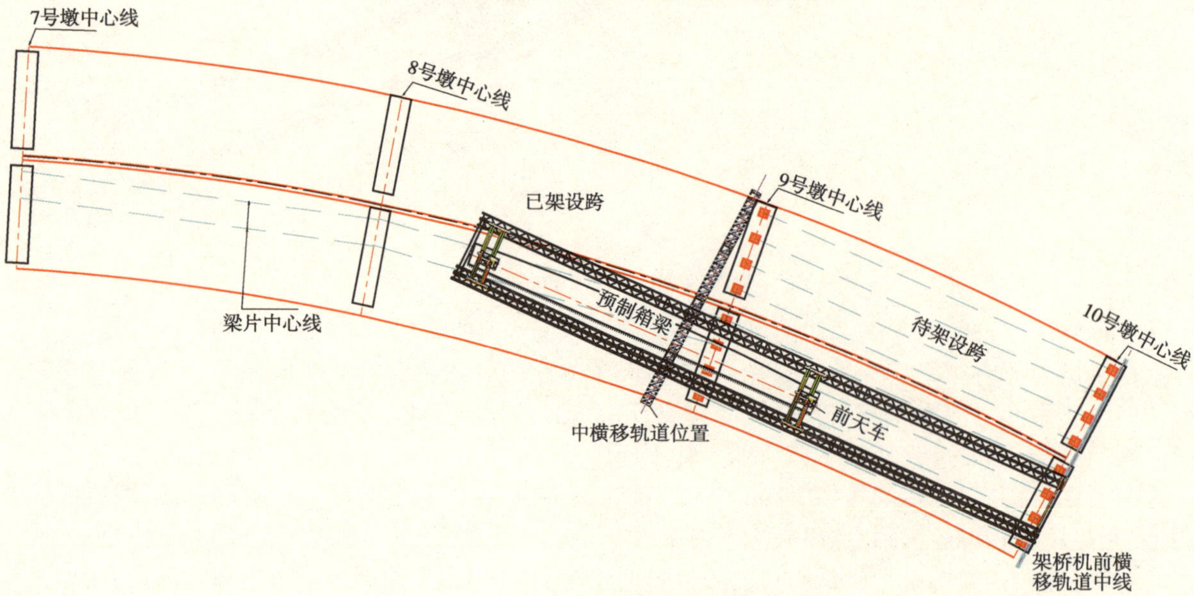

图 3-59 箱梁起吊后架桥机位置

⑦落梁后应迅速将新架设梁与前一跨梁在端头用不少于两根 $\phi 25$ 的螺纹钢筋焊接牢固，边梁就位时还要在两端加设牢固的临时支撑，第二片梁就位后，除设置临时支撑外，还应立即将两片梁之间的湿接缝钢筋进行焊接，以增强稳定性。

(4)预制箱梁内、外边梁架设技术

$R = 278\text{m}$ 小半径曲线处架桥机架设边梁主要问题是架桥机横移到极限位置后(架桥机前支承、中支承处行走轮箱不悬出盖梁或已架设好的桥面)，吊梁的天车也运行到极限位置(天车钢丝绳即将碰到架桥机主梁时)，此时边梁是否能架设到位。

由于实际操作中的复杂性，此处主要以模拟图加以说明。

外边梁架设过程如图 3-60 ~ 图 3-62 所示。

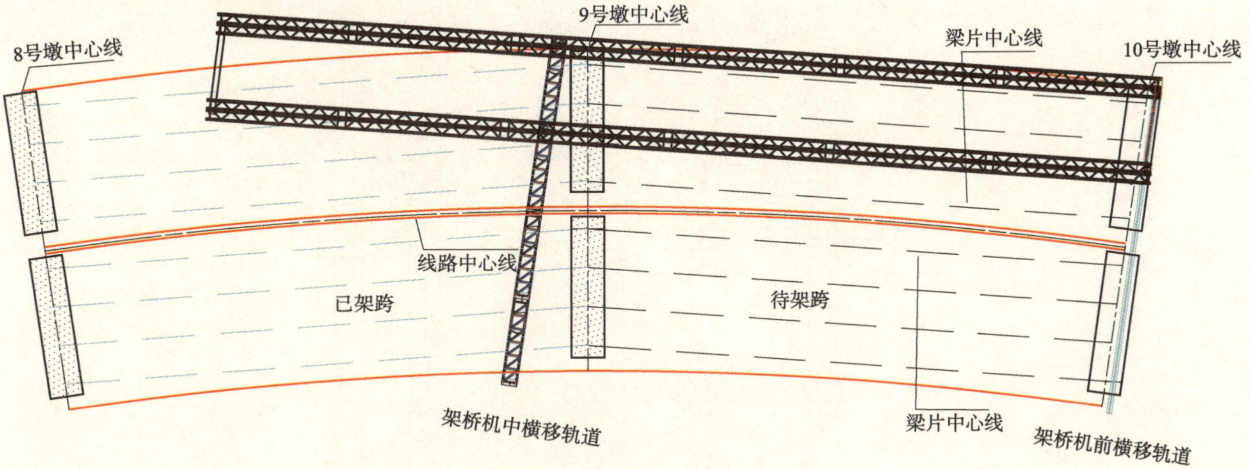

图 3-60　架设外边梁模拟图(一)——总体平面

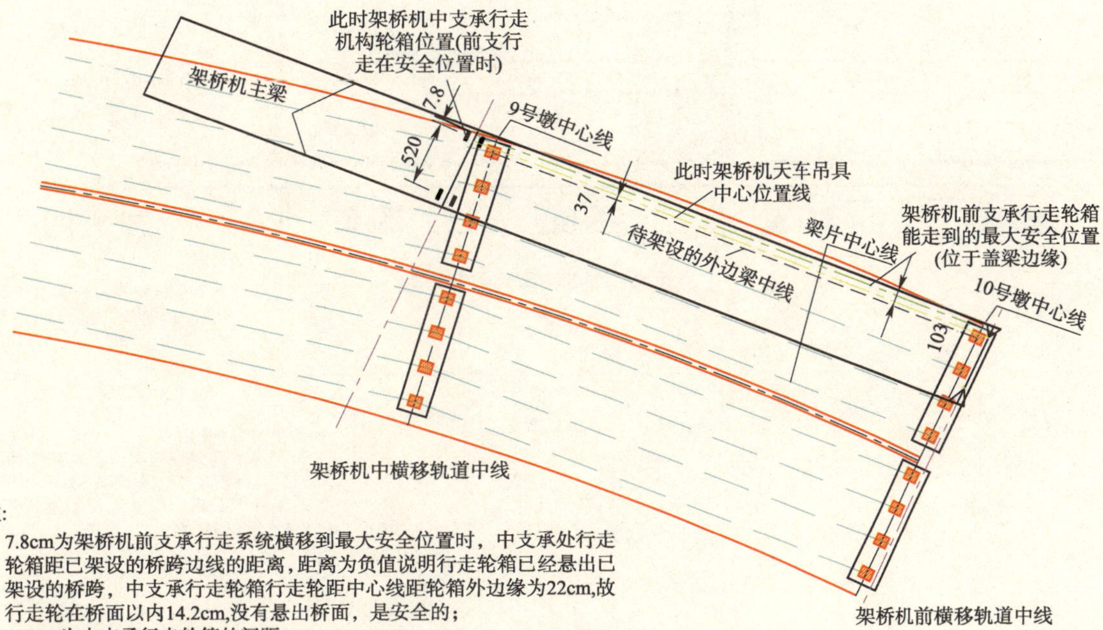

注:

1. 7.8cm为架桥机前支承行走系统横移到最大安全位置时，中支承处行走轮箱距已架设的桥跨边线的距离，距离为负值说明行走轮箱已经悬出已架设的桥跨，中支承行走轮箱行走轮距中心线距轮箱外边缘为22cm,故行走轮在桥面以内14.2cm,没有悬出桥面，是安全的；
2. 520cm为中支承行走轮箱的间距；
3. 37cm 为架桥机天车吊具中心线 (即起吊箱梁的中心线) 距待架设箱梁中心线的距离；
4. 103cm为架桥机天车吊具中心线距主梁中心线的距离，架桥机单个主梁宽为(边－边)146cm，吊具动滑轮组钢丝绳宽度为44cm,故最外边钢丝绳距主梁距离为：103－146/2－44/2＝8cm。

图 3-61　架设外边梁模拟图(二)——具体操作(尺寸单位:cm)

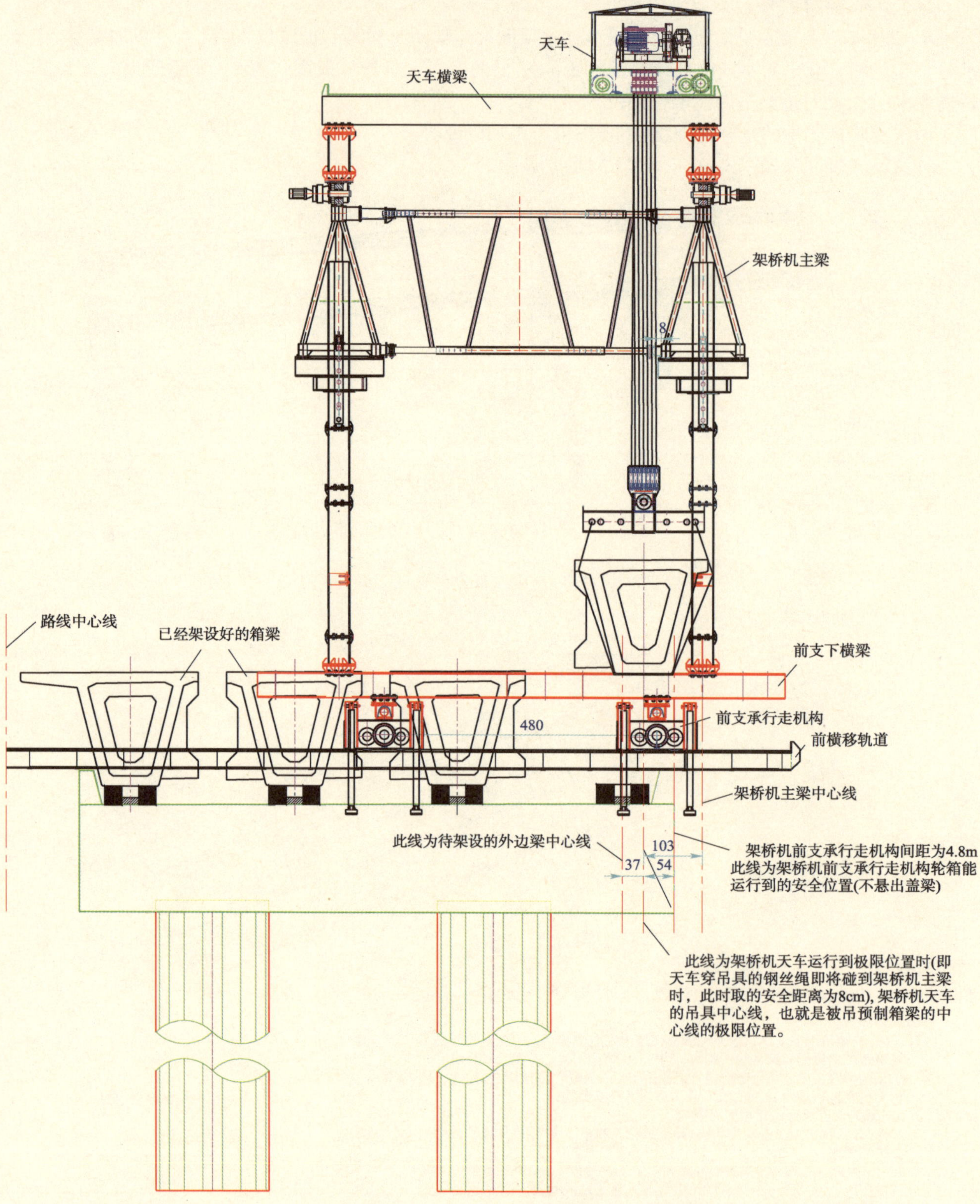

图 3-62 架设外边梁模拟图(三)——横断面图(尺寸单位:cm)

内边梁架设过程如图 3-63 ~ 图 3-65 所示。

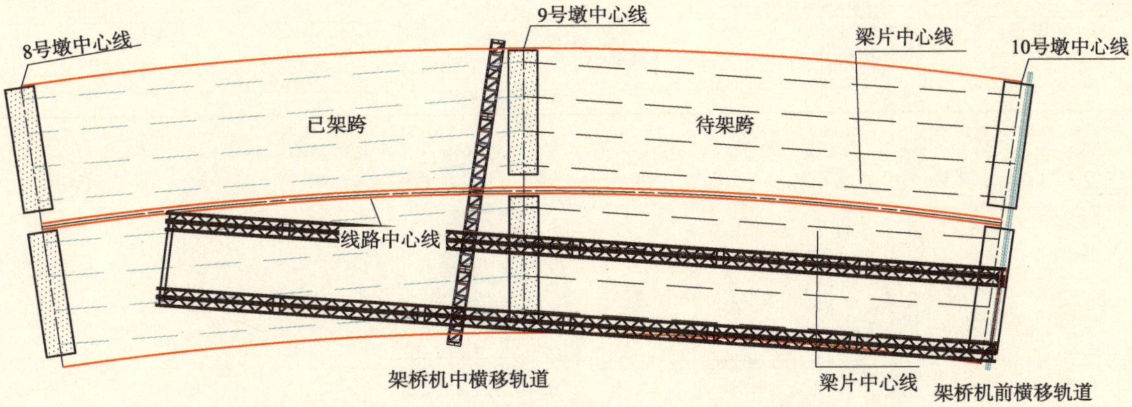

图 3-63 架设内边梁模拟图(一)——总体平面

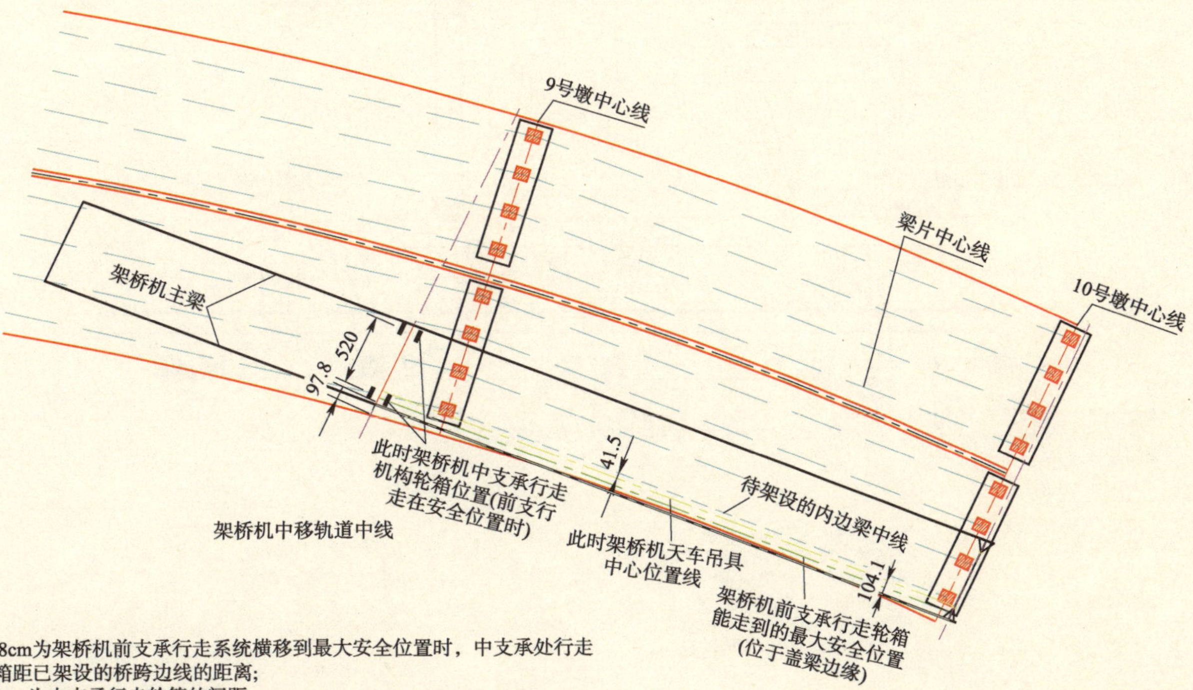

注：1. 97.8cm为架桥机前支承行走系统横移到最大安全位置时，中支承处行走轮箱距已架设的桥跨边线的距离；
2. 520cm为中支承行走轮箱的间距；
3. 41.5cm 为架桥机天车吊具中心线(即起吊箱梁的中心线)距待架设箱梁中心线的距离；
4. 104.1cm为架桥机天车吊具中心线距主梁中心线的距离，架桥机单个主梁宽为(边－边)146cm，吊具动滑轮组钢丝绳宽度为44cm，故最外边钢丝绳距主梁距离为：104.1-146/2-44/2=9.1cm。

图 3-64 架设内边梁模拟图(二)——具体操作(尺寸单位:cm)

可见，本架桥机性能可以满足架设 $R=278\text{m}$ 小半径曲线处内、外边梁的需求。

(5)预制箱梁吊装控制要求

①检查所有的支座垫石的平面位置、顶高程、平整度，并检查所有的支座中心高程应符合设计的横坡度；

②桥梁连续结构需要设置临时支座，还应预先检查临时支座垫石的平面位置、顶高程、平整度，并检查所有的临时支座中心高程应符合设计的横坡度；

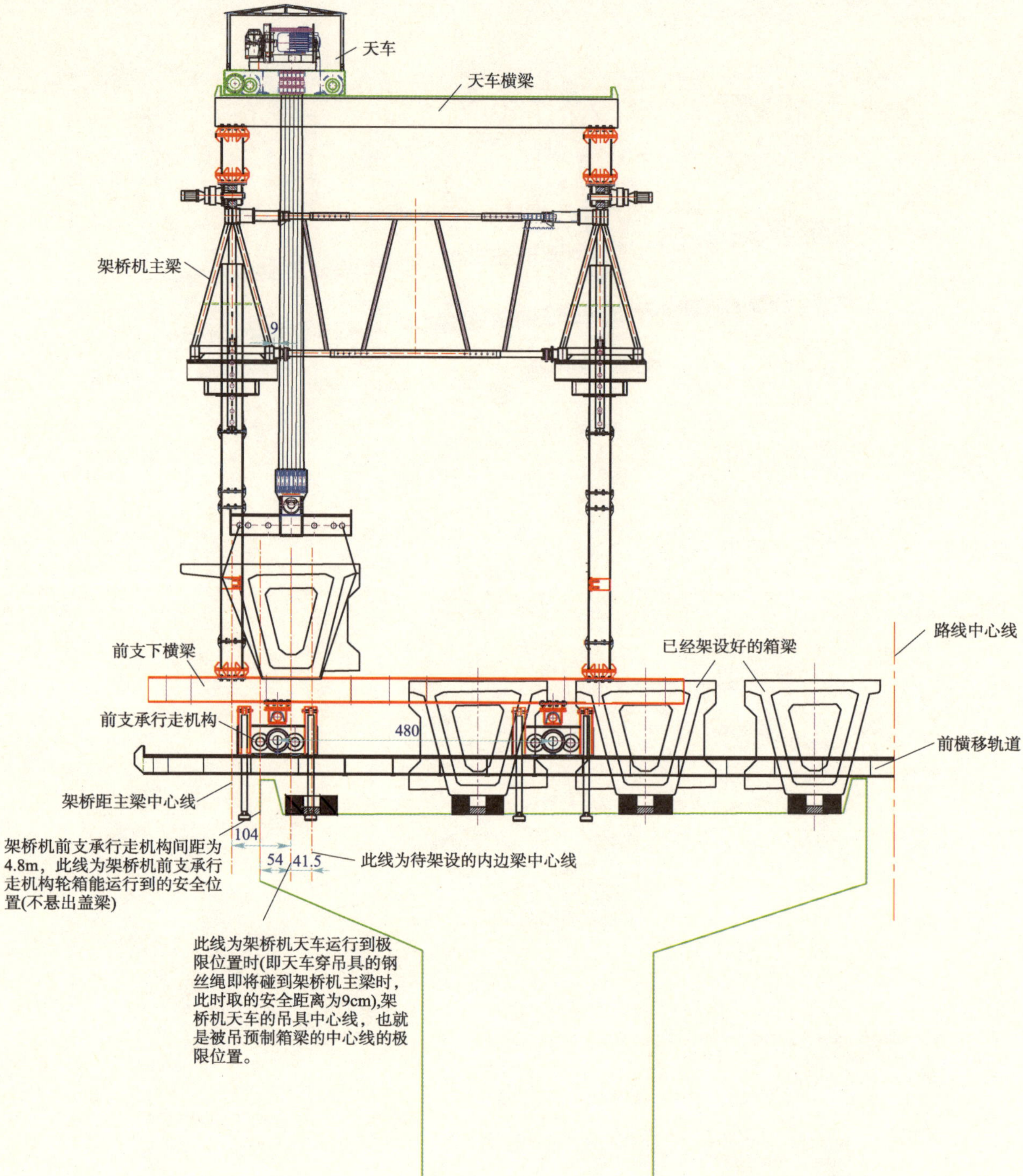

图 3-65　架设内边梁模拟图(三)——横断面图(尺寸单位:cm)

③安装临时固定永久性支座,采用高强度等级砂浆调整支座底面高程和平整度,严格保证支座的受力状况符合设计;

④试验人员应用回弹仪检查支座的强度是否符合安装的强度要求;

⑤施工人员应依据测量提供的数据标出箱梁的平面位置控制线;

⑥上述准备过程应填写相应的控制表格;

⑦箱梁安装控制标准见表 3-4。

箱梁安装控制标准　　表 3-4

项次	检查项目		规定值或允许偏差	检查方法和频率
1	支座中心偏位（mm）	梁	5	尺量：每孔抽查 4～6 个支座
		板	10	
2	倾斜度（%）		1.2	吊垂线：每孔检查 3 片梁
3	梁（板）顶面纵向高程（mm）		+8，-5	水准仪：抽查每孔 2 片，每片 3 点
4	相邻梁（板）顶面高差（mm）		8	尺量：每相邻梁（板）

3.2.2 山区小半径大纵坡高低墩现浇箱梁移动模架施工关键技术

果子沟高速公路第五合同段山坡展线桥由 YK580 +402 特大桥和 ZK580 +369 特大桥构成。ZK580 +369 特大桥桥型方案为[6 ×（4 ×40）+3 ×40 +3 ×38]m 预应力混凝土连续箱梁，桥梁全长 1194m。YK580 +402 特大桥桥型方案为[7 ×（4 ×40）+4 ×35]m 预应力混凝土连续箱梁，桥梁全长 1260m。两座桥平面位于直线、缓和曲线、圆曲线（R = 600m）上。本桥处于山岭峡谷地带，地面起伏大，立面位于 -2.4% 及 -3.9% 的纵坡上，墩高变化较大，最高墩墩高 66.63m，最低墩墩高 0m。

两座山坡展线桥均采用移动模架施工，桥梁结构具有转弯半径小、纵横坡度大，墩身高度差异大等特点。由于墩高差异大，给模架系统的墩旁托架、支承台车结构设计提出了更高的要求。现浇箱梁半径R = 600m 的 S 形曲线给移动模架的过孔工艺造成困难。

山坡展线桥 600m 小半径 S 形曲线、大纵坡、超高、超低墩条件下的移动模架施工在国内为第一次，也是世界上移动模架应用中难度最大的。

3.2.2.1 三支腿四扁担总体移动模架设计方案

根据曲线桥梁要求移动模架纵移时，后悬挂点在承受移动模架后半部分竖向自重力的同时要能沿曲率法线方向平动，又可绕悬挂点转动，还需要沿纵向移动，提出了“三支腿四扁担”的总体移动模架设计思路。如图 3-66 所示。

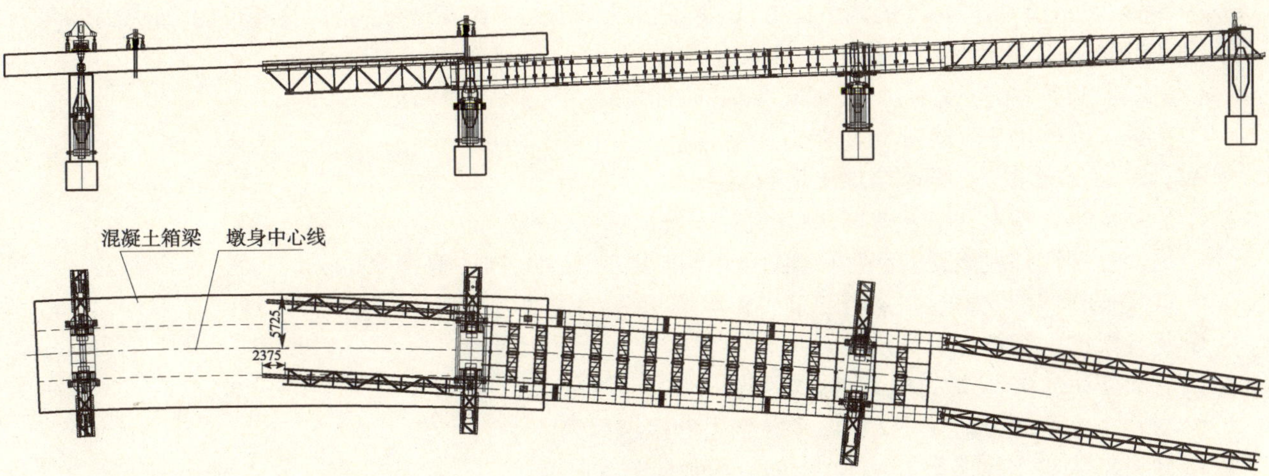

图 3-66　移动模架总体布置图

通过前、中、后辅助支腿上设置横移装置从而实现移动模架开模；在前、中支腿上设置纵移装置实现主梁纵移；在前导梁与主梁之间设置平铰，实现不同曲率半径的要求，前、中支腿底座上设置水平转盘实现纵移过程中主梁转动需要。水平铰、横移装置、纵移装置、水平转盘共同作用主梁顺桥向移动时横桥方向姿态调整，以适用不同曲率半径及坡度要求。前、中支腿通过支承台车悬挂于主梁轨道上，通过纵移装置前移，后辅助支腿通过走行扁担悬挂前移到位。整个系统按照机械标准设计制造，调节精度高；全液压系统驱动，整机体积小、重量轻，控制比较平稳，安全性比较高。

本移动模架具有如下特点：

(1)适应山区高墩

该设备三套支腿均为自行式，适应于山区高墩箱梁施工，安装后无须设备配合。

(2)适应曲线性桥梁施工

该设备通过水平铰、水平转盘、横移装置、纵移装置联合作用，使模架具有半径箱梁施工能力，从理论上讲可满足400m半径施工。

3.2.2.2 移动模架小半径弯道整体过孔关键技术

(1)主导梁接头平铰设计

为保证支腿顺利从中、后墩自移至前、中墩，需保证模架导梁在前、中、后三点与桥墩间距相等，故在模架设计中，在前导梁与主梁接头处设置一个平铰，从而实现移动模架前导梁转角。如图3-67所示。

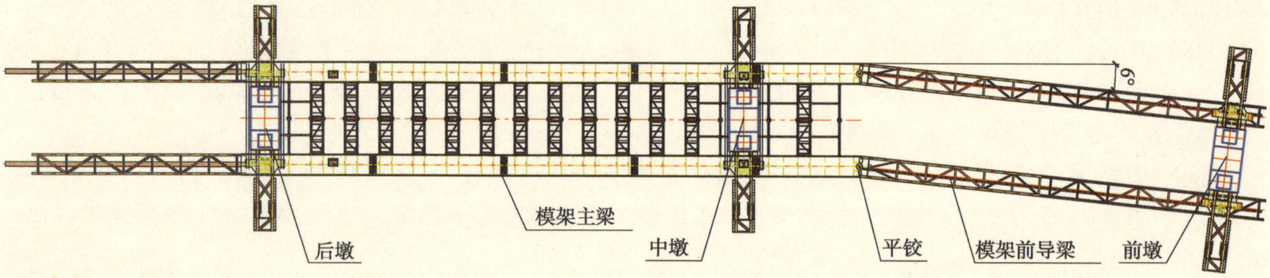

图3-67 移动模架前导梁转角示意图

平铰处设置液压千斤顶，通过液压千斤顶可灵活调节主梁与前导梁夹角角度，在保证模架两边主梁与中、后墩间距相等的情况下，可通过调节主梁与前导梁夹角角度，使前导梁与前墩间距相等，使模架支腿顺利完成自移安装。平铰设计中应注意如下几点：

①由于前导梁有平转角，故应注意前导梁长度，保证前导梁在最大转角下，前导梁长度够长。

②前扁担要有纵向位移和水平转动的调节能力，以保证前导梁在不同转角下，轻松自如地完成对接安装。

③台车滑架要有水平转动的调节能力，以保证前导梁落位于滑板上纵移时，与滑板的竖向挡板平行，不形成夹角摩擦，阻碍模架纵移推进。

(2)支腿自行过弯道技术

①支腿自行过孔一般操作步骤

A. 拆除前支腿墩旁托架剩余螺纹钢筋。

B. 启动支承台车上的横移油缸，横移使托架脱离墩身开孔。

C. 启动纵移油缸使支腿向前自移，前托架向前纵移2m后，向内横移500mm。

D. 缓慢操作使前支腿过主梁与导梁接头弯道，继续自移到位。

E. 将导梁的下弦杆与墩身顶紧。

F. 启动横移油缸，使墩旁托架进入墩身孔。

G. 墩身左右两侧分别安装2根墩旁托架上的螺纹钢筋。

H. 调整前扁担支撑顶及2台50t辅助液压顶使前支腿就位。

I. 安装剩余螺纹钢筋并张拉预紧，要求螺纹钢筋受力均匀，单根预紧力为25t。

J. 调整使墩旁托架上抱墩螺旋杆与墩身抱紧。

K. 检查托架两侧的平整度。

②支腿自行过主导梁接头的关键技术

A. 合理设置反扣轮结构

反扣轮结构设计的关键有两个:第一个关键点是反扣轮与主梁的间距的合理值选择,反扣轮总宽度为 80mm,反扣轮与模架主梁间间距过大会造成某侧反扣轮走偏时,对角因此脱轨,高空脱轨的安全风险是十分巨大的,但此间距过小时会造成过弯道时四个反扣轮卡死在模架主梁上,我们设置此间距为 20mm:第二个关键点是反扣轮的轮缘设计,常规导向轮内外侧均设置轮缘,但此设计在过弯道时会卡死,需要切掉内侧轮缘。

B. 支腿自行转弯技术

为了满足支腿过主导梁 6°转角接头,需根据内外侧弧长及角度设置弧形轨道,弧形轨道采用沉头螺栓固定在箱梁外侧底板顶面。如图 3-68 所示。

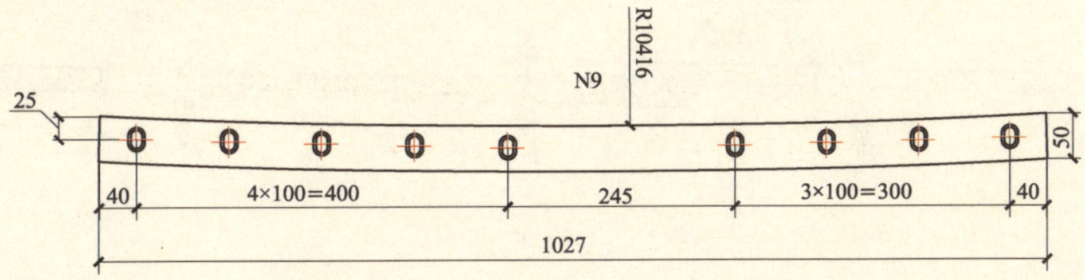

图 3-68 弧形轨道设计图(尺寸单位:cm)

支腿自移的动力还是采用固定在台车上的模架纵移千斤顶,千斤顶与主梁连接轴座采用活接头。

台车过弯道处空间位置调整采用在前后左右四个反扣轮内侧与主梁侧板之间设置楔形钢板强制导向,台车侧面四个限位导向轮侧向导向过孔。

(3)移动模架纵移过弯道技术

①移动模架过孔主要步骤(见图 3-69)

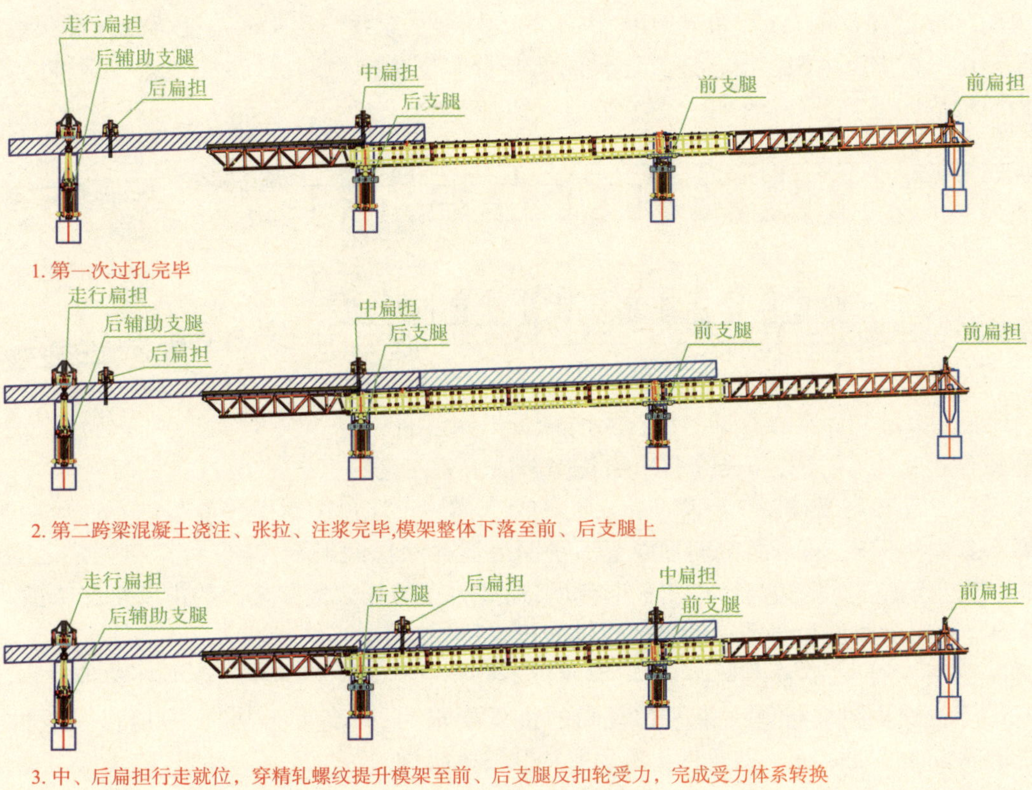

图 3-69

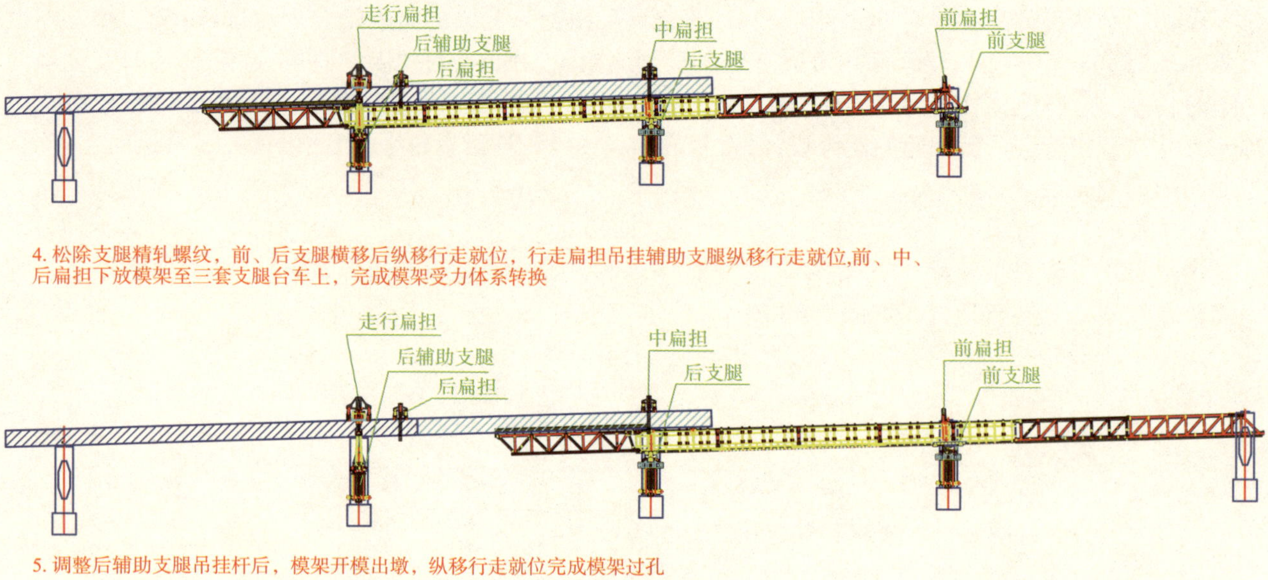

图 3-69　模架纵移过孔示意图

②模架纵移过孔采取的关键技术

A. 移动模架整体过弯道最为核心的技术——模架总体设计的改进

前面介绍了采用“三支腿四扁担”模架总体设计思路为小半径移动模架过孔中满足各项功能的一个合理设计,为小半径移动模架的顺利过孔的关键因素。

在模架细节设计上主要采取了主导梁平铰处理、支承台车设置竖铰、平铰,合理设置滑道宽度,墩旁托架加长等技术措施。

B. 如何克服模架整体纵移时前导梁产生的水平偏位与台车侧向挡板卡死

由于主梁与导梁有 6°的夹角,如图 3-70 所示,移动模架主梁每纵移 1m,前托架处前导梁会横向偏移 20mm,如导梁在滑板上产生横向滑移造成导梁侧面与台车侧板刚性摩擦,会连锁造成顶推力超标、主导梁接头受力超标等问题。

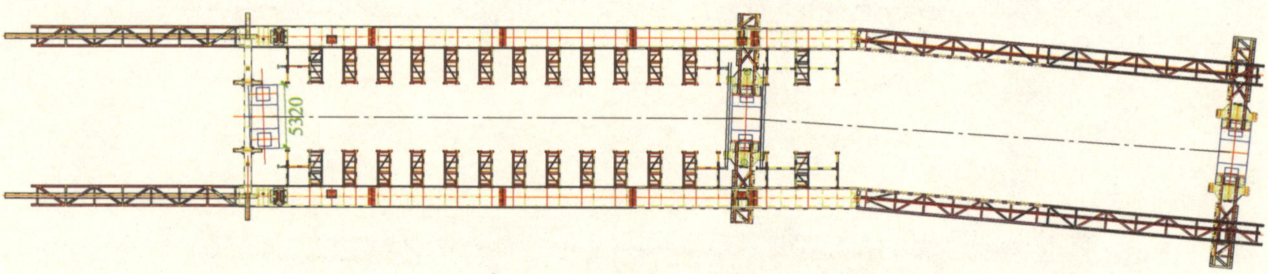

图 3-70　模架纵移过孔平面图

在具体操作过程中,采取以下两个技术措施来解决卡死问题:

a. 采取纵移千斤顶每纵移一个行程(1m),前托架上横移千斤顶主动横移台车 20mm;

b. 在墩旁托架横移轨道顶面、侧面均设置不锈钢滑道并涂抹润滑剂,减少台车与托架之间的横移摩擦系数,其目的是当前导梁侧边与台车侧板卡死后,通过台车与托架横梁之间的滑动来释放横向水平力。

3.2.2.3　山区大纵坡小半径移动模架过矮墩技术

根据模架总图,下行式移动模架在 PC 梁梁底以下分别有主梁、支承台车、墩旁托架等结构,其总高度一般大于 9m,下行式支腿自行移动模架对墩高的最低要求为:墩高大于 9m。本项目展线桥左幅幅桥 Z5 ~ Z11 墩墩高低于 9.2m,移动模架过孔需采取特殊技术措施。

展线桥 Z5 ~ Z11 墩位于 40°的山坡上,墩位处与沟底高差 200m,大型起重设备难以达到墩位处。根据现场地形,虽然此处墩高不高,但由于起重设备无法使用,墩旁托架还是必须采用自行过孔。主要技术措施如下：

(1)拆除墩旁托架立柱、斜杆

墩旁托架设计时，将托架横梁与立杆斜杆采用装配式，通过拆除墩旁托架立柱斜杆，将梁下机构高度减小到 5.2m(5.2m 也为移动模架主梁纵移最低要求梁下净高)。

(2)因地制宜设置托架支点

根据现场地形及地质情况，托架左侧为山体高侧，山体为风化岩，承载力高，可以采用扩大基础作为托架竖向受力点。右幅为低侧，右幅有右幅承台作为托架受力点。矮墩度墩旁托架布置如图 3-71 所示。

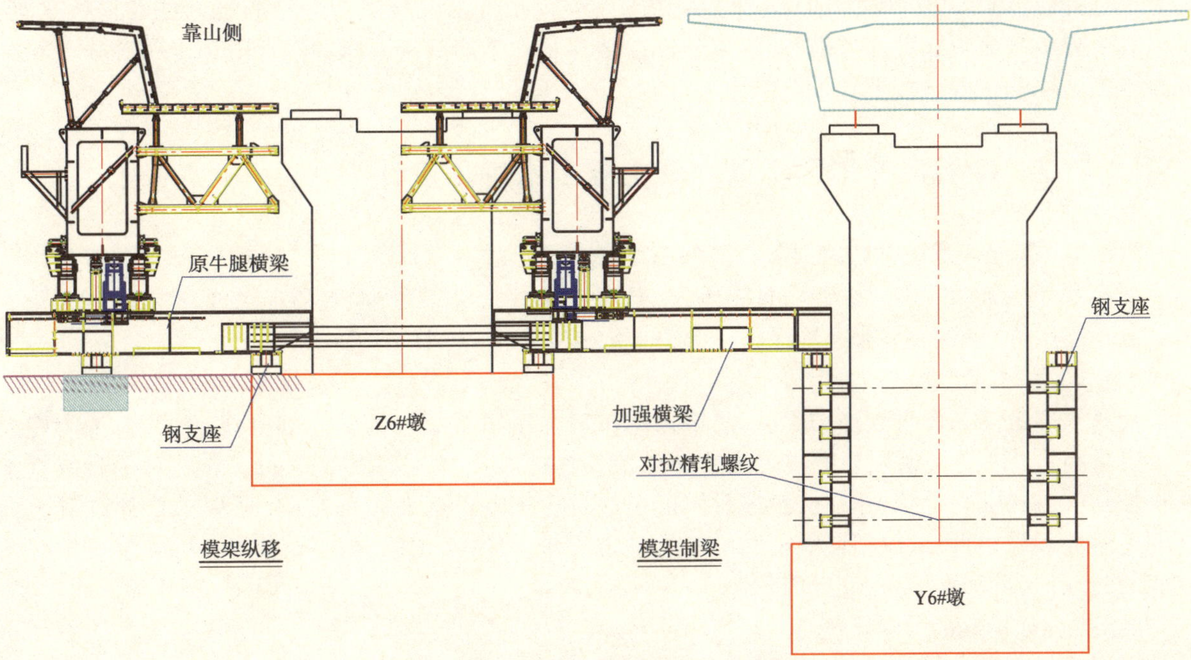

图 3-71　矮墩段墩旁托架布置图

3.3　高寒地区桥梁混凝土耐久性技术及大体积混凝土温度控制技术

3.3.1　桥梁混凝土构造物耐久性破坏状况

3.3.1.1　果子沟大桥混凝土构造物所处耐久性环境特点

新疆全区位于欧亚大陆中部，距海遥远，且四周又有高山环绕，该区降雨稀少，年温差、日温差极大，属典型的内陆性气候，夏季炎热、冬季寒冷干燥。果子沟地区年最大降水量为 500mm，最大积雪厚度 150cm，最大季节冻土深度 170cm，年平均气温 3 ~ 4℃，最冷月平均气温约为 -14℃，最热月平均气温约为 13℃，该地区风向受地形限制，沿溪段冬季主导风向为西南风，沟谷中一般以沟谷风为主，局部坡面上受微地形的影响，风向可能发生变化。根据伊犁哈萨克自治州气象局编制的《果子沟项目气象观测及气象参数分析报告》，该地区的其他具体气候环境参数见表 3-5。

果子沟地区具体气候环境参数　　表 3-5

气候环境参数	极端最冷气温	极端最热气温	最大年平均降水量	最小年平均降水量	平均风速	50 年一遇 10 分钟最大平均风速	100 年一遇 10 分钟最大平均风速
参数值	-42.6℃	40.1℃	445.6mm (1969 年)	133.5mm (1967 年)	1.7 ~ 2.7m	29.2m/s (西南/北风)	30.9m/s (西南/北风)

3.3.1.2 桥梁混凝土构造物耐久性破坏类型

通过大量的实地调查分析，课题组深入系统地分析了新疆地区各类公路水泥混凝土构造物在荷载及环境作用下的破坏形式及发展规律，以及各类破坏产生的主要原因，旨在为本项目研究目标的制定提供依据，使得该区公路构造物混凝土耐久性配合比优化及防治措施的提出更具针对性和科学性。通过全面调查分析新疆地区混凝土构造物破损形式及成因，主要破坏类型归纳如下：根据对新疆地区气候、环境特点的调查及分析，结合《混凝土结构耐久性设计与施工指南》（CCES 01—2004）和《公路工程地质勘察规范》（JTG C20—2011）等相关耐久性规范，确定新疆果子沟地区混凝土构造物处于除冰盐等其他氯化物环境下，承受的环境作用等级为 II-D 级别。通过对新疆高寒地区混凝土构造物的耐久性破损状况调查，总结出其主要的破坏形式有冻融破坏、氯离子侵蚀破坏及除冰盐条件下冻融耦合破坏。明确新疆高寒地区混凝土构造物的主要破坏形式为有除冰盐存在下的冻融耦合破坏。

3.3.2 新疆高寒地区桥梁混凝土配合比优化设计

3.3.2.1 新疆高寒地区桥梁混凝土应具备的性能

新疆高寒地区气候寒冷，海拔高，日温差大，其环境条件特殊，给桥梁混凝土施工带来诸多问题。为了满足各项路用性能的要求，高寒地区桥梁混凝土应具备以下性能：

（1）施工流变性能

新疆高寒地区多为海拔较高的山区，而桥梁的桥墩与主塔等结构部位一般高度较大，果子沟特大桥的主塔更是高达 215.5m，所以新拌混凝土的施工流变性必须要满足高塔泵送的要求。对桥梁混凝土外观要求较高的结构部位，为防止在浇筑或脱模拆模过程中出现的各种表面缺陷，还要求新拌混凝土拥有较好的可塑性和稳定性，以保证混凝土结构物的外观要求。综上所述，新疆高寒地区桥梁混凝土必须具有良好的流动性、可塑性、易密性和稳定性。

（2）抵抗交通荷载的力学性能

桥梁混凝土力学性能包括抗压、抗拉、抗弯拉、抗剪等多项强度指标。抗弯拉强度是水泥混凝土路面设计指标，混凝土抗弯拉强度高低直接影响到路面的耐久性能，特别是对于直接承受车辆荷载的桥面板混凝土，其抗弯拉强度值必须满足设计要求。高抗裂性是耐久性混凝土应具备的要求之一，而混凝土的抗拉强度对抵抗裂缝的产生有着重要的意义，在结构计算中也是确定混凝土抗裂度的重要指标。因此，保证混凝土具有较好的抗拉强度将有助于提高其耐久性能。

（3）抗严寒、冻融、腐蚀及风载的耐久性能

高寒地区桥梁混凝土耐久性主要包括抗氯离子渗透、抗盐冻、抗碳化和抗裂等性能。由于不同结构部位所处位置及环境作用不同，所以其耐久性设计指标也有所区别。

新疆高寒地区冬季除冰盐使用较多，导致氯离子侵入混凝土进而腐蚀内部钢筋，危害严重。因此，新疆高寒地区桥梁混凝土应具有较高的抗氯离子渗透性能。提高混凝土氯离子抗渗性能的措施是限制水胶比、保证最低水泥用量并掺入适量优质掺合料。在耐久性设计上，应保证桥梁混凝土各结构部位的氯离子渗透电通量小于 1500 库仑；对要求较高的预应力主塔混凝土或受氯离子侵蚀较为严重的桥面板混凝土，氯离子渗透试验电通量小于 1200 库仑。

冻融破坏在新疆高寒地区也大量出现。在有除冰盐存在条件下，容易形成盐冻耦合破坏，加剧混凝土构造物损坏速度。在进行耐久性设计时，为保证混凝土具有良好的抗冻性能，应降低水胶比并加入适量的引气剂。同时，对桥梁不同结构部位混凝土的抗冻性指标做出相应的规定：大体积承台、主塔、桥面板及墩身混凝土的冻融循环次数均要求大于 300 次。

碳化对混凝土结构耐久性影响主要是使混凝土碱度降低，进而使得钢筋脱钝、锈蚀，对预应力结构来说危害较大，如依托工程果子沟大桥的主塔结构。当混凝土具有较好的密实性和抗渗性能时，可降低并减缓碳化速度。因此，可采用低水胶比、足够的水泥用量、添加减水剂等措施进行混凝土配合比优化设

计,并要求新疆高寒地区桥梁各部位混凝土28d碳化深度小于5mm,主塔等预应力混凝土28d碳化深度小于2.5mm。

耐久性混凝土必须具有良好抗裂性能,当混凝土开裂后,外部环境中Cl^-和CO_2透过裂缝更容易渗透到混凝土内部,从而加速氯离子腐蚀和碳化破坏。新疆地区日照时间较长,伴随着大风,加速新拌混凝土表面水分蒸发,从而导致混凝土早期干燥收缩开裂,影响混凝土的耐久性。特别是对于承台等大体积混凝土,由于释放大量水化热,使得此类构造物早期开裂严重。因此,提高混凝土的抗裂性能,将有助于提高桥梁整体的耐久性能。

(4)经济性

耐久性混凝土特点是采用普通原材料,通过配合比优化及施工工艺控制配置而成的具有高抗冻、抗渗、抗裂性能的混凝土。与普通混凝土相比,耐久性混凝土结构物具有使用寿命更长及养护费用较低,可节省大量养护资金,同时节省经常性养护所需的人力和物力。

3.3.2.2 新疆高寒地区桥梁混凝土配合比设计思路

在果子沟特大桥各主要结构部位中,混凝土的强度等级要求不同,受车辆荷载及外部环境作用方式也不相同,因此各主要结构部位混凝土配合比设计及优化应有针对性地进行,突出各自的特点。在满足强度等级要求的前提下,果子沟特大桥混凝土配合比设计应以耐久性为主要目标,配合比设计及优化应满足以下要求:

(1)应能维持最初的技术特性,确认变形及裂缝值在限定值以下;

(2)保证在冻融循环、干燥湿润以及有害化学物质的作用下,混凝土不发生严重裂缝及剥落等破坏现象;

(3)确保在钢筋位置的氯离子侵蚀,发生在腐蚀临界值以下;

(4)确保碳化进行的深度低于保护层厚度;

(5)保证混凝土的承载能力不降低;

(6)确保不发生能够使混凝土达到破坏程度的碱-集料反应。

3.3.2.3 试验材料及试验方法

(1)试验材料

原材料技术性能是影响混凝土耐久性优劣的主要因素。针对高寒地区桥梁混凝土的特点,课题组详细调查及并检测了工程水泥、粗细集料、外加剂及矿物外掺料的各项技术指标,确保其满足工程要求,所选用的材料是工程可提供或者工程正在大量使用的原材料。果子沟特大桥各主要结构部位使用的水泥类型不尽相同,分别采用了天山、青松、南岗三种P.O 42.5水泥;现场粗集料主要为碎石,包括碎石和卵石破碎石两种。其中,碎石粒径为4.75~9.50mm,卵石破碎石粒径为9.50~26.5mm。大体积承台混凝土所用粗集料为天然卵石,取自果子沟口河漫滩。预制桥面板、塔柱及山坡展线桥使用的粗集料为碎石和卵石破碎石按一定比例搭配;细集料为天然砂及砂砾,产于果子沟口河漫滩上。成分以圆砾为主,含较多中粗砂及少量卵石,果子沟天然河砂含泥量小于3%,符合规范要求。表观密度为2660kg/m^3,堆积密度为1545kg/m^3,细度模数为3.25,属于粗砂。由于果子沟天然河砂细度模数较大,粗砂含量较多,为了满足混凝土的工作性和泵送性能,需要适当增大砂率。因此,在配合比优化设计中,应当把砂率作为一个重要因素来加以考虑;混凝土矿物外掺料为奎屯热电厂生产的I级粉煤灰;混凝土所用化学外加剂采用新疆天山建材精细化工有限公司生产的FDN-15高效缓凝减水剂。

(2)试验方法

混凝土配合比设计中,更加关注的是混凝土中各关键组分的变化对其基本技术性能及耐久性能的影响。通过对主要影响因素的试验分析,根据各影响因素对混凝土性能影响的敏感性,进而优化混凝土配合比。混凝土结构形成过程中,各组分会发生复杂的物理、化学变化,如果对每一个可能影响的组分用量均加以试验分析,会造成试验量巨大,难以实际操作的问题,而正交试验正是用来解决此类多因素、多水平试验问题的试验设计方法。

3.3.2.4 高寒地区桥梁不同结构部位混凝土配合比设计

(1)主塔为高塔泵送混凝土(见表3-6)

针对高塔泵送施工工艺以及索塔混凝土处于大风、日照等冷热干湿循环环境中,混凝土配合比设计以提高混凝土工作性、外观质量、抗裂和抗冻性能为原则,优选烧失量小、需水量低的粉煤灰,粒形和级配良好碎石,与水泥适应性及保塑性能好引气型减水剂,提高混凝土可泵性和匀质性,减小离析、泌水,合理优化混凝土配合比参数,胶材用量、砂率及用水量的选择应兼顾工作性能和抗裂性能均衡发展。

C50主塔混凝土正交因素表 表3-6

因素 水平	水胶比(W/C)	粉煤灰掺量(%)	用水量(kg/m^3)	引气剂掺量(‰)
1	0.29	10	125	0.4
2	0.32	20	131	0.6
3	0.35	30	137	0.8

(2)预应力箱梁混凝土(见表3-7)

配合比设计以抗冻、抗裂为核心,兼顾预应力箱梁混凝土早期张拉,后期收缩、徐变等性能的均衡发展;合理设计配合比参数,尽量减小胶材及水泥用量,控制用水量,增加粗集料用量,以提高混凝土的体积稳定性,减小徐变,确保箱梁整体结构的安全使用。

C40桥面板与桥墩混凝土正交因素表 表3-7

因素 水平	水胶比(W/C)	粉煤灰掺量(%)	用水量(kg/m^3)	引气剂掺量(‰)
1	0.34	10	144	0.4
2	0.37	20	150	0.8
3	0.40	30	156	1.2

(3)桥梁大体积承台混凝土(见表3-8)

承台大体积混凝土应以降低绝热温升、提高抗裂性能和抗冻为原则,优化确定低热、低收缩、高耐久性承台混凝土配合比;采用大掺量矿物掺合料、低水胶比技术路线,在规范允许范围内尽量增加优质粉煤灰掺量,选用性能优良的减水剂,控制单方混凝土用水量,以减小混凝土的收缩变形,并充分发挥矿物掺和料的水化活性,并有效抑制碱集料反应;适当引气以提高混凝土匀质性、泵送性以及极限拉伸值,有利于抗冻和抗裂性能的改善。

C30大体积承台混凝土正交因素表 表3-8

因素 水平	水胶比(W/C)	粉煤灰掺量(%)	用水量(kg/m^3)	引气剂掺量(‰)
1	0.39	10	146	0.5
2	0.42	20	152	0.9
3	0.45	30	158	1.3

在充分考虑新疆高寒地区海拔高、干湿循环频繁、大温差和氯盐侵蚀等严酷环境下,以满足混凝土强度、工作性及耐久性为目标,通过试验确定适合于高寒地区桥梁耐久性的混凝土配合比。

3.3.3 高寒地区桥梁混凝土抗氯离子侵蚀性能研究

新疆高寒地区桥梁混凝土冬季为了降低路面冰点,大量使用除冰盐,使该地区桥梁混凝土受到盐类腐蚀,特别是氯离子大量渗入,改变了混凝土结构,影响桥梁耐久性能。因此,用于高寒地区桥梁混凝土,为防止氯离子浸入混凝土内部,各结构部位必须具备良好抗渗性以及抗盐腐蚀性能。

3.3.3.1 桥梁混凝土不同结构部位抗渗性能

(1)主塔

主塔为果子沟特大桥最主要受力结构部分。为保证桥梁使用寿命与结构安全,其各项耐久性设计指标均较其他桥梁结构部位要高,须满足最不利条件耐久性设计值。所以主塔混凝土氯离子抗渗性按照桥面板抗氯离子渗透性要求进行设计,即氯离子电通量小于1200库仑。

(2)桥面板与桥墩

桥梁面板与桥墩直接与除冰盐接触,遭受氯离子腐蚀非常严重,这些结构物在环境温度变化过程中,结构物材料内部出现晶体膨胀,反复冻融过程加剧了结构物性能的衰减。因此,高寒地区桥梁面板与桥墩对抗氯离子腐蚀性要求较高,抗氯离子渗透能力设计值高于桥墩抗氯离子渗透设计值。按照规范要求,桥面板混凝土氯离子电通量小于1200库仑,桥墩混凝土氯离子电通量小于1500库仑。

(3)大体积承台

对于桥梁而言,大体积承台不受除冰盐的直接作用。由于承台属于桥梁下部结构,与土壤接触,大体积承台主要受土壤基岩裂隙水及地表流水中 Cl^- 侵蚀作用,所以对于大体积承台的抗氯离子渗透性要求较低,按照相关规定,材料设计时要求混凝土电通量小于1500库仑。

3.3.3.2 高寒地区桥梁混凝土氯离子抗渗性能影响因素研究

为了系统研究混凝土配合比设计参数对氯离子抗渗性能的影响程度,设计了正交试验,通过各组混凝土电通量及相关数据分析,可明确各设计参数对氯离子抗渗性的影响敏感性。按照正交试验设计表各部位混凝土配合比,进行混凝土氯离子抗渗性能试验,得出不同结构部位混凝土氯离子抗渗性能如表3-9所示。

各结构部位混凝土氯离子渗透试验值　　表3-9

组名	电通量(库仑)	评价	组名	电通量(库仑)	评价	组名	电通量(库仑)	评价
C30-1	1134.1	低	C40-1	1106.9	低	C50-1	1113.2	低
C30-2	1100.4	低	C40-2	808.1	很低	C50-2	1080.8	低
C30-3	1400.8	低	C40-3	968.1	很低	C50-3	1106.2	低
C30-4	1661.6	低	C40-4	1405.9	低	C50-4	1142.7	低
C30-5	1272.3	低	C40-5	1262.2	低	C50-5	835.1	很低
C30-6	2021.3	中	C40-6	1507.1	低	C50-6	1163.4	低
C30-7	1776.6	低	C40-7	1632.4	低	C50-7	827.9	很低
C30-8	1515.3	低	C40-8	1683.5	低	C50-8	781.4	很低
C30-9	2230.2	中	C40-9	1730.7	低	C50-9	983.1	低

根据正交试验结果,进行极差与方差分析,找出对测试指标影响最敏感的因素,进而求出相对最佳配合比。通过分析可知,影响混凝土抗氯离子渗入性的因素显著性顺序为:水胶比→用水量→粉煤灰掺量→引气量。其中,水胶比和用水量的影响较为显著。

结合室内试验数据和正交分析,得出影响高寒地区桥梁混凝土各种因素的显著性水平,达到探究物质本源、指导宏观设计并减少大量试验的效果。大量试验结果表明,混凝土设计参数对其抗渗性影响较大,但各参数对材料组成影响不同,进而对混凝土的抗渗性及抗氯离子渗透性影响也不同。

(1)水胶比

通过正交试验分析可知,水胶比降低是改善混凝土氯离子抗渗性能最为有效的途径。当水胶比由0.45逐渐降低为0.35时,混凝土电通量明显呈下降趋势。水胶比降低提高了混凝土强度,同时增大了混凝土密实性,虽然试验表明混凝土抗压强度与抗渗性能并无明显的相关性,但是密实度增加从整体上还是促进了混凝土的抗渗性能。因此,在新疆高寒地区混凝土设计中,应尽量采用较低的水胶比以保证其良好的氯离子抗渗性能。

(2)用水量和水泥用量

用水量降低对混凝土氯离子抗渗性能的影响仅次于水胶比，在一定范围内降低用水量的同时，混凝土氯离子抗渗性能随之逐渐提高。究其原因，用水量的降低能减少混凝土中氯离子抗渗性较薄弱胶结材料的体积分量，从而改善混凝土氯离子抗渗性能。

水泥用量的增加在一定程度上能降低水胶比，但同时提高了其中薄弱净浆的体积分量和开裂趋势，抵消了部分低水胶比的增密效果；而且，高水泥用量也导致经济性较差。因此，在降低用水量的基础上，也应对最大水泥用量加以限制。

通过对试验结果的总结，认为合理地控制用水量与水泥用量，能较好地提高混凝土的氯离子抗渗性能；对于新疆高寒地区对抗渗性要求较高的桥梁混凝土，用水量应低于 150kg/m^3。

(3)粉煤灰掺量

粉煤灰添加在一定程度上能改善混凝土氯离子抗渗性能；但由于粉煤灰本身活性较低，掺量持续增大时对混凝土早期强度影响较大。考虑到粉煤灰的火山灰效应在后期能逐渐发挥出来，在改善混凝土拌合物的工作性、减少混凝土的单位用水量的同时，也能减少多余水分在混凝土硬化后形成的直径较大的孔隙，提高混凝土的致密性。因此，应合理控制优质粉煤灰的掺量，同时延长混凝土的养护时间，兼顾混凝土的氯离子抗渗性与早期强度。

(4)引气量

一般认为，在混凝土中加入适量引气剂，能在混凝土中生成大量细微气孔，可以起到切断毛细孔连续性的作用，从而提高混凝土的抗渗性。试验结果表明，当混凝土内含气量逐渐增加时，其氯离子抗渗性能有小幅提高；但过多的含气量会导致混凝土抗渗性能的降低。所以，合理控制引气剂的掺量也是改善混凝土氯离子抗渗性能的关键。结合试验数据并针对新疆高寒地区桥梁不同结构部位混凝土耐久性特点，认为含气量控制在 4% ~6% 时，混凝土具有较好的氯离子抗渗性能。

3.3.3.3 基于抗渗透性设计的高寒地区桥梁混凝土材料组成参数建议值

总结上述研究，分析正交试验结果，参考相关耐久性设计规范，提出新疆不同地区基于抗渗性的桥梁混凝土材料组成参数取值。对于抗渗要求较高的混凝土构造物，如桥梁主塔等强度要求为 C50 的混凝土、等级为 C40 的桥面板与桥墩以及大体积混凝土承台，其材料组成建议值见表 3-10 ~ 表 3-12。

新疆不同地区桥梁主塔等高强度混凝土抗侵入性设计建议值　　表 3-10

分区	56d 电通量要求（库仑）	材料组成参数建议值				
		水胶比	用水量（kg/m^3）	水泥用量（kg/m^3）	粉煤灰掺量（%）	含气量（%）
北疆严寒、寒冷地区	<1200	<0.36	<140	360 ~ 420	10 ~ 20	5 ~ 6
南疆、东疆寒冷地区	<1200	<0.38	<145	360 ~ 420	10 ~ 20	4 ~ 5

新疆不同地区桥面板与桥墩等混凝土抗侵入性设计建议值　　表 3-11

分区	56d 电通量要求（库仑）	材料组成参数建议值				
		水胶比	用水量（kg/m^3）	水泥用量（kg/m^3）	粉煤灰掺量（%）	含气量（%）
北疆严寒、寒冷地区	<1500	<0.40	<145	320 ~ 380	10 ~ 20	4 ~ 5
南疆、东疆寒冷地区	<1500	<0.42	<150	320 ~ 380	10 ~ 20	4 ~ 5

新疆不同地区大体积混凝土承台等混凝土抗侵入性设计建议值　　表 3-12

分区	56d 电通量要求（库仑）	材料组成参数建议值				
		水胶比	用水量（kg/m^3）	水泥用量（kg/m^3）	粉煤灰掺量（%）	含气量（%）
北疆严寒、寒冷地区	<1500	<0.42	<150	300 ~ 360	10 ~ 25	4 ~ 5
南疆、东疆寒冷地区	<1500	<0.44	<155	300 ~ 360	10 ~ 25	4 ~ 5

注：以上建议值可根据施工要求灵活选择，并宜取较低值进行配合比设计。

3.3.4　高寒地区桥梁混凝土抗冻性能研究

新疆高寒地区冬天气温较低，冬季漫长且干湿交替较为频繁，桥梁混凝土遭受反复冻融作用，如果配制的混凝土抗冻性不良，则桥梁结构物的使用寿命难以保证，甚至出现安全隐患。通过大量的室内试验及分析，探寻基于抗冻性的混凝土材料组成参数合理取值范围，以满足新疆高寒地区桥梁混凝土的耐久性设计要求。

3.3.4.1　桥梁混凝土构造物的冻融破坏方式

由于新疆冬季除冰盐的使用，使得该地区的冻融破坏方式与普通淡水冻融不同，主要表现在破坏特征、损伤速率和冻融机理上。普通淡水冻融是由于静水压和渗透压导致表面水分向里渗透，这时速度慢，破坏程度也不高；但在除冰盐存在的条件下，由于盐溶液浓度较高，不仅增大了极限保水度，同时也因为浓度差导致路面板内应力压和渗透压的增大，加速了冻融损伤速度。由此可见，相比普通淡水冻融，新疆高寒地区的盐冻对混凝土结构物的破坏速度和强度都大得多。因此，本节将对混凝土构造物抗盐冻性能进行试验研究。

3.3.4.2　高寒地区桥梁混凝土抗盐冻性能影响因素研究

混凝土抗盐冻性能优劣受到诸多因素影响，除了原材料质量因素外，混凝土组成设计参数有重要影响。通过室内大量混凝土抗盐冻试验和相关数据分析，可明确混凝土配合比设计参数对新疆地区抗盐冻性能的影响规律。按照正交试验设计表设计的配合比，进行混凝土抗盐冻性能试验，各不同结构部位混凝土抗盐冻性能试验结果如表 3-13 ~ 表 3-15 所示。

C30 混凝土冻融试验数据　　表 3-13

编号	水胶比	用水量（kg/m^3）	粉煤灰掺量（%）	引气量（‰）	剥蚀量 Q（kg/m^2）				相对动弹模量（%）			
					冻融次数（次）				冻融次数（次）			
					50	100	200	300	50	100	200	300
C30-1	0.39	146	10	0.4	0.24	0.51	0.10	1.77	98.23	95.68	91.53	85.43
C30-2	0.39	152	20	0.6	0.18	0.52	0.98	1.71	98.11	94.45	91.78	86.42
C30-3	0.39	158	30	0.8	0.21	0.51	1.05	1.76	98.27	95.32	92.13	86.13
C30-4	0.42	146	20	0.8	0.22	0.50	0.96	1.67	98.31	96.12	93.46	89.27
C30-5	0.42	152	30	0.4	0.27	0.63	1.27	2.01	97.43	93.86	89.49	83.54
C30-6	0.42	158	10	0.6	0.30	0.67	1.25	1.97	97.48	94.24	88.24	83.41
C30-7	0.45	146	30	0.6	0.34	0.77	1.36	2.14	97.54	93.11	88.26	82.37
C30-8	0.45	152	10	0.8	0.26	0.57	1.14	1.81	98.01	94.19	89.52	84.31
C30-9	0.45	158	20	0.4	0.35	0.76	1.39	2.23	97.43	92.86	86.37	78.65

C40 混凝土冻融试验数据 表 3-14

编号	水胶比	用水量（kg/m^3）	粉煤灰掺量（%）	引气量（‰）	剥蚀量 Q（kg/m^2）				相对动弹模量（%）			
					冻融次数（次）				冻融次数（次）			
					50	100	200	300	50	100	200	300
C40-1	0.34	144	10	0.5	0.21	0.46	0.97	1.72	98.41	97.15	95.36	88.61
C40-2	0.34	150	20	0.9	0.28	0.55	1.10	1.80	98.13	96.84	92.26	87.34
C40-3	0.34	156	30	1.3	0.24	0.49	1.02	1.75	98.20	96.13	91.36	87.53
C40-4	0.37	144	20	1.3	0.10	0.31	0.85	1.51	98.41	97.56	95.23	90.57
C40-5	0.37	150	30	0.5	0.27	0.56	1.17	1.83	98.12	96.58	92.56	85.71
C40-6	0.37	156	10	0.9	0.29	0.58	1.24	1.95	97.82	94.18	88.51	83.16
C40-7	0.40	144	30	0.9	0.25	0.53	1.14	1.81	98.26	96.15	92.23	87.48
C40-8	0.40	150	10	1.3	0.22	0.47	0.98	1.76	98.23	96.52	92.42	88.85
C40-9	0.40	156	20	0.5	0.33	0.64	1.26	2.09	97.84	94.52	89.87	81.43

C50 混凝土冻融试验数据 表 3-15

编号	水胶比	用水量（kg/m^3）	粉煤灰掺量（%）	引气量（‰）	剥蚀量 Q（kg/m^2）				相对动弹模量（%）			
					冻融次数（次）				冻融次数（次）			
					50	100	200	300	50	100	200	300
C50-1	0.29	125	10	0.4	0.09	0.17	0.77	1.41	98.57	97.43	95.36	91.87
C50-2	0.29	131	20	0.8	0.12	0.27	0.84	1.53	98.44	97.37	94.85	90.13
C50-3	0.29	137	30	1.2	0.10	0.24	0.80	1.47	98.47	97.60	95.31	91.26
C50-4	0.32	125	20	1.2	0.08	0.19	0.75	1.37	98.83	97.96	96.03	93.12
C50-5	0.32	131	30	0.4	0.15	0.30	0.89	1.68	98.12	96.41	92.43	88.47
C50-6	0.32	137	10	0.8	0.14	0.32	0.90	1.64	98.08	96.27	93.05	88.68
C50-7	0.35	125	30	0.8	0.11	0.23	0.78	1.43	98.18	97.33	95.28	91.28
C50-8	0.35	131	10	1.2	0.11	0.25	0.81	1.57	98.24	97.35	94.87	91.73
C50-9	0.35	137	20	0.4	0.19	0.31	0.97	1.71	98.07	96.31	91.43	87.49

通过大量正交试验结果分析，结合相关研究成果，系统研究了新疆高寒地区桥梁混凝土的抗盐冻性能影响因素。由正交试验方差分析得出配合比参数中影响抗冻性能最主要的因素是用水量与含气量。主要结论如下：

（1）水胶比和用水量的降低可有效改善混凝土的抗盐冻性能，特别是用水量，其影响更加显著。当水胶比由 0.4 减少到 0.34 时，剥蚀量降低约 15%，此时用水量在正交试验中为变化值。相关研究也表明，当恒定用水量而降低水胶比时，剥蚀量的降低幅度将更大。同时，试件的相对动弹模量损失也明显下降。

（2）引气剂的加入是改善混凝土抗盐冻性能的必要手段。在参考大量文献的前提下，正交试验中控制各结构部位混凝土的含气量在 4.5% ~6.5% 之间，所有试件在经过 300 次冻融循环后动弹模量相对值均在 80% 以上，说明在此含气量范围内的混凝土具有良好的抗盐冻性能。

（3）在胶凝材料中掺加粉煤灰可改善混凝土抗冻性，本研究及相关资料均表明，相同设计强度的粉煤灰混凝土，其粉煤灰掺量对混凝土抗盐冻性的影响不大，而含气量和用水量才是关键。

（4）养护龄期对混凝土抗盐冻性能也有所影响。通过对比分析试验结果，认为适当延长养护时间，将有效改善混凝土抗盐冻性能。

3.3.4.3 基于抗冻性设计的高寒地区桥梁混凝土材料组成参数建议值

总结上述研究和分析正交试验结果，得知混凝土抗冻与抗渗性能均要求混凝土具有较高的密实性。根据桥梁工程的特点，其设计使用寿命一般为 100 年或者 50 年，参考耐久性设计规范《混凝土结构耐久性设计与施工指南》（CCES 01—2004）中的规范值（见表 3-16），结合前期试验数据，提出新疆不同地区桥梁混凝土基于抗冻性的材料组成参数建议取值。

混凝土抗冻耐久性指数 *DF*(%)　　表 3-16

设计使用年限	100 年			50 年			30 年		
环境条件	高度饱水	中度饱水	盐或化学腐蚀下冻融	高度饱水	中度饱水	盐或化学腐蚀下冻融	高度饱水	中度饱水	盐或化学腐蚀下冻融
严寒地区	80	70	85	70	60	80	65	50	75
寒冷地区	70	60	80	60	50	70	60	45	65
微冻地区	60	60	70	50	45	60	50	40	55

对于环境条件苛刻，要求较高的混凝土桥梁构件，如桥梁主塔等强度要求为 C50 的混凝土，其材料组成建议值见表 3-17。

新疆不同地区主塔等高强度混凝土抗冻性设计建议值　　表 3-17

分区	*DF*(%)		材料组成参数建议值				
	50 年	100 年	水胶比	用水量 (kg/m³)	水泥用量 (kg/m³)	粉煤灰掺量 (%)	含气量 (%)
北疆严寒、寒冷地区	80	85	<0.36	<140	370~420	10~20	5.5~6.5
南疆、东疆寒冷地区	70	80	<0.38	<145	370~420	10~20	4.5~5.5

对于桥面板及桥墩等强度等级为 C40 的混凝土构造物，其材料组成建议值见表 3-18。

新疆不同地区桥墩与桥面板等混凝土抗冻性设计建议值　　表 3-18

分区	*DF*(%)		材料组成参数建议值				
	50 年	100 年	水胶比	用水量 (kg/m³)	水泥用量 (kg/m³)	粉煤灰掺量 (%)	含气量 (%)
北疆严寒、寒冷地区	80	85	<0.40	<145	320~380	10~20	4.5~5.5
南疆、东疆寒冷地区	70	80	<0.40	<150	320~380	10~20	4.5~5.5

对于大体积混凝土承台等强度要求较小的混凝土构造物，其材料组成建议值见表 3-19。

新疆不同地区大体积混凝土承台等混凝土抗冻性设计建议值　　表 3-19

分区	*DF*(%)		材料组成参数建议值				
	50 年	100 年	水胶比	用水量 (kg/m³)	水泥用量 (kg/m³)	粉煤灰掺量 (%)	含气量 (%)
北疆严寒、寒冷地区	80	85	<0.42	<150	300~360	10~25	4.5~5.5
南疆、东疆寒冷地区	70	80	<0.44	<155	300~360	10~25	4.5~5.5

注：以上建议值可根据施工要求灵活选择，并宜取较低值进行配合比设计。

3.3.5 高寒地区桥梁混凝土抗碳化性能研究

对于桥梁混凝土构造物来说，除了反复盐冻会致使混凝土耐久性破坏以外，混凝土中钢筋锈蚀也是造成结构物耐久性损伤的主要因素。而在一般大气环境下，混凝土碳化是混凝土中钢筋锈蚀的前提条件。因此，研究混凝土碳化对其耐久性的影响具有重要的现实意义。

3.3.5.1 混凝土构造物的碳化破坏方式

混凝土碳化是指水泥石中的水化产物与环境中的 CO_2 作用，生成 $CaCO_3$ 或其他物质的现象，这是一个极其复杂的多相物理-化学过程。由于碳化反应的主要产物碳酸钙属非溶解性钙盐，比原反应物的体积膨胀约 17%，因此，混凝土的凝胶孔隙和部分毛细孔隙将被碳化产物堵塞，使混凝土的密实度和强度有所提高，一定程度上阻碍了 CO_2 和氧气向混凝土内部的扩散；另一方面，混凝土碳化使混凝土中的 pH 值降低为 8.5~9.0，使混凝土中的钢筋脱钝而失去保护作用，进而导致混凝土保护层出现裂缝，引起结构的耐久性破坏。混凝土碳化速度主要取决于 CO_2 的扩散速度和 CO_2 与混凝土中可碳化物质的反应性。而 CO_2 气体的扩散速度则与混凝土本身的密实性、CO_2 气体的浓度、环境温度及混凝土的含湿状态等因素有关，碳化反应则与混凝土中 CaO 的含量、水化产物的形态及环境的温度、湿度等因素有关。

3.3.5.2 配合比参数对混凝土抗碳化性能的影响

由混凝土碳化物理-化学过程及机理分析可知，影响混凝土碳化主要可分为材料因素、环境因素和施工因素。本节将重点研究材料因素对混凝土碳化速度影响。由 5.3 节正交试验设计表所得配合比进行混凝土碳化深度试验。高强度混凝土碳化深度值较低，为方便直观测量，采用 C30 混凝土试件进行正交试验，并取少部分高强度混凝土试件（C40 和 C50 混凝土）进行对比试验。见表 3-20。

C30 混凝土碳化深度试验数据 表 3-20

编号	水胶比	用水量（kg/m^3）	粉煤灰掺量（%）	引气量（万分之）	28d 抗压强度（MPa）	碳化深度（mm）		
						7d	28d	65d
C30-1	0.39	146	10	0.4	48.9	1.4	3.1	3.7
C30-2	0.39	152	20	0.6	42.6	1.8	3.4	3.9
C30-3	0.39	158	30	0.8	38.2	1.8	3.6	4.1
C30-4	0.42	146	20	0.8	42.6	1.7	3.6	4.3
C30-5	0.42	152	30	0.4	42.1	2.0	3.8	4.5
C30-6	0.42	158	10	0.6	41.3	1.9	3.7	4.5
C30-7	0.45	146	30	0.6	36.2	2.2	4.1	4.8
C30-8	0.45	152	10	0.8	38.3	1.9	3.7	4.3
C30-9	0.45	158	20	0.4	36.7	2.1	4.2	4.9

由正交试验结果的方差分析可知，影响混凝土抗碳化性能最显著的因素为水胶比，其余依次为粉煤灰掺量和用水量；引气剂掺量对抗碳化性能的影响最弱。在影响混凝土碳化深度的三种不同因素中，材料因素对其影响最为直接。本节将针对水胶比、用水量或水泥用量、粉煤灰掺量及引气剂掺量的变化对碳化深度的影响进行分析，为材料组成参数建议值提供数据与理论依据。通过大量试验得出主要结论如下：

（1）随着水胶比的逐步提高，混凝土碳化深度也逐渐增大。C30 混凝土水胶比从 0.39 增大到 0.45 后，28d 碳化深度由 3.37 增加到 4.0，增幅约为 19%。

（2）不同设计强度的混凝土试件，由于高强度等级的混凝土拥有较低的水胶比，其碳化深度也远远小于低标号的试件。粉煤灰掺量一定时，0.32 水胶比的 C50 试件 28d 碳化深度为 0.8，而 0.45 水胶比的 C30 试件 28d 碳化深度为 4.1，增幅约为 80%。

（3）随着用水量的增加，混凝土 28d 和 65d 的碳化深度均有小幅的增长。用水量由 $146kg/m^3$ 增加到 $158kg/m^3$ 时，碳化深度增长 0.23mm，增幅约为 7%，而 65d 的增幅较小，为 5%。

（4）当用水量小于 $155kg/m^3$ 左右时，碳化深度的变化并不十分明显，因为 $146kg/m^3$ 用水量时碳化深度基本与 $152kg/m^3$ 用水量的碳化深度相当。而用水量继续增加时，抗碳化能力下降较为明显。因此，较低的用水量有利于提高混凝土的抗碳化性能。

（5）引气剂掺量对混凝土抗碳化性能影响均小于其他配合比参数。随着引气剂掺量的增加，混凝土碳化深度变化并不是十分显著，但高含气量的混凝土碳化性能稍优于低含气量的混凝土。

（6）随着粉煤灰掺量的增加，粉煤灰混凝土碳化速度增加。当粉煤灰掺量由 10% 增加到 30% 时，混凝土碳化深度也随之增大，增幅约为 10%。

3.3.5.3 基于抗碳化性设计高寒地区桥梁混凝土材料组成参数建议值

总结上述研究，分析正交试验结果，参考相关耐久性设计规范，提出新疆不同地区桥梁混凝土材料组成参数取值。对于各种条件要求较高的混凝土构造物，如桥梁主塔等强度要求为 C50 的混凝土，其材料组成建议值见表 3-21。

新疆不同地区桥梁主塔等高强度混凝土抗碳化性设计建议值　　表 3-21

分区	28d 碳化深度（mm）	材料组成参数建议值				
		水胶比	用水量（kg/m^3）	水泥用量（kg/m^3）	粉煤灰掺量（%）	含气量（%）
北疆严寒、寒冷地区	<2.5	<0.36	<140	360～420	5～15	5～6
南疆、东疆寒冷地区	<2.5	<0.38	<145	360～420	5～15	4～5

对于桥面板与桥墩等强度等级为 C40 的混凝土构造物，其材料组成建议值见表 3-22。

新疆不同地区桥面板与桥墩等混凝土抗碳化性设计建议值　　表 3-22

分区	28d 碳化深度（mm）	材料组成参数建议值				
		水胶比	用水量（kg/m^3）	水泥用量（kg/m^3）	粉煤灰掺量（%）	含气量（%）
北疆严寒、寒冷地区	<2.5	<0.40	<145	320～380	5～15	4～5
南疆、东疆寒冷地区	<2.5	<0.40	<150	320～380	5～15	4～5

对于大体积混凝土承台等强度要求较小的混凝土构造物，其材料组成建议值见表 3-23。

新疆不同地区大体积混凝土承台等混凝土抗碳化性设计建议值　　表 3-23

分区	28d 碳化深度（mm）	材料组成参数建议值				
		水胶比	用水量（kg/m^3）	水泥用量（kg/m^3）	粉煤灰掺量（%）	含气量（%）
北疆严寒、寒冷地区	<5	<0.42	<150	300～360	10～20	4～5
南疆、东疆寒冷地区	<5	<0.44	<155	300～360	10～20	4～5

注：以上建议值可根据施工要求灵活选择，并宜取较低值进行配合比设计。

3.3.6　高寒地区桥梁混凝土抗裂性能研究

新疆地区气候条件恶劣，冰雪天气频繁，室外温度正负交替情况时常出现，昼夜温差大，桥梁裂缝现象十分普遍。据调查，新疆许多大型混凝土工程普遍存在严重的开裂问题，且裂缝出现时间大部分在完工后几天内，有的甚至不到一天就有明显裂纹。桥梁混凝土的开裂，是桥梁混凝土结构劣化病变的宏观体现，也会进一步引起其他病害的发生与发展。新疆果子沟特大桥处于高寒地区，如果混凝土出现裂缝将会加快桥梁结构性能的衰减与破坏，造成资源与能源的巨大损失。因此，深入认识高寒地区桥梁混凝土开裂的原因与机理，通过试验确定出满足高寒地区桥梁不同部位的混凝土材料组成参数建议值，从源头上阻止混凝土裂缝的产生与发展，提高新疆地区桥梁的使用寿命。

3.3.6.1　高寒地区桥梁混凝土早期收缩分类与研究方案

（1）早期收缩类型

新疆深居内陆，四周有高山阻隔，海洋湿气不易进入，形成明显的温带大陆性气候。气温变化大，日照时间长（年日照时间达 2500～3500h），降水量少，空气干燥。新疆年平均降水量为 150mm 左右，但各地降水量相差很大。准噶尔盆地气候严寒多变，最冷月（1 月）平均气温为零下 20℃以下，其北缘的富蕴县绝对最低气温曾达到零下 50.15℃，是全国最冷的地区之一；最热月（7 月）平均气温在号称“火洲”的吐鲁番为 33℃以上，绝对最高气温曾达 49.6℃，居全国之冠。由于恶劣的气候环境，使得混凝土内外温度和湿度的变化梯度加大，加剧了混凝土表面的干缩。

在混凝土干燥过程中，毛细孔水分蒸发使毛细孔形成负压，随着水分的不断蒸发，负压逐渐增大产生收缩力，当收缩受到限制时产生拉应力，应力超过混凝土的抗拉强度时，就会产生干缩裂缝。同时，在这种严酷的环境中，桥梁混凝土终凝以前表面更容易失水而引起毛细管压力而产生塑性收缩，裂缝一般在桥梁混凝土之前形成，一般分布不规则，易出现龟裂状。

通过分析新疆桥梁混凝土收缩类型特征以及恶劣气候环境的影响，认为塑性收缩由于其特有的发生条件及开裂状态，对高寒地区桥梁混凝土结构的破坏作用较大；其次，伴随干燥收缩的发展，混凝土自身体积变形较大，也会对桥梁结构造成很大的破坏，因而决定将塑性收缩和干燥收缩作为高寒地区桥梁混凝土开裂的研究重点。

(2)研究方案

以高寒地区桥梁不同部位混凝土的抗裂性为研究主体，依托新疆果子沟特大桥梁工程，通过理论分析和试验研究，推荐出基于抗裂性的桥梁不同部位混凝土材料组成参数建议值。鉴于高寒地区桥梁混凝土收缩特点，塑性收缩和干燥收缩不仅普遍存在，而且对混凝土结构的破坏作用大，在混凝土抗裂性设计参数研究中，主要考虑这两类收缩。具体研究思路及内容如图 3-72 和图 3-73 所示。

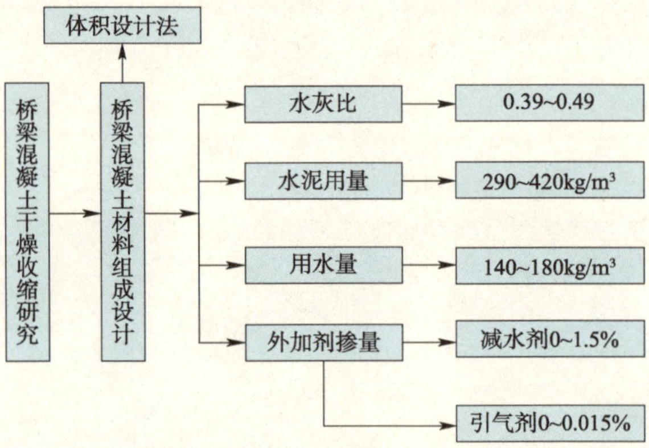

图 3-72 桥梁混凝土干燥收缩性能研究——试验方案及参数汇总

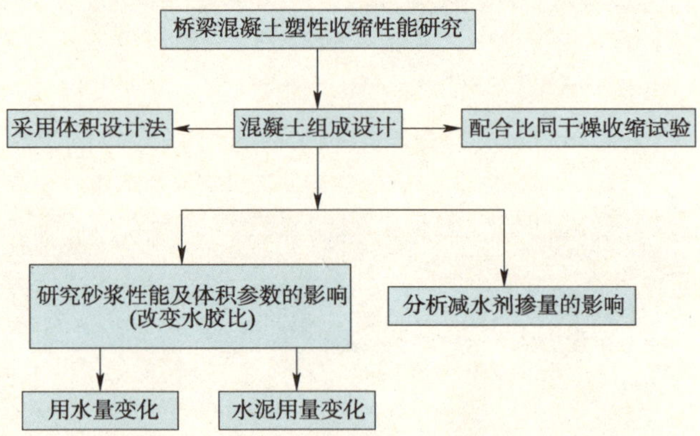

图 3-73 桥梁混凝土塑性收缩性能试验研究思路

3.3.6.2 桥梁混凝土收缩性能研究

(1)桥梁混凝土早期干燥收缩性能

在新疆地区，气候干燥，水分散失速度很快，桥梁混凝土停止养护后，在不饱和的空气中失去内部毛细孔和胶凝孔的吸附水而发生的不可逆收缩，随着相对湿度的降低，水泥浆体的干缩增大。为了探索高寒地区桥梁混凝土的干燥收缩变形规律，课题组仔细分析研究了依托工程果子沟特大桥的设计资料，考虑到该桥梁各个部位混凝土所处的环境和施工工艺的不同，例如振捣或泵送等工艺对混凝土工作性要求不同，各部位混凝土材料组成参数也有一定差异。经综合分析，本次干燥收缩试验重点考察水灰比在 0.39 ~ 0.49 范围内的桥梁混凝土，因为这个范围基本涵盖了该区桥梁不同部位混凝土的水灰比，通过这些不同水灰比的混凝土干缩试验结果可以揭示不同设计参数对混凝土干缩的影响规律。通过大量试验得出主要结论如下：

①桥梁混凝土早期干燥收缩变形随用水量的减小而增大，因为干燥收缩消耗了微细孔中水化剩余的水分，导致形成的汽液弯月面对孔壁产生拉应力，造成水泥浆体收缩。要控制干燥收缩裂缝的产生，应尽量控制用水量小于 160kg/m^3。

②桥梁混凝土的早期干燥收缩随水泥用量的增加而增大。当水泥用量由 253kg/m^3 增至 356kg/m^3 时，7d 的干缩值由 105×10^{-6}m 增至 127×10^{-6}m，增加幅度达到 21%。基于抗裂性和耐久性方面的考虑，应该控制大体积承台混凝土的水泥用量在 320 ~ 360kg/m^3，桥墩和桥面板混凝土的水泥用量控制在 330 ~ 370kg/m^3，主塔混凝土的水泥用量控制在 370 ~ 400kg/m^3。

③高效缓凝减水剂的加入，减少了桥梁混凝土的干燥收缩，提高了混凝土的均匀性和早期强度，增强

了桥梁混凝土的抗裂性能。减水剂掺量为0.8%时，桥梁混凝土具有相对较小的收缩变形，它的干缩值是掺入减水剂0.5%和1%时的89.0%和92.9%。

④新疆高寒地区桥梁混凝土中引入引气剂，可以改善桥梁混凝土的流动性和和易性，桥梁混凝土的引气剂产量应该控制在万分之五左右，有利于降低桥梁混凝土的早期收缩开裂。

(2)桥梁混凝土早期塑性收缩性能

高寒地区桥梁混凝土的塑性收缩不仅会导致混凝土面层开裂，同时会在混凝土内部形成大量原生微裂纹，这些裂纹不但为桥梁混凝土水分散失、外界侵蚀性介质进入混凝土内部提供通道，加速混凝土的干燥速度，同时将伴随后期混凝土内部约束应力的增大，扩展成为宏观裂缝。桥梁混凝土在塑性状态下一旦发生开裂，不仅影响到硬化混凝土结构使用性能，还会对混凝土的耐久性产生不利影响。因此，研究桥梁混凝土各组分对新拌混凝土塑性收缩性能的影响显得十分必要。通过改变水泥用量、用水量和减水剂掺量等参数进行混凝土塑性收缩试验，得出主要结论如下：

①高寒地区桥梁混凝土的收缩在于混凝土凝结前泌水速率和失水速率是否协调，因此，要严格控制桥梁混凝土的用水量。课题组通过大量试验分析认为，承台混凝土的最佳单位用水量为145～160kg/m^3，桥墩和桥面板混凝土的最佳单位用水量为145～160kg/m^3，主塔混凝土的最佳单位用水量为125～140kg/m^3。

②高寒地区桥梁混凝土的塑性收缩随着水泥用量的增加而增大，当水泥用量由264kg/m^{3}增至347kg/m^{3}时，混凝土的初始开裂时间与贯通开裂时间分别由97min和135min降低到86min和157min，由于水泥颗粒本身及水泥水化消耗掉了大量的自由水分，桥梁混凝土易出现泌水速度小于水分蒸发速度而出现开裂。因此，应该严格控制水泥用量。

③当减水剂掺量由0%增至1.5%时，桥梁混凝土的初始开裂时间与贯通开裂时间分别由94min和126min降低到77min和100min，表明随着减水剂掺量的增大，桥梁混凝土的开裂时间提前，这是因为减水剂可以改变吸附水和游离水的比例，提高水泥凝聚体的分散度，增大桥梁混凝土的水分蒸发，从而加速桥梁混凝土的收缩开裂。因此，必须慎用减水剂，其掺量必须通过科学试验论证。

3.3.6.3 基于抗裂性的桥梁不同部位混凝土组成设计参数建议值

通过高寒地区桥梁混凝土的干缩及塑性收缩试验，探索了各部位混凝土主要参数在一定范围内变化时，桥梁混凝土的收缩开裂趋势及影响规律。考虑到本次试验材料种类及地域的限制，要提出整个高寒地区基于抗裂性桥梁混凝土设计参数，不仅要以本次试验为依据，更重要的还要结合耐久性设计规范《混凝土结构耐久性设计与施工指南》(CCES 01—2004)中的相关规定。通过综合分析试验结果，结合新疆现有桥梁的设计及使用现状，充分考虑新疆地区材料供应实际状况，提出了高寒地区桥梁各部位混凝土材料组成设计参数建议范围，旨在指导新疆高寒地区桥梁混凝土设计，提高桥梁混凝土的抗裂设计水平。

高寒地区气候环境复杂，桥梁混凝土设计必须通过精心设计，严格控制混凝土各组分含量，在给定的参数范围内进行优化。课题组提出的高寒地区基于抗裂性的桥梁主塔强度等级为C50的混凝土组成设计参数建议值见表3-24。强度等级为C40的桥面板与桥墩混凝土组成设计参数建议值见表3-25。大体积混凝土承台混凝土组成设计参数建议值见表3-26。

新疆不同地区桥梁主塔等高强度混凝土抗裂性设计建议值 表3-24

分区	材料组成参数建议值				
	水胶比	用水量(kg/m^3)	水泥用量(kg/m^3)	粉煤灰掺量(%)	含气量(%)
北疆严寒、寒冷地区	<0.34	<140	380～400	10～15	5～6
南疆、东疆寒冷地区	<0.36	<145	370～420	10～20	4～5

新疆不同地区桥面板与桥墩等混凝土抗裂性设计建议值　表 3-25

分区	材料组成参数建议值				
	水胶比	用水量（kg/m^3）	水泥用量（kg/m^3）	粉煤灰掺量（%）	含气量（%）
北疆严寒、寒冷地区	<0.38	<155	320~370	10~15	4.5~6
南疆、东疆寒冷地区	<0.40	<160	320~390	10~20	4.5~5.5

新疆不同地区大体积混凝土承台等混凝土抗裂性设计建议值　表 3-26

分区	材料组成参数建议值				
	水胶比	用水量（kg/m^3）	水泥用量（kg/m^3）	粉煤灰掺量（%）	含气量（%）
北疆严寒、寒冷地区	<0.42	<155	300~350	10~20	4.5~6
南疆、东疆寒冷地区	<0.44	<160	300~360	10~20	4.5~5.5

3.3.7　大体积混凝土温度控制技术

新疆果子沟大桥主塔承台、塔座、塔柱实心段为大体积混凝土结构。由于水泥水化过程中产生的水化热使浇筑后初期混凝土内部温度急剧上升，引起混凝土膨胀变形，而此时混凝土的弹性模量很小，因此，升温引起受基础约束的膨胀变形产生的压应力很小。随着温度逐渐降低使混凝土产生收缩变形，但此时混凝土弹性模量较大，降温引起的变形受基础约束会产生相当大的拉应力，当拉应力超过混凝土的抗拉强度时，就会产生温度裂缝，对混凝土结构产生不同程度的危害。此外，在混凝土内部温度较高时，外部环境温度较低或气温骤降期间，内表温差过大在混凝土表面也会产生较大的拉应力而出现表面裂缝。因此，在该承台施工过程中，温度变化对混凝土内部的应力状态有显著的影响，易出现温度裂缝，影响结构的整体性和耐久性。

根据该桥的特点，施工过程中温度裂缝控制存在以下难点：桥址区昼夜温差大，不易控制大体积混凝土内表温差；承台结构尺寸长，浇筑方量大，水化热温升大，易产生温度裂缝；塔座、塔柱实心段混凝土强度等级高，胶材用量较大，混凝土绝热温升高；该区域在该季节时常有大雨甚至是暴雨，暴雨过后常伴有降温，内表温差控制难度大，在早龄期显得尤为突出。另外，混凝土浇筑方量大，浇筑时间长，浇筑期间出现大雨的概率大，易对混凝土品质造成影响。因此对高寒地区大体积桥梁混凝土温度控制抗裂进行下面具体内容的研究：

（1）针对果子沟大桥承台、塔座、塔柱实心段结构特点，根据现场提供的资料及混凝土物理、热学性能的经验取值，仿真计算 Z1 承台、塔座、塔柱实心段施工期混凝土内部温度场及应力场，并根据计算结果制定了不出现有害温度裂缝的温控标准和相应的温控措施。

（2）对承台、塔座、塔柱实心段施工期浇筑温度、混凝土内部温度场进行了跟踪监控，并根据监控数据实时调整温控措施，严格执行温控标准，为承台、塔座、塔柱实心段大体积混凝土的温控施工质量提供有力保障。

3.3.7.1　温控标准及拟采用温控措施

（1）温控标准

混凝土温度控制原则：尽量降低混凝土温升，延缓最高温度出现时间；控制降温速率；降低混凝土内部和表面之间的温差、新老混凝土之间的温差以及控制混凝土表面和气温的温差；控制混凝土浇筑温度；温度控制的具体实施办法需根据气温、混凝土内部温度场、结构尺寸、约束情况、混凝土配合比等具体条件制定。

根据温控仿真计算结果及规范要求，提出以下减少承台、塔座、塔柱实心段出现有害温度裂缝的温控标准：混凝土入模温度不宜高于25℃；混凝土内表温差控制不超过20℃；混凝土降温速率不超过2.0℃/d；养护过程中，混凝土表面养护水温度与混凝土表面温度之差≤15℃。

(2)现场温控措施

大体积混凝土温控是对混凝土质量的全面控制，为达到温控标准的要求，项目组根据承台现场施工情况，提出了一系列温控措施进行有效监控，包括混凝土原材料选择、配合比设计、混凝土拌和、运输、浇筑、振捣到通水、养护、保温等每一个施工环节。

①混凝土配合比优化设计及原材料选择

为使大体积混凝土具有良好的抗侵蚀性、体积稳定性和抗裂性能，优化混凝土原材料及性能：承台混凝土水泥选用低水化热和含碱量低的水泥，避免使用早强水泥和高 C_3A 含量的水泥，有利于大体积混凝土温控；在满足混凝土强度要求的基础上降低单方混凝土中胶凝材料及硅酸盐水泥的用量；选用坚固耐久、级配、粒形良好的洁净骨料；为减少混凝土单位用水量，降低混凝土水泥水化热，在试验论证的基础上，采用了Ⅰ级粉煤灰，大大节约胶凝材料用量；在保证混凝土施工性能的前提下采取以下措施进行配合比优化：降低混凝土的单位用水量；提高粉煤灰掺量，降低混凝土中的水泥用量，承台C30混凝土粉煤灰掺量为30%。

②混凝土浇筑温度的控制

降低混凝土的浇筑温度对控制混凝土裂缝非常重要。相同混凝土，入模温度高的温峰值要比入模温度低的高许多。混凝土的入模温度视气温而调整。若浇筑温度不在控制要求内，则采取相应措施：控制水泥温度，确保施工时水泥温度≤60℃；拌和水中加冰，降低拌和水温度；骨料遮阳，堆高骨料，底层取料，浇筑前用冷水喷淋骨料，降低骨料温度；混凝土浇筑尽量在夜间开始浇筑，避开当日高温时段；混凝土泵管外用草袋遮阳，并经常洒水。

③冷却水管的埋设及控制

根据混凝土内部温度场布设冷却水管，主墩承台混凝土内共布设5层冷却水管，塔座、塔柱实心段各布设一层冷却水管。冷却水管均为 ϕ40mm×2.8mm的黑铁管，承台混凝土内水管水平间距为0.9m，塔座、塔柱实心段混凝土内水管水平间距为0.85m。每套冷却水管长度不超过150m，冷却水管进出水口集中布置，便于统一管理。冷却水管使用及其控制措施如下：冷却水管使用前进行压水试验，防止管道漏水、阻水；混凝土浇筑到各层冷却水管高程后开始通水，各层混凝土峰值过后尽快减缓或停止通水；升温时段通水流量应使通水流量应达到40L/min、流速达到0.65m/s以上，形成紊流，降温时段，可通过水阀控制减缓通水，使流速减半，水流平缓，以层流状态冷却混凝土；为保证冷却水的初期降温效果，项目部派专人按温控指令进行现场调控；为防止上层混凝土浇筑后下层混凝土温度的回升，下层混凝土采用二次通水冷却，通水时间根据测温结果确定；冷却水进水温度越低，与混凝土温差越大，冷却效果越好，但过大的温差会在冷却水管周围的混凝土中引起相当大的拉应力，所以通常将冷却水与混凝土之间的温差控制在20℃以内；如果始终保持同一流向，冷却结束后，出口端的混凝土温度将高于进口端的混凝土温度。为了使冷却结束时混凝土温度尽量均匀，在冷却过程中，应不断改变水流方向。宜每半天改变一次水流方向，尽可能压低各个断面上的水化热温升；冷却通水结束后，采用同强度等级的水泥浆或砂浆封堵冷却水管。为避免钢筋锈蚀，应保证冷却水管进出口割断处距混凝土表面大于7cm；为保证冷却水的初期降温效果，可根据现场实际情况，优化冷却水管的管路布置，合理选择水泵，并配备检修人员，以保证冷却系统正常工作。

④内表温差控制

对于大体积混凝土，由于水化放热会使温度持续升高，在升温的一段时间内应加强散热，如加大通水流量、降低通水温度等。当混凝土处于降温阶段则要保温覆盖以降低降温速率。如遇暴雨降温天气，侧壁可利用模板保温，承台第一层混凝土由于有竖向插筋的存在，可利用麻袋覆盖边角保温，承台第二层上表面可采用整块塑料薄膜加土工布保温保湿。塔座、塔柱等高等级混凝土浇筑后应立即在模板外包裹土工布或麻袋保温，拆模后应立即包裹塑料薄膜＋土工布。混凝土保温应充分、时间足够长，让混凝土慢慢冷却，拉应力会在混凝土徐变作用下部分松弛，直到温差达到允许范围，可有效控制裂缝的产生。

⑤养护

混凝土养护包括湿度和温度两个方面。结构表层混凝土的抗裂性和耐久性在很大程度上取决于施工养护过程中的温度和湿度养护。因为水泥只有水化到一定程度才能形成有利于混凝土强度和耐久性的微结构。对于低水胶比又掺加粉煤灰的混凝土，潮湿养护尤其重要。湿养护的同时，还要控制混凝土的温度变化。根据季节不同采取保温和散热的综合措施，保证混凝土内表温差及气温与混凝土表面的温差在控制范围内。具体措施如下：浇筑完毕后，靠近表面的水分由于蒸发急剧散失，不但影响混凝土表面强度的发展，还会引起干缩裂缝。因此，混凝土浇筑完毕12～18h即应开始养护。在炎热、干燥气候条件下还应提前养护，普通混凝土养护时间不少于14天，掺粉煤灰混凝土养护时间不少于21天；平面表面养护采用覆盖湿麻袋或湿土工布养护并经常洒水使混凝土表面维持湿润状态，避免表面干湿交替。

3.3.7.2　现场监测实施方案

在混凝土浇筑前完成传感器的选购及铺设工作，并将屏蔽信号线连接到测试棚，传感器测头采用角钢保护；各项测试工作在混凝土浇筑后立即进行，连续不断。混凝土的温度测试，峰值出现以前每2h监测一次，峰值出现后每4h监测一次，持续5天，然后转入每天测2次，直到温度变化基本稳定。

3.3.7.3　监控成果分析

(1)承台部分

为了解承台混凝土内部温度分布规律，同时给现场温控措施提供可靠的数据，根据承台混凝土的结构特点，在承台内部共布设5层测点，共87个。测点布置见图3-74和图3-75。

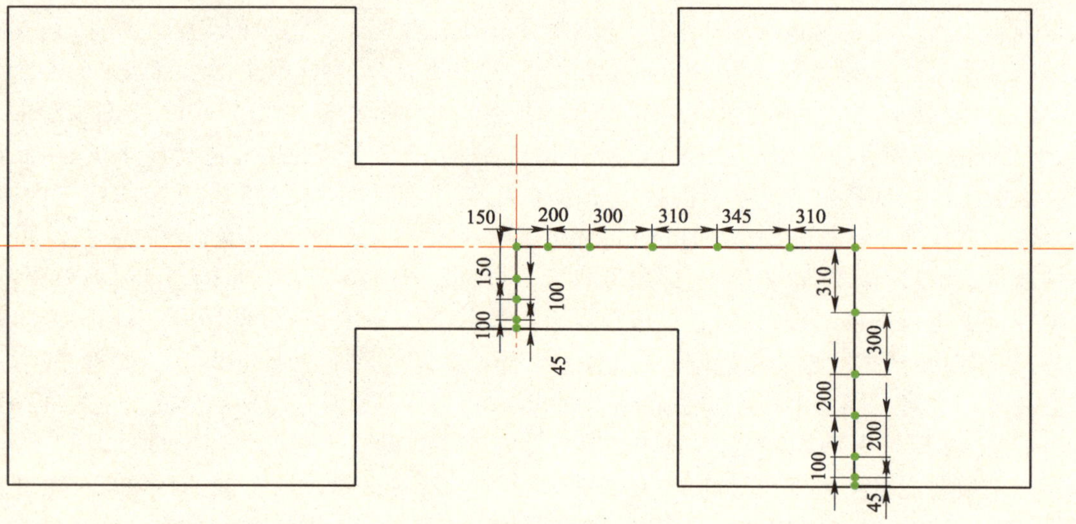

图3-74　承台测温点布置平面示意图(尺寸单位:cm)

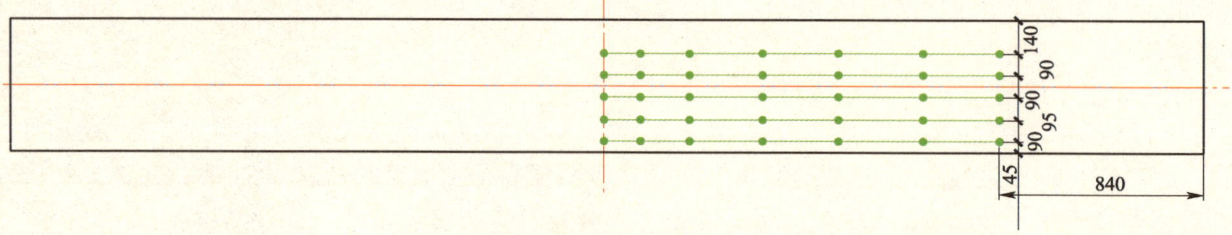

图3-75　承台测温点布置立面示意图(尺寸单位:cm)

从测温结果来看，承台混凝土第一层最高温度46.6℃，符合温控标准小于61℃的要求，C30混凝土最大水化热温升为27.1℃；各层混凝土最大内表温差14.1～16.9℃，低于温控标准的最大内表温差20℃，控制效果良好。承台混凝土第二层最高温度51.7℃，符合温控标准小于61℃的要求，C30混凝土最大水化热温升为29.8℃；各层混凝土最大内表温差15.7～19.0℃，低于温控标准的最大内表温差20℃，控制效果良好。承台混凝土第一层和第二层内部最高温度及最大内表温差分别见表3-27和表3-28。

承台混凝土第一层内部最高温度及最大内表温差　表3-27

测点区域	区域最高温度（℃）	最高温度出现时间（h）	区域最高断面均温（℃）	水化热温升（℃）	区域最大内表温差（℃）	入仓温度（℃）
第一层测点	41.9	124	38.3	25.7	14.1	16.2
第二层测点	46.6	104	42.2	27.1	16.9	19.5
第三层测点	44.5	50	40.3	25.8	16.6	18.7

承台混凝土第二层内部最高温度及最大内表温差　表3-28

测点区域	区域最高温度（℃）	最高温度出现时间（h）	区域最高断面均温（℃）	水化热温升（℃）	区域最大内表温差（℃）	入仓温度（℃）
第四层测点	51.4	76	45.3	29.8	19.0	21.6
第五层测点	51.7	70	44.3	29.6	15.7	22.3

注：最高温度出现时间从各层传感器与混凝土接触时间起算。

（2）塔座、塔柱实心段部分

为了解承台塔座、塔柱实心段混凝土内部温度分布规律，同时给现场温控措施提供可靠的数据，根据塔座、塔柱实心段混凝土的结构特点，在塔座内部布设2层测点，下游塔座和上游塔柱实心段内部各布设1层测点，共20个。测点布置见图3-76、图3-77。

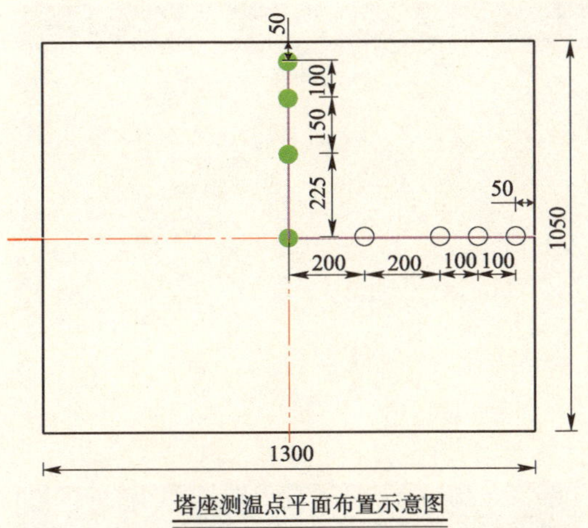

图3-76　塔座测温点平面布置示意图（尺寸单位：cm）

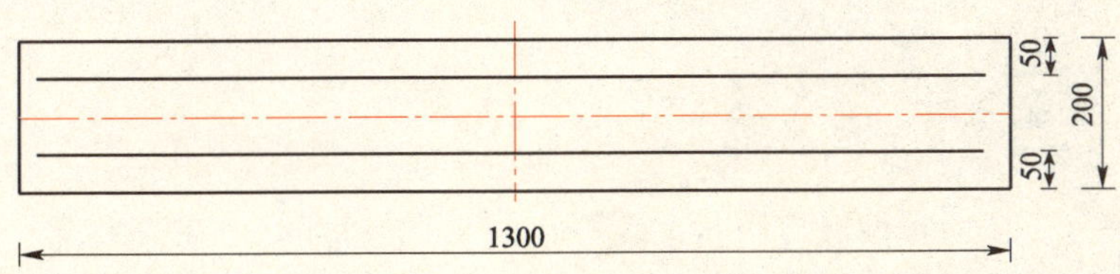

图3-77　塔座测温点立面布置示意图（尺寸单位：cm）

从测温结果来看，塔座混凝土最高温度45.2℃，符合温控标准小于61℃的要求，C50混凝土最大水化热温升为29℃；各层混凝土最大内表温差14.5～16.8℃，低于温控标准的最大内表温差20℃，控制效果良好。塔柱实心段混凝土最高温度65.3℃，符合温控标准小于61℃的要求，C50混凝土最大水化热温升为45.1℃；各层混凝土最大内表温差14.5～18.5℃，低于温控标准的最大内表温差20℃，控制效果良好。塔座混凝土第一层和塔柱混凝土第二层内部最高温度及最大内表温差分别见表3-29和表3-30。

塔座混凝土内部最高温度及最大内表温差　　表 3-29

测点区域	区域最高温度（℃）	最高温度出现时间（h）	区域最高断面均温（℃）	水化热温升（℃）	区域最大内表温差（℃）	入仓温度（℃）
第一层测点	45.7	70	39.7	29.9	16.8	15.8
第二层测点	42.7	68	35.8	29.0	12.8	13.7

塔柱实心段混凝土内部最高温度及最大内表温差　　表 3-30

测点区域	区域最高温度（℃）	最高温度出现时间（h）	区域最高断面均温（℃）	水化热温升（℃）	区域最大内表温差（℃）	入仓温度（℃）
下游塔座测点	65.3	28	56.5	38.0	18.5	18.5
上游塔柱测点	61.8	42	54.9	45.1	14.5	16.7

3.3.8　高寒地区桥梁混凝土耐久性设计方法与寿命预测

本研究基于大量理论研究及室内试验研究结论，并参考相关研究资料，对新疆不同寒冷地区进行了耐久性设计分区，并提出了桥梁混凝土材料组成参数的合理取值范围及耐久性设计方法，以确保新疆高寒地区桥梁混凝土的耐久性。

3.3.8.1　新疆不同地区桥梁混凝土耐久设计原则

根据新疆地区工程地区气候及环境调查分析，并结合全疆的气候特点，对桥梁的使用环境进行耐久性设计分区。在参考相关工程类环境分区及规范《混凝土结构耐久性设计与施工指南》（CCES 01—2004）的基础上，按照新疆区域气候差异及桥梁设计寿命进行耐久性设计分区。分区的方法采用顺序划分法，以空间异性为基础，按区域差异最小，区域间差异最大的原则进行。根据新疆高寒地区不同环境条件下对桥梁混凝土耐久性设计的影响程度，列出了关键耐久性环境，见表 3-31。

新疆高寒地区桥梁混凝土耐久性环境分类　　表 3-31

耐久性环境分类		分类指标	关联的主要耐久性
自然环境	除冰盐冻融环境	年平均最低月温度低于 -8℃	抗冻性、抗渗性
	普通冻融环境	年平均最低月温度低于 -3℃	抗冻性、抗渗性、抗裂性
	无冻融环境	年平均最低月温度高于 5℃	抗渗性、抗裂性
桥梁类别	特大、大型桥梁	使用年限≥100 年	桥面板耐磨性
	中、小桥梁	使用年限≤100 年	

在新疆地区进行桥梁混凝土耐久性设计时，主要按严寒、寒冷地区的耐久性指标为标准。新疆不同地区气候划分见表 3-32。

新疆不同地区气候划分　　表 3-32

气候分区	新疆对应区域	部分城市
严寒	北疆、南疆局部	阿勒泰、伊犁、乌苏奎屯、乌市、哈密、阿克苏等
寒冷	南疆局部、沙漠公路	和田市、沙漠周边城市等

3.3.8.2　不同耐久性设计分区的性能控制指标

在桥梁混凝土的耐久性设计中，以抗冻性和抗渗性能为主要的耐久性设计指标。考虑到桥梁结构中大部分为钢筋混凝土构造物，且存在预应力混凝土构造物，由碳化所造成的钢筋锈蚀以及开裂所造成的混凝土预应力损失也给桥梁的整体性带来巨大的安全隐患，因此抗碳化和抗裂性也应在耐久性设计中加以考虑。根据上述要求，提出新疆不同地区桥梁混凝土应具备的耐久性控制指标见表 3-33。

不同耐久性分区下的大型桥梁混凝土耐久性设计控制指标　表 3-33

耐久性分区	特大、大型桥梁/ 中、小型桥梁								
	承台及下部结构			桥面板及桥墩			主塔或预应力结构		
	电通量（库仑）	DF 值（%）	抗碳化（mm）	电通量（库仑）	DF 值（%）	抗碳化（mm）	电通量（库仑）	DF 值（%）	抗碳化（mm）
严寒	<1500	85/80	5.0	<1200	85/80	2.5	<1200	85/80	2.5
寒冷	<1500	80/70	5.0	<1200	80/70	2.5	<1200	80/70	2.5

3.3.8.3 新疆不同地区桥梁混凝土材料组成参数建议

针对不同耐久性分区对桥梁混凝土耐久性的要求，对新疆不同耐久性气候分区和使用条件下桥梁混凝土材料组成参数的取值提出以下建议。

(1)水灰比、用水量或水泥用量

根据正交试验分析结论，当进行新疆高寒地区桥梁混凝土耐久性设计时，各类型桥梁混凝土构造物的水胶比（水灰比）、用水量和水泥用量的建议值见表 3-34。

各类型桥梁混凝土构造物水胶比、用水量及水泥用量建议值　表 3-34

耐久性分区	承台及下部结构			桥面板及桥墩			主塔或预应力结构		
	水胶比	用水量（kg/m^3）	水泥用量（kg/m^3）	水胶比	用水量（kg/m^3）	水泥用量（kg/m^3）	水胶比	用水量（kg/m^3）	水泥用量（kg/m^3）
严寒	<0.42	<150	300 ~ 360	<0.40	<145	320 ~ 360	<0.36	<140	360 ~ 420
寒冷	<0.44	<155	300 ~ 360	<0.42	<150	320 ~ 360	<0.38	<140	360 ~ 420

(2)含气量

引气剂的添加是目前提高混凝土抗冻性最常用和最有效的办法之一。加入引气剂可使混凝土中形成缓冲微气泡体系，这些互补连通的微细气孔在混凝土受冻初期使毛细孔中静水压力减小，从而缓解结冰区带来的膨胀压应力；同时，引气后水泥浆中形成彼此分离的孔隙，因此不会形成连通的透水孔道，从而提高了混凝土抗渗性能。因此，在耐久性设计中必须引入水胶比和含气量的双重控制。满足桥梁不同结构部位混凝土耐久性要求的含气量建议值见表 3-35 所示。

新疆地区桥梁混凝土含气量建议值　表 3-35

耐久性分区	特大、大型桥梁			中、小型桥梁		
	承台和其他下部结构	桥墩、桥面板	主塔或预应力结构	承台和其他下部结构	桥墩、桥面板	主塔或预应力结构
严寒	5.5 ±0.5	5.5 ±0.5	6.0 ±0.5	5.0 ±0.5	5.0 ±0.5	5.5 ±0.5
寒冷	5.0 ±0.5	5.0 ±0.5	5.5 ±0.5	4.5 ±0.5	4.5 ±0.5	5.0 ±0.5

注：试验所用集料（最大公称粒径为 26.5mm），相关资料表明，最大公称粒径每增大一档，含气量控制值应相应降低 0.5%。

(3)粉煤灰掺量

优质粉煤灰的加入能改善混凝土的工作性，同时也能提高混凝土的抗裂性能。此外，还可以改善混凝土结构强度，提高其匀质性和致密性，增强抗腐蚀能力，具体建议见表 3-36。

新疆地区桥梁混凝土粉煤灰掺量建议值（%）　表 3-36

耐久性分区	特大、大型桥梁			中、小型桥梁		
	承台和其他下部结构	桥墩、桥面板	主塔或预应力结构	承台和其他下部结构	桥墩、桥面板	主塔或预应力结构
严寒	10 ~ 20	10 ~ 20	5 ~ 15	10 ~ 25	10 ~ 20	10 ~ 20
寒冷	10 ~ 20	10 ~ 20	5 ~ 15	10 ~ 25	10 ~ 20	10 ~ 20

注：以上均为添加 I 级粉煤灰时的掺量。当配置承台等大体积混凝土时，可用等量取代；其他结构部位可用超量取代法，超量取代系数 I 级粉煤灰取 1.1 ~ 1.4 之间。

(4)细集料砂率的确定

现行混凝土耐久性设计规范中并没有对砂率进行规定。可以按照《水泥混凝土路面施工技术规范》(JTG F30—2003)及《公路桥梁施工技术规范》(JTJ 041—2000)中所规定的与细度模数之间的关系取值进行选择。见表3-37。

砂的细度模数与最优砂率的关系　　表3-37

砂的细度模数		2.2~2.5	2.5~2.8	2.8~3.1	3.1~3.4	3.4~3.7
砂率 S_p (%)	碎石	30~34	32~36	34~38	36~40	38~42
	卵石	28~32	30~34	32~36	34~38	36~40

注:桥梁混凝土中有泵送需求的,坍落度大于60mm的混凝土砂率,在上表的基础上,坍落度每增加20mm,砂率增加1%,且粗砂还可相应增加砂率。

3.3.8.4　高寒地区桥梁混凝土耐久性设计方法

(1)项目基础资料前期调研及各项控制指标确定

在进行新疆高寒地区桥梁混凝土耐久性设计前,应首先对工程所在地近30年的气象资料进行收集整理,考察施工地点的环境条件和水质情况,确定桥梁设计使用寿命。同时,对所用原材料的各项指标进行检测,详细如下:

①水泥:各项出厂指标,28d抗压、抗折强度,表观密度 ρ_c;

②粗、细集料:粗集料最大公称粒径,细集料细度模数,集料的表观密度 ρ_g 和 ρ_s;

③外加剂:实测技术性质及使用经验;

④矿物外掺料:各项出厂指标,适应性,表观密度 ρ_f;

(2)耐久性设计、验证及调整步骤

根据项目所在地前期气候、环境调查,参照表3-32进行气候分区。同时确定桥梁设计使用年限,查表3-33确定出桥梁混凝土不同结构部位抗氯离子渗透、抗盐冻和抗碳化控制指标。之后,按照如下耐久性设计步骤进行设计:

①确定设计水灰比(水胶比)。根据设计需要,参考普通混凝土配合比设计公式或添加矿物外掺料的混凝土配合比设计公式进行水灰比(水胶比)的计算,同时与表3-34中水灰比(水胶比)建议值进行对比,取较小者作为设计水灰比(水胶比)。

②初定单位用水量 M_{w0}。查表3-34中得到不同使用条件及不同结构部位的用水量最大值 M_{w1},在满足施工工作性的条件下,尽量取较低值为初定用水量 M_{w0}。

③确定单位水泥用量 M_c。根据 M_{w0} 和设计水胶比,计算水泥用量,参考表3-34中的建议值进行复核,选择较低者作为设计水泥用量 M_c。

④确定单位用水量 M_w。根据所选的水泥用量 M_c 和水灰比(水胶比),计算出单位用水量 M_w。

⑤确定设计含气量 V_a。查表3-35确定桥梁不同结构部位的设计含气量 V_a。

⑥确定矿物外掺料用量。查表3-36确定桥梁不同结构部位粉煤灰掺量。

⑦确定砂率。根据表3-37中的规定范围进行取值。

⑧桥梁混凝土配合比的初定。通过以上取值,利用相关公式,计算出桥梁混凝土的耐久性初步配合比。

在配合比设计初步完成后,进行耐久性的各项试验,包括氯离子抗渗、抗冻剂抗碳化试验。各项试验数据对比表3-33中的建议值,以验证初步配合比是否满足新疆高寒地区桥梁混凝土的耐久性使用要求。

当试验结果低于耐久性建议指标时,可采取以下步骤进行调整:

①当抗渗性无法满足要求时,降低水胶比;

②当抗冻性无法满足要求时,降低水胶比与增大引气量;

③当耐磨性无法满足要求时,降低水灰比;

④固定砂浆体积分量,按照上述途径调整并重新确定混凝土的材料组分。

水灰比、含气量的调整幅度可参考抗渗性、抗冻性和耐磨性的相关设计模型,通过计算而取定。一般水灰比每次调整0.01~0.02,含气量为2%。在调整水灰比时,应遵循以下原则:

①宜首先降低混凝土的单方用水量,即在不影响其他性能的情况下,采用更高(合理范围内)掺量或减水性能更好的外加剂;

②当无法单独通过降低用水量的方法调整水灰比时,可考虑适当增大水泥用量,但不宜超过表3-34的建议范围;

③当用水量过低、水泥用量过高且难以控制在合理用量时,可掺入不超过胶凝材料总量15%的优质粉煤灰替代部分水泥。

此外,考虑到道路混凝土的耐久性和工作性,建议无论在何种耐久性气候分区下,道路混凝土中都宜合理掺入符合质量标准的粉煤灰等优质矿质掺合料,但应通过强度和耐磨性检验。

至此,耐久性设计工作完成。

3.3.8.5 高寒地区桥梁混凝土耐久性寿命预测研究

耐久性设计主要有两个任务:一是耐久性设计,二是耐久性寿命预测。在确定了耐久性设计方法之后,还应对新建桥梁混凝土的耐久性寿命进行预测。

桥梁混凝土大部分为钢筋混凝土构造物,而混凝土中钢筋的锈蚀是造成混凝土结构耐久性损伤的最主要因素。构造物内部钢筋锈蚀会造成与混凝土裹握力下降,严重影响构造物结构强度和导致其他病害的产生。由前面的分析可知,在新疆高寒地区,桥梁混凝土中钢筋锈蚀主要是氯离子渗透作用导致的。因此,研究混凝土氯离子渗透性及其预测模型对混凝土结构耐久性寿命预测具有重要的实际意义。东南大学孙伟等人与Fick第二扩散定律推导出综合考虑混凝土的氯离子结合能力、氯离子扩散系数的试件依赖性和混凝土结构缺陷影响的新扩散方程:

$$c_f = c_0 + (c_s - c_0)\left[1 - \mathrm{erf}\frac{x}{2\sqrt{\dfrac{KD_0 t_0^m}{(1+R)(1-m)}t^{1-m}}}\right] \tag{3-1}$$

式中:c_0——混凝土内初始氯离子浓度;

c_s——混凝土暴露表面的氯离子浓度;

x——混凝土保护层厚度;

K——混凝土氯离子扩散性能的劣化效应系数;

R——混凝土的氯离子结合能力(普通混凝土取值2~4);

erf——误差函数。

由公式(3-1)看出,氯离子对混凝土的扩散渗透作用主要取决于扩散深度、混凝土特性和暴露条件。而混凝土特性包括氯离子扩散系数及其时间依赖性、氯离子结合能力等。此公式优点在于引入混凝土的氯离子结合能力的概念,充分考虑了混凝土氯离子扩散系数时间依赖性以及混凝土材料在使用过程中内部微裂缝等结构缺陷的影响,在混凝土耐久性寿命预测上具有较高的精确性。由上述不同混凝土耐久性寿命预测模型分析可知,在进行耐久性寿命预测时,可利用公式(3-1),结合相关室内耐久性试验的数据,能较为精确地推导出混凝土结构物的耐久性寿命。

由于缺少当地Cl^-扩散系数等指标,可按照海港氯离子环境进行耐久性验算。设当地有除冰盐条件下的Cl^-浓度为3%(海水中氯离子浓度),混凝土中Cl^-扩散系数为$1\times10^{-8}\mathrm{cm^2/s}$,按公式(3-1)来计算,并只考虑混凝土氯离子结合能力,即K为1,c_0和m均为0时,代入C50混凝土配合比数据,算得耐久性年限为104年,符合设计年限100年的要求。

4 山区高寒隧道建设技术

4.1 工程技术特点

赛里木湖隧道右线全长1827m、左线全长1802 m。该隧道是目前新疆境内最长的公路隧道，主要具有以下特点：赛里木湖隧道埋藏深度小，洞顶覆盖层厚度在4～100m之间，围岩松散破碎，Ⅳ、Ⅴ级围岩占隧道全长的55%，隧道中部共需要穿越3条以上的断层破碎带；赛里木湖隧道围岩周边水系发达，距离高原山地内陆湖——赛里木湖的最近距离为150～1000m，隧道85%地段低于赛里木湖水平面，出口低于赛里木湖水平面约36m。单洞开挖后80m后涌水量就超过200m^3/h，加上进口端为单向下坡，对涌水的处理难度加大；工程处于高寒地区，极限最低温度为零下40℃，日温差12～18℃。这样的环境条件使涌水对结构物的安全和耐久性影响加剧。如图4-1所示。

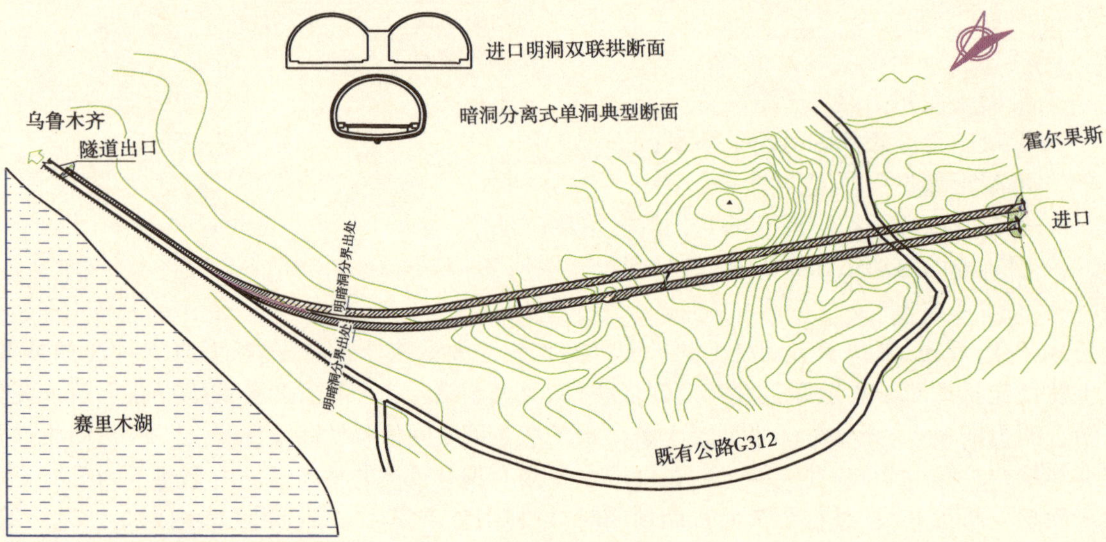

图4-1 赛里木湖平面位置图

(1)工程地质

隧道沿线地层主要为填筑土、第四系洪积的圆砾土、角砾土及震旦界青白口系的石灰岩及下古生界砂砾岩、断层角砾岩及泥岩。根据现场调查、钻孔资料、物探资料及水文地质特征分析，隧址石灰岩溶蚀现象不发育，未见溶洞等不良地质。

隧址范围内不良地质主要包括：滑坡、雪害、断层、强震区等。隧道出口南侧约1km就是严重影响既有公路安全运行的松树头滑坡，滑坡类型属于碎(砾)石土滑坡。该滑坡目前尚在活动中，公路曾因此改道。隧址的雪害主要为风吹雪，在隧道的进出口位置比较严重，隧址冬季自然积雪厚度达到1m。隧道穿越天山主山脉，共要经过3条断层：库松木契克断层(F1-1)穿越赛里木湖隧道进口段，在YK574+320附近与路线大角度相交，断裂带为断层角砾岩及断层泥，颜色混杂，宽约20m；F1-2松树头断裂，在YK574+680附近与线路大角度相交，断裂带较破碎；F1-3断裂，在YK574+794附近通过，断裂带岩体受挤压较破碎。如图4-2所示。

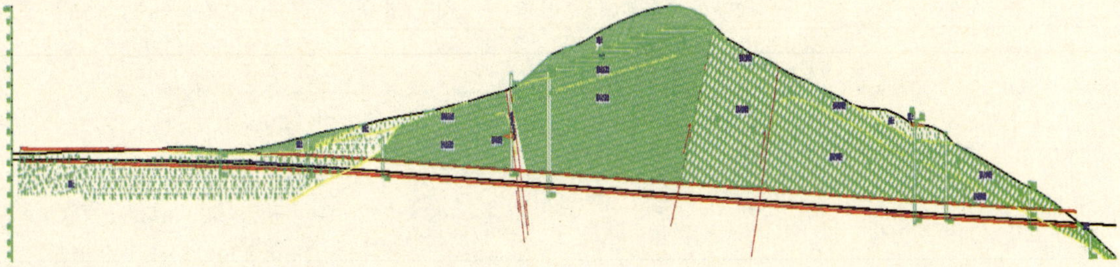

图4-2 地质纵断面图

(2)水文地质

隧道附近无工业污染水源，地表水主要为小里程端赛里木湖水及大里程端捷尔得萨依沟谷水；隧道进、出口条件比较好，位置较高，无地下水渗出；地下水主要为基岩裂隙水及孔隙水，主要赋存于石灰岩及砂砾岩中，以承压水类型为主，从区域水文地质资料分析，隧道埋深较浅，分水岭地区以外的区域对地下水的补给较少，地下水主要接受大气降水的补给；赛里木湖湖水与地下水联系较弱，且F1-1逆断层也起到隔水作用；隧址区富水性弱，含水量小，为弱富水区。虽然隧址区的水文地质条件较好，但隧道施工开挖会改变原有的水文地质条件，赛里木湖对隧址区的影响有可能增大，尤其是在F1-1断层附近不要破坏原有的隔水层并预防断层局部或次级断层对地表水的沟通。

目前，我国已经成为世界上隧道工程数量最多、最复杂、发展最快的国家。然而，在天山地区，海拔高、温度低、岩体破碎、构造复杂、不良地质发育，在这种特殊的自然地理环境下修建高速公路隧道，在我国是第一次，没有可借鉴的工程实例。目前，我国在高寒地区建成的公路隧道数量不多，但从国内寒区隧道的使用情况看，冻害现象十分普遍，有的甚至出现严重的冻害。

4.2 不良地质体综合超前地质预报技术

隧道施工超前地质预报工作，以前期的地质工作为基础，是一项地下、地面补充地质勘探和超前探测的全方位、立体交叉的实用性极高的综合地质工作。

超前地质预报的意义体现在：在相关隧道的地质条件下，通过超前地质预报，一般可以掌握掌子面前方约40m(地质雷达)或150m(TSP)范围内的地质情况(复杂地质条件下约100m)。对于地质构造复杂的隧道，地质超前预报可以较为准确地判断掌子面前方的围岩情况，预防围岩坍塌、突水突泥，为提前采取施工措施提供较为翔实的预报成果数据资料，作为科学决策依据。

典型超前预报方法主要分两大类：地质分析法和地球物理方法。主要的地质分析法有：超前导洞(坑)法、超前水平钻孔、地面地质调查法、掌子面素描和断层参数预测法。

地球物理的超前预报方法多种多样，目前应用较多的主要有地质雷法和TSP地震反射波法。而瞬变电磁探测技术和BEAM超前探测技术则是新引入隧道的两种超前预报方法，并且作为对水体敏感的超前预报技术也是两种有相当的发展前景的隧道施工期超前预报新技术。物探方法的性能与适应性见表4-1。

物探方法的性能与适应性　　表4-1

方法	种类	探测距离(m)	用途	优缺点
电法	直流电法	500	地面勘探或超前预报，超前预报时探测距离较远	隧道内使用时原理和方法局限性大，给解释带来很大困难；对水敏感，但不能准确定位和估算水量

续上表

方法	种　类	探测距离(m)	用　途	优 缺 点
电法	高密度电法	500	地面勘探或超前预报,超前预报时探测距离较远	隧道内使用时原理和方法局限性大,给解释带来很大困难;对水敏感,但不能准确定位和估算水量
	激发极化法	30~50	地面勘探或超前预报	对水敏感,但不能准确定位和估算水量
	瞬变电磁法	50~100	掌子面超前预报	对水敏感,但不能准确定位和估算水量
	Beam 电法	60~80	掌子面超前预报	针对 TBM 掘进方法设计的隧道电法预报仪,探测含水体、破碎带等,不能准确定位、定量,对钻爆法开挖法在掌子面探测费时过长,较其他电法价格昂贵,国内使用极少,因此未获得大量应用的有关数据、资料
电磁波法	地质雷达	0.2~40	地面勘探、超前预报、结构检测	短距离超前地质预报,判定强风化破碎带,定性判定围岩含水性
	红外探测法	20	辅助探水预报	辅助定性探水
	γ 线探测	浅表层	金属探伤等	不能进行地质预报
弹性波法	TSP202/203	100~200	隧道超前预报	长距离超前预报
	TGP12/206	100~200	隧道超前预报	长距离超前预报
	陆地声纳	100~130	隧道超前预报	长距离超前预报
	多波探测	50~80	隧道超前预报	短距离超前预报
	瑞利波法	50~80	隧道超前预报	较短距离超前预报
	声波探测	5	混凝土结构检测	基本不能进行地质预报
	超声波探测	0.5	混凝土检测	不能进行地质预报
其他	岩体温度法	20	辅助探水预报方法	因掌子面岩体温度变化不敏感且受洞内气温影响大而局限性很大

4.2.1 综合超前地质预报分级组合技术(见表4-2)

A 级预报:采用地质素描、隧道地震超前预报仪(TSP)、单点声波反射仪(HSP)、地质雷达、红外探水、超前水平钻探等手段综合预测。首先以长距离 TSP 和一种或几种短距离物探方法相结合进行预测,同时进行多孔超前钻探探查。局部复杂地段,开展多种短距离物探探测等多种方法综合预测。

B 级预报:采用地质素描,TSP,辅以红外探水、地质雷达,进行必要的单孔超前水平钻。当发现局部地段较复杂时,则按 A 级要求实施。

C 级预报:以地质素描为主。对重要的地质(层)界面、断层或物探异常可采用 TSP 进行探明,必要时红外探水和单孔超前钻探。

D 级预报:采用地质素描和短距离水平钻孔。

综合超前地质预报工作分级影响因素　　表4-2

施工地质分级		A	B	C	D
		严重	较严重	一般	轻微
地质复杂程度(含物探异常)	岩溶发育程度	极强,厚层块状灰岩,大型溶洞、暗河,岩溶密度每平方公里>15个,最大泉流量>50L/s,钻孔岩溶率>10%	强烈,中厚层灰岩夹白云岩,地表溶洞落水洞密集、地下以管道水为主,岩溶密度每平方公里5~15个,最大泉流量10~50L/s,钻孔岩溶率5%~10%	中等,中薄层灰岩,地表出现溶洞,岩溶密度每平方公里1~5个,最大泉流量5~10L/s,钻孔岩溶率2%~5%	微弱,不纯灰岩与碎屑岩互层,地表地下以溶隙为主,最大泉流量<5L/s,钻孔岩溶率<2%

续上表

施工地质分级		A	B	C	D
		严重	较严重	一般	轻微
地质复杂程度(含物探异常)	涌水涌泥程度	特大(日出水 10 万 t 以上)、大型突水(日出水 1 万 t ~10 万 t)、突泥,高水压	中小型突水(日出水 1000 ~1 万 t)、突泥	小型涌水(日出水 100 ~1000 t)、涌泥	日出水小于 100 t 涌突水可能性极小
	断层稳定程度	大型断层破碎带、自稳能力差、富水,可能引起大型失稳坍塌	中型断层带,软弱,中 ~弱富水,可能引起中型坍塌	中小型断层,弱富水,可能引起小型坍塌	中小型断层,无水,掉块
	地应力影响程度	高应力,严重岩爆(拉森斯判据 <0.083),即岩石点荷载强度与围岩最大切向应力的比值,大变形	高应力,中等岩爆(拉森斯判据 0.083 ~0.15),中 ~弱变形	弱岩爆(拉森斯判据 0.15 ~0.20),轻微变形	无岩爆(拉森斯判据 >0.20),无变形
	瓦斯影响程度	瓦斯突出:煤的破坏类型为Ⅲ(强烈破坏煤)、Ⅳ(粉碎煤)、Ⅴ(全粉煤)类,瓦斯放散初速度≥10,煤的坚固系数≤0.5,瓦斯压力≥0.74MPa	高瓦斯:全工区的瓦斯涌出量≥0.5m^3/min	低瓦斯:全工区的瓦斯涌出量 <0.5m^3/min	无
对隧道施工影响程度(地质因素)		危及施工安全,可能造成重大安全事故	存在安全隐患	可能存在安全问题	局部可能存在安全问题
诱发环境问题的程度		可能造成重大环境灾害	施工、防治不当,可能诱发一般环境问题	特殊情况下可能出现一般环境问题	无

4.2.2 不良地质灾害体的评价方法

根据前述的超前地质预报的适应性和超前预报组合技术,建立典型不良地质灾害体的评价模型体系,见图 4-3。

即典型超前预报手段对不良地质的目标识别研究,评价方法研究,包括典型岩溶、富水、断层破碎带的地质雷达、电法、TSP 信息特征以及围岩级别的判定。

(1)地质勘探按照从未知到已知,由粗到细的原则,即在任何地质情况不明的情况下,首先通过地面地质调查和观测进行地面地质填图,通过岩矿鉴定、同位素测定、地层层续对比、地质构造判断,从而基本确定某地区的地层岩性及地质组合、地质时代、较大地质构造(折曲、断层、各大类岩石的粗略分布),在此基础上根据生产需要可进一步开展详查或精查勘探。使用物探方法进行超前地质预报对获取的信号进行解译则应遵循由已知到未知的原则,即首先熟悉隧道区基本地质情况,逐渐找到典型的地质体所对应的回波信号及组合特

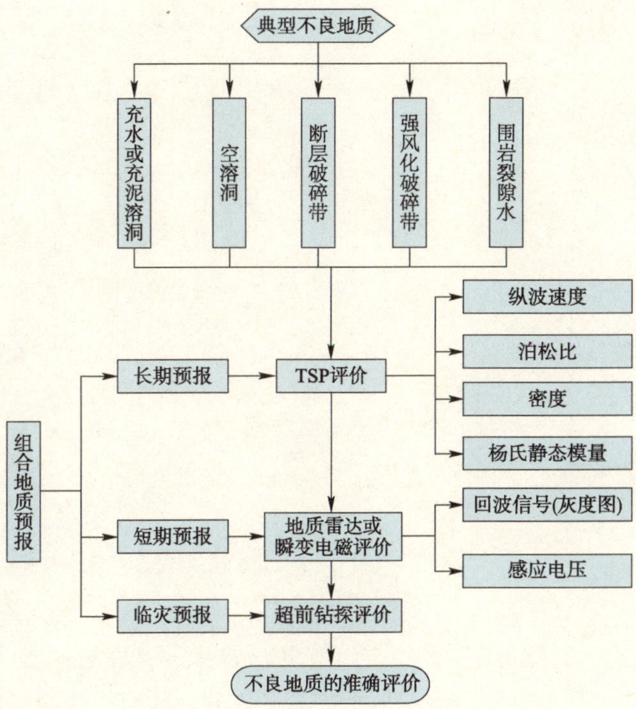

图 4-3 典型不良地质体的评价体系

征，以便对未知区进行回波信号的地质解释。

（2）TSP探测的主要判定依据是通过使用仪器进行处理、计算所得到的纵波速度 V_p 或纵横波速比、密度、泊松比等。

（3）地质雷达的主要判定依据主要是雷达回波的组合特征和信号衰减变化。一定的目标体对应着一定的回波特征，当遇到水或软弱破碎带时信号应有明显衰减。当然，仪器对多大的地质异常有所反映，则应取决于异常的大小、构成异常的介质差异大小、仪器的探测深度。探测深度越大，分辨率越低，反之亦然。地下水对地质雷达信号有显著衰减影响，因此根据雷达信号的衰减相对大小，可定性判断围岩含水的相对大小，同时可分析判定围岩强风化破碎带或断层破碎带等不良地质。

（4）瞬变电磁。由于瞬变场的强度及延迟时间与地下地质目标体的电性、规模及产状等参数有关，地质体的导电性越好，瞬变场的强度就越大，且热损耗就越小，故衰减越慢，延迟时间越长的特点。因此，充水或充泥溶洞、含水层、含水裂隙带、软弱泥岩或泥岩、强～全风化带等应对应高感应电压，完整的花岗岩、石灰岩、砂岩、空的干溶洞等应对应低感应电压。

4.2.3 赛里木湖隧道预报方法（见图4-4）

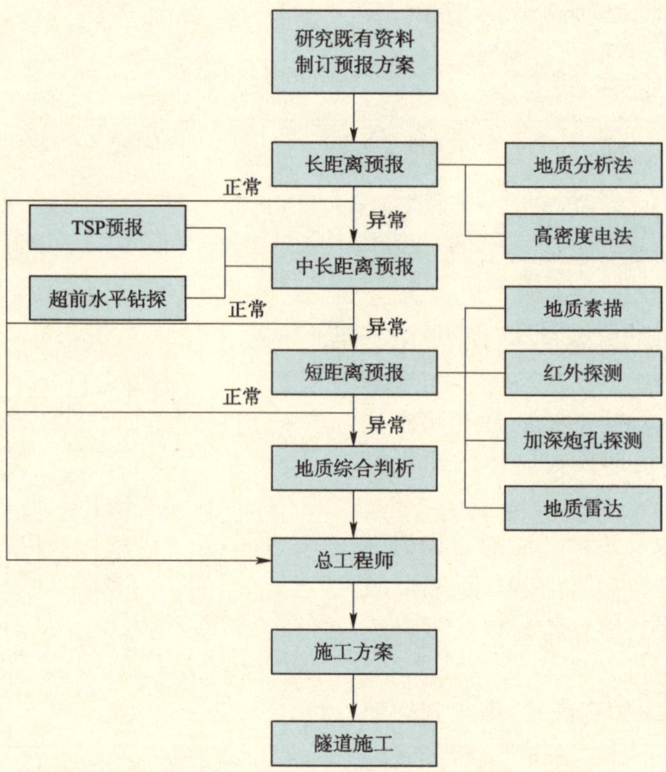

图4-4　超前地质预报流程图

4.3　过断层涌水带处治技术

对隧道施工和后期运营影响最大的是库松木契克断层（F1-1）。隧道开挖中随着局部径流条件的改变，赛里木湖对隧道影响加大。因此，在开挖中应注意突水突泥的发生，见图4-5。

对围岩进行注浆可以起到以下作用：

(1)可以固结隧道周边破碎岩石,提高其防水性,使之形成一定厚度的止水圈;

(2)加固破碎岩体,改善岩体的内聚力和内摩擦角等力学参数;

(3)可以充填隧道衬砌背后的大空洞和大空隙,改善支护衬砌的受力条件;

(4)岩体中存在互相连通的裂隙,在裂隙中注浆,可以封堵或减少裂隙中的渗水,达到保护地下水资源的目的;

(5)由于注浆而形成的围岩止水圈和加固岩层的双重作用,可以更加发挥围岩岩体和衬砌共同承担水压和地压的性能。

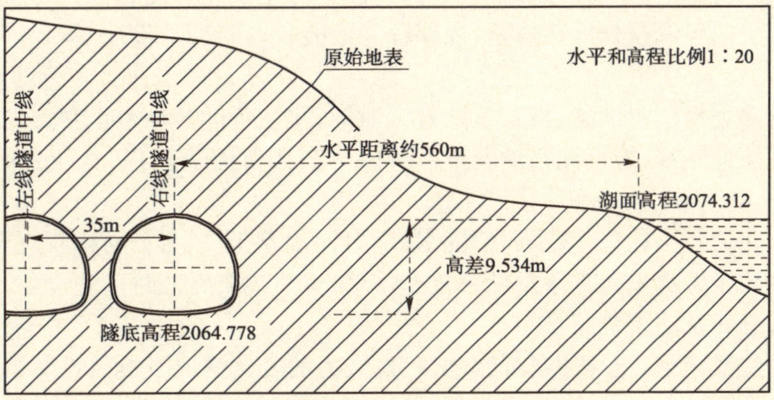

图 4-5　F1-1 断层处隧道与赛里木湖纵剖面关系示意图

4.3.1　低温条件下的注浆堵水方案

针对赛里木湖隧道断裂带围岩破碎段及地下水发育情况需进行注浆堵水及加固围岩的要求,经过资料收集及分析,参照常温下注浆堵水工艺,本工程由于库松木契克断裂影响带宽度仅为 20m,其他注浆位置仅是个别点渗水堵漏,不宜采用大规模的成套设备,如歌乐山隧道堵水方案,宜采用长段短做,钻孔容易,能利用凿岩台车代替注浆钻机钻孔,灵活方便,施工安全,工艺简单,易于现场操作的施工方案,与大瑶山隧道的注浆堵水方案具有可比性,以此为基础,本项目科研中,提出了低温注浆工艺及材料选择、配比的方案,并在隧道注浆堵水施工中得到验证并应用。

采用的注浆堵水工艺流程依次为:注浆准备→钻孔孔口止浆→浆液配制→注浆→钻孔检查→其他等,现分述如下。

4.3.1.1　注浆准备

为了保证注浆工作顺利进行和注浆施工质量,先应做好如下工作:

①对需要注浆的隧道开挖掌子面喷射(或换筑)厚 10 ~ 20cm 混凝土,周边嵌入基岩或初支内,严密封闭掌子面,防止注浆时从掌子面跑浆;

②隧道断面放线,在掌子面上标出注浆孔位置;

③按设计要求摆放钻孔机具,布设注浆站;

④准备好施工用水、电、材料;

⑤钻孔及注浆机具调试,保证其正常运转。

4.3.1.2　钻孔

①按设计的注浆孔间距间隔钻孔,即同一掌子面钻孔、注浆工作分两个循环完成,先外圈后内圈,同一周圈间隔钻孔注浆;

②根据钻孔位置对准孔位,调准外插角,保证钻孔位置准确;

③做好钻孔记录,记录地层变化情况,为注浆效果分析提供依据。

4.3.1.3 下注浆管及孔口止浆

①每完成一个钻孔及时安设注浆管，要求注浆管外露10cm以便于连接输浆管；

②安好注浆管后及时用速凝砂浆封闭管子与钻孔内的孔隙，保证浆液不从此处外泄。

4.3.1.4 浆液配制

①采用旋流式搅拌机搅拌浆液，保证浆液搅拌快速、均匀；

②按设计的配合比准确投放材料：在放水的同时，将外掺剂缓缓投入，搅拌溶解，水量合适后，再将水泥倒入，搅拌4～5min；

③搅拌好的浆液通过滤网流入储浆桶，要求及时使用，防止浆液沉淀、离析或冻凝；

④根据外界气温等情况调整外掺剂掺量，以保证浆液凝胶时间满足设计要求。

4.3.1.5 注浆

①对连接好的管路进行压水试验，检查管路有无泄漏，注浆泵运转是否正常，并获取地层吸水参数；

②先采用低压高流速注浆，根据注浆情况逐步调整为高压低流速注浆，水灰比可根据实际情况予以适当调整；

③观察压力表变化情况及孔口、掌子面情况，如压力异常或孔口、掌子面跑浆应予以及时处理；

④根据设计的注浆压力和单孔进浆量结束单孔注浆，注浆结束后及时清洗设备、管路，防止水泥浆残留结块影响设备正常运转及堵塞管路；

⑤每孔均应做好注浆记录，记述注浆过程中流量、压力的变化情况及机具设备运转情况，以便结合分析注浆效果。

4.3.1.6 注浆效果检查

①当掌子面上所有的注浆孔注浆完成后2小时即可进行钻孔检查注浆效果；

②测定检查孔出水量，并与设计要求的渗漏水量标准进行对比，如超标，则考虑再扫孔或重新钻孔补注浆，直到检查孔出水量达到要求为止。

4.3.1.7 其他

①注浆过程中不能停水、停电，应保证注浆施工的连续性；

②每循环结束后应根据注浆记录进行分析总结，判定注浆效果，以达到逐步提高，逐步完善的目的；

③对注浆段的开挖应采用“短进尺，强支护，紧封闭，勤量测”的原则，以保证施工质量及安全。

4.3.2 低温注浆材料选择及配比

针对隧道围岩地质条件，注浆堵水拟采用水泥基浆材，以保证其耐久性、抗冻性及强度，有以下三种供选择：

(1)普通水泥(加低温早强剂)：此种材料价格低廉，但凝胶时间较长，且颗粒粒径大，对细小隙裂难以注入，如涌水量大则难以达到堵水效果，可用在水量较小且裂隙发育、围岩破碎地段；外加剂可采用国内隧道注浆加固中常用的“红浪”牌粉状速凝剂，水灰比均为0.7:1。

(2)TGRM：此种材料价格介于普通水泥和超细水泥之间，凝胶时间可在生产时根据需要确定，材料颗粒较小，易于注入，有较好的抗冻性、强度和耐久性，对于水量不是很大的地段较为适用。

(3)水泥胶：此种材料是将普通水泥通过高能设备研磨而成的胶体状物质，其不溶于水的胶体性能对于大的裂隙水有较好的封堵作用，且其颗粒细小，对细小的裂隙也有很好的注入性，价格比普通水泥低，有关此种材料的其他性能目前正在进行室内试验。

4.3.3 断层前涌水及处治情况

2007年5月23日、6月6日，赛里木湖隧道暗洞左右线分别开始进洞施工。2007年5月28日，左线隧道开始出现涌水，6 月 10 日，右线隧道也发现涌水。至 6 月中下旬，涌水量逐渐增大，据测当时的单洞最大涌水量达到 $240m^3/h$，远大于设计预测的涌水量。

根据现场水文地质分析，隧道暗洞进口开挖底面高于赛里木湖水面 2.8m，隧道涌水原因为：高处山体的泉水及地表降水下渗形成表层潜水，山体浅层水通过圆砾土与风化的岩层节理裂隙排至赛里木湖，而工程施工将水系通道切断，改变了原有水系，致使浅层水不断地涌向已开挖最低位置。为了解决这个问题，课题组提出了“局部注浆堵水，配合抽水机排水，堵排结合”的治理方案。如图 4-6、图 4-7 所示。

图 4-6　局部注浆堵水

图 4-7　抽水机排水

施工技术要点如下：

(1) 钢插管直径 ϕ42，长 5.0m，环向间距 1.0m，纵向间距 0.5m，实际布置情况可根据现场涌水情况适当调整，以隧道左侧为主、右侧为附。从管口 1.0m 处开始钻孔、孔径 10mm，纵向间距 15cm，每环两个，两环之间错开 90°布置。

(2) 注浆材料采用水泥浆掺入 8% ~12% 的速凝剂。

(3) 注浆压力控制在 0.8 ~1.5MPa，注浆孔有效扩散半径 1.2m。

(4) 对涌水的处理采用“堵排结合”的原则进行处理，对明显出水地段，从两端向中间逐渐注浆封堵，将水集中至 1 ~2 个出口点后引排出工作面。

经过大半年的实践表明，该方案是可行有效的，经过局部注浆处理的地段，水量减少至原来的 10% ~20%，分散出水和掌子面的涌水用抽水机排至洞外，保证了施工的正常进行。

4.4　基于数值模拟的支护结构安全性评价

4.4.1　计算模型的建立

通过该隧道的设计资料和实地情况可知，当隧道开挖时，隧道内会发生渗流，从而发生流固耦合作用，因此，对于该隧道在 F1-1 断层处的支护结构安全计算应采用地层结构法计算评价。

根据设计资料，该断层处的力学计算参数和支护衬砌结构断面分别见表 4-3 和图 4-8 所示。由该断层的断面图和有限单元法原理可建立 F1-1 断层处计算模型，其建模方法如下：

(1) 围岩采用摩尔库仑准则，采用平面实体单元模拟；

(2) 隧道二次衬砌采用梁单元模拟，初期支护作用不考虑，作为安全储备；

(3) 隧道左右和下边界各取隧道洞径的三倍，上边界取至地面；

(4) 隧道左右边界进行水平约束，底边采用竖向约束，顶面自由；

F1-1 断层力学计算参数 表 4-3

名 称		E(kPa)	μ	γ(kN/m³)	c(kPa)	φ(°)	K(m/d)
赛里木湖隧道	F1-1 断层围岩	1.3×10^6	0.4	23.0	200.0	27.0	20.16
	注浆体	1.7×10^6	0.35	23.0	260.0	35.0	4.0
初期支护(杆单元)(喷射混凝土+型钢)		2.3×10^7	—	22.0	—	—	—
锚杆		2.1×10^8		78.0	—	—	—
二次衬砌		2.5×10^7		25.5		—	—

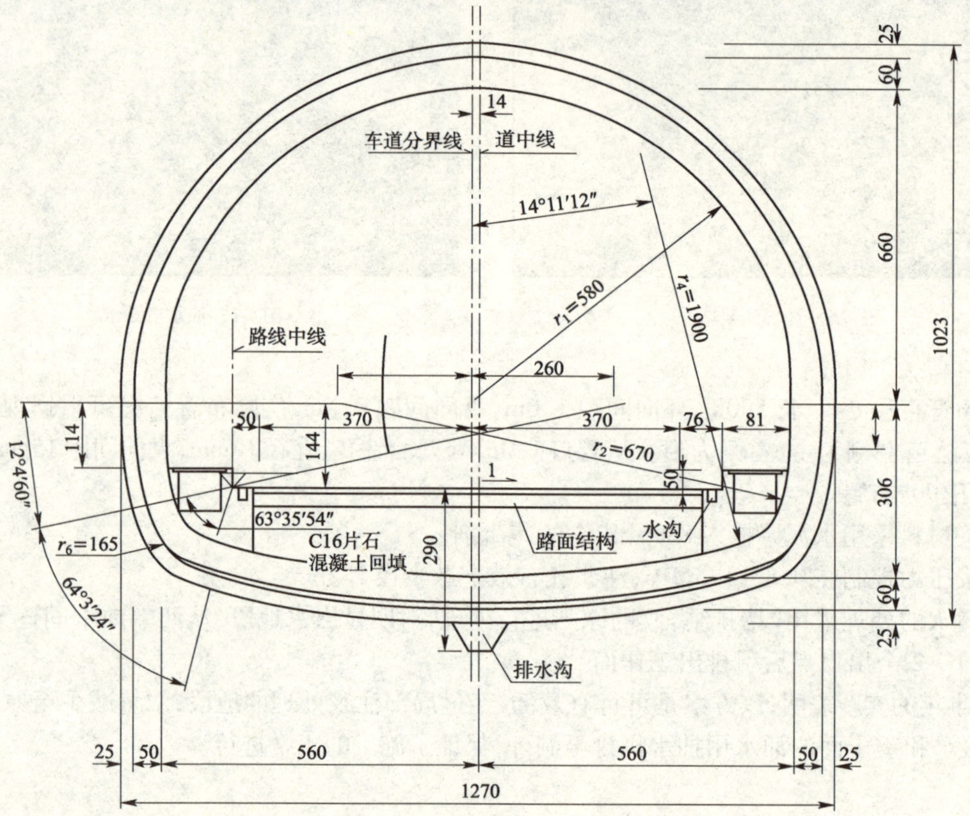

图 4-8 F1-1 断层隧道断面图(尺寸单位:cm)

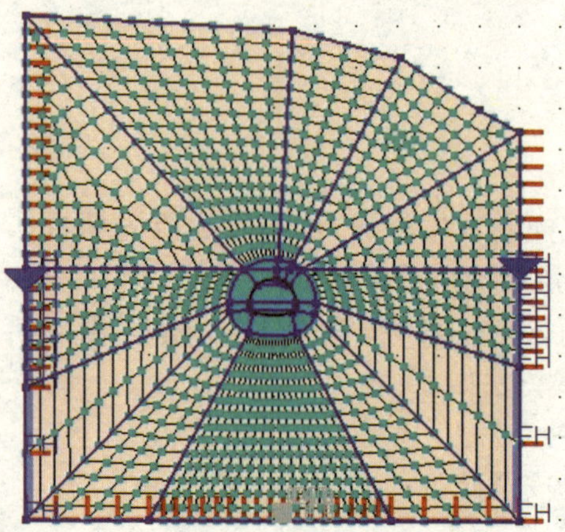

图 4-9 计算模型网格图

(5)对隧道右边界施加相同水位的水头;

(6)计算荷载为自重。

根据以上建模方法,可建立 F1-1 断层衬砌结构的安全计算模型,如图 4-9 所示。

4.4.2 计算结果

根据以上计算模型,可计算出 F1-1 断层的变形图和二次衬砌内力图,其计算结果见图 4-10 ~ 图 4-14 所示。由计算结果可知,隧道开挖后,衬砌支护结构除拱顶和拱腰外,均承受水压的作用。此外,该隧道施工完毕后,在 F1-1 断层处的最大沉降为 8.82mm,最大周边收敛为 4.2mm。

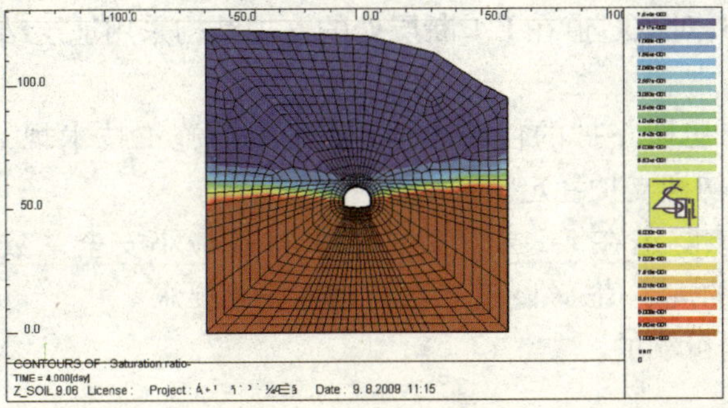

图 4-10 渗流浸润线图

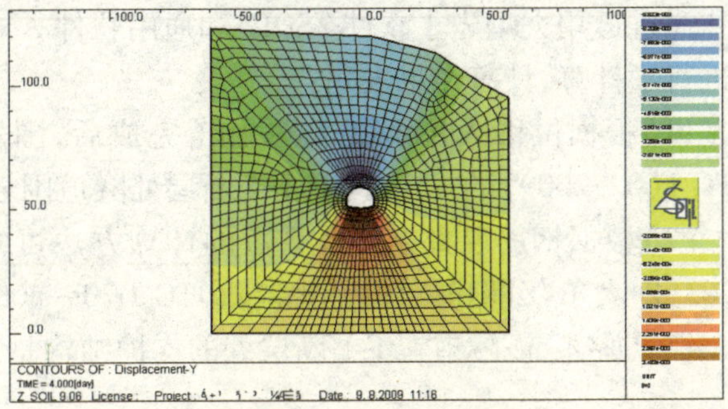

图 4-11 模型竖向位移图

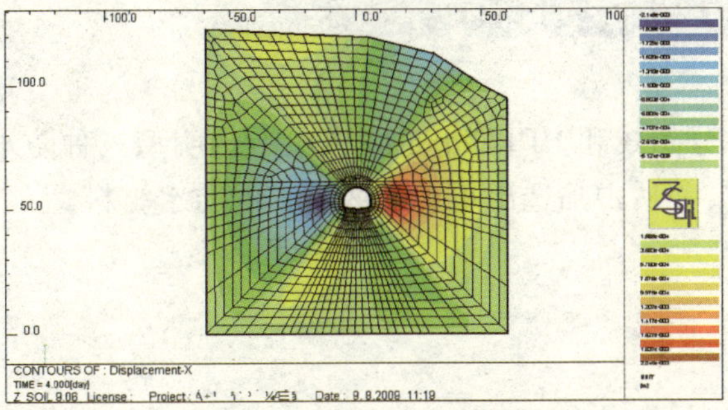

图 4-12 模型水平位移图

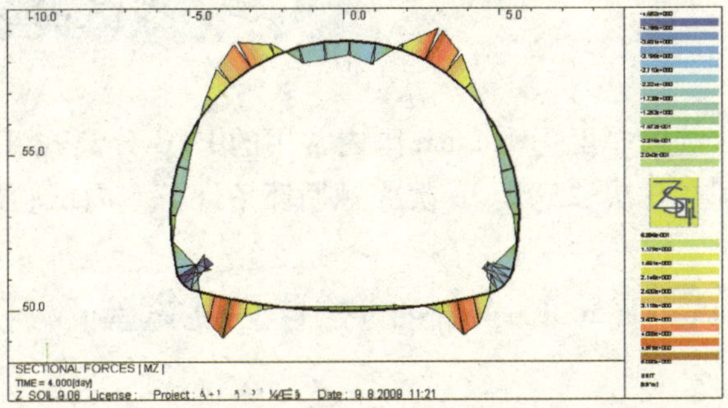

图 4-13 二次衬砌弯矩图

4.4.3 二次衬砌安全系数

根据二次衬砌的弯矩和轴力计算结果，采用 APDL 语言，将其二次衬砌各节点的内力计算结果导入 ansys 大型计算软件，通过以上安全系数计算方法进行编程，可计算出该隧道在 F-1 断层处二次衬砌的安全系数分布图，如图 4-15 所示。

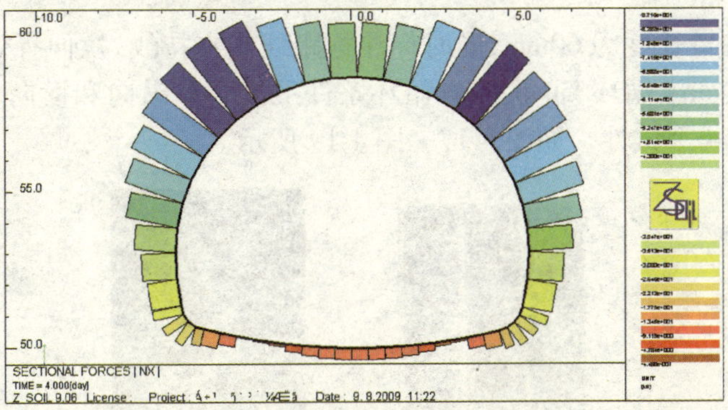

图 4-14 二次衬砌轴力图

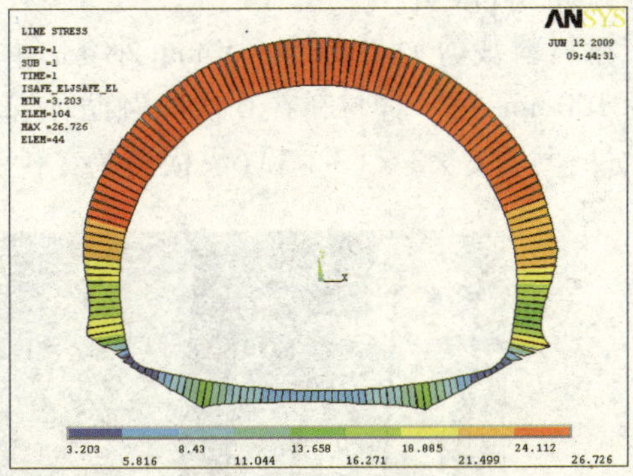

图 4-15 F-1 断层处二次衬砌安全系数分布图

该隧道的开挖跨度为 12.7m，在 F-1 断层处的覆盖厚度为 57m，因此，根据以上计算结果和评价方法可知，该隧道的在 F-1 断层处的结构安全评价见表 4-4。

安全系数评价表 表 4-4

名称	评价指标	量值(最值)	容许值	是否安全
围岩与初期支护结构	拱顶沉降	8.82mm(最大)	76.2mm	是
	周边收敛	4.2mm(最大)	76.2mm	是
二次衬砌	安全系数	3.203(最小)	2.4(抗拉) 2.0(抗压)	是

通过运用大型岩土软件 ZSOIL 和通用软件 ANSYS，对该隧道在 F-1 断层处的支护结构采用地层结构法进行了计算，计算结果表明：

（1）根据位移计算可知，隧道施工完成后，围岩与初期支护的位移小于《公路隧道施工技术规范》（JTG F60—2009）的规定，即在 F-1 断层处隧道围岩与初期支护稳定。

（2）根据钢筋混凝土安全系数的计算方法可知，该隧道在 F-1 断层处的二次衬砌最小安全系数为 3.203，即大于《公路隧道设计规范》（JTG D70—2004）的规定值，该隧道二次衬砌能满足要求。

综上所述，该隧道在 F-1 断层处的支护结构是安全可靠的。

4.5 寒区隧道防水材料比选

选取厚度为 1.2mm 国内常用的 PVC 分离式、EVA 分离式和 HDPE 土工膜白色半透明型三种防水板分别在 0 次、25 次、50 次冻融循环条件下室内试验研究，并从中筛选出适合寒区隧道的防水材料。

4.5.1 材料的拉伸性能试验

防水材料作为隧道结构的一部分，在使用阶段防水材料将随同隧道衬砌结构一起承担荷载所产生的变形，因此抵抗变形能力是防水材料的一项要求。通过提出防水材料的拉伸性能试验方法，用材料的断裂强度、断裂伸长率来表征防水材料抵抗变形的性能。

（1）主要试验仪器

①WDW-100D 微机控制电子式万能试验机，量程分别为 0～10.0kN、0～50.0kN、0～100.0kN。拉伸速度可从 0～500mm/min 调整。如图 4-16 所示。

②与试验机相连接的电脑数据采集系统。

（2）试件准备

将材料裁剪为 220mm×50mm 小条，每端夹持长度为 60mm，同时标注标距线和夹持线，拉伸有效长度为 100mm，每一种材料在 0 次冻融循环、25 次冻融循环、50 次冻融循环条件下沿卷材纵向和横向各 3 块试件，共有 3×3×（3+3）（纵横各为 3 件）=54 个试件。如图 4-17～图 4-19 所示。

图 4-16 WDW-100D 微机控制电子式万能试验机及数据采集系统

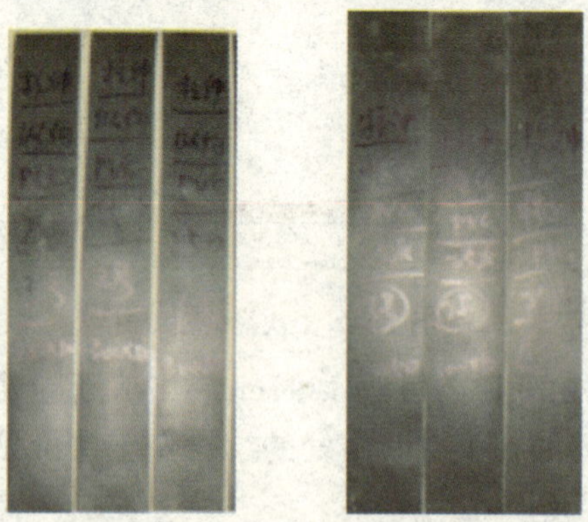

a) b)

图 4-17 PVC 防水材料纵、横向试样

（3）试验步骤

①选择试验机的负荷量程，使得断裂力在满量程负荷的 30%～90% 之间。

②设定试验机上试样的拉伸速率为名义夹持长度的(20% ±1%)/min,本试验设定拉伸速率为25mm/min。

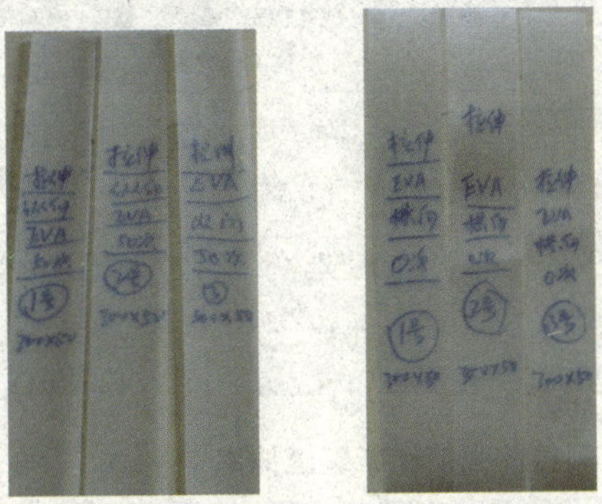

a) b)

图 4-18 EVA 防水材料纵、横向试样

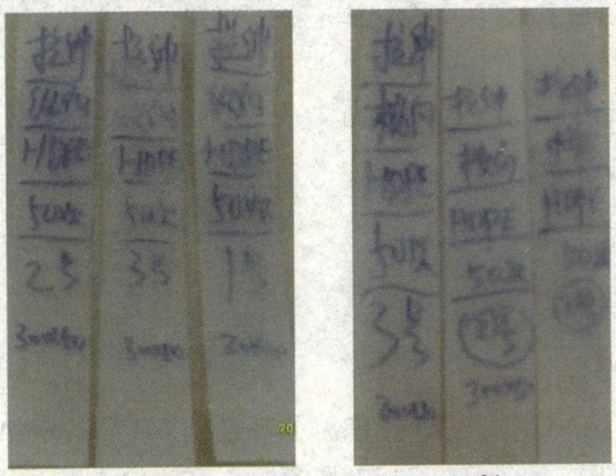

a) b)

图 4-19 HDPE 防水材料纵、横向试样(220mm × 50mm)

③启动油泵,将材料夹在万能试验机的夹具内。通过"加紧"按钮夹住试件,确保每边夹住 60mm,露出部分的总长为 100mm 左右,并用精度为 0.5mm 的钢尺量出试件外露的准确尺寸。

④启动测试记录仪,各个数值清零、新建试样,调整拉伸速度为25mm/min,随后启动拉伸试验机开始拉伸,直至试样断裂。停机并恢复至初始标距位置,记录最大负荷,精确至满程的 0.2%;记录最大负荷下的伸长量,精确到小数点后一位。

⑤如果试样在距夹口 5mm 范围内断裂,应重新做一组试验。另外,本试验采取在夹具内加垫层的方法避免试样在夹具内滑移,或者多于 1/4 的试样在夹具口附近 5mm 范围内断裂。

在万能试验机的计算机记录系统中读出拉伸过程中的荷载最大值和相应的拉伸长度,计算出延伸率,并记录力-位移曲线,如果材料在夹具内出现滑动或者断裂面位于夹具口 5mm 内,那么试验数据不能被采用。不同的材料类型其拉伸特性有着明显的差异。如图 4-20 ~ 图 4-22 所示。

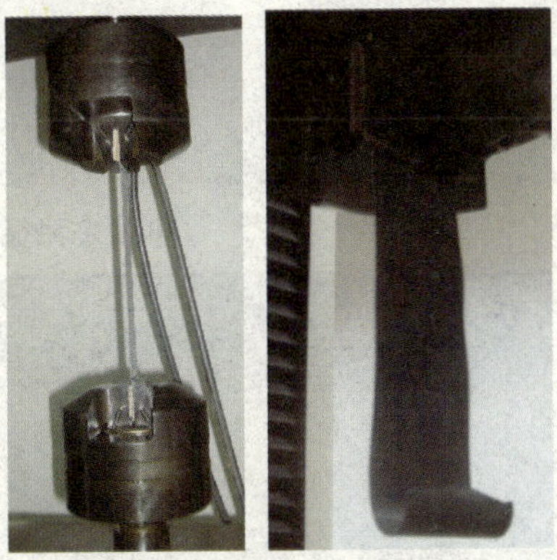

a) b)

图 4-20 PVC 材料破坏性状

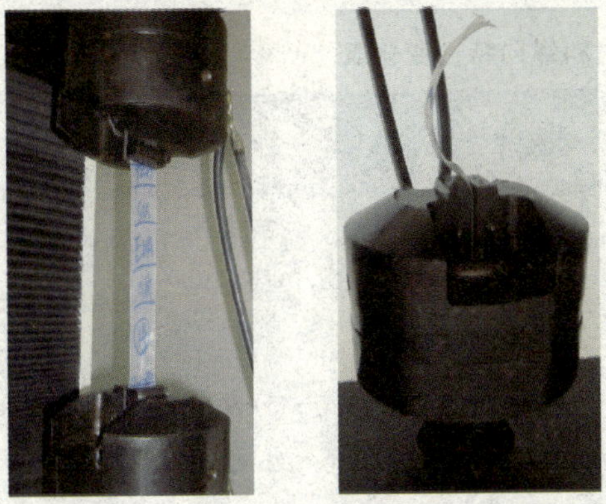

a) b)

图 4-21 EVA 材料破坏性状

a) b)

图 4-22 HDPE 材料破坏性状

表 4-5 ~ 表 4-9 分别记录 0 次冻融循环、25 次冻融循环、50 次冻融循环条件下 PVC、EVA、HDPE 的平均拉伸强度和延伸率,"Z"代表纵向,"H"代表横向。

0 次冻融循环条件下 PVC、EVA、HDPE 的断裂拉伸强度和断裂延伸率　表 4-5

材料名称	原始长度（mm）	变形长度（mm）	断裂力（kN）	断裂拉伸强度（MPa）	断裂延伸率（%）
PVC-Z	95.3	174.26	0.308	5.133	182.86
PVC-H	99.0	158.29	0.233	3.883	159.89
EVA-Z	97.3	336.16	0.638	10.633	345.49
EVA-H	98.7	330.48	0.593	9.883	334.83
HDPE-Z	96.7	311.643	0.657	10.950	322.28
HDPE-H	96.3	305.031	0.579	9.650	316.75

25 次冻融循环条件下 PVC、EVA、HDPE 的断裂拉伸强度和断裂延伸率　表 4-6

材料名称	原始长度（mm）	变形长度（mm）	断裂力（kN）	断裂拉伸强度（MPa）	断裂延伸率（%）
PVC-Z	99.0	176.02	0.307	5.117	177.80
PVC-H	98.7	152.11	0.231	3.850	154.11
EVA-Z	98.7	326.12	0.572	9.533	330.42
EVA-H	96.7	308.09	0.564	9.400	318.60
HDPE-Z	96.3	302.352	0.612	10.200	308.52
HDPE-H	98.0	295.748	0.558	9.300	307.11

50 次冻融循环条件下 PVC、EVA、HDPE 的断裂拉伸强度和断裂延伸率　表 4-7

材料名称	原始长度（mm）	变形长度（mm）	断裂力（kN）	断裂拉伸强度（MPa）	断裂延伸率（%）
PVC-Z	98.3	168.79	0.289	4.817	171.71
PVC-H	96.3	133.64	0.228	3.800	138.77
EVA-Z	98.0	314.50	0.576	9.600	320.92
EVA-H	97.7	263.99	0.554	9.233	270.20
HDPE-Z	98.7	300.948	0.583	9.717	304.91
HDPE-H	96.3	262.625	0.539	8.983	266.08

不同材料在不同冻融条件下材料纵向特性变化表　表 4-8

材料名称	试验条件	断裂拉伸强度（MPa）	断裂拉伸强度变化率（%）	断裂延伸率（%）	断裂延伸率变化率（%）
PVC	0 次	5.133	0.00	182.86	0.00
	25 次	5.117	0.31	177.80	2.77
	50 次	4.817	6.16	171.71	6.10
EVA	0 次	10.633	0.00	345.49	0.00
	25 次	9.533	10.35	330.42	4.36
	50 次	9.600	9.72	320.92	7.11
HDPE	0 次	10.950	0.00	322.28	0.00
	25 次	10.200	6.85	308.52	4.27
	50 次	9.717	11.26	304.91	5.39

不同材料在不同冻融条件下材料横向特性变化表

表 4-9

材料名称	试验条件	断裂拉伸强度（MPa）	断裂拉伸强度变化率（%）	断裂延伸率（%）	断裂延伸率变化率（%）
PVC	0 次	3.883	0.00	159.89	0.00
	25 次	3.850	0.85	154.11	3.61
	50 次	3.800	2.14	138.77	13.21
EVA	0 次	9.883	0.00	334.83	0.00
	25 次	9.400	4.89	318.60	4.85
	50 次	9.233	6.58	270.20	19.30
HDPE	0 次	9.650	0.00	316.75	0.00
	25 次	9.300	3.63	307.11	3.04
	50 次	8.983	6.91	266.08	16.00

从拉伸试验数据可以看出材料处于不同环境对材料的拉伸强度有着较明显的影响，不同材料有不同的拉伸特性。PVC 材料在经过 0～50 冻融循环纵向断裂拉伸强度下降 6.16%，断裂延伸率下降 6.1%；横向断裂拉伸强度下降 2.14%，断裂延伸率下降 13.21%，断裂拉伸强度和断裂延伸率变化明显，同时 PVC 材料的断裂拉伸强度和断裂延伸率相对 EVA、HDPE 材料较小，最大为 5.133MPa 和 182.86%。

比较 EVA、HDPE 材料：EVA 材料的最大断裂拉伸强度和最大断裂延伸率分别为 10.633MPa 和 345.49%，经过 0～50 冻融循环纵向断裂拉伸强度下降 10.35%，断裂延伸率下降 7.11%，断裂拉伸强度为 9.600MPa，断裂延伸率为 320.92%；横向断裂拉伸强度下降 6.58%，断裂延伸率下降 19.30%，断裂拉伸强度为 9.233MPa，断裂延伸率为 270.20%。HDPE 材料断裂拉伸强度和断裂延伸率最大值分别为 10.950MPa 和 322.28%，其经过 0～50 冻融循环纵向断裂拉伸强度和断裂拉伸率分别为 9.717MPa 和 304.91%；横向断裂拉伸强度和断裂延伸率为 8.983MPa 和 266.08%，均小于 EVA 材料的拉伸性能。

通过材料的断裂拉伸强度和延伸率在不同冻融循环条件的测试结果可知 EVA 材料的耐久性较好于 HDPE 材料，同时其物理性能远大于 PVC 防水材料。即建议寒区公路隧道使用 EVA 材料可以较好地适用该地区的特殊要求。

4.5.2 材料的低温性能试验

在寒冷地区，防水材料低温性能直接影响着材料的耐久性。当气温骤降会引起材料的拉伸性能降低，脆性增强，收缩变形发生脆裂，并且材料过硬也会增加施工的难度，为此需对防水材料的低温性能加以研究。本研究中采用低温柔度来评价防水材料的低温性能。

（1）主要试验仪器

直径 $D = 10$mm 的金属棒；环境箱：$-30 \sim 20$℃，精度为 0.5℃。

（2）试验准备

裁取试件尺寸为 60mm×30mm，三种材料分别在 0 次、25 次、50 次冻融循环条件下各取 3 块试件，共 3×3×3＝27 块试件。如图 4-23～图 4-25 所示。

图 4-23　PVC 防水材料试样

图 4-24　EVA 防水材料试样

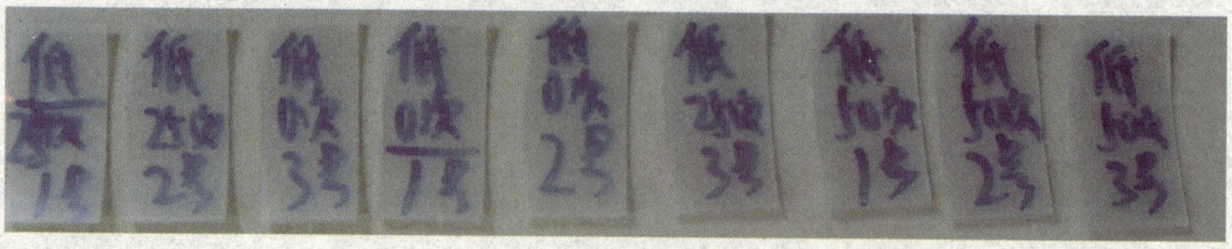

图 4-25　HDPE 防水材料试样

(3)试验步骤

将试件和金属棒同时放在已达到规定试验温度试验箱(见图 4-26)中,2h 后,将试件绕金属棒在 3s 内均衡弯曲 180°。用 5 倍放大镜观察试件弯折处受拉面是否有裂纹,同时比较不同的材料和温度对试验结果是否有影响。

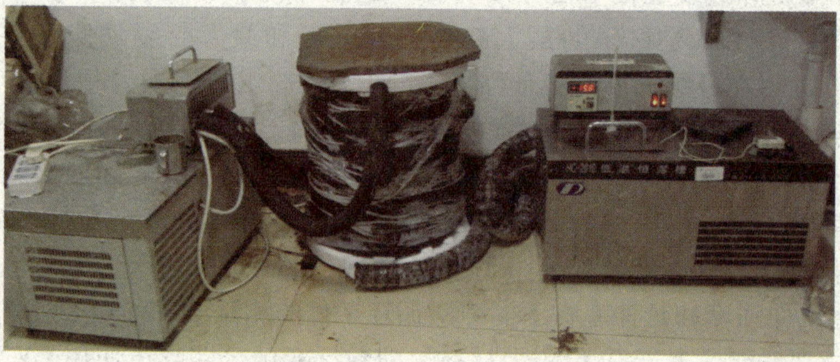

图 4-26　HC-2010 低温恒温试验箱

试验结果如表 4-10 所示,PVC 防水材料在 25 次、50 次冻融循环下弯曲出现明显裂纹(见图 4-27);EVA 防水板材料的在 0 次、25 次、50 次冻融循环条件下的性能基本不受影响;而 HDPE 防水板在 50 次冻融循环下出现细小裂纹(见图 4-28)。表明 EVA 的低温抗裂性能最佳。而在新疆寒冷地区,年极端最低气温均低于 -20°C,同时隧道防水材料经过 50 次的冻融循环后,PVC 和 HDPE 均出现裂纹造成隧道漏水,从而缩短隧道的使用年限(一般设计使用年限 100 年)。所以对于我国新疆寒冷地区建议采用低温性能较好的 EVA 防水材料。

低温性能试验结果　　表 4-10

材料		0℃	-10℃	-20℃
PVC	0 次	无变化	无变化	无变化
	25 次			弯曲后,出现细小裂纹,对折后,裂纹扩张不明显
	50 次			弯曲后,出现细小裂纹,对折后,裂纹扩张明显
EVA	0 次	无变化	无变化	僵硬,难以弯曲。弯曲后未出现细小裂纹
	25 次			
	50 次			
HDPE	0 次	无变化	无变化	僵硬,难以弯曲。弯曲后未出现细小裂纹
	25 次			
	50 次			弯曲后,未见细小裂纹,对折后,出现细小裂纹

4.5.3 材料抗顶破性能试验

由于隧道防水材料铺设在初衬与二砌之间，在铺设期间会受到钢筋或混凝土大颗粒作用下产生顶破损坏，为了评价防水材料在抵抗顶、刺破方面的性能，采用 GYZ-1 土工合成材料综合测定仪在室内模拟顶破试验。

（1）主要试验仪器

GYZ-1 土工合成材料综合测定仪（见图 4-29），顶压杆直径 50mm，夹具内径 150mm（见图 4-30），顶压速度（50 ± 10）mm/min。

图 4-27 PVC 弯曲对折后的裂纹

图 4-28 HDPE 弯曲对折后的裂纹

图 4-29 土工合成材料综合测定仪

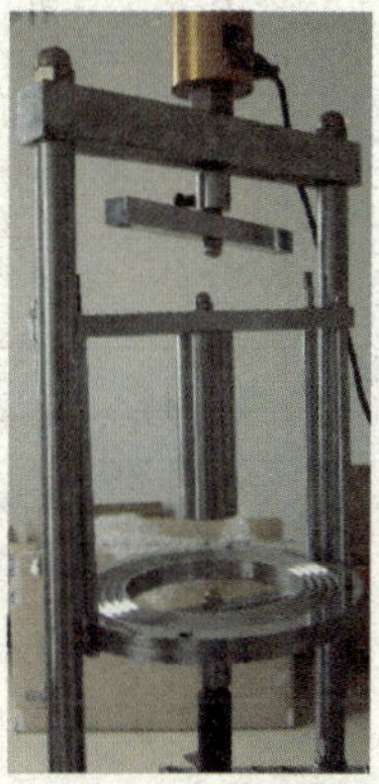

图 4-30 夹持设备图

（2）试件准备

割取试件尺寸为 $D = 22$cm，对于 PVC、EVA、HDPE 三种试验材料各取 15 组试件分别在常温、25 次冻融循环、50 次冻融循环不同条件下进行试验，共有 3 × 5 × 3 = 45 个试件。如图 4-31 ~ 图 4-33 所示。

图 4-31 PVC 试样图

图 4-32 EVA 试样图

图 4-33 HDPE 试样图

（3）试验步骤

①将试样放入环形夹具内，使试样在自然状态下拧紧夹具，以避免试样在顶压过程中滑动或破损；

②将夹持好试样的环形夹具对中放入试验机上，设定试验机满量程范围，使试样的最大顶破强力在满量程负荷的 30% ~ 90% 范围内，设定顶压杆的下降速度为 30mm/min ± 5mm/min；

③启动试验机，直到试样完全顶破为止，观察和记录顶破情况，记录顶破强力（kN）和顶破位移值（mm）。

如图 4-34、图 4-35 所示，通过测试数据可知 PVC 材料的顶破强力随着冻融次数的增加降低较为明显，而材料在 0 ~ 25 次冻融循环之间延伸率下降的程度较大于 25 ~ 50 次循环；EVA 防水材料在经过 50 次的冻融循环，其顶破强力和延伸率没有产生较大变化；HDPE 防水材料在经过 25 次、50 次冻融循环之后的顶破强力和延伸率均有明显的变化。

比较 PVC、EVA、HDPE 三种防水材料，EVA 防水材料的顶破强力值最大，即该材料在隧道施工过程、运营过程中相对于其他材料可承受更大的顶破力和抗静水压，同时该材料在经过 25 次、50 次的冻融循环后，其顶破强力、变形能力基本不变。PVC 具有较低的抗顶破承载能力，同时其材料的延伸率均低于 EVA 材料。HDPE 防水材料在 0 次冻融循环下虽具有相对于 EVA 较大的延伸率，但该材料的延伸率随着冻融次数的增加下降明显，在 50 次冻融循环条件下低于 EVA 材料。所以在寒区隧道铺设防水材料时，应比较材料在冻融循环条件下的抗静水压力、顶破承载力和材料本身的延伸率，建议使用 EVA 防水板可以延长隧道使用寿命。

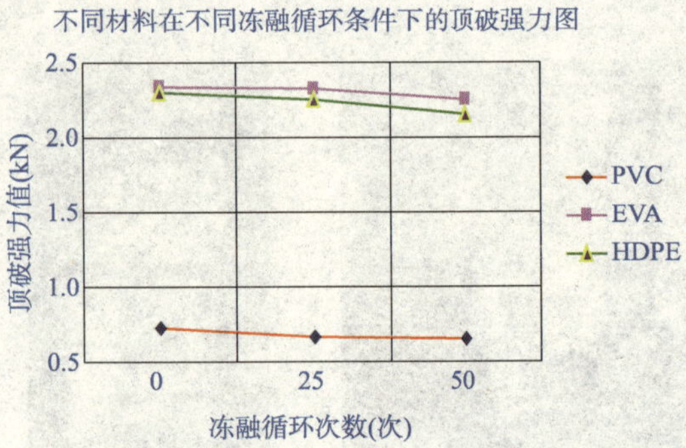

图 4-34　不同材料在不同冻融循环条件下的顶破强力图

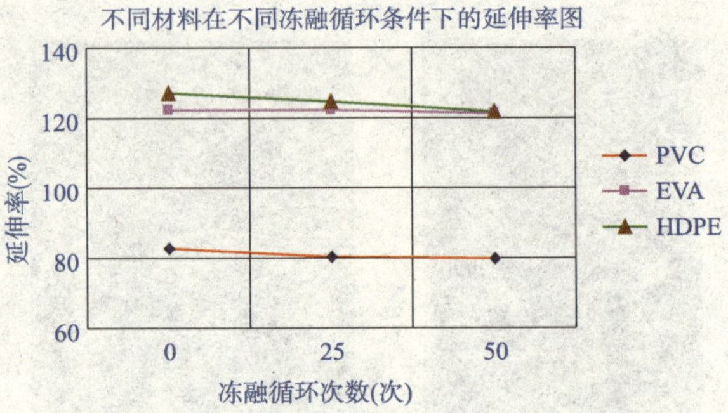

图 4-35　不同材料在不同冻融循环条件下的延伸率图

4.5.4　材料抗冲击性能试验

评价防水材料具有施工过程重跌落物冲击破坏和在抵抗冲击荷载作用下破坏性能。

(1)主要试验仪器

采用 LCJ-400B 落锤式冲击试验机(见图 4-36)，冲击锤重 2.5kg，落锤高度 500mm，同一位置锤击次数 20 次。

(2)试件准备

切取 20cm×20cm 的正方形试件。每一种材料在 0 次冻融循环、25 次冻融循环、50 次冻融循环条件下各 3 个试件，共有 3×3×3=27 个试件。如图 4-37 ~ 图 4-39。

图 4-36　LCJ-400B 落锤式冲击试验机

图 4-37　PVC 试样

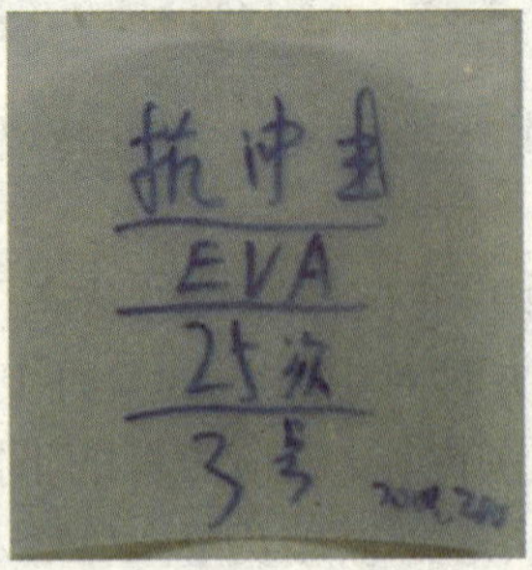

图 4-38　EVA 试样

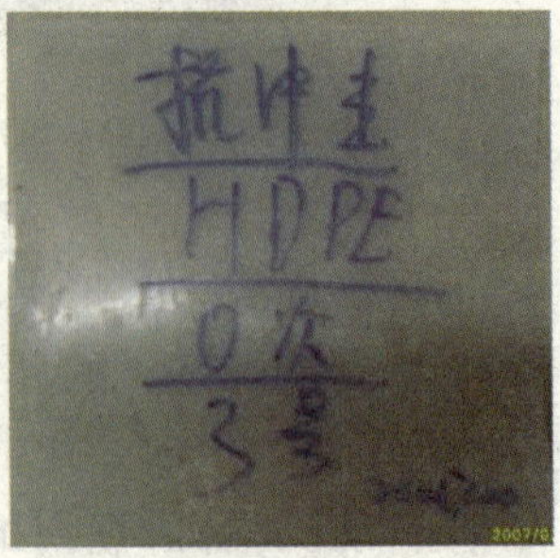

图 4-39　HDPE 试样

(3)试验步骤

①取 20cm×20cm 试样安装于 LCJ-400B 落锤式冲击试验机上，紧固螺钉；

②落锤配重,配重为 2.5kg;

③启动仪器,点击"下降",抓锤装置以 50mm/s 的速度下降,至一定高度时,点击"停止"键;

④点击"冲击"按钮,再点击"抓锤",安装落锤;

⑤点击"上升",等落锤的位置达到 500mm,停止上升;

⑥点击"冲击"键,使落锤冲击防水材料;

⑦试样同一落点重复冲击 20 次,直至达到设计要求。

PVC、EVA、HDPE 的冲击效果分别如图 4-40 ~ 图 4-42 所示。

由于国内还没有对防水材料的抗冲击试验形成成型的理论,所以本试验采用英国的规范定义抗冲击能力的级别。见表 4-11。

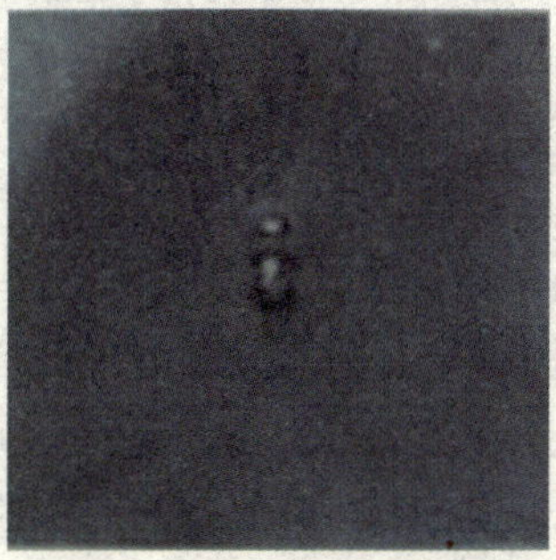

图 4-40　PVC 冲击效果图

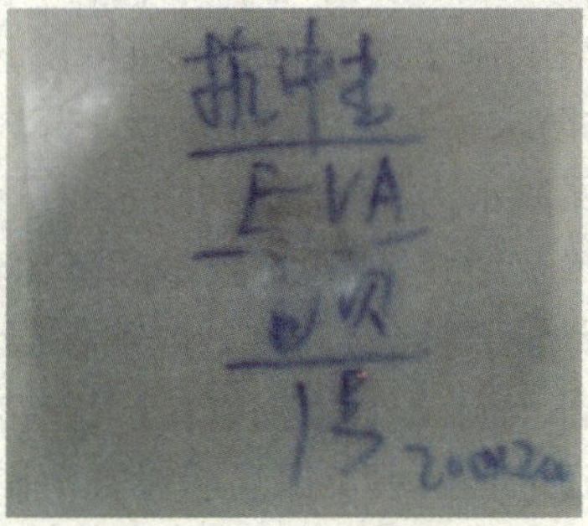

图 4-41　EVA 冲击效果图

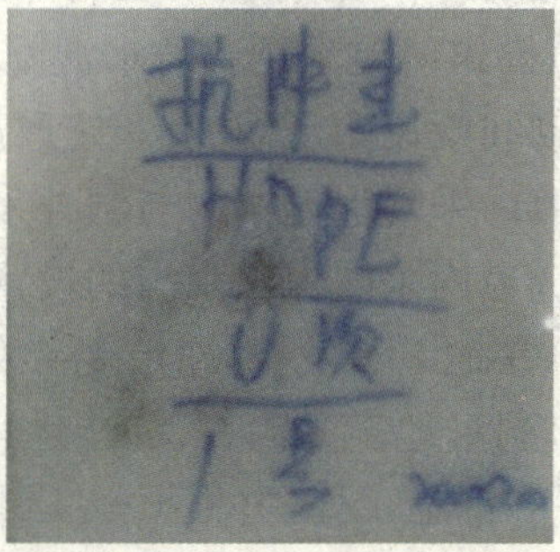

图 4-42　HDPE 冲击效果图

抗冲击能力分级表　表 4-11

级别	冲击结果描述	级别	冲击结果描述
Ⅰ	薄膜完全刺破	Ⅳ	薄膜上有刻痕
Ⅱ	薄膜部分刺破	Ⅴ	仅仅表面有痕迹
Ⅲ	严重刻痕但没有刺破	Ⅵ	没有可见的破坏

所有冲击试验中,不超过 5% 的冲击位于第Ⅰ和Ⅱ类可认为材料合格。

根据试验结果可得出 PVC 防水材料抗冲击能力属于Ⅱ级;EVA 和 HDPE 防水材料抗冲击能力为Ⅲ级。对于铺设与隧道的防水材料,在施工期间,最大可能地使防水材料具有一定的抗冲击性能。由于 PVC 的抗冲击等级低于 EVA 和 HDPE 防水材料,所以,就抗冲击能力的角度来讲,建议隧道使用 EVA 或 HDPE 防水材料。

4.5.5　材料抗撕裂性能试验

由 PVC、EVA、HDPE 材料的纵、横向断裂延伸率图比较可知,HDPE 防水材料在 0 次、25 次冻融循环纵、横的断裂延伸率相差最小,EVA 防水材料次之却相差不大,PVC 防水材料的断裂延伸率相差最大,而在 50 次冻融循环后 EVA 的防水材料的纵、横断裂延伸率差值却小于 HDPE 防水材料。以材料的断裂延伸率和隧道的长时间使用比较,EVA 防水材料的抗撕裂效果较好。

综合比较材料的断裂拉伸强度和断裂延伸率,EVA 材料的效果最理想。所以就材料的抗撕裂效果,建议使用 EVA 防水材料。

综上所述,通过对 PVC、EVA、HDPE 三种防水材料在不同环境条件下物理性能试验研究,得出 EVA 防水材料的抗拉伸性能、低温性能、抗顶破性能、抗冲击性能、抗撕裂性能试验均优于 PVC、HDPE 材料。所以本系统试验建议在寒区公路隧道的防水材料使用 EVA 可以取得较理想的效果。

4.6 寒区隧道防排水技术

4.6.1 寒区隧道防排水设计原则

寒区隧道防排水设计应遵循以下原则：

(1)按照“防、排、截、堵、保温相结合，因地制宜，综合治理”的原则，根据隧道长度、气象条件、地下水的性质及发育程度，采取切实可靠的设计、施工措施，保障结构物和设备的正常使用和行车安全。

(2)模筑衬砌采用自防水混凝土结构，施工缝、伸缩缝、沉降缝设高效、耐低温的止水条或止水带，支护与衬砌间敷设耐低温、有一定厚度的防水板及纵、横向透水管盲沟，应通过计算确定这些设施的合理埋深。隧道内采暖保温水沟与洞外采暖保温水沟相接，达到防水可靠、排水通畅、隧道内无渗漏、无冻害的目的。隧道内采暖保温水沟的设置位置及形式，应通过技术经济比较确定。

(3)在地下水发育、冻土现象发育地段，除增设防水的隔热保温层外，尚应压注浆液止水固结地层。

(4)洞身地表为沟谷、坑洼且其底部至洞顶外缘厚度小于多年冻土上限深度时，应做好地表疏导、换填、整平和铺盖工作，并根据热工计算确定其换填及保温层设置范围，以防止渗漏、冻胀、融沉等对衬砌产生的影响。若洞顶沟谷形成非贯通通道，应进行地面注浆，进行防渗处理。

(5)洞口边、仰坡以外应设置截水沟或挡水设施。路堑内流水不得排入隧道内。

(6)明洞应及时铺设耐低温的外贴式防水层，并做好地表截排水工程。

(7)明洞地段如有地下水出露(如含土冰层、冰锥、冻胀丘等)应用粗颗粒土换填，当换填范围位于多年冻土上限埋深以内时，应使墙背所设排水盲沟与洞内采暖保温水沟相接。

4.6.2 寒区隧道防排水特殊设计

寒区隧道防排水特殊设计的对象主要为：隧道中富水，涌水量不大于 $0.3m^3/(h \cdot m)$ 的构造断裂破碎带；富含水，涌水量大于 $0.3m^3/(h \cdot m)$ 的裂隙，孔隙发育的围岩；进出口段为多年冻土，多年冻土下限深度深于隧道底板高程 10m 以上，而且隧道中间段围岩出现常年性涌水的各种类型隧道；进出口段围岩严重风化，为稳定含水层，并有垂直补给源与稳定水平补给的段落；地表、地下水渗入洞内的地段。

上述设计对象因冻土水文条件复杂，极易产生严重冻害，需要采取综合治理措施，即：应设置疏、导、排相结合的盲井、纵横向盲沟与保温深埋排水沟或泄水洞及地面防渗为一体的防排水系统；进行以止堵水为主要目的的含水围岩注浆与设置隔水板；喷涂隔水材料构成隔防水屏障；增大衬砌混凝土强度与整体性，防止衬砌破裂而渗漏水；必要时在洞内和排水系统中设置保温加热装置。

防排水特殊专门设计包括：

(1)富水构造破碎带设计

注浆止水加固：破碎带若没有发生明显的坍塌冒顶，则一般注浆深度为隧道进出口 1/4 段 4～5m，中间段 3～4m。坍塌冒顶段注浆深度应大于非坍塌地段，大于最大冒顶高度 1～1.5m，注浆宽度应与融区(道)相当，堵止效果应没有线状渗漏水现象，允许偶有间断滴水每分钟不得多于 5 滴。

围岩表面喷涂、锚固或模筑整体浇筑混凝土强度等级要高于 C25(预留排水盲井与盲沟位置)。喷涂隔水材料的厚度可参考为：进出口 1/4 段以外 9～10cm，中间段 7～8cm。隔水材料每次喷涂厚度不得大于 3cm，且对喷出枪口温度和围岩表面温度均有一定要求，隔水材料的物理力学性能要满足国家标准要求。模筑混凝土衬砌(二衬)混凝土强度等级大于 C25，厚度应考虑冻胀力经计算得到。混凝土衬砌应考虑采用钢筋混凝土或人工纤维混凝土，对没有可靠计算参数的地段，混凝土厚度参考使用下面数值：富水Ⅳ、Ⅲ、Ⅱ级围岩中的构造破碎带地段一律取不考虑冻胀力的计算厚度的 1.6 倍。

（2）裂隙发育的富水围岩地段的设计

注浆止水加固围岩时的注浆深度为进出口段（与前相同）3～4m，中间段 2～3m，灌注浆范围应包括呈稳定线流出水的全部围岩地段，堵止水达到预定要求后，初衬混凝土厚度应达 10cm 以上，混凝土强度等级大于 C25。

隔水材料喷涂可分段集中进行。在不影响洞内排水设施与二次衬砌施工前提下，每次喷涂长度不得大于 120m。喷涂厚度不得小于设计厚度（从一衬混凝土凸起部位量测），要求保证喷涂层厚度，不要求平整性，原则上按一衬混凝土表面性状喷涂。二次衬砌混凝土厚度由在考虑冻胀力条件下的计算确定，也可采用下面数值；裂隙发育的Ⅱ、Ⅲ级富水围岩混凝土衬砌厚度取没有考虑冻胀力计算值的 1.3 倍，Ⅳ级围岩取 1.4 倍，Ⅴ级围岩取 1.2 倍。

上述两种专门设计均应设置完整的综合排水系统，应根据构造破碎带与裂隙发育富水围岩的分布与涌水量，分别设置集汇盲井、纵横向保温排水盲沟、导水盲洞与保温深埋排水沟或泄水洞。这些排水设施埋深应通过计算确定，确保运行过程中不被严重冻结，凡可能冻结的排水设施应加设相应的防冻保温层或采用加热装置。

（3）多年冻土进出口段及有常年性地下水渗流的中间段设计

中间段含水围岩防水保温与衬砌参照前述两种规定设计。傍山隧道在含水围岩地段应根据洞内渗涌水量设置集汇水盲井与保温导水盲沟，若含水围岩段有横向贯通融区（道）或冻土下限在隧道底板下 5m 之内，应在围岩融区设置横向保温泄水洞，不让洞内积水通过多年冻土层疏排，以防冻结。若沿隧道轴向开挖深埋排水沟与泄水洞，则在穿越多年冻土层段时应加以保温或人工加热。

穿越多年冻土的越岭隧道进出口段的排水沟或泄水洞应增设保温层和人工加热装置，排、泄水洞进出端口应设活动保温门。在暖季（5～8 月）白天开启保温门，进行人工通风，提高泄水洞内围岩与流水温度，必要时可人工强行通风、利用热空气提高洞温（这是平衡冬季冷空气的一种手段）。在寒季泄、排水洞中流水被冻时应启用人工采暖设施。

（4）常年严重渗漏的进出口段设计

渗漏区段天然地表应进行回填整平，不得留有积水坑、洼地。渗漏区段整平地面应进行防渗水铺盖。一般用当地非渗透性土整平、夯实即可。但当土渗透性良好，且含水层厚度大，补给水量多时，应进行地面打孔注浆止水。在渗漏段边缘区应设置排除地表水流的集汇排水沟。洞内渗水围岩段进行堵水注浆，注浆深度 2～3m，确保不出现线状渗漏水。严重渗漏水进出口段也可进行保温并结合打渗水孔，将水引入地下。设置保温层 9～10cm，而混凝土衬砌厚度经计算确定，冻胀力参数取Ⅴ级围岩参数值。

（5）傍山隧道富水围岩浅埋地段设计

此地段指傍山隧道穿越上部有较大汇水区和常年地表径流沟槽的非贯穿融道地段。实践表明，隧道顶部离地表 3～5m，一般均有地表水、地下水入渗，即使离地表 6～7m，发生渗水及漏水在洞内结冰的可能性也较大。因此应在地表疏导积水、进行防渗铺盖，以防止地表水入渗隧道，设置马蹄形防渗墙（注浆等）；加强段内防渗混凝土设计，段内不留伸缩缝与接头缝，或采用双层防渗混凝土全断面衬砌，喷涂防水 PU 层；设置穿越隧道下部的横向泄水洞井与隧道两侧集水盲井、盲沟相连接。

4.6.3 寒区公路隧道防排水系统

寒区隧道防排水系统是在考虑一般隧道防水、排水结构的基础上，针对环境气温较低，衬砌背后一定范围围岩处于负温或低温区域，冻结深度较大，衬砌背后和洞内排水系统常常因冻结影响而使排水不畅的特点而设计的，由环向排水盲管、纵向排水管、横向排水管、防水板及其垫层、保温隔热层、隧道内排水沟（双侧保温水沟、深埋中心水沟、防寒泄水洞及采暖水沟等）组成。这些结构综合起来组成的防排水系统既起到防排水作用，也具有防寒保温功能，保证寒冷季节排水系统不冻结，整个隧道形成一个通畅的防寒排水系统。寒区隧道防排水系统可以划分为背面防水系统、背面排水系统、路面排水系统、路基排水系统和保温隔热系统。背面防水系统包括防水板及其垫层、混凝土接缝止水带和止水条；背面排水系统包括环向排水盲管、衬砌外侧下部的纵向排水管；路面排水系统主要为路面边沟；路基排水系统包括基底横向排水管和中央排水沟；保温系统主要为保温隔热层。其设置见图4-43。

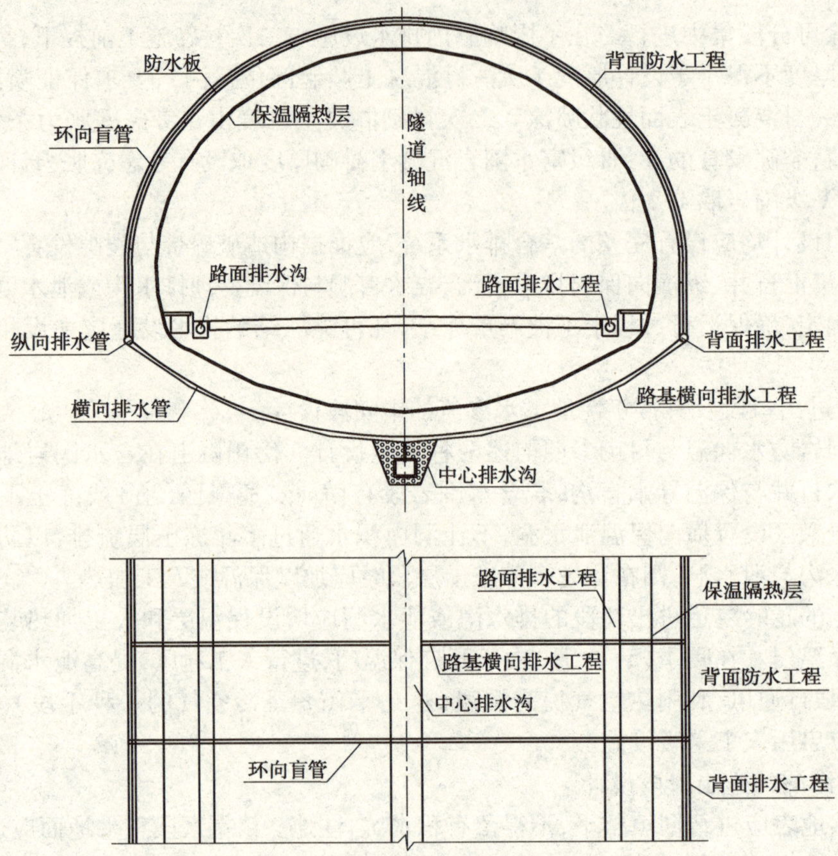

图4-43　寒区隧道防排水系统设计图

4.6.3.1　防水措施

主要防水措施有：

(1)加强衬砌防水性能，提高衬砌抗渗等级。一般说来，对于寒区隧道，要求衬砌混凝土抗渗等级不低于S8，提高衬砌混凝土的抗渗等级主要方法有：采用防水混凝土；在混凝土中加入HEA、AEA等高效抗裂防水混凝土膨胀剂等，提高混凝土的密实度和施工质量，减小微裂缝的产生。

(2)外层锚喷初期支护与中层二次模筑衬砌之间铺设可耐低温的防水板卷材。从国内大量工程实际来看，隧道洞身防水层主要采用防水板卷材，防水板的薄弱环节在于接缝，如果采用的防水板卷材不耐低温，在温度较低的情况下会发生性能劣化，使接缝搭接不牢固，失去防水功能，结果导致渗漏发生，为冻害发生埋下根源。

(3)施工缝、伸缩缝、沉降缝处理应选用耐低温止水条带。隧道三缝问题一直是防排水中的老大难问题，处理不好则带来大量的渗漏水问题，为冻害产生提供来源，必须认真对待。对于寒区隧道，止水条(带)不仅要满足常规要求，其耐低温性能也是检查是否合格的重要指标。

4.6.3.2　排水措施

排水是利用盲沟、泄水管、排水沟、泄水洞等设施将洞内积水排走，避免在洞内积累。寒区隧道排水设计是一个特殊问题，要求排水沟和出水口不被冻结，保证隧道内水流畅通，具体的措施有：

(1)背面排水工程

外层支护和中层二次衬砌背后，设置环向渗水软管，附贴式排水板，二次衬砌背后铺设防水板及土工布，墙脚外侧设纵向排水盲管，隧道周边地下水均引排至仰拱以下的纵向中心排水沟，构成完备的排水体系。同时，利用保温隔热层，保证背面排水工程不冻结，排水畅通。

(2)路面排水工程

根据《公路隧道设计规范》(JTG D70—2004)规定，隧道洞内宜按地下水和营运清洗污水、消防污水分离排放的原则设置纵向排水系统。营运清洗污水，消防污水和其他废水通过排水边沟排出洞外。为保证排水边沟不冻结，应设置为暗沟，并设置保温层及保温盖板。排水边沟设置深度应根据气温条件和保温层设置厚度综合确定。

(3)路基排水工程

当采用隧底中心水沟时，应配套设置纵向间隔的横向保温支管，引排墙脚外侧纵向排水管水流至隧底中心水沟。及时排走排水管内积水十分重要，可以防止在寒冷季节，管内水分冻结，引起排水不畅，形成堵塞。保温管径不低于100mm，横向坡度设置不应小于2%，为了加快排水速度，可以适当提高坡度。

为疏干隧底渗水防止发生冻胀，洞口保温段隧道仰拱下方除根据冻深实际情况加设保温层外，还应设置一定厚度的卵石垫层。防止隧道底部冻胀十分重要，由于仰拱之下的保温层(泡沫塑料)受压变形后，其保温性能可能有所损失，所以必须增加疏干隧底渗水的措施，在隧底铺设厚的卵石层，使地下水尽快流入中心排水沟，同时卵石垫层本身作为非冻胀土，也不会发生冻胀破坏路基。

(4)中心排水沟

①中心深埋水沟(见图4-44)。

严寒地区，当采用中心深埋水沟时，应将水沟埋置于洞内冻结深度以下，利用地温达到水沟内水流不被冻结的目的。最好通过实测隧道内气温和冻结深度来确定中心水沟的埋置深度。深埋中心水沟通过路基横向排水系统与衬砌背后盲沟连通，作为洞内主要的排水通道将衬砌背后积水与路基渗水汇集后排出。中心深埋水沟顶板采用保温盖板进行保温，沿纵向按50m间距设置沉沙池，并设置检查井，以便定期疏导检查中心水沟。检查井上端安装铸铁盖板，并设置保温夹层。

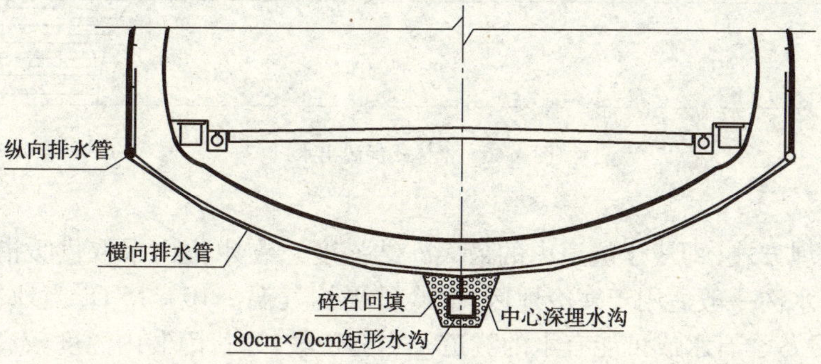

图4-44 中心深埋水沟及排水系统示意图

②防寒泄水洞。

防寒泄水洞是隧道排除地下水的主要措施之一，其形状类似一个带孔的小隧道，位于隧道的正下方，并将所设竖向盲沟、泄水孔、支导洞、检查井、椎体保温出水口等组成一个排水系统，通过该系统将衬砌后面围岩中的地下水汇集在泄水洞中，然后再排出隧道。泄水洞这种排水措施，可以大大减少或消除隧道内部冒水、挂冰、积冰、冻胀等病害。另外，根据大坂山隧道施工经验，防寒泄水洞施工时超前主洞掌子面50～100m，可以探明前方地质、水文情况，作为超前地质预报的一部分，再则，可以为正洞施工排水提供方便。其构造如图4-45所示。泄水洞的排水方式适用于最低月平均气温低于－20℃、岩石的冻结深度为5～6m的严寒地区。关于泄水洞排水系统的布置，最好根据隧道凿通后地下水的实际分布情况确定。关于泄水洞的埋深，主要考虑冻结深度的影响，泄水洞的埋深一般取5m为宜。隧道以外地段的泄水洞上方覆盖土厚度小于冻结深度的要求时，不足部分应加填路堤式覆盖层。

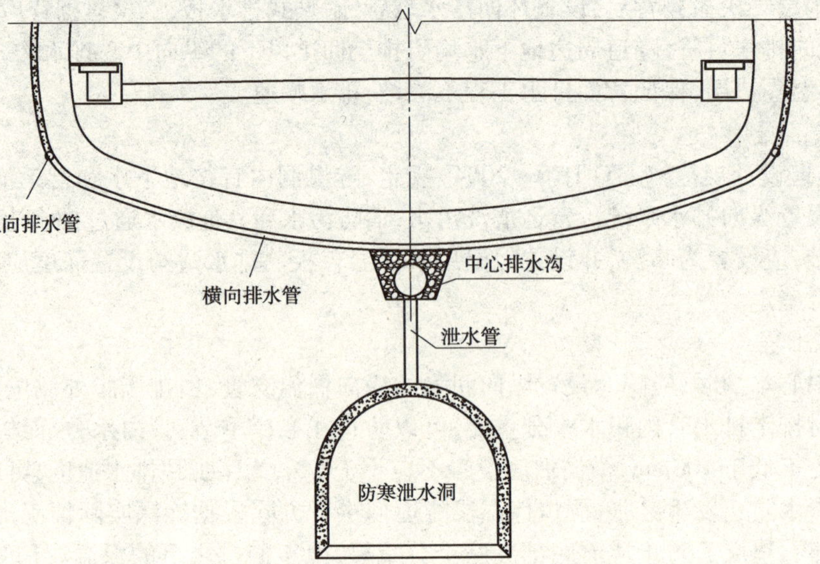

图 4-45　防寒泄水洞及排水系统示意图

在严寒地区，确保地下水出水口不被冻住，是排除地下水的关键问题之一。用椎体式保温出水口，能有效地解决好这个问题，具体构造如图 4-46 所示。

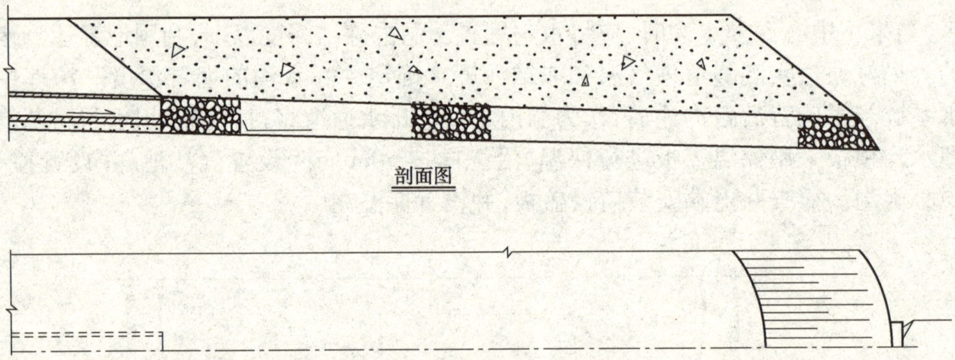

图 4-46　椎体式保温出水口

③采暖水沟。

采暖水沟采用浅埋方式（即浅于隧道内的最大冻结深度），在水沟内采取供暖措施，以达到冬季水流不冻结之目的。采暖水沟一般适用于寒冷地区，最冷月平均气温 -10 ~ 15℃，当地黏性土的冻结深度在 1.0 ~ 1.5m 范围内，且冬季有水或可能有水的隧道。当隧道较长时，因洞内温度较高，隧道中部一般不产生冻害，故只需在两端洞口保温段范围内设置采暖水沟即可，如图 4-47 所示。

保温水沟一般采用侧沟式，水沟上部设双层盖板，在上下两层盖板间充填保温材料，保温层厚度一般不小于 30cm，下部为流水槽。隧道运营时采暖的防治冻害方法，例如在隧道内设置电力加热器，在隧道内的排水系统中设置加热电缆，在地热资源丰富的地方，可以利用地热水或蒸汽水对隧道进行加热，以补充隧道内散失的热量。

当隧道顶部有地表积水或隧址区地下水发育时，隧道开挖后破坏了原有径流循环系统，这些水将大量涌向隧道内，给隧道防排水系统带来很大压力。采用堵、截水措施时，能截断地表水和地下水流入隧道的通道，减小防排水系统的负担，主要措施有：

a. 在洞口仰坡外缘设置截水沟，将坡面积水引流排走，沟内最好采用浆砌片块石铺砌，并恢复植被或采用坡面防护，防止水分下渗。

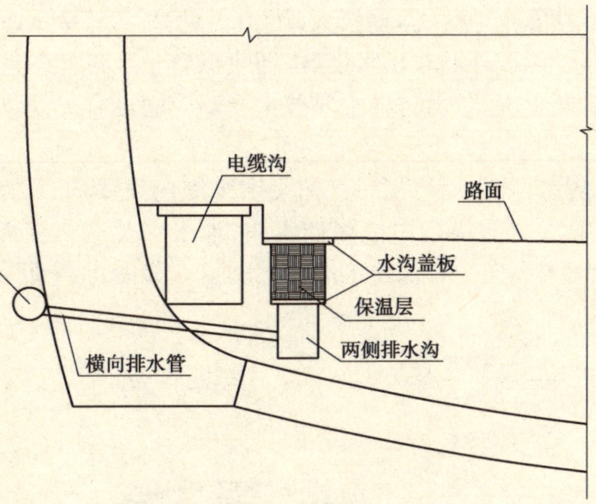

图 4-47　采暖水沟示意图

b. 对隧道顶面范围内的天然沟槽进行整治，使地表径流排泄顺畅。

c. 对洞顶范围内地表的凹陷、深坑等加以回填，防止在洞顶积累。对洞顶地面裂缝进行堵塞，防止积水下渗。

d. 条件合适地段，对渗水地层可进行周边注浆堵水。围岩注浆不但起着增大围岩强度，增强围岩稳定性、堵水、防止围岩渗漏的作用，而且还起着减轻和抵御冻结围岩冻胀力的作用。因为在同一冻结条件下，围岩的冻胀力随着含水率的减少而降低。破碎围岩在隧道衬砌施工后，在衬砌背后形成大量空隙，当有地下水补充时，形成冻害的来源。围岩注浆是将不透水的凝胶物质如水泥浆、水玻璃等通过钻孔注入扩散到岩体空隙中挤走水分，凝结后可以填充在一定范围内形成密实的不透水层，降低冻害影响。

4.6.4　赛里木湖隧道防排水方案

赛里木湖隧道结构防排水坚持以“结构自防水为主，外辅加防水层为辅”的原则，并遵循“防、排、截、堵相结合，因地制宜、综合治理”的原则，结构自防水采用 C30、S8（钢筋）混凝土，防排水主要措施如下：结构自防水 + 外辅加防水层防水 + 变形缝、施工缝防水 + 排水措施 + 小里程端明洞防水措施。

其中结构自防水、外辅加防水层防水、变形缝及施工缝防水、排水措施如下：

（1）结构自防水

隧道采用复合式衬砌，以隧道开挖过程中的注浆堵水及超前小导管注浆加固地层为第一道防水线，以锚喷支护封闭岩面裂隙形成第二道防水线，初期支护喷混凝土抗渗等级不小于 0.6MPa；考虑严寒地区冻害的一大因素即在于混凝土强度等级过低，因此本工程二次衬砌混凝土强度等级均采用 C30 混凝土，并掺入防水剂，抗渗标号不低于 S8；以模筑混凝土及钢筋混凝土（S8）作为最后一道防线，同时，施工中加强管理，确保混凝土的密实性。

（2）外辅加防水层防水

本隧道采用全包、纵向分区防水，初期支护与二次衬砌之间设 400g/m^2 无纺布与 1.2mm 厚 EVA 防水板，所有变形缝与施工缝外侧均设外贴式止水带，一侧与防水板焊接，另一侧埋置入二衬混凝土中；防水材料主要技术指标应满足有关规范的要求。

（3）变形缝、施工缝防水

变形缝、施工缝处往往是隧道防水的薄弱部位，地下水极易通过其渗入隧道，必须引起高度重视。在施工缝处设置3mm厚镀锌钢板、外贴式止水带各一道；变形缝于隧道明暗挖分界处及地质条件变化处设置，考虑隧道处于强季节性冻土地区，温差较大，隧道纵向按40～60m间距设变形缝，洞口段间距小些，洞身段间距大些，变形缝外侧设外贴式止水带、中埋式橡胶止水带各一道；外贴式止水带一侧与防水板焊接，另一侧埋置入二衬混凝土中；防水材料主要技术指标应满足有关规范的要求。

（4）排水措施

①本隧道考虑全包防水，防水层与初期支护间拱脚纵向设TS50渗水盲管、环向间隔设置渗水盲管，隧道仰拱底（最大冻深以下）设置纵向中心深埋水沟；地下水及从初支渗透过来的少量边墙渗水由与此盲管相接的横向泄水管引入纵向中心深埋水沟排出隧道。如图4-48所示。

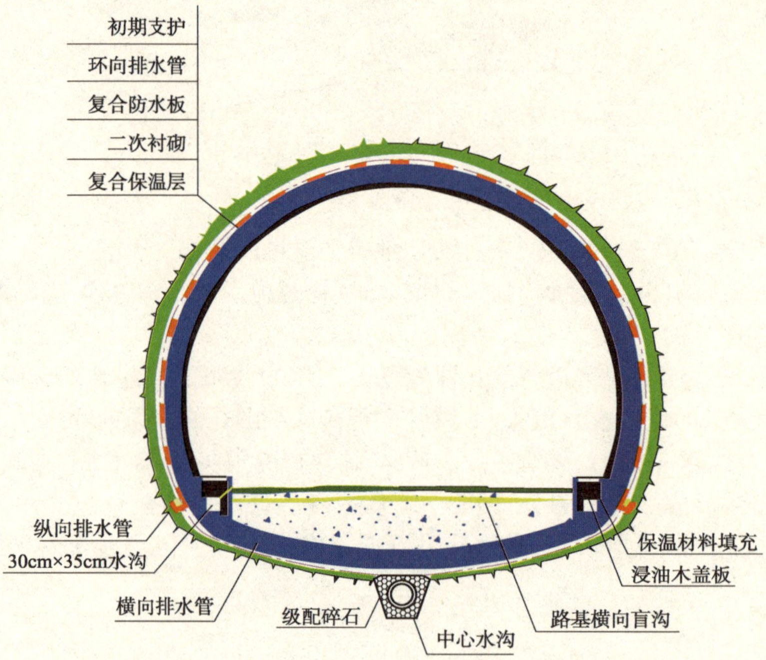

图4-48　中心深埋水沟

②考虑到隧道运营期间将可能产生渗水，且隧道运营维护、清扫、消防等均需用水，故在隧道洞内设两侧边沟排水。

③地面排水：隧道洞口边坡、仰坡顶面及其周围，于边坡顶外不小于5m处设置截水沟，截水沟与坡面相交处均采用圆弧化处理，避免产生明显的人工痕迹；隧道小里程端洞口处一般为下坡，为避免路基或桥面汇水流入隧道内，增加隧道排水负担，隧道进口与路基相接，于洞口前2m处，设置宽20cm、深20cm的横向截水沟（沟上设置雨水篦子），将路面纵向积水截流至路基两侧边沟或排水沟内。

另外小里程端明洞防排水采取的主要措施如下：

（1）进口联拱明洞不设防水层，分离式明洞于回填土厚度大于1m的明洞结构外侧设置防水层及无纺布全包防水。

（2）明洞回填中，于开挖基坑明洞拱脚处回填以卵砾石，设排水盲沟反滤层，回填表面附近设50cm厚的黏土隔水层，要求黏土隔水层与基坑两边衔接良好，由于明洞段土层为圆砾，中密、潮湿，透水性好，不设纵向透水盲管及横向泄水管，但明洞底设纵向排水管。

（3）小里程端明洞及附近浅埋暗挖段在回填过程中，修整坡面，使整个回填坡面坡向赛里木湖，山坡与既有公路间有凹槽处，均填平坡向赛里木湖，避免积水，加重隧道防排水负担。

（4）小里程端明洞洞口前路堑处，边沟采用反坡排水。

主要排水措施断面如图4-49所示。

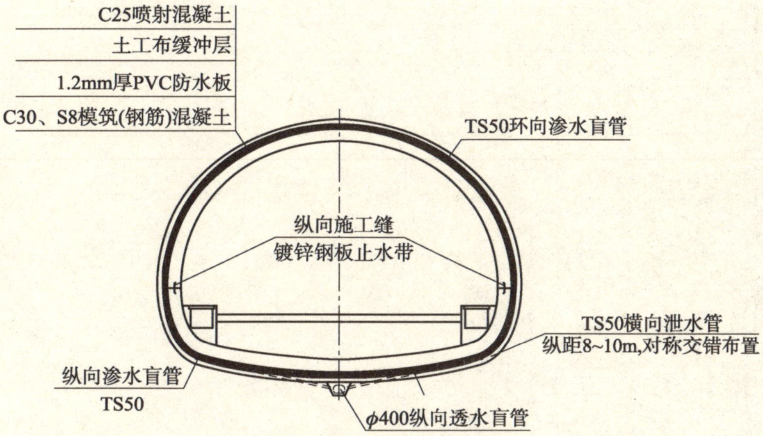

图 4-49　设计防排水方案

4.7　寒区隧道保温技术模型试验

4.7.1　模型试验方案

模型试验主要由温度调节箱(主体箱及制冷铝板)、预制混凝土板、循环冷浴系统(制冷设备及橡胶管)组成。

4.7.1.1　温度调节箱

由工程实际情况,二次衬砌厚400mm,初期支护厚200mm,选用模拟围岩层的混凝土厚400mm,外加防水板、保温层厚度,及试验拼装、后期计算方便等综合考虑,最后选用试验箱体尺寸为1005mm×1005mm×1005mm的正方体,如图4-50、图4-51所示。试验箱顶部为可拆卸结构,方便更换保温材料进行多次试验;底部为承重结构,可支持试验用全部试件的重量。顶面与底面均设置控制温度的冷浴,正方体六个面均用保温材料包裹密封,防止箱体内部与外部交换热量,降低制冷效率,影响试验效果。

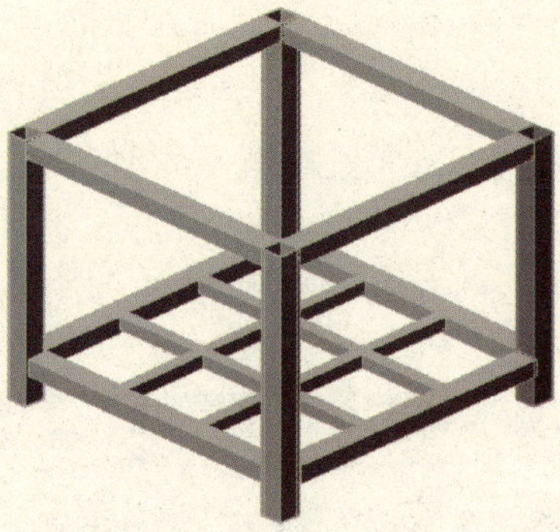

图 4-50　温度调节箱设计图

图 4-51　温度调节箱实物图

温度调节箱顶面与底面均铺设铝制平板,冷浴均由9个平均分布在顶面和底面的刻槽圆盘组成,如图4-52所示,圆盘之间用防腐蚀的橡胶管连接并用保温材料包裹,接头处用万能胶封口,使制冷液体循环流动在一个全密封、高保温的状态下进行,使整个冷浴保持动态恒温状态。如图4-53所示。

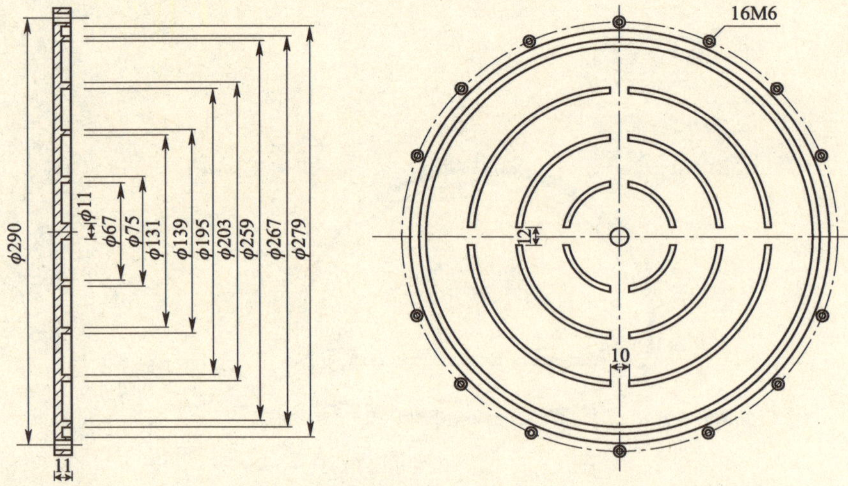

图 4-52　冷浴刻槽圆盘设计图(尺寸单位:cm)

4.7.1.2　预制混凝土板

由几何相似常数 $\alpha_L = 1$ 即 $\frac{L_H}{L_M} = 1$,确定模型的初期支护层、二次衬砌层的厚度均按照原型建立。按照工程实际情况,预制 C25 混凝土板 1 个,厚度 20cm,内加设一层钢筋网防止混凝土板断裂,模拟初期支护;预制 C25 混凝土板 2 个,厚度 40cm,内加设两层钢筋网,模拟二次衬砌及围岩。

4.7.1.3　循环冷浴系统

本次试验采用 HC-2010 型低温恒温槽和乙二醇组成循环冷浴系统,对保温箱温度进行控制调节。HC-2010 型低温恒温槽最低温度可以控制在 -30℃,乙二醇与水 1:1 的比例混合使用组成冷却液,冷却液体的冰点可以达到 -36.7℃,作为冷浴液体即具有较好的流动性,其冰点又低于试验温度防止冷浴系统结冻。冷却液在防腐蚀橡胶管中循环流动,橡胶管用 10cm 橡塑海绵紧密包裹,减少冷却液与外界的热量交换,提高冷浴系统的效率。

测试原件及埋设

(1)测试原件

①温度巡检仪:试验采用 SWD-809 型自动打印十六路巡检控制仪对模型箱内温度连续监控,定时打印,并按要求进行温度校正,每两、三天更换一次记录纸带。

②精密热阻测温探头:测温探头是本次试验的关键设备,其灵敏度和稳定性关系到试验数据的真实性。热敏电阻的主要物理特性,就是其电阻值随其阻体温度的变化而发生显著变化。

对制成的测温探头首先进行严格的检验与温度标定,即可获得每一个测温探头的电阻 - 温度标定曲线。使用时,将测温探头埋设在待测体的某点,然后用标定时使用的同一精密数字万用表测定其电阻值,再从标定曲线上按所测电阻值转换(查或算)成对应的温度值,从而实现精密测温。

试验采用 WZP-011 型 Pt100 单支铂热电阻感应元件作为测温探头。测量范围: -200 ~ 220℃。温度分辨率:负温 0.005 ~ 0.01℃,正温 0.01 ~ 0.03℃。测量精度:0.05℃。传感器外部用不锈钢合金保护,防止锈蚀,可长期使用,传感器引出导线长 5m,如图 4-54 所示。

图 4-53　制冷铝板实物图

图 4-54　WZP-011 型 Pt100 单支铂热电阻感应元件

(2)测试原件埋设

①测温探头的横向布设。预制混凝土板时,在板的表面预留埋放测温元件的槽口,待混凝土板成型后将测温元件埋入预留的槽内。测温探头在各混凝土板表面中心处布设一个,防止边界效应对试验结果的影响。为减小误差,在中心线左边或右边再各布设一个测温探头,即每层共布设两个测温探头,测量结果取平均值作为该层的温度值。测温探头在混凝土板表面布置如图 4-55 所示。

实际工程中由于使用现场喷射、浇筑混凝土施工,故在围岩、初期支护、防水板和二次衬砌之间没有空气,彼此紧密相连,即各层之间的热量传递主要通过热传导来进行的。而试验中使用预制混凝土板,拼装时很难保证彼此间密实不留空隙,若直接拼装,则在各层间的热量传递将主要通过热对流来进行,由于热对流的效率远低于热传导,于是在各层之间形成“空气保温层”,阻止温度的传递。所以要在每层的表面密实地涂抹导热性能较好的凡士林,避免“空气保温层”的出现,使试验更接近实际情况,同时可以保护测温元件不受损坏,如图 4-56 所示。

图 4-55　测温探头表面布置图

图 4-56　混凝土板表面涂抹凡士林

②测温探头的纵向布设。寒区隧道保温层布设方式分为:保温材料布设在初期支护与二次衬砌之间,即保温层外置;保温材料布设在二次衬砌表面,即保温层内置两种情况。所以测温探头的布设也分为两种情况。本次试验对这两种情况均进行测试对比。两种情况的布设如图 4-57、图 4-58 所示。

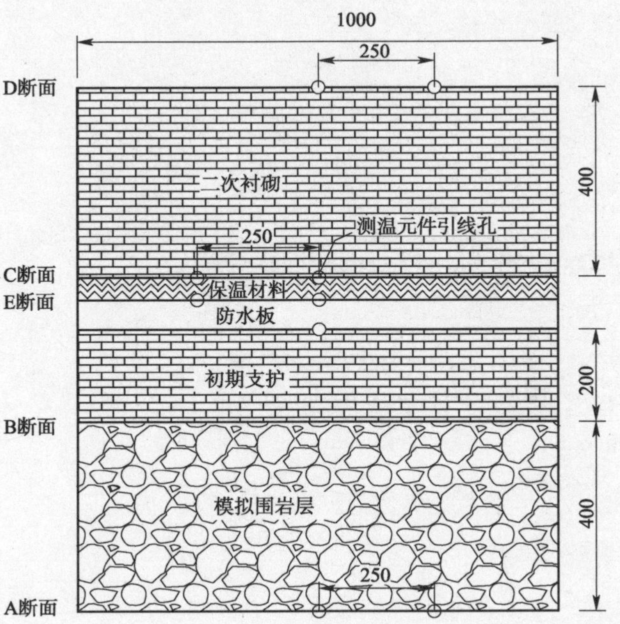

图 4-57　保温层外置(尺寸单位:cm)

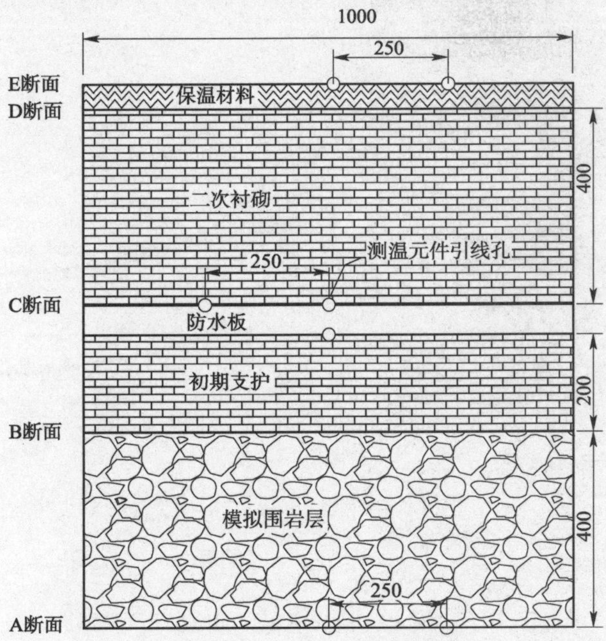

图 4-58　保温层内置(尺寸单位:cm)

综合考虑材料的常规物性、热力学性质、成本、使用的普遍性,参考其他已建或在建隧道保温层的材料使用情况。本次试验选用硬质聚氨酯板(PU)、聚酚醛(福利凯)板(FLOLIC FOAM)两种保温材料进行对比试验。两种材料分别选用的厚度尺寸及保温层的设防方式,见表4-12。

选用的厚度尺寸及设防方式　　表4-12

材料名称	选用厚度	保温层设防方式
聚酚醛(福利凯)板(FLOLIC FOAM)	4cm	内置
		外置
硬质聚氨酯板(PU)	5cm	内置

模型的工作过程:模拟初期支护、二次衬砌,围岩层的混凝土试件放置在温度调节箱内;顶面和底面铺设的铝板各自与一台HC-2010型低温恒温槽通过橡塑海绵包裹严密的橡胶管组成循环冷浴系统,采用乙二醇与水1:1的溶液作为冷冻液在冷浴系统中循环流动制冷;温度调节箱用10cm聚乙烯泡沫整体密封,减少外界温度变化对试件的影响,提高试验效率;各模拟层均埋设WZP-011型Pt100单支铂热电阻感应测温探头,导线引出后与SWD-809型自动打印十六路巡检控制仪连接,对整个试验过程进行监控,并记录数据。

试验总共分为以下3个部分进行:

a. 无保温层的低温模拟试验。

b. 内置5cm硬质聚氨酯板(PU)作为保温层的低温模拟试验。

c. 分别内置、外置4cm聚酚醛(福利凯)板(FLOLIC FOAM)作为保温层的低温模拟试验。

4.7.2 试验结果分析

4.7.2.1 模型径向温度分析

(1)无保温层情况

未铺设保温层时模型内温度变化情况如图4-59所示。当外界温度较低时,由二次衬砌至围岩,温度差值分布明显。随着外界温度的下降,衬砌及围岩模拟层内部温度也有着同样趋势的下降,随着径向深度的加深,温度降幅是逐渐减少的,即远离隧道断面,越向围岩深处的温度变化越小。模型内温度变化仅仅对一定范围内的模拟层温度产生影响,与“隧道冻融圈”理论相符。

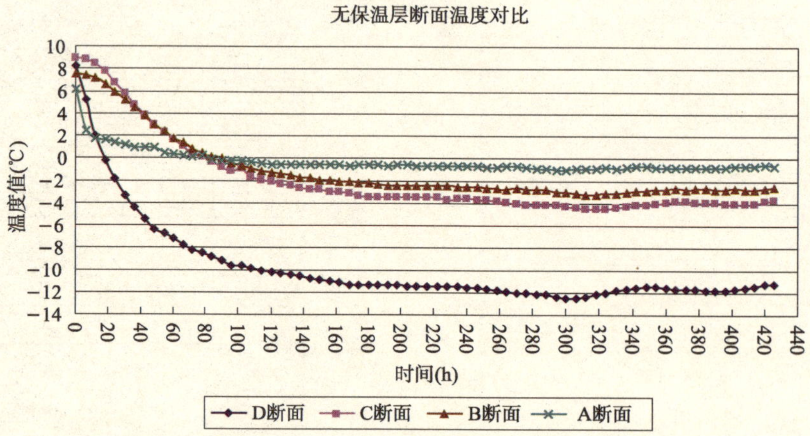

图4-59　无保温层断面温度对比

(2)聚酚醛(福利凯)板(FLOLIC FOAM)保温材料

模型在D断面与冷浴之间铺设4cm聚酚醛(福利凯)板(FLOLIC FOAM)保温材料作为保温层即内置保温层后模型内部温度变化情况如图4-60所示,保温层使围岩模拟层A断面、B断面和支护模拟层C断面、D断面温度达到了0℃以上起到了防止围岩冻胀的作用。

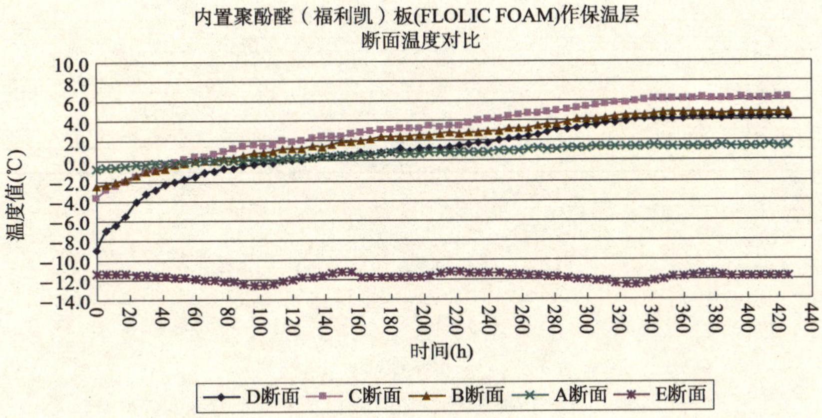

图4-60　聚酚醛（福利凯）板（FLOLIC FOAM）保温材料作保温层断面温度对比

4.7.2.2　模型断面温度分析

（1）A断面

A断面为围岩模拟层的底面，最靠近调温箱底部冷浴的断面，不同工况下温度变化曲线如图4-61所示。

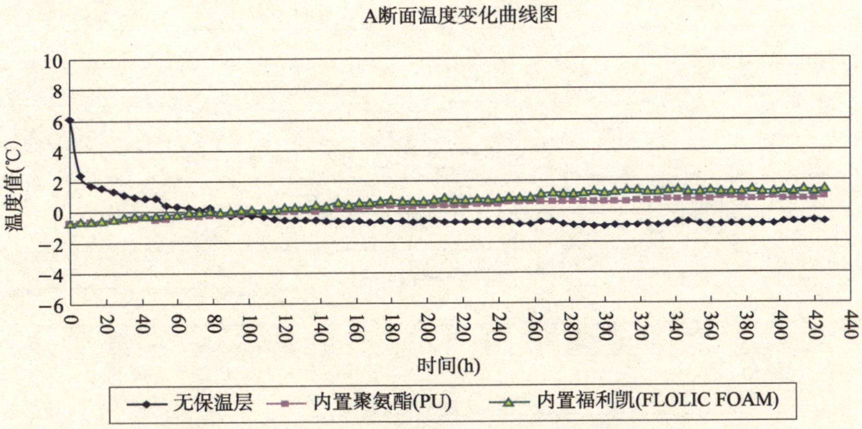

图4-61　A断面温度变化曲线图

在未设保温层时，A断面温度稳定在－1℃左右，并未稳定在底面冷浴所设定的4.5℃，除了冷浴的热传导效率原因，更主要的是由于顶面冷浴作为模型的低温区对其产生的影响，即当未设保温层时，外界温度降至一定时对混凝土及围岩的影响远大于围岩内自身温度的影响。加设聚氨酯（PU）后温度逐渐回升，温度值稳定在1℃左右，同上所述，这时真正对影响围岩内部温度的低温区温度场已经由铺设保温层前的隧道内温度场变为围岩内部的温度场，即围岩内部温度对表面围岩及混凝土温度起决定性作用。加设保温层后同期温度值对比，聚酚醛（福利凯）板（FLOLIC FOAM）效果要好于聚氨酯板（PU），同时也说明顶面冷浴作为模型的低温区是对其有影响的。

（2）B断面

B断面为模拟围岩层与初期支护之间的断面，是我们最关心的断面，他直接反映出围岩内部是否产生负温区。不同工况下温度变化曲线由图4-62所示。

在未设保温层时，B断面温度稳定在－3℃左右，主要还是顶面冷浴的低温对其产生的影响。加设聚氨酯板（PU）后温度回升明显，温度值稳定在3℃左右，提高了大约6℃，保温层在其中起了很重要的作用。加设保温层后同期温度值对比，聚酚醛（福利凯）板（FLOLIC FOAM）效果要好于聚氨酯板（PU），保温效果更明显，原因是B断面比A断面距离负温区更近。

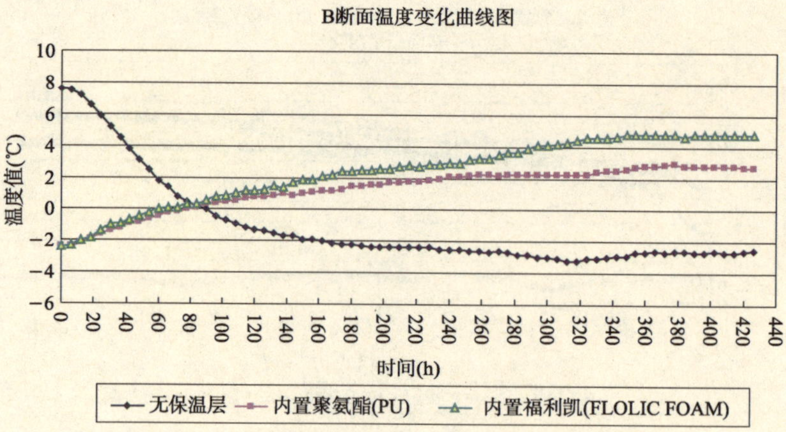

图 4-62　B 断面温度变化曲线图

(3)C 断面及 D 断面

C 断面及 D 断面分别为初期支护、二次衬砌之间断面和二次衬砌表层断面。不同工况下温度变化曲线由图 4-63、图 4-64 所示。

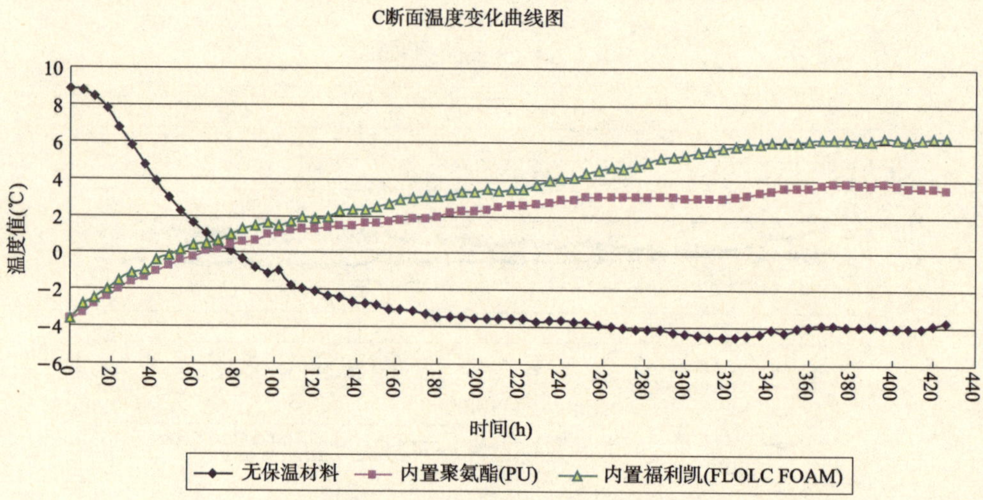

图 4-63　C 断面温度变化曲线图

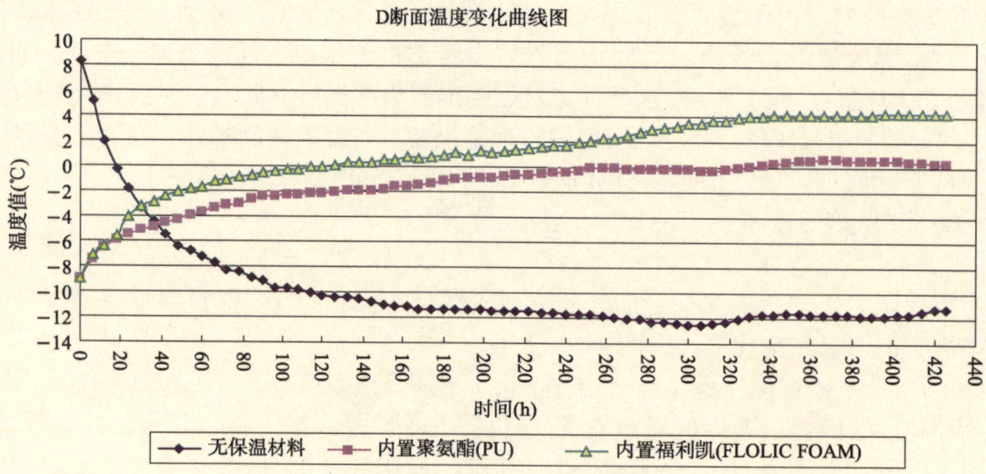

图 4-64　D 断面温度变化曲线图

C 断面及 D 断面两断面同样在加设保温材料前后的温度有明显变化，温度回升都比较明显，由此可见，越离负温区近的断面在保温层加设后保温效果越明显。

通过模型断面温度分析，将硬质聚氨酯板（PU）、聚酚醛（福利凯）板（FLOLIC FOAM）两种材料进行对比。通过试验得出结论：试验结束，取出两种保温材料观察强度更高的聚酚醛（福利凯）板（FLOLIC FOAM）比聚氨酯板（PU）受压变形小，几乎没有受损处，材料整体保持较完整，仍可继续使用。

4.7.3 试验结论

国内外研究者对于防冻保温层的计算方法归纳起来有解析计算法和有限元模拟法，尚未有关模型试验法的资料。依据相似理论，结合赛里木湖隧道实际工程概况，通过自制大型试验模型对赛里木湖隧道进行：无保温层的低温模拟试验；内置 4cm 厚的聚酚醛（福利凯）板（FLOLIC FOAM）作为保温层的低温模拟试验；内置、外置 5cm 厚的聚氨酯板（PU）作为保温层的低温模拟试验，通过 3 种工况下的室内模拟试验数据分析，得到如下结论：

（1）未铺设保温层时当外界温度较低，由二次衬砌至围岩，温度差值分布明显。随着外界温度的下降，衬砌及围岩模拟层内部温度也有着同样趋势的下降，随着径向深度的加深，温度降幅是逐渐减少的，即远离隧道断面，越向围岩深处的温度变化越小。模型内温度变化仅仅对一定范围内的模拟层温度产生影响，与“隧道冻融圈”理论相符合。

（2）大约在 90h 时，当外界温度下降至大约 －9℃ 时，不设保温层但拥有 40cm 二次衬砌和 20cm 初期支护条件下的模拟围岩层表面温度值达到 0℃，说明混凝土层可以起到一定的保温效果，但并不十分明显。随着时间的推移，外界温度不断下降，围岩内温度处于 0℃ 以下的时间影响范围将会不断扩大。外界温度过低时，单靠混凝土作为保温层是达不到围岩不发生冻胀即围岩内温度保持在 0℃ 以上的要求。

（3）对铺设保温层的围岩来说，真正影响围岩内部温度的低温区温度场已经由未铺设保温层时的隧道内温度场变为围岩内部的温度场，即围岩内部温度场对表层围岩温度值起决定性作用。由于地热及山体内自身能量，深处围岩不会受外界温度影响，常年保持在一定水平，根据不同地区而有所差异，一般会在 0℃ 以上，也就是说明当铺设适当材料及厚度的保温层后，围岩内温度将随围岩深处保持在 0℃ 以上。

4.8 赛里木湖隧道保温材料比选

4.8.1 综述

赛里木湖隧道处于高纬度、高海拔严寒地区，最大季节冻土深度 170cm，属强季节性冻土区，根据前述试验结论及设计阶段所做的《隧道防水排水及冻胀力对结构影响的研究》专题研究结论，本项目隧道须进行保温。

本项目实施之前，一般寒区隧道采用的保温材料为有机材料（如普遍采用的聚氨酯、聚酚醛等）。由于有机材料燃点低（一般是 B 级阻燃材料），一旦发生火灾，将释放出大量有毒气体，将会加重火灾危害，并形成二次灾害，为解决此问题，一般在保温材料表面覆设耐火材料（如玻璃钢防护等）。

由于隧道衬砌结构为拱形曲面（钢筋）混凝土结构，传统的钉挂保温板等型材的外层再钉挂钢丝网片、玻璃钢防护的工艺方式十分烦琐且造价较高，并且在衬砌表面进行大量密集的钻空打眼，既破坏了混凝土结构，又降低了隧道整体结构的强度和安全性。保温型材与衬砌表面粘不实，并存在大量的拼接缝隙，共同形成了分布广泛的热（冷）桥，使隧道岩体长年保持相对稳定的保温环境遭到破坏。岩体与衬砌结构内的热量通过隧道衬砌结构中的大量热桥迅速散失到寒冷的隧道空气中，并随着隧道送风系统不断排发隧道外，保温效果不好。

国内隧道保温工程也曾尝试选用聚氨酯等发泡喷涂保温方法，虽然消除了热桥，但隧道防火防燃问题又显得极为突出，因为聚氨酯等发泡喷涂材料属于 B 级阻燃材料，燃烧时发烟并释放有害气体，而非不燃性材料，更不具有任何耐火性能，20 世纪 80 年代就已被国际隧道工程设计规范列为严禁使用的不安全材料。

基于以上考虑，本项目在设计过程中提出了采用“无机、不燃、环保、保温”的保温材料选型标准，保温材料的导热系数可适当放宽，达到保温效果即可，原设计采用无机纤维喷涂作为保温层。

4.8.2 赛里木湖隧道保温材料比选

项目实施阶段，随着国家技术进步，以泡沫玻璃为代表的越来越多的保温材料应用于保温工程中，为此，无机纤维喷涂不是唯一的选择。

对保温材料的选择主要通过对性能、造价、施工等方面的综合对比。由于保温层在隧道内侧使用，其性能方面主要考虑其导热系数、耐火性能、环保性能、遇水后保温性能、化学稳定性、防水、防腐性能，另外结合造价和现场使用安装方便等综合考虑。

按照材料属性，保温材料可分为无机绝热材料（无机纤维喷涂、膨胀珍珠岩、膨胀蛭石、泡沫石棉、微孔硅酸钙等）和有机绝热材料[PE 聚氨酯、EPS 聚苯乙烯、福利凯（FLOLIC FOAM）、聚氯乙烯、聚乙烯等泡沫塑料等]；按照保温材料施工工艺，保温材料可分为板材和现场发泡或喷涂两种施工工艺。

通过表 4-13 进行分析对比：

（1）有机材料的防火性能相对较差，一旦遇火，会迅速燃烧，破坏整个工程体系，同时，还会释放有毒害气体，降低环境中人员逃生机会，一旦发生大火，扑灭的难度也会加大。

（2）传统的钉挂聚苯乙烯、聚氨酯等有机保温板型材的外层再钉挂钢丝网片、玻璃钢防护的工艺方式十分烦琐，并且在衬砌表面进行大量密集的钻空打眼，既破坏了混凝土结构，又降低了隧道整体结构的强度和安全性。

（3）采用有机材料现场发泡，施工过程存在毒性，对生产工人的人身健康不利，同时，项目区温度较低，存在加热问题，且质量不易保证。

保温材料性能比较表 表 4-13

材料种类	聚苯乙烯型材	聚氨酯型材	无机纤维喷涂	泡沫玻璃型材
导热系数（W/m·K）	0.0343	0.0263	0.038	0.052
抗冻融能力	较好	好	较好	好
防火安全性	B 级遇火燃烧	B 级阻燃	A 级不燃	A 级不燃
价格（询价）	略低，但易燃	180	180	185
施工工艺	钉挂、复杂	钉挂、复杂	喷涂、方便	粘贴、方便
遇水后保温性能	有所降低	有所降低	降低较大	基本保持
吸水率（V/V）（%）	<4	<4	普遍大于 10 以上	<0.2
后期维护	表面设保护板，易于维护	表面设保护板，易于维护	表面贴玻纤布，维护稍麻烦	防水砂浆抹面，易于维护
对二衬结构的影响	挂设，有破坏性	挂设，有破坏性	粘贴，无破坏性	粘贴，无破坏性
燃烧后有无毒气产生	有	有	无	无

（4）无机保温材料：无机纤维喷涂及泡沫玻璃从材料和施工工艺上克服了传统型材在隧道结构防冻保温的缺陷，同时，无机产品属于不燃性材料，达到建筑 A 级防火性能无毒环保。

①无机纤维喷涂：无机纤维喷涂保温防冻层与衬砌结构由地面至拱腹形成整体密闭，无任何接缝的整体，彻底阻断了因分层、接缝和吊挂件产生的大量热桥，大幅度提高了隧道结构的整体保温性能。其缺点：人工喷涂，厚度不易保证，均匀性较差；遇水后保温性能降低较大；无机纤维喷涂材料的后期维护及衬砌表面清理难度较大。

②泡沫玻璃：是采用防水砂浆作为基面黏结剂，而后粘贴泡沫玻璃型材，并最终于其表面再涂抹一层防水砂浆 + 网格布 + 一层防水砂浆（防水砂浆厚度控制在 5mm 左右），与衬砌表面紧密贴合，黏结牢固，不需要任何铆固和吊挂体，不会损伤隧道衬砌结构表面。泡沫玻璃型材之间有接缝，但通过涂抹防水砂浆，形成了整体，彻底阻断了因分层、接缝和吊挂件产生的大量热桥，大幅度提高了隧道结构的整体保温性能。

本项目在设计阶段即对保温材料进行了大范围的比选，并提出“无机、不燃、环保”的要求，考虑是无机材料，技术指标略微放低，设计阶段采用的是满足此要求的无机纤维喷涂。实施阶段，自治区交通厅、建设局对此极为重视，先后多次组织技术人员进行考察，经现场施工工艺、保温效果测试、景观、经济性等比较，本项目隧道保温材料采用泡沫玻璃，泡沫玻璃为无机、A 级不燃、环保、保温产品，无论从环保角度还是从防火、救灾、防毒害方面，泡沫玻璃作为隧道保温材料为国内外首次采用，经运营阶段温度测试，满足保温要求。

图 4-65　粘贴铺设方式

本项目保温层施工采用对主体混凝土结构无损伤的粘贴铺设方式（见图 4-65），基本避免了因接缝而存在冷桥及热桥效应，尽管其导热系数较有机材料略高，但其总体保温效果较好，同时，减少了因打设锚固装置而对衬砌结构的损伤，对结构受力及耐久性均优于普通拼接钉挂锚固工艺。该施工工艺是国内首次应用于隧道保温层铺设中。

5 高寒山区长大纵坡桥梁桥面铺装建设关键技术

5.1 长大纵坡桥梁桥面铺装受力特性分析及结构设计方法

调研了国内外部分混凝土桥面铺装层和钢桥面铺装层的使用状况，通过有限元分析软件从两种不同桥型的力学机理分析入手，对不同结构因素及荷载因素条件下的铺装层受力状态进行分析及分类研究，提出两种桥型铺装层的设计控制指标和标准，为实际工程提供理论参考。

5.1.1 桥面铺装模型的建立与临界荷位的确定

5.1.1.1 桥面铺装模型的建立

(1)钢桁架混凝土桥面铺装模型的建立

从结构上看，钢桁架桥的杆件由型钢和钢板组成，截面一般有槽形、工字形和箱形，常用铆接或焊接成型。铆接杆件以型钢和整板为主；焊接杆件绝大部分用钢板。有混凝土板的组合梁桥面系，如图 5-1 所示。

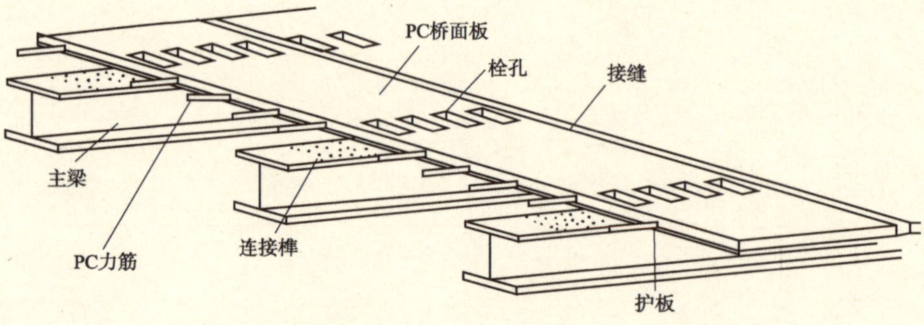

图 5-1 有混凝土板的组合梁桥面系

有混凝土板的组合梁桥面，属于正交异性板。

采用有限元数值模拟的方法，以果子沟特大桥的标准段为基本模型，模型长度取为两根斜拉索间距 $S=12\text{m}$。为了便于建立模型，在横桥向以中央分隔带为基准，取桥面一半的宽度建立模型，宽度 $L=12\text{m}$。

(2)混凝土箱梁桥面铺装模型的建立

采用等高度预应力混凝土结构，单箱单室斜腹板截面尺寸：计算跨径 $L=40\text{m}$，桥面净宽为净 $-10.75+2\times0.5\text{m}$，调平层采用 C40 混凝土浇筑，主梁采用 C50 混凝土浇筑预制。具体的断面图如图 5-2 所示。

为了方便分析,该项目对桥长的计算进行了简化。采用 8 节点等参实体单元,经过计算精度的分析,认为在荷载作用区域采用的网格划分密度为 2cm×2cm 的单元大小是能够满足计算需要,同时又能保证一定的计算效率。箱形梁桥有限元模型,如图 5-3 所示。

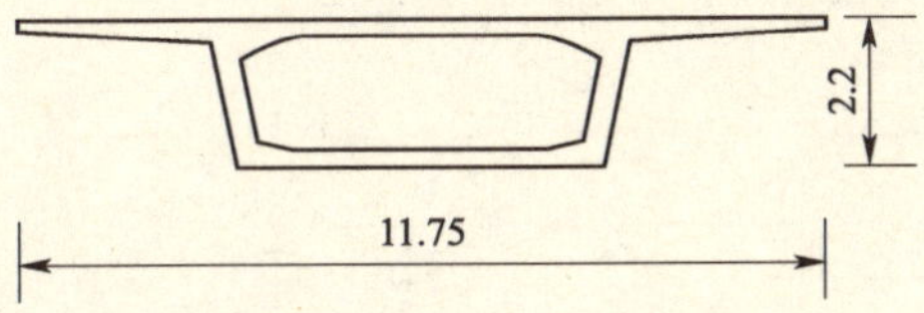

图 5-2 混凝土箱梁横截面图(尺寸单位:m)

图 5-3 箱形梁桥有限元模型

(3)铺装层结构及材料参数

沥青混凝土的弹性模量,按照《公路沥青路面设计规范》(JTG D50—2006)对各种级配的沥青混凝土抗压回弹模量的规定取值,见表 5-1。

沥青混合料设计参数 表 5-1

材料名称	抗压模量 E_1(MPa)		泊松比
	20℃	15℃	
细粒式密级配沥青混凝土	1200~1600	1800~2200	0.25
中粒式密级配沥青混凝土	1000~1400	1600~2000	
粗粒式密级配沥青混凝土	800~1200	1200~1600	

而对于水泥混凝土桥面板和现浇混凝土调平层的弹性模量,参照《公路钢筋混凝土及预应力混凝土桥涵设计规范》(JTG D62—2004)取值。铺装层结构各层材料参数见表 5-2。此外,对钢桁架桥,纵梁钢模量为 210GPa,泊松比为 0.31。

铺装层结构及材料参数 表 5-2

铺装层结构	模量(MPa)	泊松比
上面层	2000	0.35
下面层	1600	0.35
水泥混凝土调平层	36000	0.17
水泥混凝土箱梁	36000	0.17

5.1.1.2 计算荷载

采用桥梁设计荷载为计算荷载,设计荷载为公路—I 级[见《公路桥涵设计通用规范》(JTG D60—2004)]。根据已有文献成果,铺装层的最不利位置发生在轮胎轮迹附近,因此为了简化计算采用的计算荷载见图 5-4、图 5-5 及图 5-6,算得接地压力为 0.8MPa。

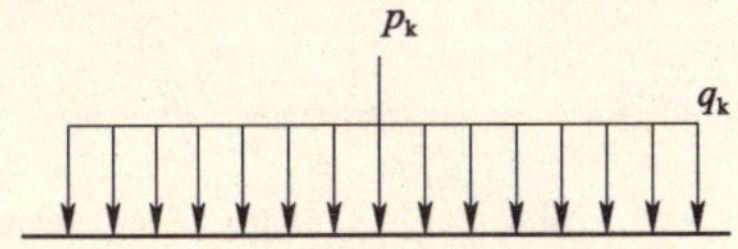

图 5-4 车道荷载示意图

5.1.1.3 计算工况布置

钢桁架桥混凝土桥面铺装和混凝土箱梁桥面铺装的计算工况,如图 5-7、图 5-8 所示。

5.1.1.4 分析指标

根据桥面铺装的破坏类型提出的主要分析指标为:

(1)铺装层中最大剪应力,控制发生高温失稳产生的损害。

(2)柔性铺装层与混凝土板间的最大层间剪应力，控制层间滑移。

(3)桥面铺装表面最大拉应力或拉应变指标，控制疲劳开裂。

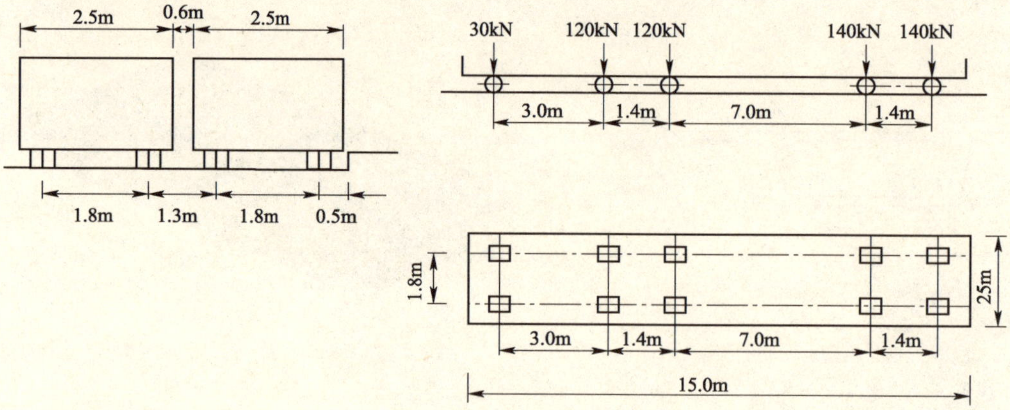

图 5-5　公路—I 级标准车辆纵、平面布置

5.1.2　临界荷位的确定

(1)钢桁架桥桥面铺装最不利工况的分析

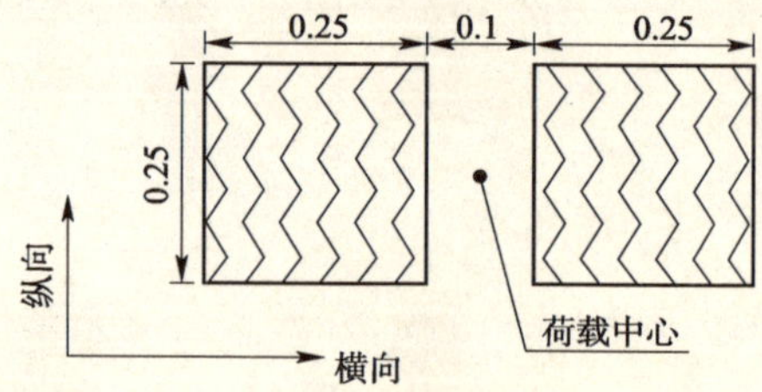

图 5-6　等效双轮均布荷载平面图（尺寸单位：m）

分别计算各工况下铺装层结构的荷载影响最大值，如表 5-3 所示。由结果可知，工况 5 位置处的拉应力普遍大于其他工况，因此选择工况 5 作为计算层顶最大拉应力或拉应变的工况。

经过计算，发现在沥青层底 *XY* 方向（水平横桥向）的剪应力普遍大于其他方向，因此以 *XY* 方向剪应力为主要考察指标。工况 1、2 的层间剪应力略大于其他工况，而在纵梁 2 和纵梁 3 之间的层间剪应力基本相等，因此剪应力的不利区域在纵梁 2 与纵梁 3 之间，综合考虑后，采用工况 1 作为分析层间剪应力的分析荷位。

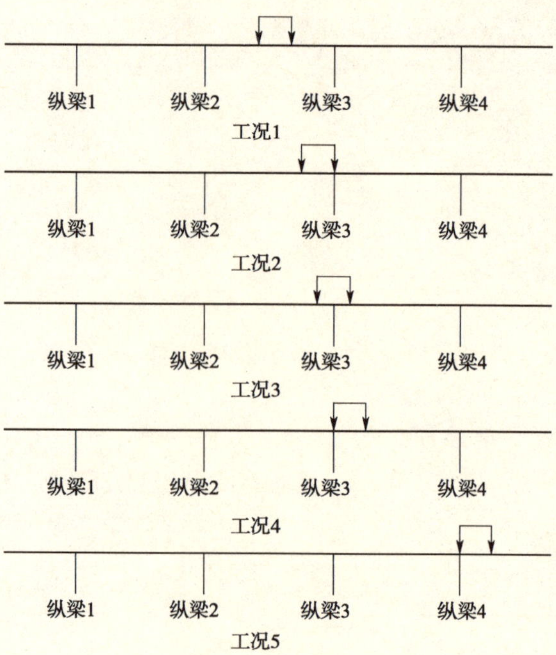

图 5-7　横桥向工况布置

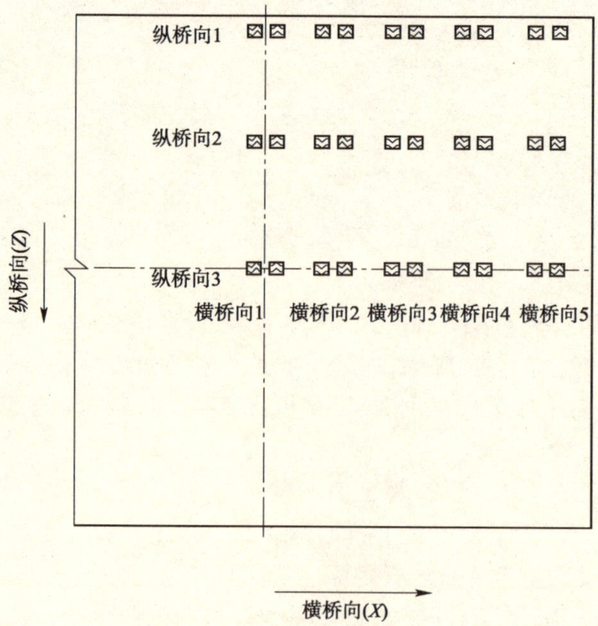

图 5-8　桥面计算工况的布置

对于铺装层内部的最大剪应力，5 种工况的结果十分相近，最大值出现在工况 2 处，综合考虑后，采用工况 2 作为分析铺装层内剪应力的分析荷位。

不同工况下最大荷载影响值　　表 5-3

最大荷载影响值	计算工况				
	1	2	3	4	5
沥青层顶面最大拉应力（MPa）	0.05	0.08	0.10	0.08	0.11
沥青层顶面最大拉应变（$\mu\varepsilon$）	24.52	35.60	44.69	33.93	51.39
层间剪应力（XY 向）（MPa）	0.14	0.14	0.11	0.11	0.11
层内剪应力（MPa）	0.276	0.287	0.273	0.284	0.284

（2）混凝土箱梁桥面铺装最不利工况的分析

①仅考虑竖向荷载的临界荷位

根据以上荷载位置及材料参数，对各种荷载位置，分别计算分析了沥青层与混凝土层之间层间最大剪应力、路表最大拉应力以及铺装层内最大剪应力。计算结果汇总于图 5-9 ~ 图 5-13。

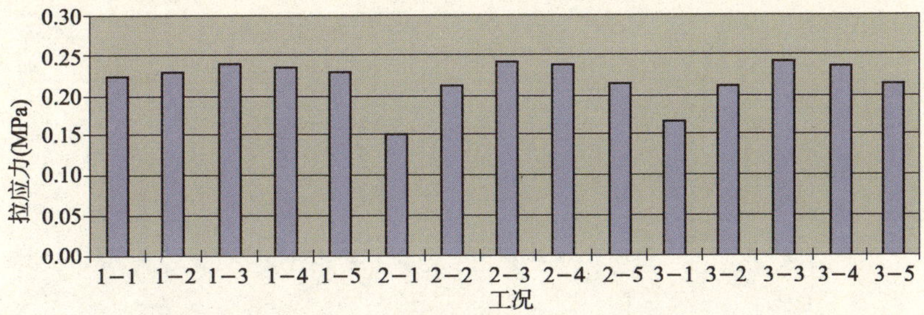

图 5-9　铺装层顶横桥向（X 方向）最大拉应力

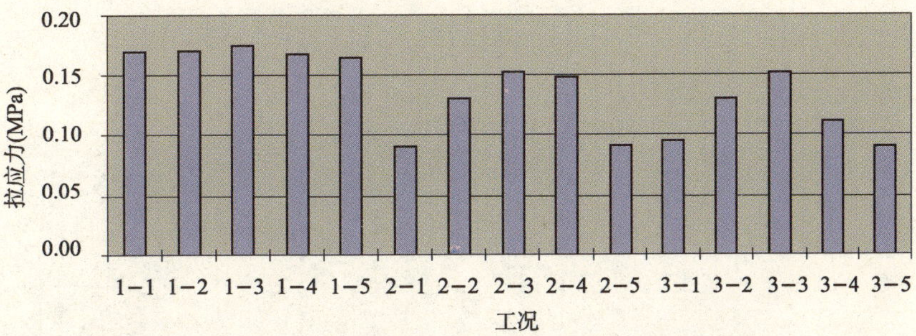

图 5-10　铺装层顶纵桥向（Z 方向）最大拉应力

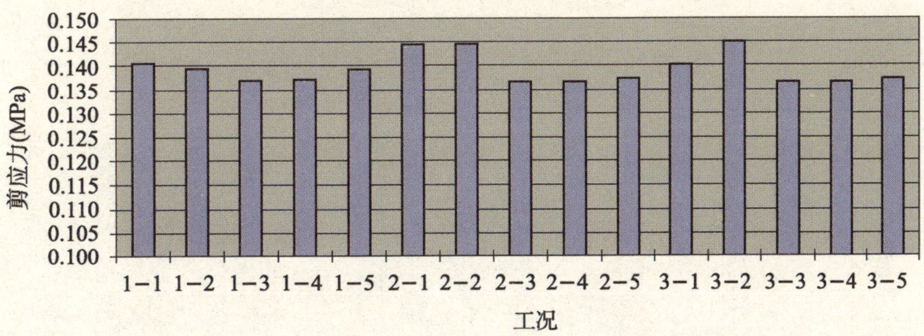

图 5-11　铺装层底（XY 方向）最大剪应力

通过对比，确定各计算指标的临界荷位为：层顶最大拉应力临界荷位为 1-3，层底剪应力临界荷位为 3-2，铺装层内剪应力临界荷位为 1-3。

②考虑水平荷载的临界荷位分析

在竖向荷载的基础上，施加水平力，水平力系数为 0.4。计算分析了沥青层与混凝土层之间层间最大剪应力、路表最大拉应力以及铺装层内最大剪应力，结果见图 5-14 ~ 图 5-17。通过对比，确定各计算指标的临界荷位为：层顶最大拉应力临界荷位为 1-5，层底剪应力临界荷位为 3-2，铺装层内剪应力临界荷位为 1-3。

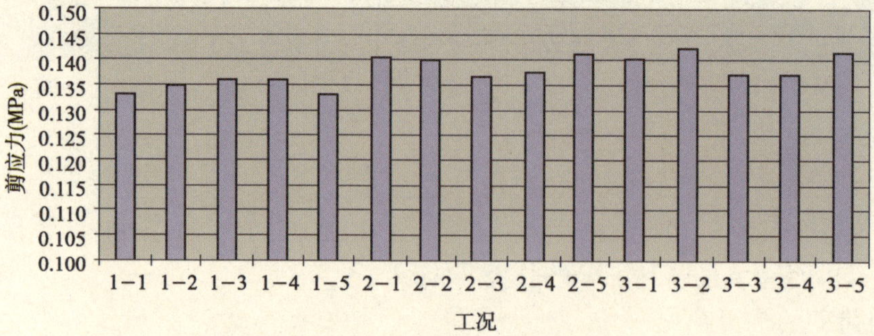

图 5-12　铺装层底（*YZ* 方向）最大剪应力

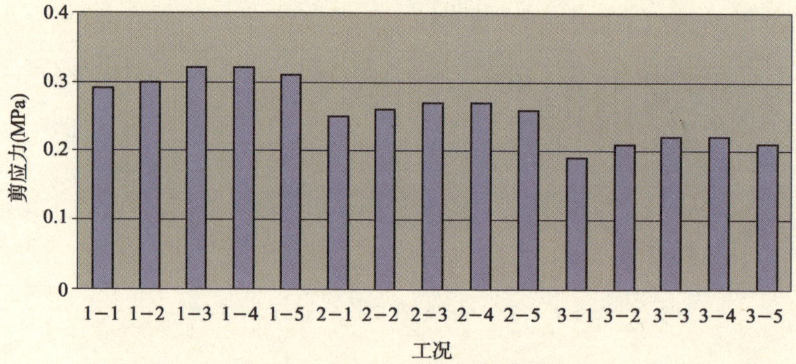

图 5-13　铺装层内最大剪应力

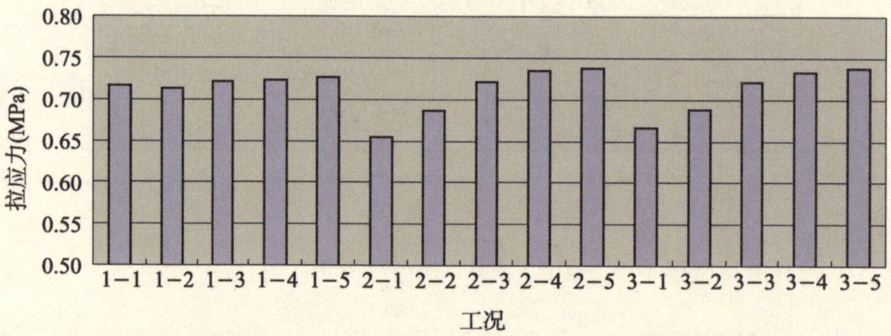

图 5-14　铺装层顶横桥向（*X* 方向）最大拉应力

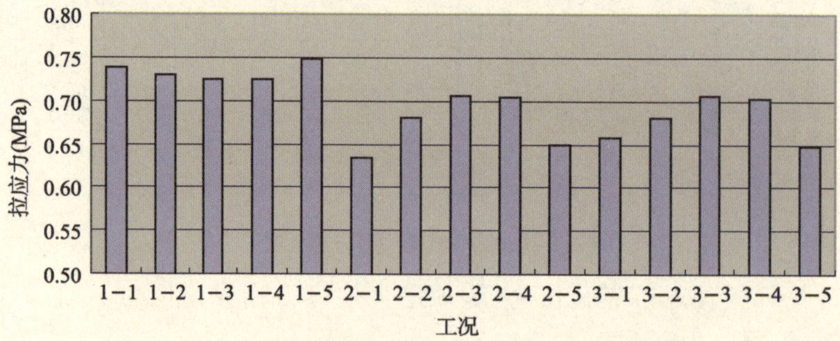

图 5-15　铺装层顶横桥向（*Z* 方向）最大拉应力

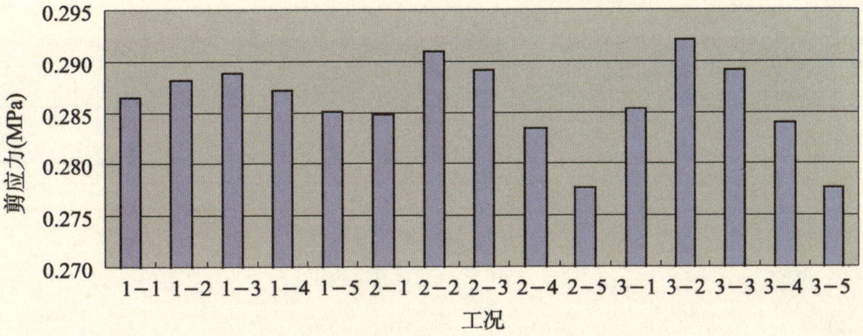

图 5-16 铺装层底(*XY* 方向)最大剪应力

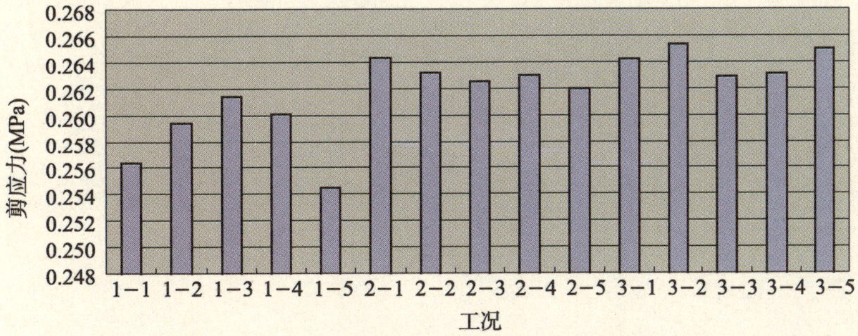

图 5-17 铺装层底(*YZ* 方向)最大剪应力

5.1.3 不同条件下混凝土桥面柔性铺装力学特性分析

根据各种考察指标的不利工况位置,重点考察各种不同条件下,桥面柔性铺装层的受力特点。主要包括:桥面铺装结构参数、桥面板挠度、桥梁纵坡、桥面平整度、温度与行车速度及车辆荷载变化对桥面柔性铺装力学特性的影响。

5.1.3.1 铺装参数对铺装层力学特性的影响

(1)钢桁架桥面铺装

采用工况1、工况5和工况2研究不同铺装层厚度和模量对沥青层顶面最大拉应力、沥青层与水泥混凝土板层间最大剪应力以及铺装层内最大剪应力的影响,计算层间最大剪应力和沥青层顶最大拉应力(变)。计算结果如表5-4所示。

可以看出,仅考虑竖向荷载条件下,层间最大剪应力随着沥青层模量的增加而增加。当沥青层厚度小于8cm时,层间剪应力随厚度的增加而增加;当厚度为8cm时达到峰值,然后层间剪应力随厚度的增加而减小。

铺装层厚度与模量对沥青层顶最大拉应力和层间最大剪应力影响　　表5-4

厚度(cm)	模量(MPa)	工况1	工况5		工况2
		层间剪应力(MPa)	沥青层顶拉应力(MPa)	沥青层顶拉应变(με)	铺装层内最大剪应力(MPa)
4	1200	0.156	0.01875	46.521	0.291
	1400	0.157	0.01880	40.594	0.293
	1600	0.158	0.02050	36.145	0.295
	1800	0.159	0.02303	32.682	0.296
	2000	0.160	0.02555	29.910	0.297
	2200	0.161	0.02807	27.640	0.298

续上表

厚度（cm）	模量（MPa）	工况1	工况5		工况2
		层间剪应力（MPa）	沥青层顶拉应力（MPa）	沥青层顶拉应变（με）	铺装层内最大剪应力（MPa）
6	1200	0.167	0.03493	41.174	0.288
	1400	0.168	0.03574	35.102	0.289
	1600	0.169	0.03653	30.547	0.291
	1800	0.170	0.03732	27.003	0.292
	2000	0.171	0.03809	25.005	0.293
	2200	0.173	0.03886	23.764	0.295
8	1200	0.169	0.06765	56.757	0.285
	1400	0.169	0.06819	50.287	0.287
	1600	0.171	0.06872	45.422	0.288
	1800	0.173	0.06923	41.628	0.290
	2000	0.174	0.06974	38.583	0.291
	2200	0.175	0.07023	36.084	0.292
10	1200	0.165	0.09213	75.385	0.283
	1400	0.167	0.09242	66.174	0.284
	1600	0.168	0.09270	59.251	0.285
	1800	0.168	0.09297	53.853	0.287
	2000	0.171	0.09321	49.522	0.288
	2200	0.172	0.09345	45.968	0.290
12	1200	0.158	0.13121	10.318	0.280
	1400	0.160	0.12767	88.057	0.282
	1600	0.161	0.12417	76.717	0.283
	1800	0.162	0.12069	67.900	0.284
	2000	0.164	0.11724	60.849	0.286
	2200	0.165	0.11381	55.082	0.287

铺装层内最大剪应力所处竖向路径的剪应力分布基本不随着铺装层模量的变化而变化，而层内最大剪应力随着模量的增大而增大，随着铺装层厚度的增加而减小，但变化不明显。

沥青层顶最大拉应力对沥青层模量的变化并不是十分敏感。层顶最大拉应力的变化基本处于同一水平。层顶最大拉应变随着铺装层模量的增加逐渐减小。

（2）混凝土箱梁桥面铺装

采用工况3-2和工况1-3研究铺装层厚度和模量混凝土箱梁桥面铺装力学特性的影响，分别计算仅考虑竖向荷载条件下，沥青层顶最大拉应力和层内最大剪应力。计算结果如表5-5所示。

铺装层厚度与模量对沥青层顶最大拉应力、层内最大剪应力影响 表5-5

厚度（cm）	模量（MPa）	计算荷位3-2（MPa）	计算荷位1-3（MPa，层顶最大拉应力）	计算荷位1-3（MPa，层内最大剪应力）
6	1600	0.143	0.101	0.326
	1800	0.144	0.102	0.327
	2000	0.146	0.102	0.328
	2200	0.147	0.103	0.330

续上表

厚度(cm)	模量(MPa)	计算荷位 3-2(MPa)	计算荷位 1-3(MPa,层顶最大拉应力)	计算荷位 1-3(MPa,层内最大剪应力)
8	1600	0.146	0.157	0.321
	1800	0.148	0.158	0.322
	2000	0.150	0.158	0.324
	2200	0.151	0.159	0.325
10	1600	0.145	0.204	0.316
	1800	0.147	0.204	0.317
	2000	0.148	0.204	0.318
	2200	0.150	0.205	0.319
12	1600	0.140	0.238	0.314
	1800	0.142	0.238	0.315
	2000	0.148	0.237	0.317
	2200	0.145	0.237	0.318

仅考虑竖向荷载条件下,层间最大剪应力随着沥青层模量的增加而增加。当沥青层厚度小于 9cm 时,层间剪应力随厚度的增加而增加;当厚度为 9cm 时达到峰值,然后层间剪应力随厚度的增加而减小。

沥青层顶最大拉应力对沥青层模量的变化并不是十分敏感。层顶最大拉应力的变化基本处于同一水平。层顶最大拉应力随厚度的增加而增加。

5.1.3.2 坡度对铺装层力学特性的影响

(1)钢桁架桥

将计算结果汇总于表 5-6 ~ 表 5-9。从结果可知,对于钢桁架桥,层顶拉应力随着坡度的增加,增加幅度较大,因此在车辆匀速运动的状态下,在坡道处桥面铺装发生表面开裂的风险要大于层间滑移。

匝道坡度换算表 表 5-6

坡度(%)	竖向荷载(MPa)	水平荷载(MPa)	坡度(%)	竖向荷载(MPa)	水平荷载(MPa)
0	0.8	0	4	0.796802	0.04015
2	0.79984	0.015997	6	0.795247	0.057863

坡度对沥青层底最大剪应力影响 表 5-7

坡度(%)	铺装层厚度(cm)	工况 1	
		层底最大剪应力(MPa,*XY* 方向)	层底最大剪应力(MPa,*YZ* 方向)
0	8	0.171	0.169
	10	0.168	0.165
	12	0.161	0.158
2	8	0.171	0.178
	10	0.168	0.174
	12	0.160	0.165
4	8	0.171	0.186
	10	0.168	0.182
	12	0.160	0.172
6	8	0.168	0.196
	10	0.164	0.190
	12	0.156	0.179

坡度对沥青层顶最大拉应力影响 表 5-8

坡度(%)	铺装层厚度(cm)	工况 5	
		沥青层顶最大拉应力(MPa,*X* 方向)	沥青层顶最大拉应力(MPa,*Z* 方向)
0	8	0.068	0.062
	10	0.093	0.087
	12	0.124	0.116
2	8	0.068	0.073
	10	0.093	0.098
	12	0.124	0.126
4	8	0.067	0.085
	10	0.091	0.109
	12	0.121	0.137
6	8	0.065	0.096
	10	0.088	0.121
	12	0.118	0.149

坡度对沥青层内最大剪应力影响 表 5-9

坡度 (%)	铺装层厚度 (cm)	工况 2 (MPa)	坡度 (%)	铺装层厚度 (cm)	工况 2 (MPa)
0	8	0.288	4	8	0.294
	10	0.285		10	0.291
	12	0.283		12	0.289
2	8	0.291	6	8	0.296
	10	0.288		10	0.293
	12	0.286		12	0.291

(2)混凝土箱梁

将计算结果汇总于表 5-10 ~ 表 5-12。由结果可知,对于混凝土箱梁桥,层顶拉应力随着坡度的增加,增加幅度较大。因此,在车辆匀速运动的状态下,在坡道处桥面铺装发生表面开裂的风险要大于层间滑移。

坡度对沥青层底最大剪应力影响 表 5-10

坡度 (%)	铺装层厚度 (cm)	计算荷位 3-2	
		层底最大剪应力 (MPa,XY 方向)	层底最大剪应力 (MPa,YZ 方向)
0	8	0.148	0.145
	10	0.147	0.142
	12	0.142	0.136
2	8	0.148	0.152
	10	0.147	0.148
	12	0.130	0.135
4	8	0.148	0.158
	10	0.147	0.154
	12	0.142	0.146
6	8	0.144	0.162
	10	0.143	0.156
	12	0.138	0.148

坡度对沥青层顶最大拉应力影响 表 5-11

坡度 (%)	铺装层厚度 (cm)	计算荷位 1-3	
		沥青层顶最大拉应力 (MPa,X 方向)	沥青层顶最大拉应力 (MPa,Z 方向)
0	8	0.158	0.124
	10	0.204	0.146
	12	0.238	0.160
2	8	0.158	0.139
	10	0.204	0.162
	12	0.238	0.177
4	8	0.158	0.154
	10	0.204	0.178
	12	0.237	0.194
6	8	0.155	0.167
	10	0.199	0.191
	12	0.232	0.207

坡度对沥青层内最大剪应力影响 表 5-12

坡度 (%)	铺装层厚度 (cm)	计算荷位 1-3 (MPa)	坡度 (%)	铺装层厚度 (cm)	计算荷位 1-3 (MPa)
0	8	0.318	4	8	0.324
	10	0.314		10	0.318
	12	0.310		12	0.314
2	8	0.321	6	8	0.326
	10	0.316		10	0.320
	12	0.312		12	0.316

5.1.3.3 桥面平整度对铺装层力学特性的影响

分别采用如图 5-18、图 5-19 所示的正弦、三角形波形荷载来模拟实际的车辆荷载,在计算中,统一将荷载作用时间设定为 0.1s,其中有限元加载的时间-荷载历程为:初始时间(0s)不受荷载,后瞬间

(0.001s)加载至0.8MPa,并在0.05s是外界荷载增加至0.9MPa,然后卸载,到整个历程结束时(0.1s)荷载为0.8MPa。分别分析两种不同加载波形对铺装层结构影响的变化。

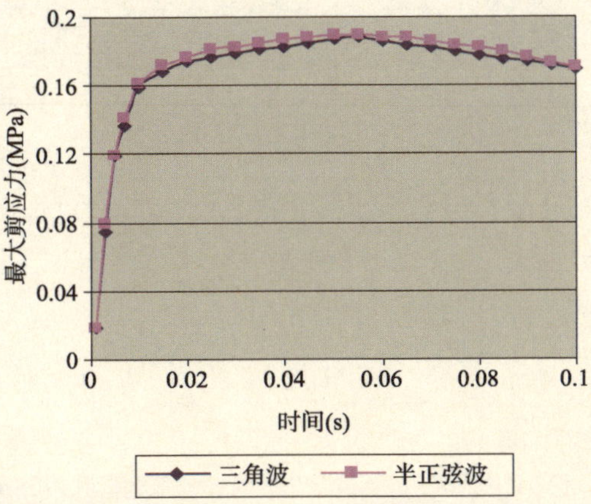

图5-18 不同荷载输入波形铺装层间最大剪应力时间历程变化

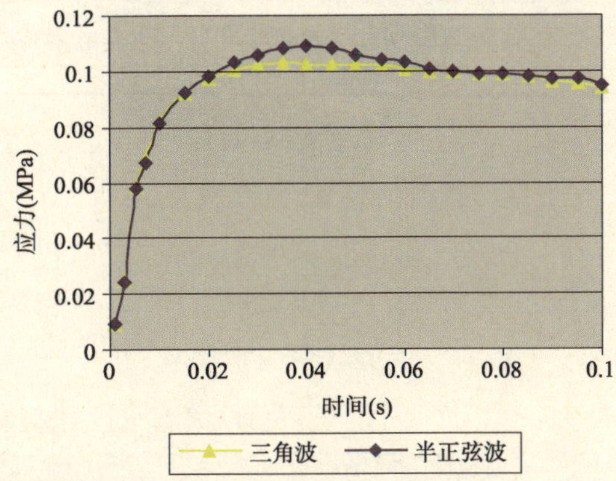

图5-19 不同荷载输入波形铺装层顶面最大拉应力时间历程变化

(1)钢桁架桥

计算结果如图5-20、图5-21所示。由结果可知,在动态加载卸载过程中,铺装层层间最大剪应力随时处于波动状态。与静态荷载相比,增加了约20%(静态荷载0.8MPa时最大剪应力0.14MPa,动态荷载0.8MPa时0.17MPa)。不同的荷载波形对铺装层顶面拉应力(变)的有一定影响。两种波形拉应力(变)最大峰值之比为1.07。变化为7%。桥面铺装层内最大剪应力变化情况的变化特征与层间剪应力类似,与静态荷载相比,增加了约14%。

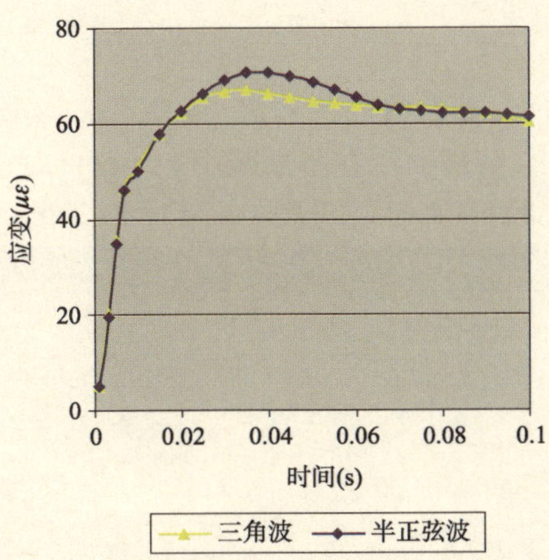

图5-20 不同荷载输入波形铺装层顶面最大拉应变时间历程变化

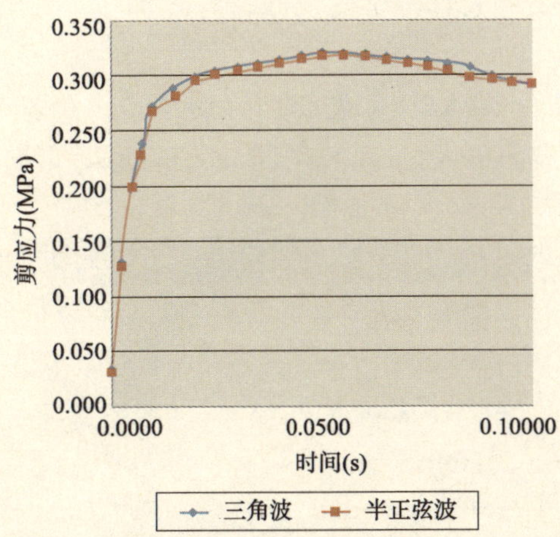

图5-21 不同荷载输入波形铺装层内最大剪应力时间历程变化

(2)混凝土箱梁

计算的变化基本规律与钢桁架桥相同。

5.1.3.4 温度与行车速度对铺装层力学特性的影响

(1)行车速度对桥面铺装层力学特征的影响

采用工况5分析温度与行车速度对铺装层顶最大拉应力(变)的影响;工况1分析温度与行车速度对铺装层间最大剪应力(变)的影响。由于层内最大剪应力随着模量的变化影响极小,在此则不做计算,所有计算成果分列于表5-13和表5-14。

随着温度的升高,铺装层表面最大拉应变、铺装层层间最大剪应变也变大。当温度为60℃时,不同车速条件下的应变响应量均达到最大。

温度与车速对层顶面拉应力(变)的影响(工况5)　表5-13

温度(℃)	指标	车速(km/h)		
		80	60	40
20	层顶面拉应力(MPa)	0.52	0.50	0.48
	层顶面拉应变(με)	31.5	31.7	32.2
40	层顶面拉应力(MPa)	0.16	0.15	0.14
	层顶面拉应变(με)	38.6	40.6	44.1
60	层顶面拉应力(MPa)	0.17	0.18	0.19
	层顶面拉应变(με)	186.2	214.6	230.5

温度与车速对层间剪应力(变)的影响(工况1)　表5-14

温度(℃)	指标	车速(km/h)		
		80	60	40
20	层间剪应力(MPa)	0.22	0.22	0.22
	层间剪应变(με)	50.9	53.2	56.8
40	层间剪应力(MPa)	0.17	0.17	0.17
	层间剪应变(με)	170.9	182.1	200.5
60	层间剪应力(MPa)	0.16	0.16	0.15
	层间剪应变(με)	787.9	895.8	956.4

(2)不同温度对桥面铺装力学特性的影响

①钢桁架桥

力学响应计算结果,见表5-15~表5-17。由结果可知,随着温度的升高,铺装层表面最大拉应变变大,而铺装层表面最大拉应力、层间最大剪应力和层内最大剪应力都在不断减小。

温度对层顶面拉应力(变)的影响(工况5)　表5-15

温度(℃)	指标	计算值
20	层顶面拉应力(MPa)	0.092
	层顶面拉应变(με)	65.3
40	层顶面拉应力(MPa)	0.090
	层顶面拉应变(με)	162.6
60	层顶面拉应力(MPa)	0.089
	层顶面拉应变(με)	394.3

温度与车速对层间剪应力(变)的影响(工况1)　表5-16

温度(℃)	指标	计算值
20	层间剪应力(MPa)	0.167
40	层间剪应力(MPa)	0.164
60	层间剪应力(MPa)	0.162

②混凝土箱梁桥

力学响应计算结果见表5-18~表5-20。由结果可知,随着温度的升高,铺装层表面最大拉应力、层间最大剪应力和层内最大剪应力都在不断减小。

温度对层内剪应力(变)的影响(工况2)　表5-17

温度(℃)	指标	计算值
20	层内剪应力(MPa)	0.283
40	层内剪应力(MPa)	0.281
60	层内剪应力(MPa)	0.279

温度对层顶面拉应力(变)的影响(工况5)　表5-18

温度(℃)	指标	计算值
20	层顶面拉应力(MPa)	0.204
40	层顶面拉应力(MPa)	0.203
60	层顶面拉应力(MPa)	0.200

温度与车速对层间剪应力(变)的影响（工况 1）　表 5-19

温度(℃)	指　标	计算值
20	层间剪应力(MPa)	0.145
40	层间剪应力(MPa)	0.138
60	层间剪应力(MPa)	0.135

温度对层内剪应力(变)的影响（工况 2）　表 5-20

温度(℃)	指　标	计算值
20	层内剪应力(MPa)	0.316
40	层内剪应力(MPa)	0.312
60	层内剪应力(MPa)	0.310

5.1.4　桥面铺装结构设计方法

5.1.4.1　损坏类型

桥面铺装的损坏类型的主要有车辙破坏、脱层及推移、开裂、坑槽与补坑。

5.1.4.2　设计指标及标准

采用铺装层层内抗剪强度作为控制标准。即：$\tau_{max} \leqslant [\tau]$。

采用铺装层层间抗剪强度作为控制标准。即：$\tau_{cmax} \leqslant [\tau]_c$。

采用铺装层顶面最大拉应力(变)作为桥面铺装结构设计的指标，控制铺装层最大表面拉应力(变)不超过沥青混凝土的容许抗拉强度，即：$\sigma_{max} \leqslant [\sigma_r]$或$\varepsilon_{max} \leqslant [\varepsilon_r]$。

5.1.4.3　铺装层结构设计流程

铺装层结构设计流程，如图 5-22 所示。

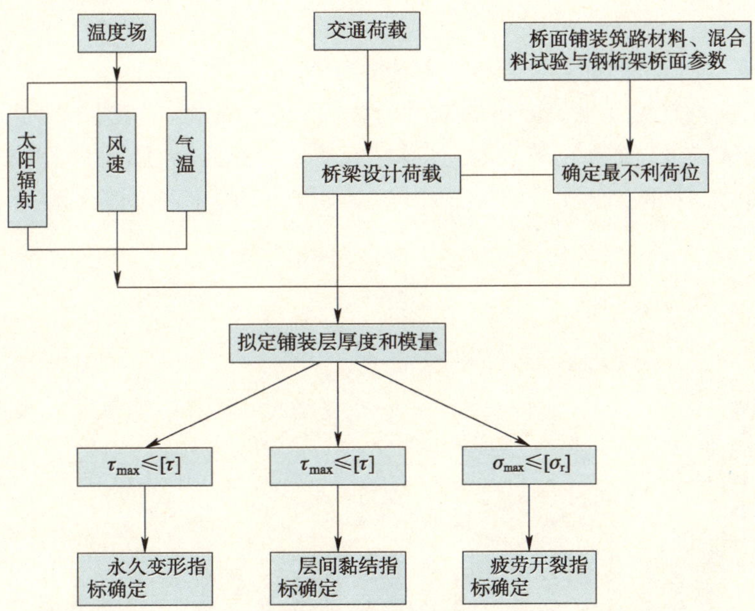

图 5-22　设计流程

5.2　混凝土桥面沥青混凝土铺装结构温度场研究

选取果子沟地区道路和桥面铺装层温度场作为研究对象，实测了果子沟地区道路和桥面铺装层的温度场；通过对数据的详细整理及分析，得出了该地区夏季高温期和冬季低温期沥青路面和桥面铺装层温度场的日变化规律、结构内温度沿深度变化的规律，并从理论和实测温度两方面分析道路温度场与桥面铺装层温度场的差异;结合新疆果子沟地区的气候要素(如气温、太阳辐射、湿度、风速等),采用统计分析法建立新疆果子沟地区的沥青路面及桥面铺装层路面高温及低温温度场预估模型。

5.2.1 路面温度场测试

在夏季高温期和冬季低温期分别测试道路铺装及桥面铺装的温度场,夏季高温期观测点位于312国道K4801附近的加尔苏大桥,冬季低温期观测地点位于连(连云港)霍(霍尔果斯)高速K4666附近的四台一号大桥,两地均位于新疆果子沟地区。于2008年8~9月进行了夏季高温期温度场的测试,共设置11处观测点,其中桥面铺装5处、道路铺装6处,共埋置温度传感器44个;测试气温和深度分别为0cm、3cm、7cm、10cm的路面温度。于2008年1月进行了冬季低温期温度场的观测,共设置11个观测点,其中道路铺装6处,共埋置温度传感器24个,埋置深度分别为0cm、3cm、7cm、10cm;桥面铺装层共5处,埋置温度传感器20个,埋置深度分别有0cm、3cm、7cm。

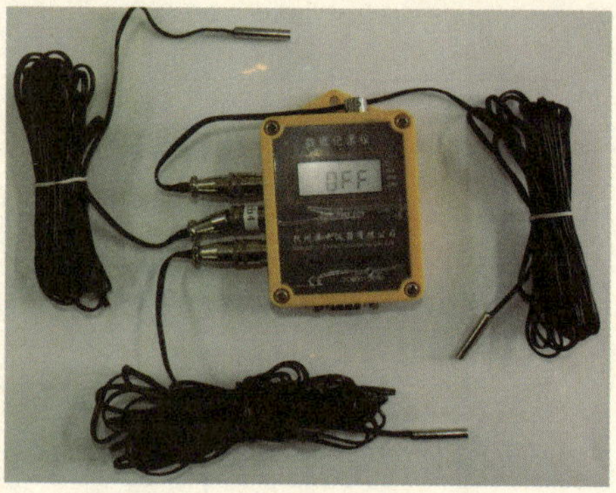

图5-23 ZDR-41型温度数据记录仪

测试仪器为ZDR-41型号的多通道温度自动记录仪(见图5-23),测试间隔为30min。

5.2.2 桥面铺装温度场的特性分析

分析温度实测结果,可知桥面铺装层温度场具有如下特点:

(1)桥面铺装层温度与气温几乎呈同步周期性变化,但稍有滞后。如图5-24所示为1月25日的测试结果,清晨5:00~6:00之间,桥面铺装表面温度最低,然后快速升高,15:00时左右达到最高,次日清晨5:00~6:00再次达到最低;同时,两者之间存在时间差,随深度的增加时间差则越长。

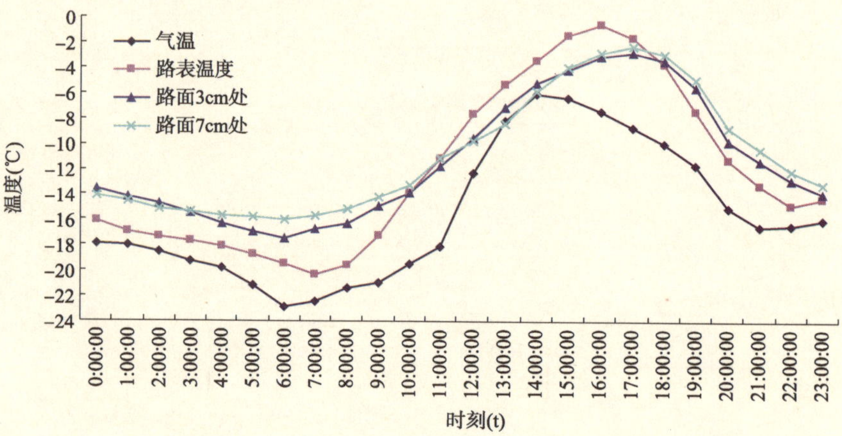

图5-24 1月25日桥面铺装温度场测试结果

(2)夏季最高温度。由图5-25可知,一天中桥面铺装层的最高温度比最高气温高6~13℃,且道路铺装和桥面铺装的最高温度基本一致。

(3)冬季最低温度。由图5-26可知,桥面铺装层最低温度与最低气温基本保持一致,均比道路铺装最低温度高4℃左右。

(4)温度波动大。比较桥面铺装和道路铺装一天内的温度变化可知,桥面铺装层温度波动幅度较大,道路铺装温度变化则相对稳定,如表5-21所示。夏季桥面铺装层一天最大温差可达32℃、平均温差

24℃;道路铺装层最大温差为 27℃、平均温差 22℃。

(5)高温持续时间长。高温季节不同温度在一天当中的持续作用时间,如表 5-22 所示。由结果可知,桥面铺装比道路铺装的高温作用时间较长,温度条件较为苛刻。

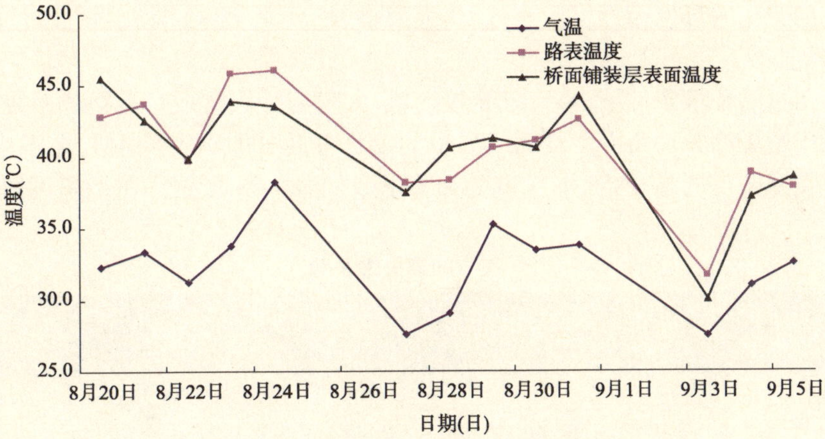

图 5-25　最高温度对比

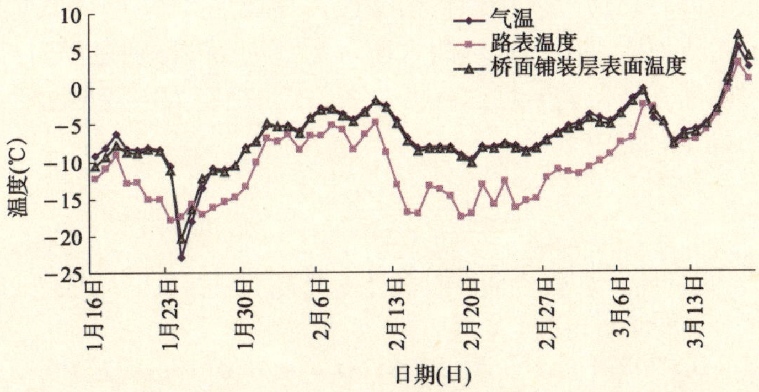

图 5-26　最低温度对比

不同铺装层一天内的温差　　表 5-21

对象	日温差(℃)													最大温差(℃)	最小温差(℃)	平均温差(℃)
	8.20	8.21	8.22	8.23	8.24	8.27	8.28	8.29	8.30	8.31	9.3	9.4	9.5			
桥面铺装	31.7	28.2	21.1	26.9	26.1	25.4	29.9	28.3	24.4	26.8	12	23.1	22.8	31.7	12	24.2
道路铺装	26.6	25.7	18.2	26.5	25.5	21.3	22.3	24.4	21.8	22	11.3	21.6	19.4	26.6	11.3	22
气温	21.1	21.4	14.8	17.7	23.6	15.8	20.3	26.5	19.5	18.2	12.4	18.2	18.4	26.5	12.4	19.1

不同铺装层的高温持续时间　　表 5-22

对象	温度(℃)	持续时间(h)													最长时间(h)	最短时间(h)	平均时间(h)
		8.20	8.21	8.22	8.23	8.24	8.27	8.28	8.29	8.30	8.31	9.3	9.4	9.5			
桥面铺装	>45	2	0	0	2	2	0	0	0	0	0	0	0	0	2	0	0.5
	40~45	4	4	0	6	4	0	4	2	4	2	0	0	0	6	0	2.3
	35~40	2	4	6	4	4	4	2	4	4	2	2	6	4	6	2	3.7
道路铺装	>45	0	0	0	2	2	0	0	0	0	0	0	0	0	2	0	0.3
	40~45	4	4	0	4	6	0	0	2	4	2	0	0	0	6	0	2
	35~40	2	4	6	4	2	4	6	4	2	0	0	6	4	6	0	3.4

5.2.3 道路铺装及桥面温度场的预估

5.2.3.1 道路铺装及桥面铺装层温度场的环境影响因素

影响路面温度场变化的环境因素主要有气温、太阳辐射、风速、湿度等。

(1)气温 T_a

路面结构暴露在自然环境条件下,与大气直接接触,大气与地表构成对流换热系统,因而气温与路面结构温度的分布规律密切相关。路面温度随气温呈周期性变化,两者规律相似,但温度峰值较气温较滞后。分析实测的路面温度与气温,两者 m 次方的相关系数如表5-23所示。由结果可知,路面温度与气温可用线性关系表征。

m 次方的相关性系数 表5-23

路面温度 T_P	气温 T_a		
	T_a	T_a^2	T_a^3
道路铺装	0.929	0.747	0.781
桥面铺装	0.987	0.826	0.873

(2)太阳辐射

基于统计分析法建立的沥青路面温度场预估模型往往存在地区差异,使其只能用于当地路面温度场的预测。产生地区差异的主要原因是不同地区的太阳辐射不一致,特别是随着纬度和海拔发生变化时。本文引入太阳辐射因子用以消除地区差异性。参考相关文献,确定太阳辐射的计算方法如下:

Steps1:计算日辐射角度 Γ,如式(5-1)。

$$\Gamma=\frac{2\pi(d_{n-1})}{365} \tag{5-1}$$

式中:d_n——一年中的日期数,范围为1~365。如1月1日,$d_n=1$;5月14日,$d_n=134$。

Steps2:计算偏心系数 E_0,如式(5-2)。

$$E_0=1.00011+0.034221\cos\Gamma+0.00128\sin\Gamma+0.000719\cos2\Gamma+0.000077\sin2\Gamma \tag{5-2}$$

Steps3:计算太阳赤纬 δ,如式(5-3)。

$$\begin{aligned}\delta=&(0.006918-0.399912\cos\Gamma+0.070257\sin\Gamma-0.006758\cos2\Gamma\\&+0.000907\sin2\Gamma-0.002697\cos3\Gamma+0.00148\sin3\Gamma)\times(\frac{180°}{\pi})\end{aligned} \tag{5-3}$$

Steps4:计算日升时角。时角为某地区每天太阳最高点与太阳日升或日落时之间的角度。当日升时,时角为负值;日落时,时角为正值。当地时间正午12:00时角为0°,前后每隔一个小时,增加15°。日升时角 ω 见式(5-4):

$$\omega=\cos^{-1}(-\tan\phi\tan\delta) \tag{5-4}$$

式中:ϕ——纬度。

Steps5:计算日太阳辐射量,如式(5-5)所示:

$$R_0=\frac{24}{\pi}I_{sc}E_0\sin\phi\sin\delta(\frac{\pi\omega}{180°}-\tan\omega) \tag{5-5}$$

式中:R_0——日太阳辐射量,MJ/(m^2·d);

I_{sc}——日辐射常数,为4.871MJ/(m^2·d)。

Steps6:计算地平面上某一地点一天中某一时段(时角 ω_1~ω_2)的太阳辐射时总量,公式见式(5-6):

$$I_h=\frac{12\times3600}{\pi}I_{sc}(1+0.033\cos\frac{360d_n}{365})\times\left[\cos\phi\cos\delta(\sin\omega_2-\sin\omega_1)+\frac{\pi(\omega_2-\omega_1)}{180°}\sin\phi\sin\delta\right] \tag{5-6}$$

(3)湿度和风速

大气湿度影响地面有效辐射,进而影响路面温度场。风速是影响大气与路面结构间对流热交换的重要因素,风速增大加剧对流热交换。在预估模型中引入风速和湿度因子,以提高温度场的预测精度。

5.2.3.2 道路铺装及桥面铺装层温度场预估模型的确定

(1)夏季日最高温度预估模型

采用日最高气温 T_{amax} 代表气温 T_a,日太阳辐射量 R_0 表征太阳辐射,同时考虑湿度 H、风速 W 和路面深度 D 的影响。日最高温度的预估模型,如式(5-7)所示。

$$T_{pmax} = a_1 + a_2 T_{amin} + a_3 R_0 + a_4 H_{ave} + a_5 W_{ave} + a_6 D \tag{5-7}$$

式中:T_{pmax}——道路铺装及桥面铺装层某一深度处的日最高温度,℃;

T_{amax}——日最高气温,℃;

R_0——日太阳辐射量,MJ/(m^2·d);

H_{ave}——日平均相对湿度,%;

W_{ave}——日平均风速,km/h;

D——路面深度,cm;

$a_1 \sim a_6$——回归系数。

对路面温度、气温、太阳辐射、湿度、风速进行回归分析,得到新疆果子沟地区道路铺装及桥面铺装日最高温度的预估模型,系数如表 5-24 所示。采用预估模型计算道路铺装及桥面铺装的日最高温度,与实测值进行对比,两者相关性系数 R^2 分别为 0.947、0.978,说明预测模型具有较高的精度。

路面夏季日最高温度预估模型的回归系数　　表 5-24

路面类型	a_1	a_2	a_3	a_4	a_5	a_6
道路铺装	-6.573	0.653	0.639	0.039	-0.049	-0.365
桥面铺装	-1.784	1.150	0.042	0.03	-0.031	-0.194

(2)冬季日最低温度预估模型

采用日最低气温 T_{amin} 代表气温 T_a,路面日最低温度的预估模型如式(5-8)所示。通过统计分析,得到回归系数如表 5-25 所示。采用预估模型计算道路铺装及桥面铺装的日最低温度,与实测值进行对比,两者相关性系数 R_2 分别为 0.938、0.977,说明预测模型具有较高的精度。

$$T_{pmin} = b_1 + b_2 T_{amin} + b_3 R_0 + b_4 H_{ave} + b_5 W_{ave} + b_6 D \tag{5-8}$$

式中:T_{pmin}——沥青路面某一深度处的日最低温度,℃;

T_{amin}——日最低气温,℃。

路面冬季日最低温度预估模型的回归系数　　表 5-25

路面类型	b_1	b_2	b_3	b_4	b_5	b_6
道路铺装	-8.586	1.089	0.250	0.006	0.051	0.398
桥面铺装	-3.966	1.001	0.215	-0.003	-9.118×10^{-5}	0.177

5.2.3.3 温度场预估模型的对比验证

为了验证道路及桥面铺装温度场预估模型的适用性,将本文预估模型与 SHRP 及 LTPP 温度场预估模型进行对比。

采用不同公式计算得到的日最高温度,如表 5-26 所示。由结果可知,SHRP 公式计算值最高且略大于 LTPP 公式计算值,两者均远远高于实测值;本文模型计算值与实测值最接近。

采用不同公式计算得到的日最低温度,如表 5-27 所示。由结果可知,SHRP 公式计算值最高且略大于 LTPP 公式计算值,两者均远远高于实测值;本文模型计算值与实测值最接近。

日最高温度对比计算结果(℃)　　表 5-26

气温(℃)	计算模型	距道路铺装表面(cm)				距桥面铺装表面(cm)	
		0	3	7	10	0	2
34	SHRP 公式	56.4	51.5	46.8	44.2	56.4	53.0
	LTPP 公式	54.7	49.6	46.0	44.2	54.7	50.9
	本文公式	38.6	36.9	35.5	34.4	39.9	39.7
	实测	39.2	36.8	35.6	33.9	40.4	39.3

日最低温度对比计算结果(℃)　　表 5-27

气温(℃)	计算模型	距道路铺装表面(cm)				距桥面铺装表面(cm)		
		0	3	7	10	0	3	7
-8	SHRP 公式	-6.0	-6.5	-4.7	-3.5	-6.0	-6.5	-4.7
	LTPP 公式	-6.5	-4.3	-2.8	-2.1	-6.5	-4.3	-2.8
	本文公式	-11.1	-12.1	-10.5	-9.3	-9.5	-9.0	-8.3
	实测值	-10.3	-11.6	-9.8	-9.4	-9.3	-8.6	-8.0

5.3 长大纵坡混凝土桥面铺装结构组合研究

对7种结构的复合试件进行了车辙试验、低温弯曲试验、疲劳试验,以及经济性的对比分析,并应用模糊理论对7种铺装结构进行了多指标评价。

5.3.1 试验结构组合

粗集料为辉绿岩,细集料为石灰岩石屑。采用SBS改性沥青。SMA混合料中的纤维为木质素松散纤维。采用的混合料类型有沥青玛蹄脂碎石SMA-10、SMA-13和SMA-16,密级配沥青混凝土AC-10、AC-13和AC-16,浇注式沥青混凝土GA10,设计级配如图5-27所示。通过对比论证与分析,对上述材料进行优化组合,设定6种桥面铺装结构进行测试与分析,如表5-28所示。

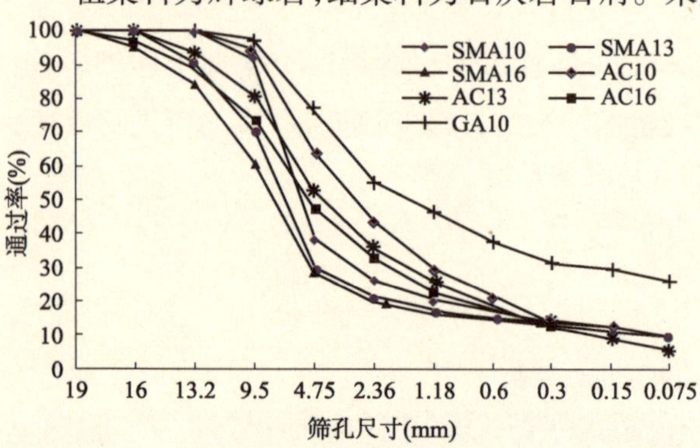

图 5-27　混合料级配图

试验中采用的矿料为公路表面层使用的材料,粗集料采用新疆清水河指定料场的辉绿岩,质地坚硬,表面粗糙;细集料采用天然砂,规格为0~5mm;矿粉为清水河镇指定的水泥厂生产的磨细的石灰岩粉末;改性沥青为SBS(I-B)改性沥青。纤维为美国产InterfiberTM木质素松散纤维。

试验结构组合　　表 5-28

结构	1	2	3	4	5	6
上面层	SMA13	SMA13	SMA16	SMA13	AC13	SMA13
下面层	SMA16	SMA10	SMA13	AC10	AC16	GA10

5.3.2 桥面铺装结构技术经济性能的测试与分析

对表5-28中的6种铺装结构进行抗滑性试验、车辙试验、低温弯曲试验和疲劳试验,以对比评价不同铺装结构的整体技术性能。

(1)抗滑性

测试 6 种结构上层混合料的构造深度,对比评价抗滑性能,结果如表 5-29 所示。由表可知,结构 5 的构造深度为 0.64mm,在 6 种结构中最小、抗滑性能最差,其他 5 种结构的构造深度基本一致。

铺装结构的构造深度 表 5-29

结构编号	1	2	3	4	5	6
构造深度(mm)	1.14	1.14	1.15	1.14	0.64	1.14

(2)全厚式车辙试验

全厚式车辙试件尺寸为 30cm×30cm×9cm,上、下两层的厚度为 4cm 和 5cm。先成型 5cm 厚的下面层,放置一天后拆模,放入置有 1cm 垫板的 10cm 厚车辙模子中,涂刷 SBS 改性沥青黏层油后,碾压成型上面层。在 60℃、0.7MPa 的条件下进行车辙试验,测试动稳定度 DS,结果如图 5-28 所示。由图 5-28 可知,双层 SMA 结构的 DS 均值为 8031.7 次/mm,其他三种结构的 DS 均值为 4583.7 次/mm,说明双层 SMA 结构具有更好的抗车辙性能;在双层 SMA 结构中,大粒径结构(结构 1 和结构 3)的 DS 为 8083 和 8328 次/mm,小粒径结构(结构 2)的 DS 为 7684 次/mm,说明大粒径结构具有更好的抗车辙性能;结构 4 和结构 6 的下层混合料的动稳定度较低,导致铺装结构的动稳定度偏低。

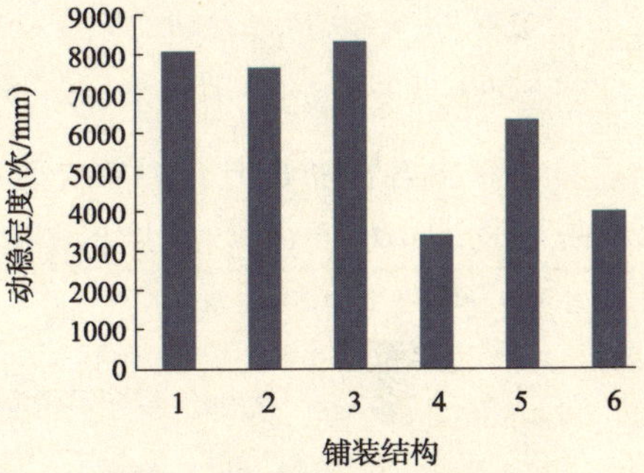

图 5-28 铺装结构的动稳定度

(3)复合梁的低温弯曲试验

由全厚式车辙板切割得到复合小梁,尺寸为 30cm×5cm×5cm,上、下面层厚度分别为 2cm 和 3cm。利用 MTS 进行低温弯曲试验,试验温度 -10℃,加载速率 50mm/min,结果如图 5-29 所示。由图 5-29 可知,结构 6 的低温弯曲应变为 7900με,在 6 种结构中最高,说明 GA 大大提高了铺装结构的低温抗裂性;双层 SMA 结构(结构 1、2 和 3)的低温弯曲应变的均值为 6740με,其他的 2 种结构(结构 4、结构 5)的低温弯曲应变的均值为 5930με;同为双层 SMA 结构,结构 1、结构 2 和结构 3 的低温弯曲应变为 6670με、74000με 和 6150με,说明小粒径结构具有最优的低温抗裂性能;对比上面层相同而下面层不同的结构,结构 2 和结构 6 的低温弯曲应变比结构 4 提高了 19% 和 27%,说明下面层对低温抗裂性有重要影响。

(4)复合梁的疲劳试验

采用尺寸为 30cm×10cm×10cm 的小梁试件进行疲劳试验。采用基层小梁试验模具,先将养生 28d 的 C30 水泥混凝土进行表面处理,装入试模后并洒乳化沥青;压入 3cm 的下面层沥青混合料,刷上 SBS 改性沥青黏层油,最后再压入 2cm 的上面层混合料。采用 MTS 进行试验,试验温度为 15℃、应力水平为 0.7MPa、加载频率为 10Hz、荷载波形为半正弦。各种铺装结构的疲劳寿命,如图 5-30 所示。由图 5-30 可知,双层 SMA 结构具有较高的疲劳寿命均值为 1153 次,其他 3 种路面结构的疲劳寿命均值为 1024 次,说明双层 SMA 具有较优的抗疲劳性能。

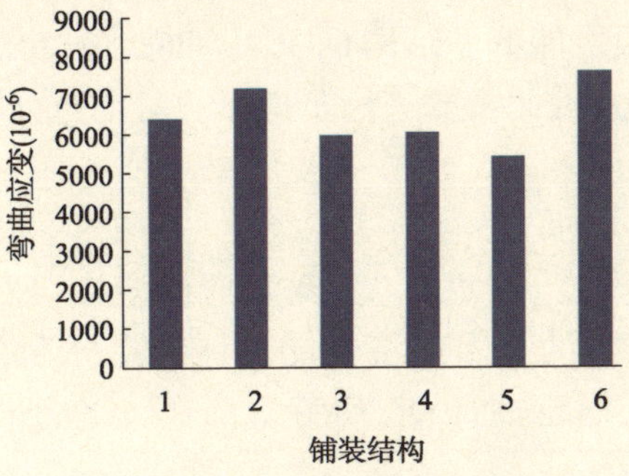

图 5-29 铺装结构的低温弯曲应变

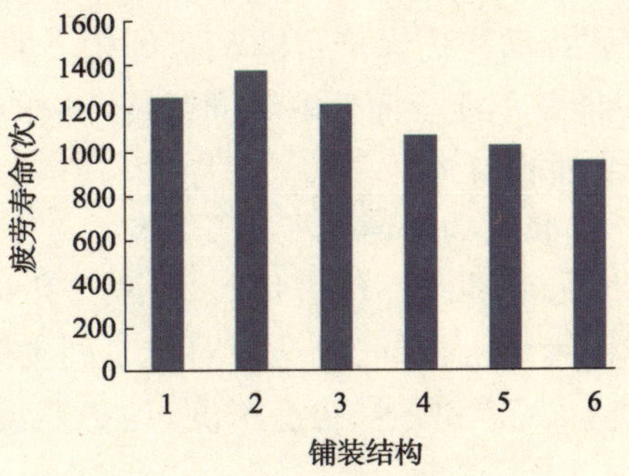

图 5-30 铺装结构的疲劳寿命

5.3.3 不同桥面铺装方案的经济性对比分析

对于长大纵坡铺装层拟定的各种结构组合，除了进行技术方面的比较外，还需要考虑到当地的经济水平，因地制宜，优选出性价比最好的路面结构。本部分对各铺装层结构的经济性单独进行了分析。铺装层结构类型汇总见表5-30。

各组合类型的沥青混合料单价　　表5-30

沥青混合料类型	单价(元/m²·cm)	沥青混合料类型	单价(元/m²·cm)
SBS改性沥青SMA10	10.45	SBS改性沥青AC10	8.70
SBS改性沥青SMA13	10.29	SBS改性沥青AC13	8.67
橡胶粉SBS综合改性沥青SMA13	11.01	SBS改性沥青AC16	8.53
SBS改性沥青SMA16	10.19	浇注式沥青混凝土GA10	10.91

计算出各种沥青混合料单价后，根据桥面铺装特点选取厚度为上面层4cm，下面层5cm进行计算，路面宽度均取10.5m，路段长度取1km，计算结果见图5-31。

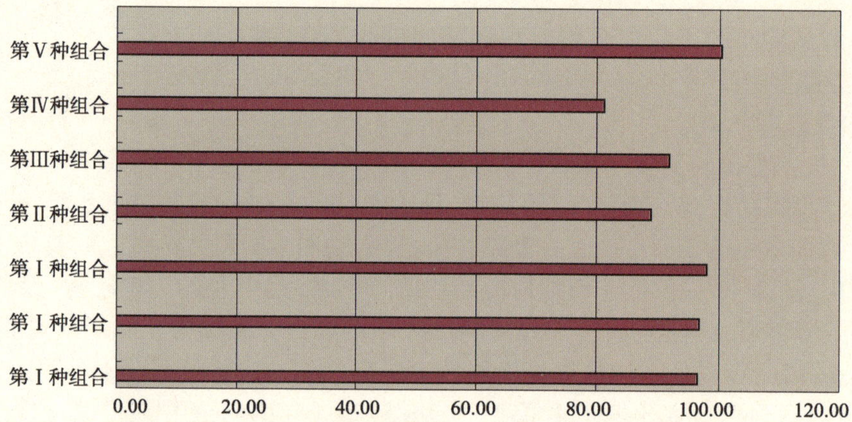

图5-31　五种结构的材料造价一览

由图5-31可见，SMA结构的价格由于沥青用量的提高较AC偏高；橡胶粉的掺加对整个结构的价格有一定影响，提高不大；第Ⅴ中结构的浇筑式混凝土因最佳油石比选为8.5%导致造价过高。

5.3.4 基于模糊理论的长大纵坡铺装层结构组合优选

上述试验结果可知，不同铺装结构的技术经济性能有高有低，如铺装结构2的高温性能和疲劳性能优于结构6，可评判结构2优于结构6；而结构2的低温性能低于结构6，又可判断结构6优于结构2。因此，采用单一性能并不能全面反映不同铺装结构的优劣，因此需要进行多指标的对比与分析，优选出技术经济性能均优的铺装结构。

5.3.4.1 铺装结构的评价指标及目标

决策目标即为事件的评价指标。本书采用构造深度、动稳定度、低温弯曲应变、疲劳寿命和每平方米的造价等作为评价指标，以全面对比不同铺装结构的技术经济性能。评价指标存在目标值，也就是何时为最优值。综上所述，构造深度、动稳定度、低温弯曲应变、疲劳寿命越大越好，而造价则越小越好。

根据影响路面性能的因素确定的评价因素及指标见表5-31。

路面结构性能评价因素及指标　　表 5-31

影响因素	评价指标	影响因素	评价指标
高温稳定性	动稳定度	抗滑性	摩擦系数
抗裂性	破坏应变	密水性	渗水系数
抗疲劳性能	疲劳次数	经济性	初期造价
抗水损害的性能	浸水马歇尔		
	冻融劈裂		

5.3.4.2 基于模糊理论的铺装层结构优选

由上述七种路面结构组成的评价集：

$$V=\{v_1,v_2,\cdots,v_m\}=\{\text{结构 1,结构 2,结构 3},\cdots,\text{结构 7}\}$$

(1)评价因素的确定

由上述因素组成因素集为：

$U=\{u_1,u_2,u_3,u_4,u_5,u_6,u_7\}$=(高温稳定性,抗裂性,抗疲劳性能,抗水损害的性能,抗滑性,密水性,经济性)。

(2)不同路面结构的评价指标值的确定

各种路用性能指标值,如表 5-32 所示。

长大纵坡结构组合各种路用性能试验结果　　表 5-32

结构组合类型(上面层/下面层)	高温抗车辙性能	低温抗裂性能	抗疲劳性能	水稳定性		抗滑性	密水性	经济性
				浸水马歇尔	冻融劈裂			
指标及其单位	DS(次/mm)	(ε)	N_f	残留稳定度(%)	TSR(%)	TD(mm)	渗水系数(mL/min)	(万元/km)
SMA13/SMA16	8083	0.00667	1254	89.53	81.14	1.14	不渗水暂取 1	96.72
SMA13/SMA10	7684	0.00740	1380	89.53	81.14	1.14	1	96.82
SMA16/SMA13	8328	0.00615	1215	83.18	80.26	1.15	1	98.08
SMA13/AC10	6340	0.00623	1089	89.53	81.14	1.14	1	88.89
橡胶 SMA13/AC10	7943	0.00661	1124	85.19	82.87	1.05	1	91.92
AC13/AC16	3412	0.00563	1029	90.33	82.47	0.64	33.8	81.20
SMA13/GA10	3999	0.00790	955	89.53	81.14	1.14	1	100.5

(3)计算各因素的隶属度

根据定量因素的隶属度计算方法,计算出各因素的隶属度,得到单因素评判矩阵：

$$R=\begin{bmatrix}R_1\\R_2\\\vdots\\R_8\end{bmatrix}=\begin{bmatrix}0.971&0.923&1.000&0.761&0.954&0.410&0.480\\0.868&0.776&0.934&0.924&0.876&1.000&0.713\\0.909&1.000&0.880&0.789&0.814&0.746&0.692\\0.991&0.991&1.000&0.991&0.913&0.557&0.991\\0.991&0.991&0.921&0.991&0.943&1.000&0.991\\0.979&0.979&0.939&0.979&1.000&0.995&0.979\\1.000&1.000&1.000&1.000&1.000&0.030&1.000\\0.846&0.845&0.832&0.923&0.893&1.000&0.808\end{bmatrix}$$

(4)确定各因素的权重

影响沥青路面性能的因素有主次之分,因此各种评价指标的权重也不相同,选择合适的权重对正确评价路面结构的优劣有很大的影响。本文在确定各种因素的权重的时候,主要考虑桥面铺装沥青混合料相比于常规混合料的特殊要求,赋予对应的因素相应权重。

$$A=(0.2,0.1,0.05,0.15,0.15,0.15,0.1,0.1)$$

(5)计算评判集

根据上述确定的权重集和单因素评判矩阵计算综合评判集为:

$$B=A\times R=\{0.951,0.952,0.957,0.914,0.934,0.692,0.826\}$$

由评判指标可以知道:结构 I-3 >结构 I-1 >结构 I-2 >结构 III >结构 II >结构 V >结构 IV,由最大隶属度原则,路面结构 I-3 是最优方案,最差的是结构 IV。

通过模糊理论,对长大纵坡桥梁桥面铺装层的沥青面层结构的各方面性能(高温稳定性,抗裂性,抗疲劳性能、抗水损坏的能力、抗滑性、密水性和经济性)进行了综合对比,比较统筹地考虑了铺装层修筑时相应的技术和经济因素,最后一致推荐新疆的长大纵坡桥梁桥面铺装层使用上面层 SMA13、下面层 SMA10 的小粒径双 SMA 倒装结构。

5.4 长大纵坡桥面沥青铺装混合料设计研究

桥面铺装层的主要病害为剪切破坏、开裂以及水损害,加之长大纵坡低车速造成的车辙破坏,长大纵坡桥面沥青铺装层的主要病害有剪切引起的永久变形。越来越多的研究表明,沥青混合料的永久变形破坏主要来自于剪切破坏。因此,选择沥青混合料的抗剪强度来表征材料的抗车辙性能。混合料的抗剪强度是个力学参数,能容易与路面结构剪应力衔接,实现结构与材料的一体化设计。

5.4.1 桥面铺装沥青混合料的抗剪性能研究

5.4.1.1 直剪仪的研发

该课题研制了一种结构简单的抗剪仪器,可以从 3 种不同角度对试件进行剪切,来模拟道路的实际受力状态,可以测试实验室成型的马歇尔试件和道路钻芯取样的圆柱体试件。

该仪器主要由 4 大部分组成:动力传动系统、剪切系统、加载系统和数据采集系统。数据采集软件的正常工作界面,如图 5-32 所示。

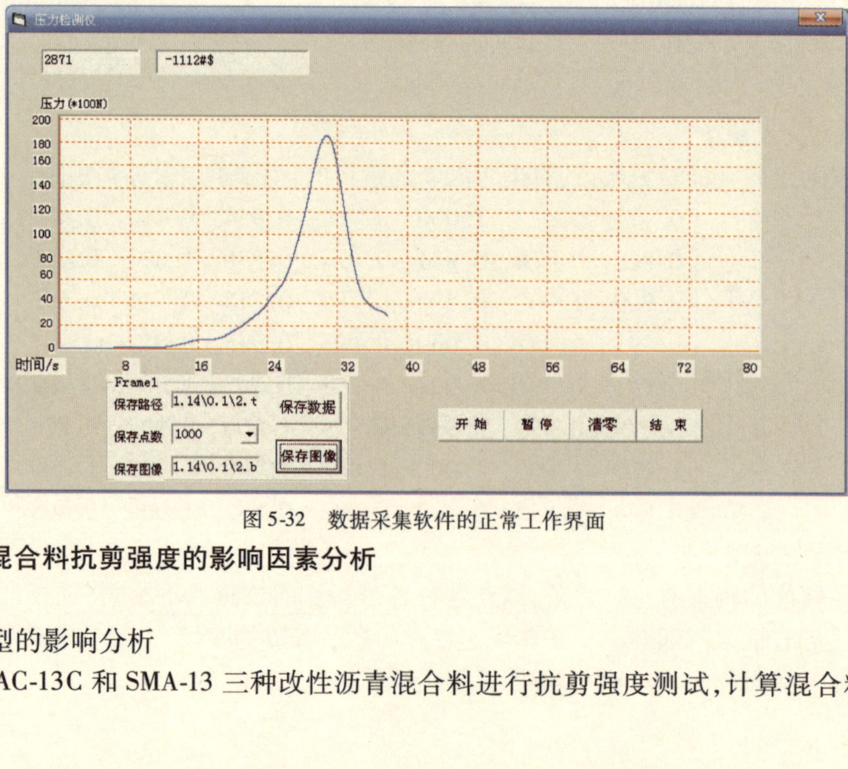

图 5-32 数据采集软件的正常工作界面

5.4.1.2 混合料抗剪强度的影响因素分析

1. 试验方案

(1)级配类型的影响分析

对 AC-13Z、AC-13C 和 SMA-13 三种改性沥青混合料进行抗剪强度测试,计算混合料的 c 和 φ,对比研究级配类型对抗剪强度的影响。

(2)温度的影响分析

选用 AC-13C 和 SMA-13 两种改性沥青混合料,在 20℃、40℃、60℃三个温度下进行抗剪试验,分析抗剪强度随温度的变化规律。

(3)最大公称粒径的影响分析

对改性沥青混凝土(AC-13、AC-16、AC-19)和改性沥青玛蹄脂(SMA-13、SMA-16、SMA-19)两种不同类型不同最大公称粒径的混合料进行抗剪强度测试,分析最大公称粒径对混合料抗剪强度的影响。

(4)空隙率的影响分析

选用 AC-13C 和 SMA-13 两种改性沥青混合料,分别测试混合料的空隙率和抗剪强度,分析空隙率和抗剪强度的关系。

(5)油石比的影响分析

选用 AC-13C 改性沥青混合料,变化不同的油石比并测试抗剪强度,分析油石比对抗剪强度的影响规律。

(6)沥青种类的影响分析

采用 SMA-13 混合料,在级配相同的条件下选取 KLM90 号基质沥青、SBS 改性沥青和橡胶粉改性沥青(40 目、15.6% 的胶粉掺到 KLM90 号基质沥青)制成,分析沥青种类对混合料抗剪强度的影响。

为了研究需要共采用了 AC-13Z、AC-13C、AC-16、AC-19、SMA-13、SMA-16、SMA-19 共 7 种混合料类型。混合料的设计级配和油石比,如表 5-33 和 5-34 所示。

不同级配的通过率(%) 表 5-33

筛孔(mm) \ 级配	AC-13Z	AC-13C	AC-16	AC-19	SMA-13	SMA-16	SMA-19
26.5	100	100	100	100	100	100	100
19	100	100	100	95	100	100	96
16	100	100	97	84	100	97	84
13.2	95	97	76	69	97	83	65
9.5	76.5	70	60	56	67	50	50
4.75	53	43	44	38	30	26	23
2.36	37	37	35	33	24	19	17
1.18	26.5	31	31	23	20	17	15
0.6	19	23	24	17	18	15	13
0.3	13.5	16	16	12	15	13	12
0.15	10	10	10	8	12	11	9
0.075	6	7	7	6	10	10	8

不同级配的最佳油石比 表 5-34

级配	AC-13Z	AC-13C	AC-16	AC-19	SMA-13	SMA-16	SMA-19
最佳油石比(%)	5.2	5.0	4.8	4.5	6.4	6.2	6.0

2. 抗剪强度的影响因素分析

(1)级配对抗剪性能的影响

对 AC-13Z、AC-13C 和 SMA-13 三种改性沥青混合料进行抗剪强度测试,计算混合料的 c 和 φ,对比研究级配类型对抗剪强度的影响。

试验温度为 60℃,试验正应力为 0.1MPa、0.4MPa 和 0.7MPa。试验结果,如表 5-35 所示。由试验结果可知:

①SMA-13 的抗剪强度高于 AC-13C 的抗剪强度高于 AC-13Z 的抗剪强度，说明骨架密实型级配能显著提高抗剪强度，同时适当增加粗集料含量能在一定程度上提高抗剪强度。级配对抗剪强度的提高主要来自于内摩阻角的提高。

②抗剪强度与动稳定度有相同的规律性，二者与稳定度规律不同。稳定度在评价混合料高温性能时不如抗剪强度精确。

不同级配抗剪性能比较 表 5-35

级配	抗剪强度（MPa）	黏聚力（MPa）	内摩阻角（°）	稳定度（kN）	动稳定度（次/mm）	R^2
AC-13Z	1.065	0.4289	42.3	12	1879	0.9756
AC-13C	1.098	0.4025	44.8	14	2365	0.9584
SMA-13	1.177	0.4175	47.8	9.5	5210	0.9167

（2）温度对混合料抗剪性能的影响

选用 AC-13C 和 SMA-13 两种级配，在 20℃、40℃、60℃三个温度下进行抗剪性能试验。试验数据，如表 5-36 和表 5-37 所示。由试验结果可知，随着温度的升高，抗剪强度显著降低；抗剪强度的降低主要来自黏聚力的降低。

AC-13 沥青混合料不同温度抗剪性能比较 表 5-36

温度（℃）	剪切强度（MPa）	c（MPa）	φ（°）	R^2
20	2.378	1.701	44.03	0.9753
40	1.464	0.754	45.4	0.9256
60	1.098	0.404	44.8	0.9984

SMA-13 沥青混合料不同温度抗剪性能比较 表 5-37

温度（℃）	剪切强度（MPa）	c（MPa）	φ（°）	R^2
20	2.429	1.624	49.0	0.9192
40	1.522	0.726	48.7	0.8977
60	1.199	0.4275	47.8	0.9459

（3）最大公称粒径对混合料抗剪性能的影响

对改性沥青混凝土 AC-13、AC-16、AC-19 和改性沥青玛蹄脂 SMA-13、SMA-16、SMA-19 两种不同类型不同最大公称粒径的混合料进行抗剪强度测试，分析最大公称粒径对混合料抗剪强度的影响。试验结果，如表 5-38 和表 5-39 所示。由试验结果可知，沥青混合料的抗剪强度随着公称粒径的增大而增大。

AC-13 沥青混合料不同温度抗剪性能比较 表 5-38

级配	剪切强度（MPa）	c（MPa）	φ（°）	R^2
AC-13	1.099	0.4035	44.8	0.8984
AC-16	1.101	0.3944	45.3	0.9015
AC-19	1.244	0.4187	49.7	0.8451

SMA-13 沥青混合料不同温度抗剪性能比较 表 5-39

级配	剪切强度（MPa）	c（MPa）	φ（°）	R^2
SMA-13	1.199	0.4275	47.8	0.9759
SMA -16	1.211	0.3778	50.2	0.8523
SMA -19	1.263	0.4024	50.58	0.9127

(4)空隙率对混合料抗剪性能的影响

选用 AC-13 和 SMA-13 两种改性沥青混合料，分别测试混合料的空隙率和抗剪强度，分析空隙率和抗剪强度的关系。试验温度为 60℃、正压力为 0.7MPa，试验结果如图 5-33 所示。由试验结果可知，空隙率对混合料抗剪强度的影响明显，当混合料空隙率从 3% 变化到 7% 左右时，AC-13 随着空隙率的变化强度衰减了 11%，SMA-13 的强度衰减了 13%。这就说明保证压实度对于提高混合料的抗剪强度非常重要。

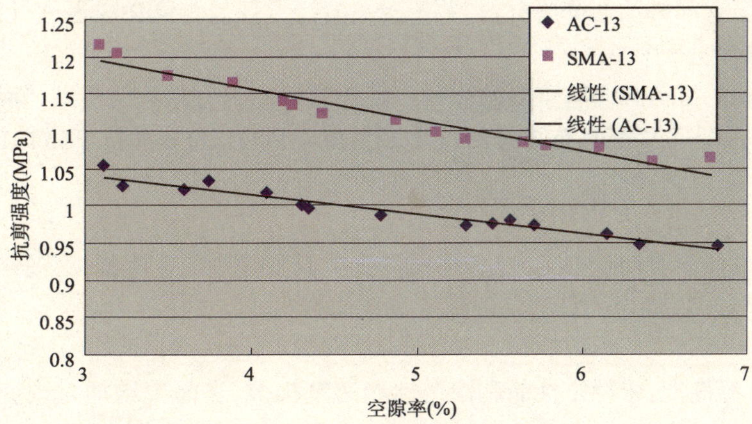

图 5-33 不同空隙率抗剪强度试验数据

(5)油石比对混合料抗剪性能的影响

选用 AC-13 改性沥青混合料，变化不同的油石比并测试抗剪强度，分析油石比对抗剪强度的影响规律。试验结果，如表 5-40 所示。由试验结果可知：

①沥青混合料抗剪强度和黏聚力随着油石比的增大呈先增大后减小的趋势。

②内摩阻角随着油石比的增大减小，因为过多的自由沥青在结构内部起到润滑作用。

AC-13 沥青混合料不同油石比抗剪性能比较 表 5-40

油石比	空隙率(%)	剪切强度(MPa)	c(MPa)	φ(°)	R^2
4.5	5.7	1.0883	45.55	0.3756	0.8542
5.0	4.1	1.0923	44.8	0.3978	0.9984
5.5	3.21	1.1123	44.6	0.4226	0.9153
6.0	2.80	1.0693	43.6	0.4026	0.8975

(6)不同沥青种类对混合料抗剪性能的影响

采用 SMA-13 混合料，在级配相同的条件下选取 KLM90 号基质沥青、SBS 改性沥青和橡胶粉改性沥青(40 目、15.6% 的胶粉掺到 KLM90 号基质沥青)制成，分析沥青种类对混合料抗剪强度的影响。抗剪强度结果，如表 5-41 所示。由试验结果可知：

①使用改性沥青的 SMA-13 抗剪强度最大，其次是橡胶沥青与基质沥青，说明沥青的高温性能对混合料的抗剪性能影响很大。

②改性沥青的黏聚力最大，其次是橡胶沥青与基质沥青。

③混合料的内摩阻角基本不变化，说明沥青种类对内摩阻角的影响很小，它主要影响混合料的黏聚力。

SMA-13 不同沥青抗剪性能比较 表 5-41

沥青种类	抗剪强度(MPa)	φ(°)	c(MPa)	R^2
改性沥青	1.187	47.8	0.4275	0.9959
基质沥青	0.93	46	0.2287	0.8803
橡胶沥青	0.976	46.3	0.2690	0.8768

5.4.2 桥面铺装混合料的抗剪设计方法

5.4.2.1 抗剪设计方法

沥青混合料抗剪设计的详细步骤如下：

(1)原材料选择

选择集料、填料、沥青和外加剂等原材料，并按相关的技术规范和试验规程进行检测。

(2)选择混合料类型并进行级配设计

级配类型对混合料的抗剪强度有重要的影响。混合料的结构有悬浮密实型、骨架空隙型和骨架密实型 3 种，通常认为骨架密实型级配具有更好的抗车辙性能。因此，为提高抗车辙性能应尽量选择骨架密实型级配。

(3)沥青用量确定

本项目提出新的最佳沥青用量确定方法，将试件抗剪强度替换稳定度指标，按照《公路沥青路面施工技术规范》(JTG F40—2004)规定的马歇尔法确定最佳油石比。

(4)路用性能检验

在对高温性能、低温性能、水稳定性能和渗透性能的基础上，还需要增加对抗剪强度的检测，使其符合相关要求。

5.4.2.2 设计示例

以 AC-20 型混合料进行设计说明。

(1)集料级配

针对桥面铺装混合料应具备高温抗车辙的特点，混合料级配应按骨架密实设计，因此采用多级嵌挤抗剪级配，其步骤如下：

①根据路面结构，选定设计层集料的公称最大粒径 D_0，对粗集料进行逐级抗剪填充试验。

②应用逐级填充理论，将较低一级粒径 D_1 以不同比例填充到公称最大粒径 D_0 中，通过测定集料的捣实密度，以捣实密度最大的比例作为形成抗剪密实结构的最佳组成比例。

③以 D_0 和 D_1 形成的抗剪密实结构为基准，将再下一级粒径 D_2 以不同比例填充 D_0 和 D_1 形成的骨架间隙，测定不同比例下的捣实密度，选定捣实密度最大的比例作为形成抗剪密实结构的最佳组成比例。

④同步骤③，依次逐级填充，直至各级粗集料全部填充到已形成的抗剪密实结构中，最终得出粗集料的级配比例关系。

⑤细集料主要是填充粗集料骨架间隙，使集料级配具有较大的密实度，对细集料的配合比也用逐级填充理论来设计，以最大捣实密度确定最佳比例。

⑥计算粗细集料各级筛孔的通过率，最终确定出集料的级配。

⑦通过变换 4.75mm 筛孔的通过率来调整集料级配，根据沥青混合料指标确定出最佳级配。

集料最大公称粒径 D_0 为 19mm，按照多级嵌挤抗剪密级配设计步骤，对粗集料进行逐级填充试验，一级填充的最佳比例为 4:6，二级填充的最佳比例为 6:4，三级填充的最佳比例为 5:5，四级填充的最佳比例为 7:3。据调查研究可知，粗、细集料要形成骨架密实抗剪型级配的最佳比例为 7:3，因此选定粗集料为 70%，细集料为 30%。根据此比例以及通过粗集料逐级填充捣实试验确定的各级最佳比例可计算出粗集料各粒径的百分含量，从而可得出粗集料的级配组成。细集料的级配组成确定方法同粗集料级配组成设计方法。最终确定出的粗细集料级配，见表 5-42 所示。

多级嵌挤抗剪级配设计级配　　表 5-42

筛孔(mm)	26.5	19	16	13.2	9.5	4.75	2.36	1.18	0.6	0.3	0.15	0.075
设计级配	100	95.6	85.3	75.5	51.0	30.0	24.5	20.0	14.6	10.5	7.8	5.0

(2)马歇尔试验及抗剪强度测试

测定马歇尔试件的最大视密度、毛体积相对密度,并按照规范给出的计算公式计算马歇尔试件的空隙率、矿料间隙率及沥青饱和度。沥青混合料抗剪强度采用课题组自主研发的抗剪强度试验仪测定,试验温度为60℃。沥青混合料马歇尔各体积-力学参数试验结果,见表 5-43 所示。

马歇尔试件体积力学参数 表 5-43

油石比(%)	毛体积相对密度	空隙率(%)	VMA(%)	VFA(%)	流值(0.1mm)	稳定度(kN)	抗剪强度(MPa)
4.0	2.454	6.7	16.3	58.8	26.6	7.46	0.746
4.3	2.473	5.9	16.3	63.6	60.2	8.33	0.764
4.6	2.487	4.3	15.4	71.6	32.7	8.87	0.728
4.9	2.495	3.8	15.7	75.7	34.3	9.47	0.696
5.2	2.503	3.1	15.7	80.3	39.4	8.04	0.671

(3)确定最佳油石比

① 绘制油石比与试件力学体积指标关系曲线,见图 5-34 ~ 图 5-38 所示。

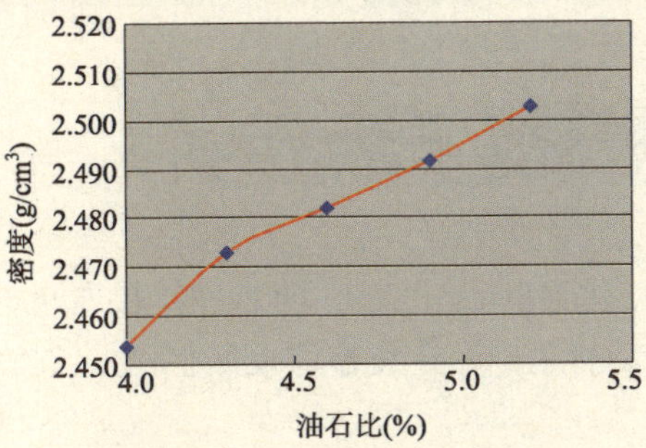

图 5-34 油石比-毛体积密度关系曲线

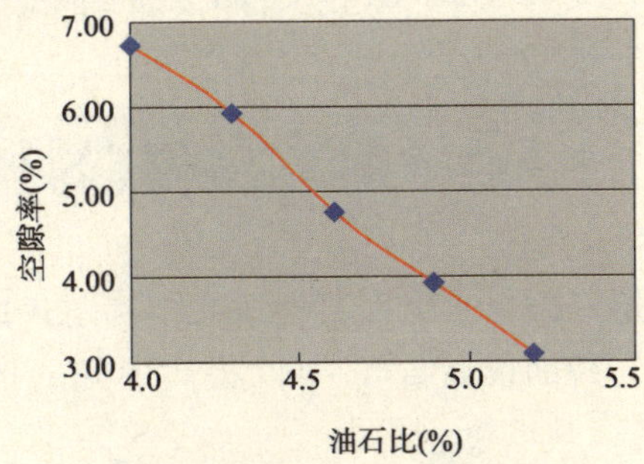

图 5-35 油石比-空隙率关系曲线

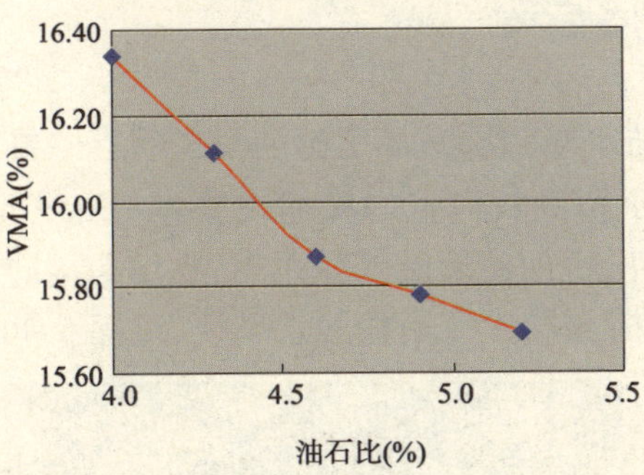

图 5-36 油石比-VMA 关系曲线

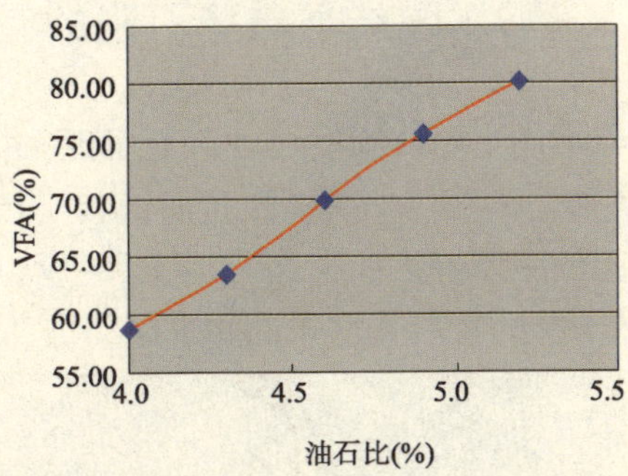

图 5-37 油石比-VFA 关系曲线

②确定最佳油石比

a. 计算 OAC_1:由图 5-34 可查的最大毛体积密度随油石比增大而增大;最大抗剪强度对应的油石比 $a_2=4.2$;根据规范确定设计空隙率为4% ,查曲线图 5-35 可知其对应的油石比 $a_3=4.8$;按规范规定的沥青饱和度中值 70% 对应的油石比 $a_4=4.6$。计算 $a_1 \sim a_4$的平均值 4.5% 。

b. 计算 OAC_2:根据试验结果,确定满足空隙率 VV、饱和度 VFA 及矿料间隙率 VMA 要求的油石比共同范围。从图 5-35 ~ 图 5-37 中可以看出,其共同范围为 4.4 ~ 4.9,其中值为 4.65% 。

c. 根据 OAC_1、OAC_2确定最佳油石比 OAC。根据试验结果最终确定的沥青混合料最佳油石比 OAC 为 4.58% ,即沥青用量为 4.38% 。

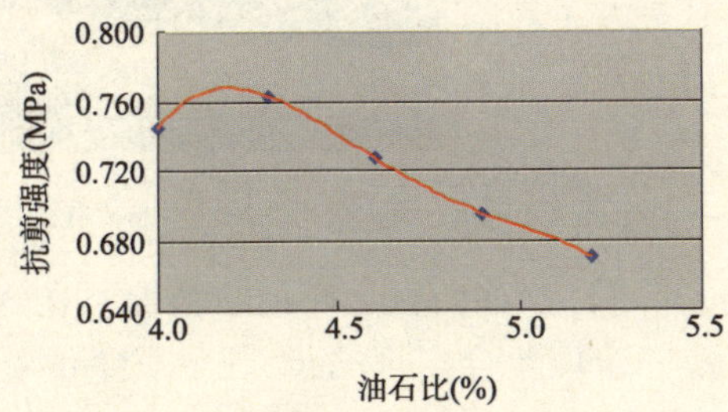

图 5-38 油石比-抗剪强度关系曲线

(4)性能检验

设计出的沥青混合料主要是要求满足高温稳定性的要求,使设计出的沥青混合料具有良好的高温稳定性。该项目提出的高温稳定性评价指标为高温剪应力,因此按上述相同的矿料级配和设计确定的最佳油石比成型马歇尔试件。在温度60℃、正应力为0.3MPa的条件下进行高温抗剪试验,测得的高温抗剪强度为0.751MPa。

5.4.2.3 抗剪设计与Marshall设计的对比

根据表5-43的试验结果,按Marshall设计方法确定混合料的最佳油石比为4.6%,比抗剪设计方法确定的最佳油石比高0.2%。两种油石比的抗剪强度对比,如表5-44所示。由结果可知,抗剪设计方法能提高混合料的抗剪强度,进一步提高混合料的抗车辙性能。

两种设计方法的性能对比　表5-44

设计方法	油石比(%)	毛体积相对密度	空隙率(%)	VMA(%)	VFA(%)	抗剪强度(MPa)
抗剪方法	4.6	2.487	4.3	15.4	71.6	0.728
Marshall法	4.8	2.492	3.9	15.6	74.7	0.706

5.5 长大纵坡混凝土桥面防水黏结层研究

防水黏结层是确保水泥混凝土桥梁结构耐久性和层间黏结的关键。防水黏结层既可防止水分下渗,又能将铺装层与桥面板黏结成一体,提高层间的抗滑动性能,改善其整体受力特性,延长桥面的使用寿命,提高桥面的行驶质量。

5.5.1 防水黏结层破坏引起的铺装层病害

通过对新疆境内主要桥梁的病害调查发现,由于防水黏结层破坏引起的桥梁病害主要有:

(1)桥面铺装层的脱层。主要指桥面铺装层相对于桥面板产生的局部或整体与混凝土错动,是防水黏结层破坏引起的主要桥梁病害之一,见图5-39。此外,桥面铺装结构体系中,黏结层与防水层相互紧密联系在一起,黏结层的破坏就意味着防水层的破坏,同时会导致桥面板的水腐蚀,见图5-40。

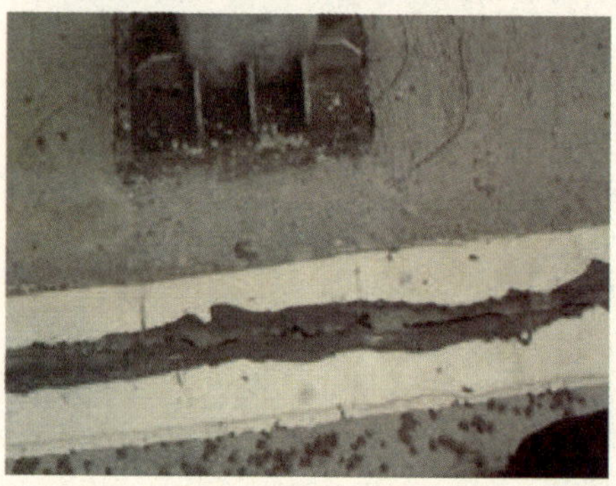

图5-39　铺装层整体滑移

图5-40　铺装层脱落

(2)推移与拥包。通常情况下在铺装层发生推移的局部地方,伴有铺装层的小范围的弧形裂缝,前面一定位置会出现凸起,观测裂缝位置,会清楚地看到桥面板,即是铺装结构层与桥面板间的相对移动,见图5-41。

(3)桥面铺装层的局部龟裂。这种破坏现象它不会出现沥青混凝土的推移现象,仅在原铺装位置产生块状的龟裂现象,见图5-42。

图 5-41　推移破坏

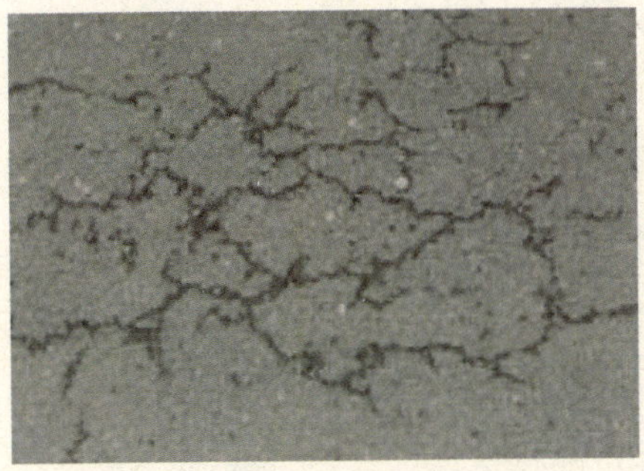

图 5-42　网裂破坏

5.5.2　不同防水黏结层材料的优选

5.5.2.1　试验原材料

目前，桥面铺装防水黏结层材料种类较多，通过前期调研了解，考察国内工程实践使用状况，选定以下 7 种防水黏结材料来进行室内剪切与拉拔试验：SBS 改性沥青、桥面防水专用材料 FYT、SBR 改性乳化沥青、AMP-100、环氧沥青、橡胶沥青、TPS 高黏沥青。

5.5.2.2　防水黏结层路用性能试验

（1）层间剪切性能对比

试验采用自行研制的直剪仪对复合试件进行层间剪切试验，防水黏结层抗剪强度 τ 的计算采用式（5-9）：

$$\tau = \frac{F}{S} \tag{5-9}$$

式中：τ ——抗剪强度（MPa）；

F——最大剪切力（N）；

S——剪切面积（m^2），$S = 7.85 \times 10^{-3} m^2$；

T——剪切试验影响因素及试验方案。

将复合试件在 25℃ 的恒温箱中养生 2h 后按照拟定的试验方案进行抗剪强度试验，各试验结果和分析如下：

①SBS 改性沥青

不同 SBS 改性沥青用量下的防水黏结层抗剪强度试验结果及变化规律，见图 5-43。确定 SBS 改性沥青在此刷毛界面的最佳用量为 1.35kg/m^2左右。

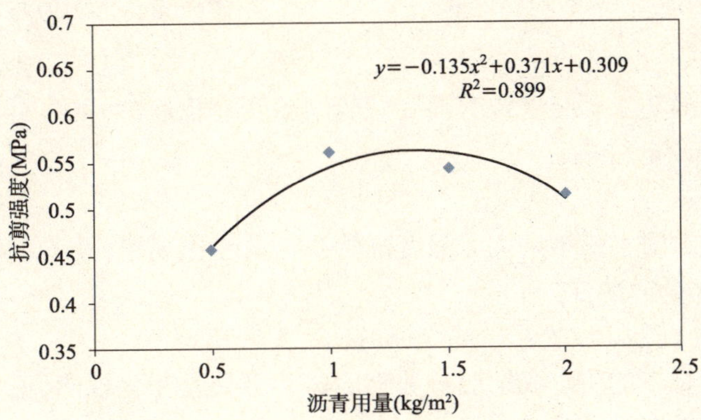

图 5-43　SBS 改性沥青用量与抗剪强度的关系

②桥面防水专用材料 FYT

FYT 分为 1 号料和 2 号料，首先固定 FYT-2 用量，取 0.15kg/m²，改变 FYT-1 的单位涂抹用量，进行抗剪强度试验，结果如图 5-44 所示。再固定 FYT-1 用量，取 1.3kg/m²，改变 FYT-2 的单位涂抹用量，进行抗剪强度试验，其变化趋势见图 5-45。确定 FYT-1 的最佳用量在 1.3kg/m²左右，FYT-2 的最佳用量在 1.0～1.5kg/m²之间。

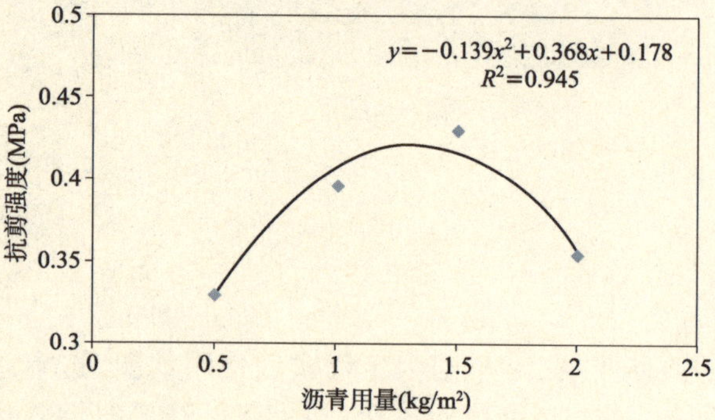

图 5-44 FYT-1 用量与抗剪强度的关系

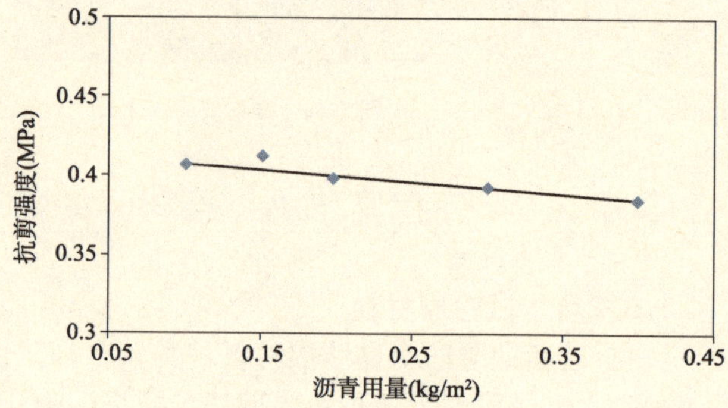

图 5-45 FYT-2 用量与抗剪强度的关系

③SBR 改性乳化沥青

不同 SBR 改性乳化沥青用量下的防水黏结层抗剪强度试验结果及变化规律，见图 5-46。确定 SBR 改性沥青在此刷毛界面的最佳用量为 1.75kg/m²左右。

④AMP-100

不同二阶反应型 AMP-100 用量下的防水黏结层抗剪强度试验结果及变化规律，见图 5-47。确定 AMP-100 在此刷毛界面的最佳用量为 1.4kg/m²左右。

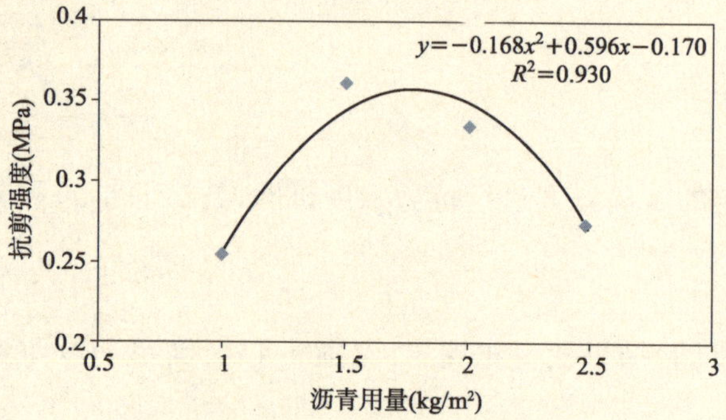

图 5-46 SBR 改性乳化沥青用量与抗剪强度的关系

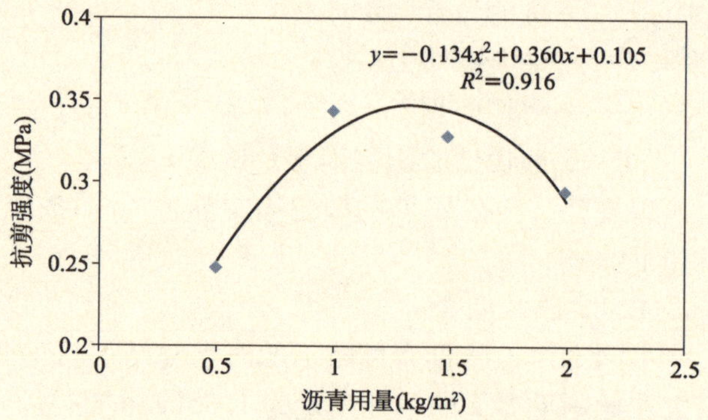

图 5-47 AMP-100 用量与抗剪强度的关系

⑤环氧沥青

不同环氧沥青用量下的防水黏结层抗剪强度试验结果及变化规律，见图 5-48。确定环氧沥青在此刷毛界面的最佳用量为 1.2kg/m²左右。

⑥橡胶沥青

不同橡胶沥青用量下的防水黏结层抗剪强度试验结果及变化规律，见图 5-49。确定环氧沥青在此刷毛界面的最佳用量为 1.4kg/m²左右。

⑦TPS 高黏沥青

不同 TPS 高黏沥青用量下的防水黏结层抗剪强度试验结果及变化规律，见图 5-50。确定环氧沥青在此刷毛界面的最佳用量为 1.3kg/m²左右。

在各防水黏结材料最佳用量下进行 25℃剪切试验，确定对应的最大抗剪强度，试验结果见图 5-51。

从图5-51可以看到，防水黏结层材料的抗剪强度大小依次为：环氧沥青 > SBS改性沥青 > TPS高黏沥青 > 橡胶沥青 > FYT-1 + 2 > SBR改性乳化沥青 > AMP-100。

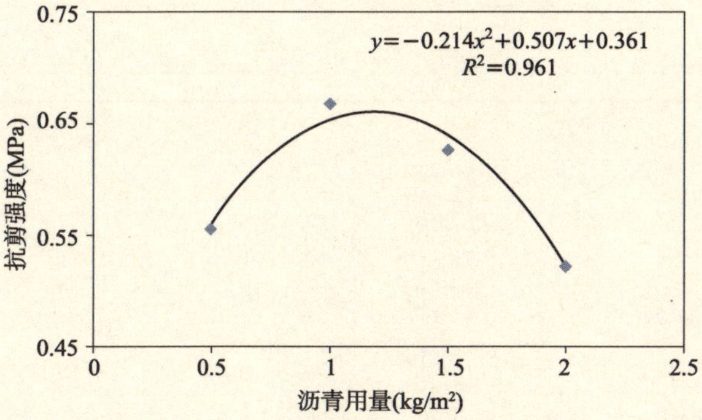

图5-48　环氧沥青用量与抗剪强度的关系

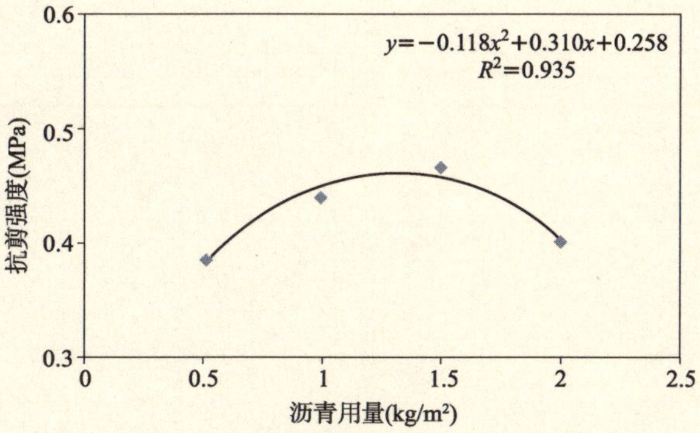

图5-49　橡胶沥青用量与抗剪强度的关系

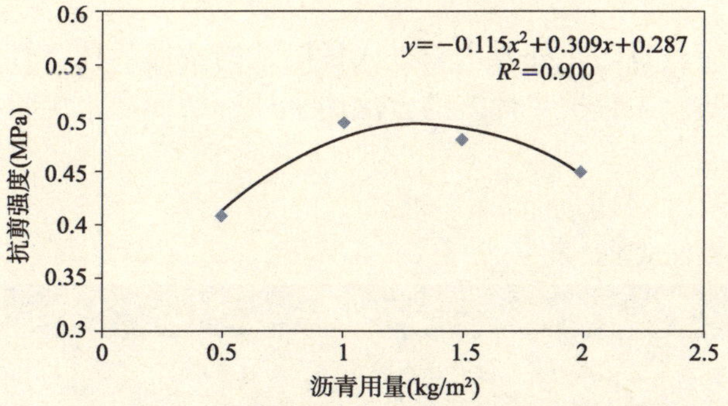

图5-50　TPS高黏性沥青用量与抗剪强度的关系

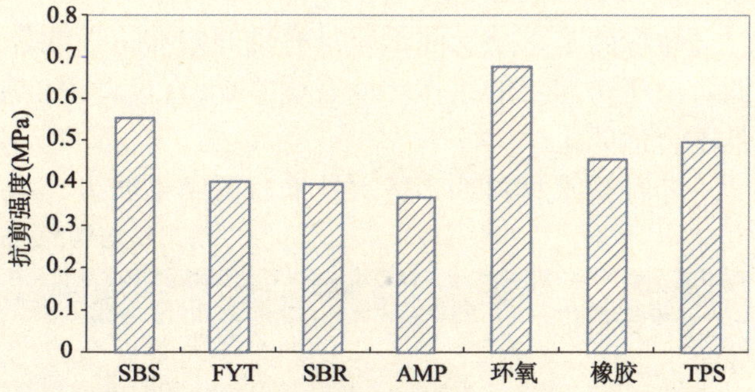

图5-51　各种防水黏结材料最佳用量下25℃抗剪强度比较

(2)层间拉拔性能对比

拉拔试验的目的是为了检测防水黏结材料与水泥桥面板及沥青铺装层之间的黏结强度以及界面破坏特征，研究分析不同外界环境因素对层间拉拔强度的影响规律。

试验采用长安大学自行研制的拉拔仪对复合试件进行拉拔试验，防水黏结层拉拔强度计算采用式(5-10)：

$$\sigma = \frac{F}{S} \tag{5-10}$$

式中：σ——拉拔强度(MPa)；

F——实测拉拔力(N)；

S——受力面积(mm^2)，$S = 7.85 \times 10^{-3} m^2$。

将复合试件在25℃的恒温箱中养生2h后按照拟定的试验方案进行拉拔试验。

采用剪切试验确定的材料最佳用量，对复合试件进行拉拔试验。其试验结果见表5-45。

25℃时不同防水黏结材料的拉拔强度　　表5-45

材料类型 / 温度	SBS改性沥青	FYT	SBR乳化沥青	AMP-100	环氧沥青	橡胶沥青	TPS高黏沥青
25℃；拉拔强度(MPa)	0.492	0.350	0.356	0.328	0.645	0.394	0.389

由表5-45和图5-52可以看到，在各防水黏结材料最佳用量下，各防水黏结层的拉拔强度有明显的区别，其中环氧沥青明显高于其他防水黏结材料。各防水黏结材料拉拔强度依次为：环氧沥青 > SBS改性

沥青 > 橡胶沥青 > TPS 高黏性沥青 > SBR 改性乳化沥青 > FYT > AMP-100。

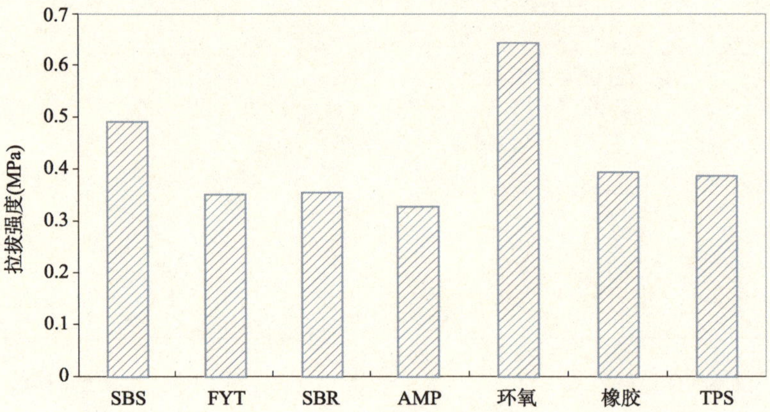

图 5-52　25℃时不同防水黏结材料的拉拔强度对比

(3)抗渗性能对比

桥面防水黏结层除了应具有良好的黏结性能外,还应具有防止外界水分进入桥梁结构主体的抗渗性能。由于防水层的工作环境有所差异,直接将评价屋面防水工程抗渗性能的方法用来评价桥面防水工程是不合适的。

各种防水材料的不透水性能试验结果如表 5-46 所示。

防水黏结层的抗渗水性能试验结果　　表 5-46

防水黏结层材料	压力值(MPa)	渗水现象描述
SBS 改性沥青	0.2	30min 内没有出现渗水和应力衰减现象
	0.3	30min 内没有出现渗水和应力衰减现象
	0.4	21min 时开始出现渗水和应力衰减现象
FYT-1 +2	0.2	30min 内没有出现渗漏和应力衰减
	0.3	15min 时开始渗水和应力衰减现象
SBR 乳化沥青	0.2	30min 内没有出现渗水和应力衰减现象
	0.3	20min 时开始出现渗水和应力衰减现象
AMP-100	0.2	30min 内没有出现渗水和应力衰减现象
	0.3	18min 时开始出现渗水和应力衰减现象
环氧沥青	0.2	30min 内没有出现渗水和应力衰减现象
	0.3	30min 内没有出现渗水和应力衰减现象
	0.4	30min 内没有出现渗水和应力衰减现象
	0.5	4min 时开始出现渗水和应力衰减现象
橡胶沥青	0.2	30min 内没有出现渗水和应力衰减现象
	0.3	30min 内没有出现渗水和应力衰减现象
	0.4	12min 时开始出现渗水和应力衰减现象
TPS 高黏性沥青	0.2	30min 内没有出现渗水和应力衰减现象
	0.3	24min 时开始出现渗水和应力衰减现象

根据试验结果可知,防水黏结材料的抗渗水性能依次为:环氧沥青 > 橡胶沥青 > SBS 改性沥青 > 高黏性沥青 > SBR 乳化沥青 > AMP-100 > 桥面防水专用材料 FYT。

5.5.3 考虑技术和经济性的防水黏结层材料的优选

从经济角度上分析，在材料满足技术要求的前提下，降低造价是选择防水黏结层材料时的主要考虑因素。本内容以前文中确定的各防水黏结材料的最佳用量为基准，确定各防水黏结材料每平方米的造价，采用 60℃下的抗剪强度计算各材料的性价比 Q（$Q=\frac{\text{防水黏结层抗剪强度}}{\text{每平方米造价}}\times 100\%$），见表 5-47。

不同防水黏结材料价格与性价比对比　　表 5-47

分项＼材料类型	SBS 改性沥青	FYT	SBR 乳化沥青	AMP-100	环氧沥青	橡胶沥青	TPS 高黏沥青
每平方米最佳用量（kg/m^2）	1.35	2.55	1.75	1.4	1.2	1.4	1.3
单价（元/t）	6000	9850	5000	12000	30000	4500	10560
每平方米价格（元）	8.1	25.1	8.75	16.8	36	6.3	13.7
60℃；抗剪强度（MPa）	0.074	0.067	0.048	0.068	0.079	0.056	0.042
性价比	0.91	0.27	0.55	0.40	0.22	0.89	0.31

从表 5-47 中可以看出，防水黏结层性价比由高到低依次为：SBS 改性沥青 > 橡胶沥青 > SBR 乳化沥青 > AMP-100 > TPS 高黏沥青 > FYT > 环氧沥青。

5.5.4 防水黏结层设计方法研究

5.5.4.1 抗剪强度指标确定

借鉴我国城市道路柔性路面设计方法，在考虑疲劳及结构安全因素时，引入结构强度系数 k，则层间容许剪应力 $[\tau]$ 由下式表示：

$$[\tau]=\frac{\tau_{max}}{k} \tag{5-11}$$

式中：τ_{max}——室内直接试验确定的抗剪强度（MPa）：$\tau_{max}=c+\sigma\tan\varphi$，其中 $\sigma=0.7$MPa，c、φ 由剪切试验得到。

k——防水黏结层间剪切结构强度系数。

根据已有研究结果，水平力系数 $f=0.5$ 表示紧急制动情况，计算中考虑 $f=0.5$ 时的最不利情况，则：

$$k=\frac{1.2}{A_C} \tag{5-12}$$

式中：A_C——桥梁防水等级，Ⅰ级为 1.0，Ⅱ级为 1.1，Ⅲ级为 1.2。

5.5.4.2 设计方法与标准

层间容许剪应力 $[\tau]$ 大小与采用防水材料和层间处治方法有关，可通过室内层间剪切试验得到。以材料容许剪应力不小于桥面铺装防水黏结层层间最大计算剪应力 τ'_{max} 为标准，即：

$$\tau'_{max}\leqslant[\tau] \tag{5-13}$$

令抗剪强度 $\tau=k\tau'_{max}$，根据式（5-11）和式（5-13）得：

$$\tau\leqslant\tau_{max} \tag{5-14}$$

即：防水黏结层材料抗剪强度应满足式（5-14）要求。防水黏结层的设计流程如图 5-53 所示。

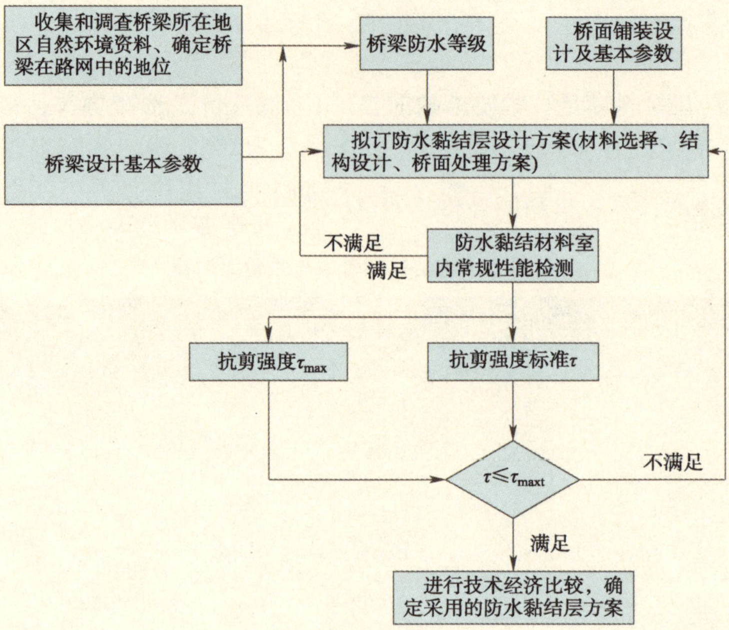

图 5-53　防水黏结层的设计流程

5.6　长大纵坡混凝土桥面铺装层除雪抗滑安全保证措施研究

依托国道312线赛里木湖至果子沟口公路改造工程，针对长大纵坡混凝土桥面铺装层除雪抗滑安全，深入研究了高寒山区特定条件下长大纵坡路段混凝土桥面除冰除雪工艺及机械设备的选型和合理搭配，提出了适用于长大纵坡桥梁桥面铺装的沥青混凝土桥面除雪除冰工艺及机械组配，为高速公路养护部门在养护工程决策上提供参考。

5.6.1　除冰除雪化学方法研究

目前，市面上出现的融雪剂种类很多，按照融雪剂的组成成分，我们可以把它分为两大类：非含氯型融雪剂和含氯型融雪剂。融雪剂的分类，如图5-54所示。

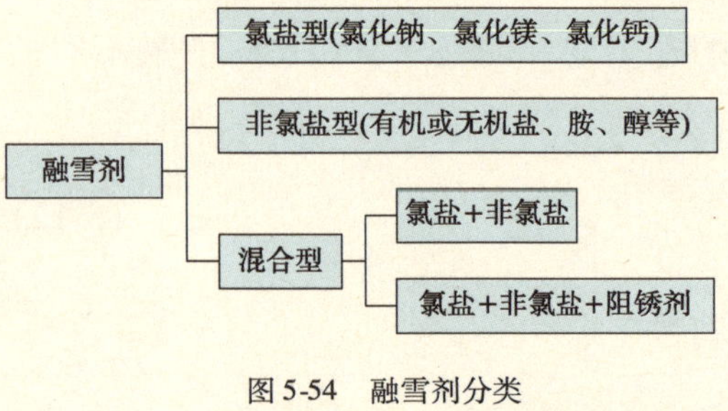

图 5-54　融雪剂分类

国道312线赛里木湖至果子沟公路沿线生态环境极为脆弱，融雪剂的不当使用极易造成沿线环境的生态灾难。因此，对环境保护的要求较之一般公路更为严格；在进行化学法除雪作业时应对融雪剂的环保性进行严格控制，可参照美国太平洋西北除雪协会制定的关于环保型融雪剂的技术指标以及北京市质量技术监督局制定的融雪剂技术指标对环保型融雪剂的要求进行严格检测，确保融雪剂达到环保标准后方可使用。

5.6.2　除冰除雪机械方法研究

5.6.2.1　除雪机械

目前，广泛使用的除雪机械的机型主要有犁板式、旋切式、扫滚式等。这几种除雪机械具有各自独特的结构及功能，能够适应不同工况的需要，给用户带来多种选择。上述几种除雪机械的作业范围见表 5-48。

除雪机械作业范围 表 5-48

雪厚(mm)	≤100	100～300	≥300
机型	犁板式、扫滚式	犁板式	旋切式

5.6.2.2 除冰机械

除冰机械按工作原理可分为以下几种类型：

(1)犁板式：将犁板以锐角强制压入压实雪层，进行破碎作业。这种装置的除冰机适宜于压实雪层，破冰能力有限。

(2)松土式：松土式装置一般为梳子状弯钩形工作装置，安装在平地机或工程车辆前部或后部，靠机器自重向下压破冰雪。

(3)铣削式：铣削式有单刀盘式端面铣削和多刀盘式端面铣削两种，目前较常见的有单刀盘、双刀盘及三刀盘工作装置，一般悬挂在车辆前部或后部，也可装在旋切除雪机后部，切除路面上的冰雪垄包或车辙。铣削式除冰适宜于冰层处理，但破碎后的路面需要有清扫装置进行清理，常见的有后置滚刷式扫滚。

(4)冲击破碎：这种工作装置是基于冰的高结晶体硬而脆的物理性质和冲击、振动效能的理论，工作时靠工作装置的上下垂直往复运动，冲击破碎压实冰雪。

5.6.2.3 微波除冰技术

对采用微波加热方式的热力机械除冰方法进行了深入的研究，也对影响微波除冰效率的微波频率、微波电场强度、路面材料、环境温度、冰厚、冰层杂质、加热模式、波导口距离等各项因素采用仿真和试验相结合的手段进行了深入研究。通过对比分析各项因素对除冰效率的影响程度，确定了影响微波加热效率的主要影响因素(见表 5-49)。

影响因素分析表 表 5-49

影响因素	仿真结果	试验结果	结论	影响程度
微波频率	2.45GHz 频率微波是 915MHz 频率微波除冰效率的 3.75 倍	—	提高微波频率可以较大比例提高微波除冰效率	大
微波场强	除冰效率的提升和微波场强提升比例基本相同	除冰效率的提升和微波场强提升比例基本相同	除冰效率随微波场强变化比例基本呈线性	小
加热模式	无	间歇加热效果好	间歇加热不能提升除冰效率，能改善除冰效果	无
波导口距路面高度	波导口距路面 50mm 高时，微波源与负载阻抗匹配及均匀性较好	波导口距路面 50mm 高时，除冰效率高	波导口距路面最佳高度为 50mm	小
路面材料	水泥路面除冰效率是沥青路面的 4 倍	水泥路面除冰效率是沥青路面的 3～4 倍	水泥路面除冰效率是沥青路面的 3～4 倍	大
环境温度	环境温度 -5℃ 的除冰效率是环境温度 -20℃ 时的 4.7 倍	环境温度 -5℃ 的除冰效率是环境温度 -20℃ 时的 2.8 倍	环境温度 -5℃ 的除冰效率是环境温度 -20℃ 时的 4～5 倍	大
冰层杂质	冰底层存在 10mm 厚的土层，能提高除冰效率 2.2 倍	冰底层存在 10mm 厚的土层，能提高除冰效率 2.4 倍	冰底层存在 10mm 厚的土层能提高除冰效率 2～3 倍	中等
冰层厚度	大于 10mm 厚冰层，除冰效率基本相同	大于 10mm 厚冰层，除冰效率基本相同	大于 10mm 厚冰层，除冰效率基本相同	小

5.6.3 除冰除雪机械组配

对国内外典型厂家除冰除雪机械的性能进行了调研与资料收集，结合国道 312 线赛里木湖至果子沟口公路几种典型的路面冰雪状况进行了机械组配研究，推荐了合理的除冰除雪机械组配（见表5-50）。

除冰除雪机械组配　表5-50

路面冰雪状况	机 械 组 配	作业速度（km/h）	作业时间（h）
一般积雪	6台平地机或推雪车	20	2.5
小雪与薄冰混合体	6台平地机配钢扫刷	8	6
	6台振动楔刃式除雪机械后配推雪铲	15	3.5
碾压积雪	6台平地机配钢扫刷	10～15	3.5～5
	6台振动楔刃式除雪机械后配推雪铲	15	6
坚冰、厚冰	微波加热装置配合振动碾式除冰机械	定点清除	—
中薄冰清除	6台振动碾式除冰机械后配6台平地机	视冰情而定	—

5.7　试验路检测分析

5.7.1　项目依托工程概况

该项目以G312线赛里木湖至果子沟改建工程为依托，以解决冰雪特殊气候条件下长大下坡路段高架桥临空的混凝土桥面和大跨度钢桥面沥青混凝土铺装的稳定性和抗滑性及沥青混凝土桥面冰雪清除工艺实际问题为目标。

该项目属温带内陆干旱区山地气候，春夏季多雨湿润，冬秋季少雨，日照充足，冬季漫长，日温差较大。最大年降雨量500mm，最大积雪厚度为150cm，年平均气温3.0～4.0℃，最冷月平均气温约－14℃，最热月平均气温约13℃。该项目属于2-2-3区，既夏热冬寒半干区。

5.7.2　桥面铺装结构

合同段起始桩号为K581＋035～K608＋526.142，路线全长为27.481142km。项目主线按高速公路标准设计。越岭段及沿溪段为山岭重丘区，设计速度为80km/h，在沿溪段特别困难（K586＋200～K601＋000）路线线型指标采用60km/h，长度为14.8km。路面采用沥青混凝土路面，设计使用年限为15年。

根据室内试验研究结果，课题组制订试验工程桥面铺装结构方案，如表5-51所示。

本研究桥面铺装结构方案　表5-51

铺装层	铺装层厚度（cm）	混合料类型	沥青类型
上面层	5	SMA-13	SBS I-B
黏层油	—	—	改性乳化沥青
下面层	5	SMA-13	SBS I-B
防水黏结层	1	同步碎石封层	SBS I-C

课题试验路研究依托工程为G045赛—果路改建工程十标K602＋886中桥，该桥为2×30m预应力混凝土连续箱梁，桥梁起点桩号为K602＋854.50，桥梁终点桩号为K602＋917.50。中桥桥长60m，纵坡－2.500%，横坡1%。桥面铺装试验结构为：5cm SMA－13（SBS I－B）＋改性乳化沥青黏层＋5cm SMA－13（SBS I－B）＋SBS I－C同步碎石封层，施工后进行了路面性能检测。

5.7.3 试验路检测

试验路铺筑完成后,2009年11月对该试验工程进行了压实、渗水和抗滑性能检测,如表5-52～表5-54所示。

压实度检测　　表5-52

下面层部位	厚度(cm)	水中重(g)	表干重(g)	干重(g)	毛体积密度	最大理论密度	压实度
行车道左接缝	5.31	481.9	867.8	862.9	2.236	2.412	0.93
行车道	5.00	475.5	842.0	840.3	2.293	2.412	0.95
接缝	4.68	350.4	645.8	628.5	2.128	2.412	0.88
硬路肩	5.00	474.2	843.6	841.5	2.278	2.412	0.94
超车道	5.46	477.6	875.6	871.1	2.189	2.412	0.91

渗水系数测试结果　　表5-53

层　位	部　　位	渗水系数(mL/min)
下面层	硬路肩	73
	接缝	1600
	行车道	70
上面层	超车道(上、下合碾)	不渗水
	行车道	不渗水
	超车道	1200
	上、下层接缝	50

构造深度测试结果　　表5-54

面层	测试部位	直径(mm)	构造深度(mm)
上面层	超车道(离西桥头10m)	190	0.88
	超车道(离西桥头15m)	150	1.42
	超车道(跨中)	190	0.88
下面层	硬路肩(离西桥头20m)	180	0.98
	行车道(离西桥头15m)	170	1.10
	行车道(离西桥头10m)	190	0.88

行车道左接缝钻芯取样,如图5-55所示;渗水系数测试仪,如图5-56所示。

图5-55　行车道左接缝钻芯取样图

图5-56　渗水系数测试仪

6 高寒区复杂条件山区高速公路运营安全控制技术

6.1 路线安全评价

根据果子沟高速公路建设项目沿湖段、越岭段和沿溪段地形多变、地质条件复杂、气候条件恶劣的道路环境特点，以及项目建成后，运营期交通组成中重型车多、大小车之间速度差大的交通特点，为保障公路行车安全和减少交通事故，在设计过程中开展了公路项目安全性评价工作，将安全理念和技术措施融入设计，事先预防可能产生的事故隐患。通过对公路技术指标、结构物、交通安全设施进行评价，发现和甄别公路事故多发(点)段，利用国内外成熟的公路安全研究成果，对可能成为事故黑点的公路隐性缺陷路段进行系统、深入的分析，提出针对性的安全改善措施和建议，切断事故链，防患于未然，最大限度保障道路使用者的安全出行需求，提升公路安全水平，降低事故率及事故严重程度，减少直接和间接经济损失。

项目沿湖段设计速度100km/h，局部困难路段线形指标采用80km/h标准；越岭段和沿溪段设计速度80km/h，在沿溪段特殊困难路段线形指标采用60km/h标准。在路线评价中，针对项目采用的路线线形指标从运行安全性角度进行评价。

6.1.1 平曲线设计参数

在该项目中，有50%的平曲线半径小于400m，小于规范80km/h设计速度所要求的一般平曲线半径值。其中，共有5个平曲线半径小于200m，小于规范60km/h设计速度所要求的一般值，采用的最小平曲线半径为135m。

依据平曲线半径与事故次数的关系曲线(见图6-1)，平曲线半径小于400m时，曲线变陡，事故次数急剧增加。因此，小于400m的平曲线是影响运营安全的关键段，也是进行安全评价的重点。

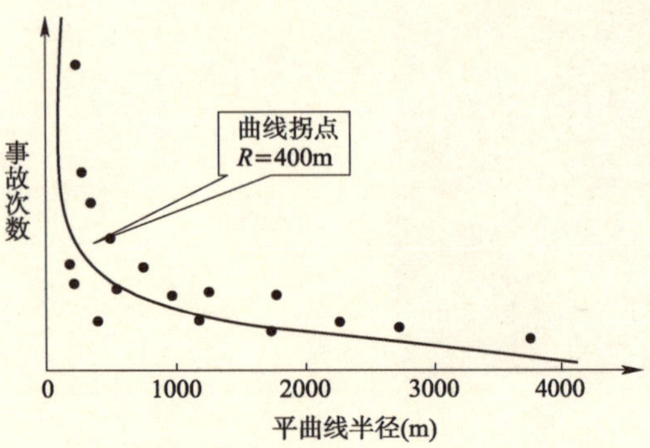

图6-1　平曲线半径与事故次数的关系曲线

该项目地处高寒地区，积雪冰冻期长达5个月，由于积雪冰滑路面与汽车轮胎之间的摩擦系数降低，对行车安全性带来威胁；国内外的事故统计资料也表明高寒地区积雪冰冻期虽然短暂，但其事故率与严重程度和财产损失都较正常气候条件高出许多。因此，冬季积雪冰滑路面条件应作为一种设计状态来考虑。该部分针对小半径弯道路段，分正常条件和恶劣气候两种情况分别对平曲线各参数设计的安全性进行分析。

(1)正常气候条件下

车辆在弯道上行车时，由于离心力的存在车辆会向弯道外侧偏移，超高横坡就是要抵御离心力的偏移作用，其不足部分由车辆轮胎与路面的摩阻力来补充，二者共同维持车辆的横向稳定性。

根据国外的研究成果和标准规定，当交通组成中货车比例达到 20% 以上时，路线设计就必须将货车作为设计车型，在参数的选用上考虑货车的性能和特点。依据交通量数据，该项目中大货车比例占 27.4%，拖挂车占 8.5%，中货车占 8.62%，中型以上货车比例高达 44.5%。因此在对平曲线进行评价时，必须综合考虑货车和小客车两种车型，分别依据货车和小客车的运行速度，合成坡度控制要求，计算出弯道处的各项设计参数（见表 6-1）。其中在部分弯道上（图中阴影部分）所设计超高已超过了建议超高，会威胁到货车的行驶稳定性。因此，建议将设计超高由 6% 降至 5%，保证货车在弯道上的运行安全。

平曲线参数计算表 表 6-1

设计速度（km/h）	路段起点	路段终点	曲线半径（m）	纵坡坡度（%）	小客车速度（km/h）	货车速度（km/h）	货车最大超高	按合成坡度控制超高	设计采用超高	建议超高	小客车横向力系数
60	K600 + 951	K600 + 713	240	4.95	81	34.8	0.040	0.049	0.05	0.045	0.21
	ZK600 + 580	ZK600 + 359	200	4.95	74	36.3	0.043	0.049	0.05	0.045	0.14
	ZK600 + 359	ZK600 + 105	200	2.5	74	39.5	0.061	0.065	0.05	0.05	0.17
	K599 + 399	K599 + 091	200	3.4	77	39.2	0.060	0.061	0.05	0.05	0.18
	K597 + 747	K597 + 539	135	2.97	77	37.7	0.083	0.063	0.06	0.06	0.29
	K596 + 883	K596 + 676	200	2.1	79	40.2	0.064	0.067	0.05	0.05	0.20
	K596 + 505	K596 + 260	280	4.5	80	39.4	0.044	0.054	0.05	0.05	0.13
	K594 + 643	K594 + 446	200	3.741	85	38.9	0.060	0.059	0.05	0.05	0.23
	K593 + 903	K593 + 728	220	4.9	76	34.9	0.044	0.050	0.05	0.05	0.15
	K593 + 728	K593 + 528	200	4.9	74	34.8	0.048	0.050	0.05	0.05	0.16
	K593 + 426	K593 + 139	150	4.4	68	37.6	0.074	0.054	0.06	0.05	0.20
	K591 + 104	K590 + 685	275	3.9	80	31.6	0.029	0.058	0.05	0.05	0.14
	K589 + 292	K589 + 087	140	3.95	77	33.9	0.065	0.058	0.06	0.05	0.28
	K587 + 421	K587 + 276	150	1.8	81	38.7	0.079	0.068	0.06	0.06	0.28
	K587 + 146	K586 + 899	175	2.9	79	32.5	0.048	0.064	0.06	0.06	0.22
80	K586 + 673	K586 + 442	210	2.9	76	37	0.051	0.064	0.05	0.05	0.16
	K605 + 923	K605 + 455	270	3.75	87	33.9	0.034	0.059	0.06	0.05	0.17
	K605 + 455	K605 + 024	270	3.75	85	34.1	0.034	0.059	0.06	0.05	0.16
	K585 + 221	K584 + 700	270	4.7	84	33.4	0.033	0.052	0.06	0.05	0.15
	K579 + 080	K578 + 590	278	3.95	74	36.2	0.037	0.045	0.06	0.04	0.12
	K578 + 387	K577 + 799	270	3.95	80	33.9	0.034	0.045	0.06	0.04	0.15
	K577 + 529	K577 + 169	270	3.9	80	32	0.030	0.046	0.06	0.04	0.14
	K556 + 582	K556 + 306	280	1	94	36.5	0.037	0.069	0.06	0.05	0.20
	K556 + 306	K555 + 955	270	0.3	93	36.5	0.027	0.070	0.06	0.06	0.19

根据表 6-1 所建议的超高值设计，能够保证货车在正常运行条件下的行驶安全性，但是由于小客车与货车之间存在明显的速度差，在同样半径的弯道上，如果超高过低，则小客车实际使用的横向力系数就可能超过舒适性横向力系数范围，甚至接近极限摩阻系数，导致驾驶的不舒适或向弯道外侧偏离。

关于“舒适性速度”的判别标准，以表征驾驶负荷度的心率变化值作为评价指标，根据其与半径的关系，见图 6-2。

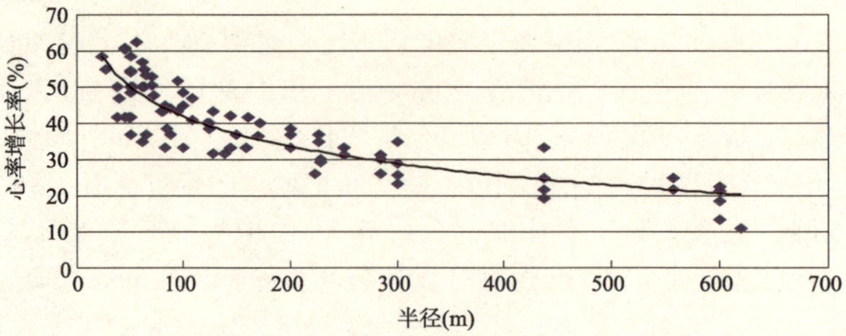

图 6-2　半径与心率增长率的散点图

将驾驶负荷度分为 4 个级别，并给出对应的横向力系数标准，见表 6-2。

驾驶负荷度分级标准　　表 6-2

驾驶负荷度分级	心率增长率 N(%)	横向力系数 μ	驾乘人员感受
A	$N<10\%$	$\mu<0.10$	乘客感觉不到曲线存在，非常舒适平稳
B	$10\%<N<20\%$	$0.10<\mu<0.15$	驾驶员感到曲线存在，但仍平稳舒适
C	$20\%<N<30\%$	$0.15<\mu<0.35$	感觉不舒适、但可以接受
D	$N>30\%$	$\mu>0.35$	超出心理承受点，行驶不稳定，有倾倒的危险

根据建议的超高值和预测的运行速度所计算出来的小客车在实际运行中可能产生的横向力系数（表 6-1 最后一列），部分弯道上的横向力系数（阴影部分）较大，还有一处达到了 0.29，但仍处于 0.5 ~ 0.7 的极限摩阻系数范围内，只是驾乘人员感觉不舒适，因此需要在进入弯道前对小客车进行速度控制，提醒告诫驾驶员该曲线的舒适性行驶速度。

表 6-3 就是根据舒适性的横向力系数和建议的超高值所计算出的小客车在不同的弯道上的舒适性行车速度，在大部分路段舒适性速度都小于相应的预测运行速度。因此，为保证小客车的行驶安全性和舒适性，提醒告诫驾驶员该曲线的舒适行驶速度。

小客车的舒适性速度(km/h)　　表 6-3

设计速度(km/h)	路段起点	路段终点	半径(m)	坡度(%)	小客车预测速度(km/h)	舒适性速度(km/h)
60	K600 +951.008	K600 +713.321	240	4.95	81	66
	ZK600 +580.971	ZK600 +359.140	200	4.95	74	66
	ZK600 +359.140	ZK600 +105.989	200	2.5	74	62
	K599 +399.975	K599 +091.718	200	3.4	77	62
	K597 +747.837	K597 +539.293	135	2.97	77	52
	K596 +883.458	K596 +676.668	200	2.1	79	62
	K596 +505.163	K596 +260.295	280	4.5	84	73
	K594 +643.051	K594 +446.240	200	3.741	85	62
	K593 +903.461	K593 +728.742	220	4.9	76	65
	K593 +728.742	K593 +528.318	200	4.9	74	62
	K593 +426.462	K593 +139.643	150	4.4	68	53
	K591 +104.178	K590 +685.827	275	3.9	80	70
	K589 +292.221	K589 +087.126	140	3.95	77	52
	K587 +421.507	K587 +276.913	150	1.8	81	55
	K587 +146.246	K586 +899.286	175	2.9	79	60

续上表

设计速度(km/h)	路段起点	路段终点	半径(m)	坡度(%)	小客车预测速度(km/h)	舒适性速度(km/h)
80	K586 +673.755	K586 +442.249	210	2.9	76	63
	K605 +923.848	K605 +455.506	270	3.75	87	72
	K605 +455.506	K605 +024.616	270	3.75	85	72
	K585 +221.633	K584 +700.895	270	4.7	84	72
	K579 +080.020	K578 +590.764	278	3.95	74	70
	K578 +387.482	K577 +799.755	270	3.95	80	69
	K577 +529.814	K577 +169.828	270	3.9	80	69
	K556 +582.783	K556 +306.566	280	1	94	73
	K556 +306.566	K555 +955.518	270	0.3	93	74

(2)冰雪气候条件下

根据国内研究成果,在压实雪路面上,轮胎与路面间摩阻系数在 0.155,雪面撒盐和砂后摩阻系数增大到 0.23;雪后冰面上的摩阻系数为 0.11,在冰面上撒砂后摩阻系数增大到 0.21,撒盐后为 0.17。

如果以冬季积雪冰滑路面条件作为一种设计状态来考虑,为保证横向安全,最大横向力系数必须小于冰滑路面与轮胎之间的最大横向摩阻系数,即小于 0.11。按该项目设计所采用的最大超高 6%,可以计算不同设计速度下冰滑路面条件满足行车安全的最小平曲线半径,见表 6-4。

冰雪路面条件下最小平曲线半径 表 6-4

设计速度(km/h)	60	80
冰雪条件下横向力系数 μ 取值	0.11	0.11
设计采用超高 i 值(%)	6	6
冰雪条件下需求的平曲线半径(m)	175	315
设计采用部分小平曲线半径(m)	135、140、150	270

鉴于如果进行平面线形的调整,将会影响到整个路线的总体方案。因此在维持平曲线半径不变的情况下,根据预测和实测的小客车的运行速度、安全的横向力摩阻系数、建议的超高横坡等几项参数为基础,计算出冰滑路面条件下的安全行车速度,见表 6-5。

冰滑路面的安全行车速度 表 6-5

序 号	路段起点	路段终点	半径(m)	坡度(%)	小客车预测速度(km/h)	冰滑路面安全速度(km/h)
1	K599 +399.975	K599 +091.718	200	3.4	77	53
2	K597 +747.837	K597 +539.293	135	2.97	77	45
3	K596 +883.458	K596 +676.668	200	3.741	79	53
4	K593 +728.742	K593 +528.318	200	4.9	74	53
5	K593 +426.462	K593 +139.643	150	4.4	68	46
6	K589 +292.221	K589 +087.126	140	3.95	77	44
7	K587 +421.507	K587 +276.913	150	1.8	81	48
8	K587 +146.246	K586 +899.286	175	2.9	79	52

从计算结果可以看出,冰滑路面条件下的安全行车速度低于设计速度。因此,针对冰雪等恶劣气候条件下,必须采取相应的安全设施、交通信息诱导、交通管理等综合措施,控制车辆速度与跟车距离。

6.1.2 连续纵坡安全

本项目单一纵坡坡度与坡长均满足规范要求，但规范中的最大纵坡和坡长限制指标，主要考虑了汽车的上坡动力性能，而缺少对长大下坡的安全性考虑。根据四台下坡路段的事故原因分析，超过半数的肇事车辆是由于重型货车制动失效引起的，避险车道成为遏制连续下坡事故高发的有效措施。为此，本项目设置了4处避险车道。安全评价采用货车在连续下坡路段上的制动器温度阈值300℃作为控制指标，来验算评价避险车道的设置位置与数量。根据现场交通组成调查，载重吨位大的货车比例达到30%。基于安全性考虑，选取了最不利车型、载重35t（总重55t）的重型货车作为评价车型。

根据能量守恒原理推算下坡路段坡长、坡度、载质量与制动器温度的关系模型，测算重型货车下坡行驶时的车辆制动器温度变化情况，如表6-6所示。

制动温度变化表（一） 表6-6

路段	起点桩号	终点桩号	坡度（%）	坡长（m）	制动温度（℃）
1	YK 573 +900	YK 575 +000	2.95	1100	102.1
2	YK 575 +000	YK 575 +580	2.4	580	116.3
3	YK 575 +580	YK 576 +360	2.95	780	154
4	YK 576 +360	YK 576 +680	2.4	320	160.3
5	YK 576 +680	K 577 +390	3.9	710	207.6
6	K 577 +390	K 577 +960	1.23	570	207.6
7	K 577 +960	K 578 +860	3.95	900	237.9
8	K 578 +860	K 579 +422	1.9	562	248.6
9	K 579 +422	K 580 +100	2.4	678	265.8
10	K 580 +100	YK 580 +960	3.9	860	290.9
合计				7060	

从表6-6中可见，右线距坡顶7km处（YK580+960），制动器温度已经接近300℃的控制温度，有制动失效的危险。虽然原设计在下游2.5km处（K578+400）设置了避险车道，但由于距坡顶过近，制动器温度又在安全温度范围内，此处避险车道的作用不大。车辆往往会继续前行，而下游都是桥隧相连路段，没有设置避险车道的位置。因此结合四台大坡距坡顶8km（K4695）处出现的事故积聚性分析，建议将K578+400处的避险车道结合地形改为停车服务区，将意识到前方连续下坡的车辆引入停车区进行休息调整，增加后续下坡的行车安全性，消除距坡顶7~8km范围内的制动失效隐患。对于未进入停车区的车辆，经温度测算，在到达桥隧相连路段之前有制动失效的危险，因此建议在桥隧相连路段结束点附近设置一处避险车道，桩号为YK583。由于YK583上游为将军沟互通立交的入口匝道，因此建议在匝道上设置标志，提醒驾驶员避让主线制动失效的车辆。

从表6-7可见，车辆继续前行6.4km至K584+660处，制动器温度达到300℃，建议此路段K586+880处设计的避险车道提前2km到K584+660附近，以消除安全隐患。若避险车道已施工，为避免前期工程的浪费，也可保留此处避险车道，但应延长上游路段对此处避险车道的预告距离，即在距离此处避险车道3km的位置增加避险车道预告标志，使驾驶员做好充分的心理准备。

从表6-8中可见，下坡行驶6.2km左右，到K593+090处制动器温度上升到失效温度，有制动器失效的危险。此路段K594+769处已设置了避险车道，两处相距1.679km，在避险车道的预告范围内。同时从全线34.6km长下坡路段来看，仅在K578+400处设置了一处停车区，中间30km多的路段内车辆没有停车休息的区域；鉴于K592+760处设计了紧急停靠站，规模较小，结合四台大坡距离坡顶20~23km区域内，交通事故最为集中的现实。综合考虑，建议将此处紧急停靠站改造成停车区，供载货汽车停车降低制动器温度，而原设计在K594+769处的避险车道予以保留，维持设计现状。

从表6-9中可见，此路段K602+500处设置的避险车道较为合理。

制动温度变化表(二) 表6-7

路　段	起点桩号	终点桩号	坡度(%)	坡长(m)	制动温度(℃)
1	K578 +400	K578 +860	4	460	86.5
2	K 578 +860	K 579 +422	1.9	562	87.7
3	K 579 +422	K 580 +100	2.4	678	105
4	K 580 +100	YK 580 +960	3.9	860	181.2
5	YK 580 +960	YK 582 +820	2.24	1860	203.7
6	YK 582 +820	YK 583 +300	4.9	480	244.1
7	YK 583 +300	YK 583 +560	2.4	260	247.5
8	YK 583 +560	YK 584 +260	4.9	700	270.2
9	YK 584 +260	K 584 +400	2.4	261.5	283.6
10	K 584 +400	K 584 +660	4.5	260	301.7
合计				6381.5	

制动温度变化表(三) 表6-8

路　段	起点桩号	终点桩号	坡度(%)	坡长(m)	制动温度(℃)
1	K 586 +940	K 588 +400	1.8	1460	52.7
2	K 588 +400	K 588 +760	1.4	360	55.4
3	K 588 +760	K 589 +480	3.95	720	131.2
4	K 589 +480	K 590 +350	1.82	870	133.5
5	K 590 +350	K 591 +350	3.9	1000	209.9
6	K 591 +350	K 591 +540	2.5	190	213.2
7	K 591 +540	K 592 +340	4.9	800	274
8	K 592 +340	K 592 +490	2.4	150	275.9
9	K 592 +490	K 592 +940	3.95	450	298
10	K 592 +940	K 593 +090	4.4	150	308.6
合计				6150	

制动温度变化表(四) 表6-9

路　段	起点桩号	终点桩号	坡度(%)	坡长(m)	制动温度(℃)
1	K 594 +769	K 595 +080	3.74	311	63.6
2	K 595 +080	K 595 +697	1.8	617	72.1
3	K 595 +697	K 596 +370	4.5	673	153.2
4	K 596 +370	K 597 +060	2.1	690	159.3
5	K 597 +060	K 597 +880	2.97	820	190
6	K 597 +880	K 598 +230	3.67	350	208.9
7	K 598 +230	K 598 +700	2.4	470	215.7
8	K 598 +700	K 599 +250	1.5	550	216
9	K 599 +250	YK 599 +830	3.4	580	239.5
10	YK 599 +830	YK600 +501	2.5	671	250.9
11	YK600 +501	K 601 +080	4.95	579	264
12	K 601 +080	K 601 +400	1	320	290.1
13	K 601 +400	K 601 +800	3.3	400	306.2
合计				7031	

从表6-10中可见，在收费站K607+100处，制动器温度上升到220°C左右，虽然可以保证货车在收费站前安全停车，但对于未在停车服务区休息的载重货车，经过连续30km下坡行驶后，会有部分车辆出现制动失效现象。

制动温度变化表（五）　　表6-10

路　段	起点桩号	终点桩号	坡度（%）	坡长（m）	制动温度（℃）
1	K 602 +110	K 602 +400	1.07	290	55.7
2	K 602 +400	K 603 +450	2.5	1050	90.9
3	K 603 +450	K 604 +280	2.92	830	131.3
4	K 604 +280	K 604 +900	1.0	620	131.3
5	K 604 +900	K 605 +730	3.75	830	192.1
6	K 605 +730	K 606 +050	0.3	320	192.1
7	K 606 +050	K 606 +690	3.2	640	216.9
收费站	K607 +100		1.5	540	217
9	K 607 +230	K 608 +200	2.3	970	228.6
10	K 608 +200	K 608 +516	2.14	316	230.9
合计				6406	

结合博乐交警和路政提供的两类数据源所获取的事故，连霍国道主干线博赛段五台收费站所在的K4651交通事故最多，占全部分析事故的44%之多，这说明收费站处发生碰撞收费站设施等事故非常集中。因此，在本项目果子沟段高速公路的运营中，也应格外重视收费站、服务区等处的安全保障，以避免出现连续长距离下坡行驶后发生碰撞收费站设施等交通事故。为此建议在收费站（K607+100）前2km左右结合地形条件增设一处避险车道。

根据上述连续纵坡地段安全评价，建议在原设计基础上，对全线避险车道与停车区设置进行调整，如图6-3所示。

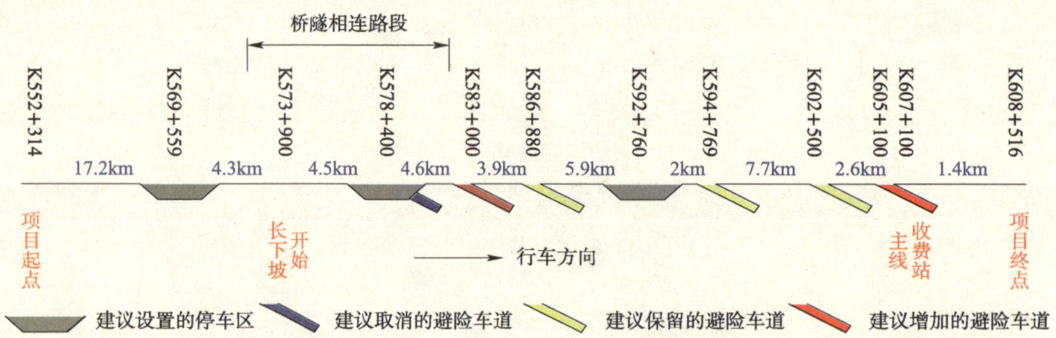

图6-3　避险车道与停车带设置位置及间距示意图

根据四台大坡连续下坡路段的驾驶行为调查发现：若相邻两个纵坡坡度差较大，极易给驾驶员造成先下坡后上坡的假象，使驾驶员麻痹大意，不控制车速，增加了制动失效的风险。因此建议在较长的缓坡地段增设长下坡提示标志，如图6-4所示，提醒驾驶员注意车辆仍处于长下坡路段，还需一定的距离才能驶出此路段，注意控制车速。

图6-4　长下坡路段提示标志

6.1.3　视距保证

视距是保证公路安全的一项重要设计指标。公路沿线应有足够的视距，使驾驶员能及时察觉潜在的危险，并做出适当的反应。停车视距的分析从正常路面条件和冰雪路面条件两种情况来考虑。

(1)小客车的停车视距

满足停车视距要求的平曲线半径所需要的横净距,按下式计算:

$$m = R\left[1 - \cos\left(\frac{28.65S}{R}\right)\right] \tag{6-1}$$

式中:m——所需横净距(m);

R——内车道中线处的曲线半径(m);

S——小客车或货车的相应停车视距(m)。

小客车的视高取为 1.2m,本项目主线整体式路基横断面宽度设计速度 100km/h 为 26m,设计速度 80km/h、60km/h 均为 24.5m,具有的横净距为:

路基宽度 26m:3.75/2 +3.0 +0.75 +0.50 +2.00 +1.2/2 =8.725m

路基宽度 24.5m:3.75/2 +2.5 +0.75 +0.50 +2.00 +1.2/2 =8.225m

根据运行速度预测结果,对挖方段小半径平曲线路段视距进行检验,表 6-11 中的路段横净距不能满足视距要求。

小客车停车视距验算表 表 6-11

交点号	半径(m)	运行速度(km/h)	停车视距(m)	所需横净距(m)	提供横净距(m)	差值(m)
JD_5	270	93	143	9.413	8.725	-0.688
JD_{37}	320	95	148	8.519	8.225	-0.294
JD_{53}	200	85	123	9.383	8.225	-1.158

建议在横净距不能满足视距要求的路段设置建议速度标志,同时增设视距不良警告标志。

(2)货车的停车视距

货车的视高为 2m,故具有的横净距为:

路基宽度 26m:3.75/2 +3.0 +0.75 +0.50 +2.00 +2.0/2 =9.125m

路基宽度 24.5m:3.75/2 +2.5 +0.75 +0.50 +2.00 +2.0/2 =8.625m

按不利情况考虑,以货车运行速度 75km/h 时需要横净距作为衡量标准,小半径路段视距基本满足要求。

(3)中央分隔带视距

对小汽车来说,视线高度为 1.20m,视线会被中央分隔带防眩设施隔断,导致小半径平曲线路段视距不能满足停车视距要求。因此对高速公路内侧车道至防眩物距离所要求的平曲线半径进行检验。

中央分隔带具有的横净距为:

路基宽度 26m:3.75/2 +0.75 +2.0/2 -0.50 =3.125m

路基宽度 24m:3.75/2 +0.5 +2.0/2 -0.50 =2.875m

根据路段设计速度,分别计算相应的视距范围验证值。

由表 6-12 可知,对于小客车,设计速度为 100km/h 的路段,半径小于 1050m 的平曲线,设计速度为 80km/h 的路段;半径小于 530m 的平曲线,设计速度为 60km/h 的路段;半径小于 250m 的平曲线,中央分隔带视距不满足要求。不满足视距要求的路段列入表 6-13。

中央分隔带视距范围验证表 表 6-12

半径(m)	设计速度(km/h)	停车视距(m)	所需横净距(m)	提供横净距(m)	差值(m)
1050	100	160	3.047	3.125	0.078
1000	100	160	3.199	3.125	-0.074
530	80	110	2.852	2.875	0.023
520	80	110	2.906	2.875	-0.031
250	60	75	2.808	2.875	0.067
240	60	75	2.924	2.875	-0.049

对于表6-13中所列路段，建议如下两点：

①针对性地进行标线设计，可通过压缩硬路肩宽度的方法加宽中分带横净距，从而保证视距要求；

②设置限速及警告标志。

中央分隔带视距不满足路段　　表6-13

设计速度（km/h）	曲线半径（m）	交点号	交点桩号
100	805	JD_{9}	K560 +113.653
	980	JD_{12}	K572 +407.673
80	270	JD_{16}	K577 +451.350
	500	JD_{17}	K577 +707.560
	270	JD_{18}	K578 +154.198
	278	JD_{19}	K578 +888.552
	270	JD_{28}	K584 +984.654
	500	JD_{30}	K586 +027.585
	370	JD_{70}	K601 +397.145
	360	JD_{71}	K601 +775.237
	400	JD_{72}	K602 +119.875
	300	JD_{77}	K604 +274.696
	400	JD_{79}	K604 +888.301
	270	JD_{80}	K605 +232.403
	270	JD_{81}	K605 +736.046
	500	JD_{82}	K606 +053.923
60	210	JD_{31}	K586 +562.275
	175	JD_{32}	K586 +978.220
	150	JD_{33}	K587 +306.099
	140	JD_{38}	K589 +196.142
	150	JD_{49}	K593 +302.217
	200	JD_{50}	K593 +631.212
	220	JD_{51}	K593 +817.597
	200	JD_{53}	K594 +547.119
	200	JD_{59}	K596 +783.075
	135	JD_{62}	K597 +650.364
	200	JD_{66}	K599 +262.499
	240	JD_{69}	K600 +835.384

（4）竖曲线视距

根据停车视距确定的凸形竖曲线的极限最小半径，本项目凸形竖曲线最小半径为6000m，按照运行速度预测结果，小客车在该竖曲线处的运行速度为100km/h，不满足6500m的视距要求，建议在该处设置警告标志。如表6-14和表6-15所示。

基于停车视距的最小凸形竖曲线极限最小半径　　表6-14

设计速度（km/h）	100	80	60
停车视距（m）	160	110	75
凸形竖曲线极限最小半径（m）	6500	3000	1400

凸形竖曲线视距不满足的路段 表 6-15

序号	桩 号	凸形竖曲线半径 R(m)
1	K584 + 400	6000

《标准》采用行车舒适感作为凹曲线最小半径的计算依据。欧美部分国家考虑大交通量时，夜间高速行驶安全要求，采用车前灯照视距离作为凹曲线最小半径的计算依据。

根据停车视距计算时采用的小客车目高为 1.2m，货车目高为 2.0m，物高为 0.1m，前灯高出路面 0.75m，前灯向上照射仰角为 1°，据此按汽车前灯照视距离要求计算凹曲线最小半径。

本项目凹形竖曲线最小半径为 5000m，按下式计算，满足夜间行车视距要求；按夜间车灯与停车视距计算凹形竖曲线极限最小半径，如表 6-16 所示。

$$R'_{\text{凹}\min}=\frac{100\cdot \mathrm{SSD}^2}{200[0.75+\mathrm{SSD}\cdot(\tan 1°)]} \tag{6-2}$$

按夜间车灯与停车视距计算凹形竖曲线极限最小半径 表 6-16

设计速度(km/h)	小客车 $R'_{\text{凹}\min}$(m)	货车 $R'_{\text{凹}\min}$(m)	凹形竖曲线极限最小半径(m)
100	3614	4163	3000
80	2266	2665	2000

(5)冰雪条件下停车视距

由于在冰雪地区道路摩擦系数急剧下降，会直接影响制动效率，制动系数也会随之降低，制动距离会加长，从而影响到停车视距指标。因此从冬季安全行车的角度考虑，本项目在平、竖曲线处未能提供冰雪路面条件下的停车视距保障。建议在后续的通车运营阶段，必须在视距受限路段进行有效的速度控制与速度管理。寒冷积雪地区的停车视距，如表 6-17 所示。

寒冷积雪地区的停车视距 表 6-17

设计速度(km/h)	100	80	60	40	30	20
冰雪条件停车视距(m)	190	145	105	60	50	25
正常条件停车视距(m)	160	110	75	40	30	20
差值(m)	30	35	30	20	20	5

6.1.4 合成坡度

合成纵坡的方向一般是斜向路基边缘，冬季路面有积雪、冰冻的地区，车辆横移性增大，会给行车带来安全隐患；将合成坡度限制在某一范围内是尽可能地避免陡坡与急弯的组合对行车产生的不利影响。根据本项目设计指标计算出小半径路段的合成坡度，见表 6-18。

小半径路段合成坡度 表 6-18

设计速度(km/h)	曲线半径(m)	交点号	设计纵坡(%)	设计超高(%)	合成坡度(%)
80	270	JD_{16}	3.9	6	7.16
	270	JD_{18}	3.9	6	7.16
	278	JD_{19}	3.95	6	7.18
	270	JD_{28}	4.7	6	7.62
	270	JD_{80}	3.75	6	7.08
	270	JD_{81}	3.75	6	7.08

续上表

设计速度(km/h)	曲线半径(m)	交点号	设计纵坡(%)	设计超高(%)	合成坡度(%)
60	140	JD_{38}	3.95	6	7.18
	275	JD_{43}	3.9	5	6.34
	150	JD_{49}	4.4	6	7.44
	200	JD_{50}	3.9	5	6.34
	220	JD_{51}	3.9	5	6.34
	200	JD_{53}	3.741	5	6.24
	280	JD_{57}	4.5	5	6.73
	200	JD_{66}	3.4	5(6)	6.05(6.90)
	200	JDZ_{70}	4.95	5	7.04
	240	JD_{69}	4.95	5(6)	7.04(7.78)

虽然所有弯坡组合路段的设计合成坡度均符合《规范》“冬季路面积雪、结冰地区，合成坡度必须小于8%”的规定，但这只是理想条件下的最低安全要求。

根据汽车的运动平衡方程：牵引力(驱动力)必须大于或等于车辆行驶阻力，见式(6-3)。

$$G\varphi - R_{w} = G(f+i) + \delta \frac{G}{g}a \tag{6-3}$$

为此，当车辆在弯道上起步行车与匀速行驶时，要求合成坡度：

$$i \leqslant (G_{驱} \times \varphi - Rw)/G - f$$

在冬季路面有积雪、结冰的地区，冰滑路面与轮胎之间的最大摩阻系数 φ 为0.11，货车前后轴之间的重量比一般为3:7，即分配在驱动轴上最大驱动力 $G_{驱}$ 为0.07G，故从冬季车辆行驶安全性考虑，合成坡度必须小于7%。另外，由于大桥和隧道等构造物较路基路段更容易结冰，在恶劣条件下对车辆的横向稳定性更具威胁性，故桥隧处的超高横坡以6%来控制。

从计算结果看，本项目有10个路段合成坡度大于7%，最大的是 JD_{69} 为7.78%。故建议按表6-19调整超高，以降低合成坡度，来满足冬季冰雪路面条件的安全行车要求。

调整超高后合成坡度 表6-19

设计速度(km/h)	曲线半径(m)	交点	设计纵坡(%)	调整后超高(%)	合成坡度(%)	备注
80	270	JD_{16}	3.9	4(下行)	5.59	桥
	270	JD_{18}	3.9	4(下行)	5.59	桥
	278	JD_{19}	3.95	4(下行)	5.62	桥
	270	JD_{28}	4.7	5	6.86	
	270	JD_{80}	3.75	5(下行)	6.25	
	270	JD_{81}	3.75	5(下行)	6.25	
60	140	JD_{38}	3.95	5(下行)	6.34	
	150	JD_{49}	4.4	5	6.73	
	200	JDZ_{70}	4.95	4.5	6.69	
	240	JD_{69}	4.95	4.5(下行) 5(上行)	6.69 7.04	

6.2 运营期安全保障

根据项目沿湖段、越岭段和沿溪段地形多变、地质条件复杂、气候条件恶劣，重型车多、车型间速度差大等道路、交通特点，依据安全性评价结论，按照安全隐患可能诱发的事故严重程度进行安全等级划分；然后在交通工程设计与安全保障方案实施时，能针对不同的安全等级采取相应的安全保障措施，从而使车辆在项目全线安全行驶。

6.2.1 安全保障等级划分

在安全性评价结论基础上，结合本项目线形设计指标紧张、气候条件恶劣，重型车多、车型间速度差大的道路、交通特点，根据安全隐患严重程度进行安全等级与安全保障措施的等级划分（见表 6-20）。

道路的安全保障措施分为主动防护与被动防护两种。首先要做好主动防护设计，以减少交通事故发生率；然后才是被动型的防护措施，在交通事故不可避免时，怎样使人员伤亡、财产损失降至最小。

安全等级与保障等级划分表　　表 6-20

等级划分	危险程度	运行速度	道路条件与视距	防护措施	速度控制技术
一级	安全	$\|\Delta v_{85}\|<10$ $\|V_{grade}\|<3$	平直路段	无须特别防护	分段禁令限速
二级	一般	$10\leqslant\|\Delta v_{85}\|<15$ $3\leqslant\|V_{grade}\|<7$	$100<R<300$，不满足视觉要求路段	主动防护	视觉减速标线
三级	危险	$15\leqslant\|\Delta v_{85}\|<20$ $7\leqslant\|V_{grade}\|<10$	$200<R<300$，连续下坡 7km，平均纵坡≥2.5%，视距不满足运行速度要求	主、被动防护	振动减速标线与速度实时反馈系统
四级	严重	$\|\Delta v_{85}\|\geqslant 20$ $\|V_{grade}\|\geqslant 10$	$R\leqslant 200$m，平均纵坡 >3%，连续 20km 的路段冰雪条件下桥隧相连路段	主、被动加强型防护	重点监控、信息提示与超速抓拍

6.2.2 总体速度控制方案

在安全保障分级的基础上，对各安全等级的安全隐患最有针对性的主动安全措施是有效的速度控制技术。只有将车辆行驶速度控制在一个安全的范围内，才可能预防因不良条件诱发的交通事故。为此，根据不同的安全等级，采取合理、有效的速度控制方案和速度管理是确保公路安全、高效运营必不可少的管理措施。作为运营与管理的手段，速度控制是希望驾驶员合理地选择行驶车速，对驾驶行为进行约束，以防止事故发生或减轻事故严重度，保障行车安全。因此，根据运行速度与路线设计指标、设计速度的关系，科学合理地进行速度控制和人性化的限速标志，对果子沟大桥的运行管理及行车安全具有重要意义。

结合项目的线形设计特点，推荐采用“分段禁令限速 + 局部点建议速度”的速度管理方案。局部点建议速度则是根据路线平纵指标、视距要求，给出不同“线元”驾驶员的行车推荐速度值。分段限速方案见表 6-21。

本项目气候条件复杂，积雪冰冻期较长，在冰冻期由于路面冰滑，车轮与地面之间摩阻力减小，制动距离变长，在高速行驶条件下易发生滑溜事故，因此必须设置冰冻期的限制速度标准。恶劣气候条件下的路线参数与正常条件下有很大差异，因此，为保障恶劣气候条件下的行车安全，必须进行速度控制。根据冰雪路面条件下小半径曲线处安全行驶速度，建议冰雪雾天气下，最高限制速度 40km/h。

分路段的速度控制方案 表 6-21

路段桩号	限速值	路段长度(km)	说　明
YK(ZK)552 +314.426 ~K572 +519.325	100	20.2	项目起点至路基宽度 24.5m 处
K572 +519.325 ~K608 +516.142	80	36.0	路基宽度 24.5m 至项目终点
全线	冰雪雾天气 40	56.2	冰、雪、雾恶劣气候条件

6.2.3　安全保障措施

本项目气候条件复杂，积雪冰冻期较长，在冰冻期由于路面冰滑，车轮与地面之间摩阻力减小，制动距离变长，在高速行驶条件下易发生滑溜事故，因此为保证恶劣气候条件下桥隧路段行车安全，必须设置监控系统，可变信息标志，加强桥梁护栏防护等级。在安全性评价结论基础上，对安全设施进行了优化。尤其是增强了越岭段桥梁的护栏防护能力。

图 6-5　果子沟大桥采用护栏

(1)果子沟大桥采用 SS 级钢护栏，高 1.51m，如图 6-5 所示。

(2)山坡展线桥采用 SA 级钢护栏，高 1.32m，如图 6-6 所示。

(3)沿溪段采用一般山岭区的混凝土墙式护栏(见图 6-7)。

图 6-6　山坡展线桥护栏

图 6-7　普通桥梁混凝土墙式护栏

6.2.4　安全管理措施

(1)加强冬季冰滑路面的安全行车教育

在冬季降雪天气来临之际，在道路的入口、收费站、服务站，反复宣传冬季公路行车注意事项，散发“行车安全须知”等宣传资料，做到防患于未然。

(2)加强车辆的安全检查

对于超载、超限车辆，应禁止其驶入。对于制动性能差的车辆严把检验关，令其修复后再上路。交警部门对超速车辆加大执法力度。对于其他不安全因素，如车辆老化、陈旧、操纵系统失效或轮胎严重磨损的车辆，也应采取措施限制通行。

(3)加强路面巡视，及时采取应急措施

当冬季冰雪雾天气出现时，高速公路的路政监管部门要及早预防、及时提示。同时要加强路面巡视，遇有暴风雪，造成路面严重结冰、大雾时，可以采取封路措施，禁止车辆通行。

(4)采取有效的方法清除路面冰雪

根据冰雪特点采取有效的防冰、除雪、防滑措施，对可能结冰的桥涵、路段要及时采取融解冰雪措施，保证车辆安全行驶。

6.3 果子沟大桥施工监控

为了保证桥梁施工安全与成桥内力和线形符合设计要求，施工控制已成为桥梁施工技术的重要组成部分，并始终贯穿于桥梁施工中。桥梁施工控制是确保桥梁施工宏观质量和运营安全的关键。衡量一座桥梁的施工宏观质量标准，就是其成桥状态的线形以及受力情况符合设计要求。对一座大跨度斜拉桥来说，一般其上部结构均采用多工序、多阶段施工，如果在施工的过程中控制不当，不但桥梁结构内力和线形的最终状态很难达到设计要求，而且施工安全也难以保障，更影响桥梁的使用寿命和安全。

果子沟大桥作为一座钢桁梁大跨度斜拉桥，在施工过程中将会遇到许多确定和不确定的因素的影响，使得施工实际情况与理想状态有了一些差别，所以在施工中对结构参数进行有效的识别，对施工状态进行预测、优化并调整可调变量，最终使施工系统处于控制之中，保证施工过程中和竣工后的桥梁结构的线形和内力满足设计和规范的要求并对满足的程度进行评价，这就是桥梁施工监控的任务。

6.3.1 全过程施工监控体系

斜拉桥属于高次超静定结构，其最为重要的特征之一就是所采用的施工方法和安装顺序与成桥后的主梁线形及结构恒载内力息息相关。大跨度斜拉桥一般采用分阶段施工方法，结构的内力状态和线形随施工过程不断发生变化，设计阶段一般根据经验预先确定包括结构刚度、构件几何尺寸、梁端重量、施工临时荷载、斜拉索张拉力、收缩徐变等关键参数作为理想值，并根据上述参数的理想值确定结构各关键阶段的理想状态。尽管可对上述参数进行控制，但由于施工误差、环境误差、测量误差等不可避免，如不加以控制，必然导致实际结构状态和理想结构状态间的偏差。随着跨度和结构复杂性的增加，该偏差对结构线形和内力状态的不良效应显著增加，给结构的施工和正常运营带来诸多隐患，甚至危及施工和运营过程中的结构安全。

大跨度斜拉桥施工控制的主要目的是：通过施工监测与控制的有机结合，调整并控制桥梁的内力和线形，确保桥梁施工安全和正常运营，尽可能使桥跨结构的内力和线形接近或达到理想状态。

桥梁的施工控制是一个施工→测量→识别→修正→施工的循环过程。施工控制最重要的是确保施工中结构的安全，具体表现为：结构的内力合理，变形控制在允许范围内，并保证有足够的稳定性。通过施工方案的优化设计，对变形和应力进行双指标控制，严格控制各主塔的水平变位、主梁各控制截面的高程变化，桥面系的高程变化，索力的变化，同时保证主梁和主塔控制截面应力在允许的范围内。

大跨度斜拉桥全过程施工控制的基础为：几何体系一定的弹性结构在某一时刻的内力和变形状态唯一取决于此刻结构所受的作用体系，而与此前结构构件的安装历程、作用的施加和变迁历程无关。其原因在于此刻结构的内力与变形状态可以由静力平衡方程和变形协调方程唯一的确定，而这两类方程又由此时结构的几何体系与作用体系唯一的确定。此处的几何体系包括结构形式、构件的无应力尺寸和形状、几何约束形式及其方位等。作用体系包括荷载、温度、振动、基础变位等。于是，如果没有误差，在桥梁施工中，只要保证结构体系和作用体系不变，同时保证构件安装时的初始几何尺寸和形状（构件的无应力状态）与成桥理想目标状态所对应的构件无应力状态相同，那么到了成桥阶段结构的内力与变形状态就是理想的目标状态。因此，施工控制时只要精确控制构件的无应力状态即可。具体到斜拉桥主梁上，其无应力状态就是无应力线形，根据结构成桥状态和施工过程获得主梁的整体无应力线形和各梁段的局部无应力线形，制造时各梁段严格按照其局部无应力线形进行制造控制，拼装时严格按照梁段间的无应力状态关系进行拼装控制即可实现主梁的线形控制，索塔各节段同时按照无应力线形进行制造和安装，各斜拉索按照无应力索长进行制造和安装，斜拉桥成桥时的主梁线形即为预先设定的理想目标线形，同时其内力状态即为理想目标状态。即斜拉桥全过程施工控制就是通过对主梁、索塔、斜拉索等关键构件制造和安装等关键环节的全过程控制实现主梁线形和索力的有效控制。

大跨度斜拉桥全过程施工控制体系见图6-8。从图中可以看到：桥梁的施工控制是与桥梁设计制造、施工及监理密切联系的。桥梁的施工控制过程是一个信息采集、信息分析、处理和信息反馈的过程。施工控制技术体系包含制造体系、实时测量体系、现场测试体系、实时计算体系、应力预警体系等组成部分。

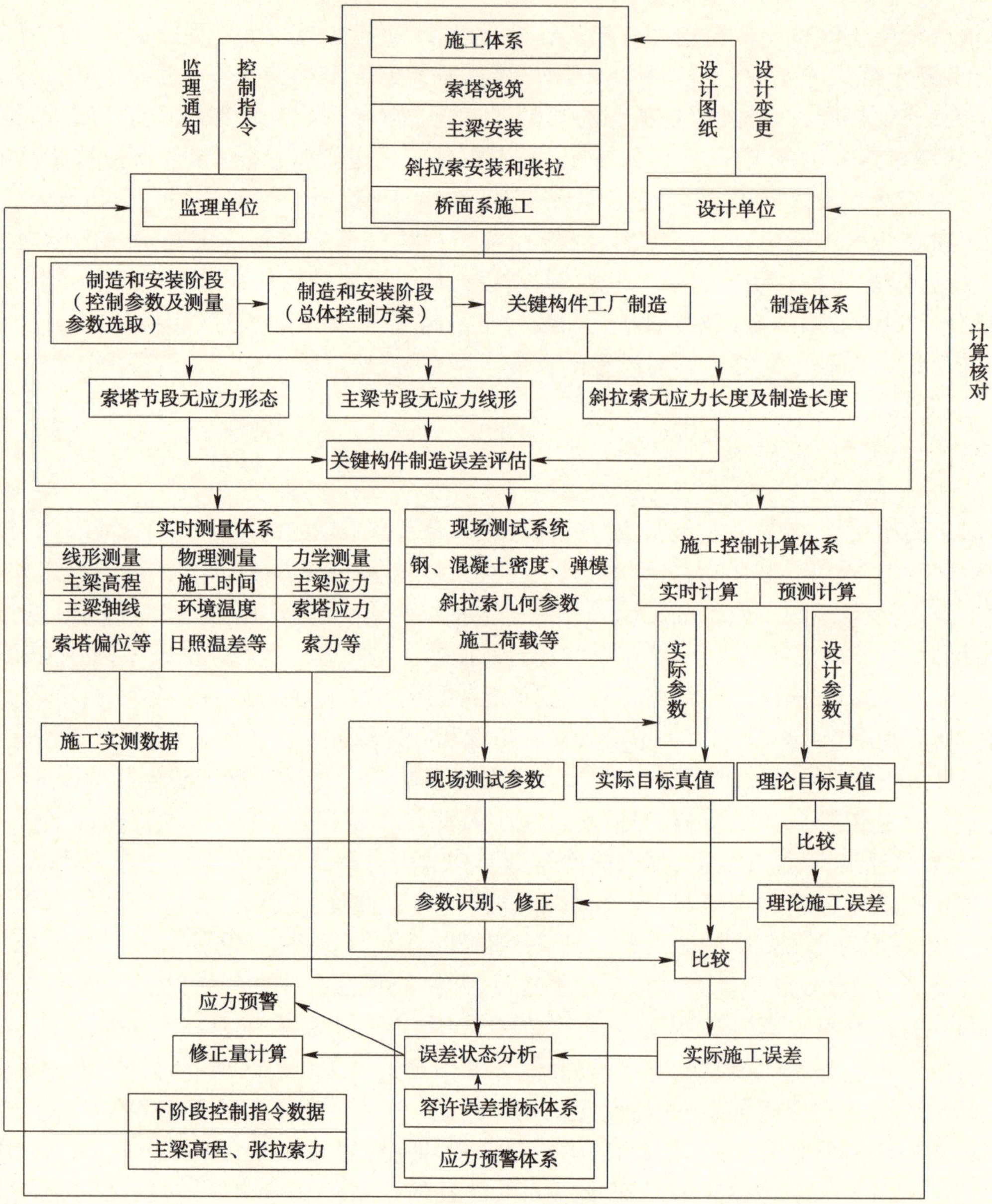

图6-8　桥梁施工监控技术体系

6.3.2　施工监控内容

施工监控是大跨度斜拉桥施工控制的基础，在施工中必须对重要的结构设计参数和状态参数进行监测，以获取反映实际施工情况的数据，不断根据实际情况修正原先确定的各施工阶段的理想状态，使施工状态始终处于控制范围之内。施工监控系统中一般包括结构设计参数监测、几何形态监测、应力监测、温度监测等。

(1)几何形态监测

果子沟斜拉桥几何形态监测的目的主要是获取或识别已形成结构的实际几何形态,包括高程、跨径、主梁和主塔的线形、结构的变形或位移等。桥梁结构几何形态监测的主要仪器包括测距仪、水准仪、经纬仪、全站仪、光电图像式挠度仪等。

果子沟大桥主塔为阶梯式混凝土 H 形塔,设四道横系梁。主塔施工到 30m、60m、90m、100m、130m、150m、170m 时采用激光垂度仪对主墩墩顶变位随温度的变化进行全天监测,然后用所得到的曲线修正立模高程或调整测量时间。

主塔塔顶位移监测是确保整体结构稳定的重要环节。在施工过程和成桥后,主塔塔顶位移不允许超过设计的规定。因此跟踪监测主塔塔顶位移须贯穿上部钢桁梁拼装施工的全过程。监测方法是在塔柱上安装固定好棱镜,用全站仪进行观测,通过测点坐标的变化来获取塔柱的位移情况。施工单位测量人员在上部结构施工过程中定期(每节段索力张拉后)测量监控点高程(监理签字验收)。监控单位通过对数据的分析,确认塔顶位移是否超出理论计算范围,是否会对索塔乃至全桥造成安全隐患。

钢桁架主梁线形主要指纵面高程线形和平面线形。纵面线形要求是指主梁的整体高程和局部平顺性要求。成桥后(通常是长期变形稳定后)主梁的高程要满足上述两方面的设计高程要求。平面线形要求是指钢桁架主梁的实际桥轴线与理论桥轴线值的偏差应符合设计和公路工程质量评定等的要求。

为了便于数据比较,采用同一套控制基准点及测点。主梁测点布置在梁体的几何定位点上。由于线形对温度、日照、索塔的摆动/扭转变形较敏感,所以测量时间应尽量选在日出前温度较恒定时段内进行。每一梁段悬臂端截面梁顶设立两个高程观测点。测点须用红漆标明编号。具体测试时,采用精密水准仪测量测点高程。高程控制基准点采用本桥水准控制点,并引测到主塔两侧的标记点。在施工过程中,每次施工完 3 节段,对桥塔处基准点高程进行复测。主梁高程控制点布置示意见图 6-9。在每节段端部上、下游侧及轴线上各布置一个测点。

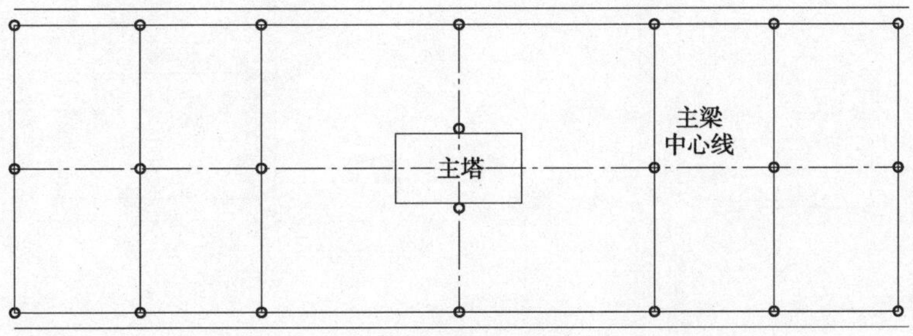

图 6-9 主梁高程测点布置示意图

考虑到本桥的桥面铺装前和长期监测,应在施工中保证测点的牢固可靠,并在桥面铺装施工前,将测点转移,以保证测量数据的延续性。

索塔承台沉降变形监测是检验全桥是否安全的一个非常重要的指标,也是验证设计是否合理,地质勘探是否到位的一个重要依据。施工单位测量人员在上部结构施工过程中定期(每月底)测量监控点高程(监理签字验收)。监控单位通过对数据的分析,确认索塔承台是否稳定,是否会对索塔乃至全桥造成安全隐患。

(2)应力监测

结构截面的应力(包括混凝土应力、钢结构应力等)监测是施工监测的主要内容之一,它是施工过程的安全预警系统。由于钢弦式传感器具有较良好的稳定性,具有应变累计功能,抗干扰能力较强,数据采集方便等,目前应力监测主要是采用钢弦式传感器。

主塔应力测试断面应放在最不利位置。根据计算结果,主塔应力测试断面图,如图 6-10 所示。全桥两个主塔应力测试断面布置完全一样,总数 60 个。

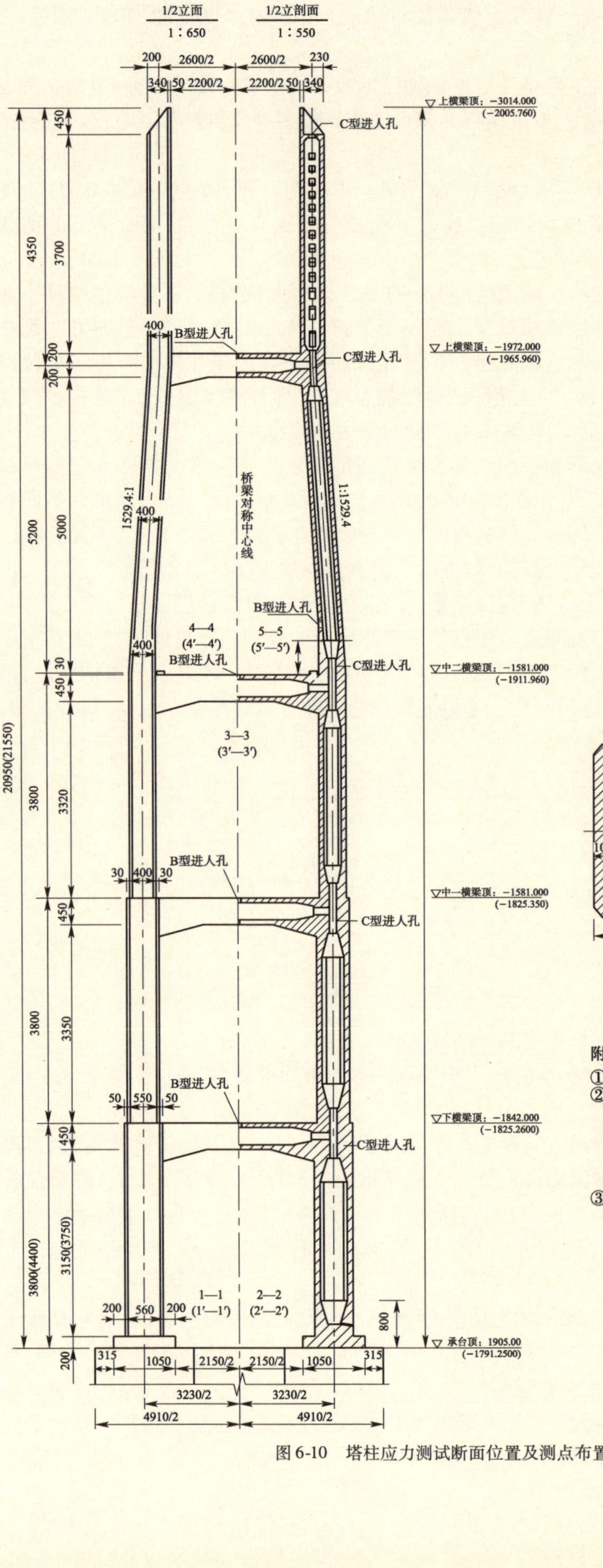

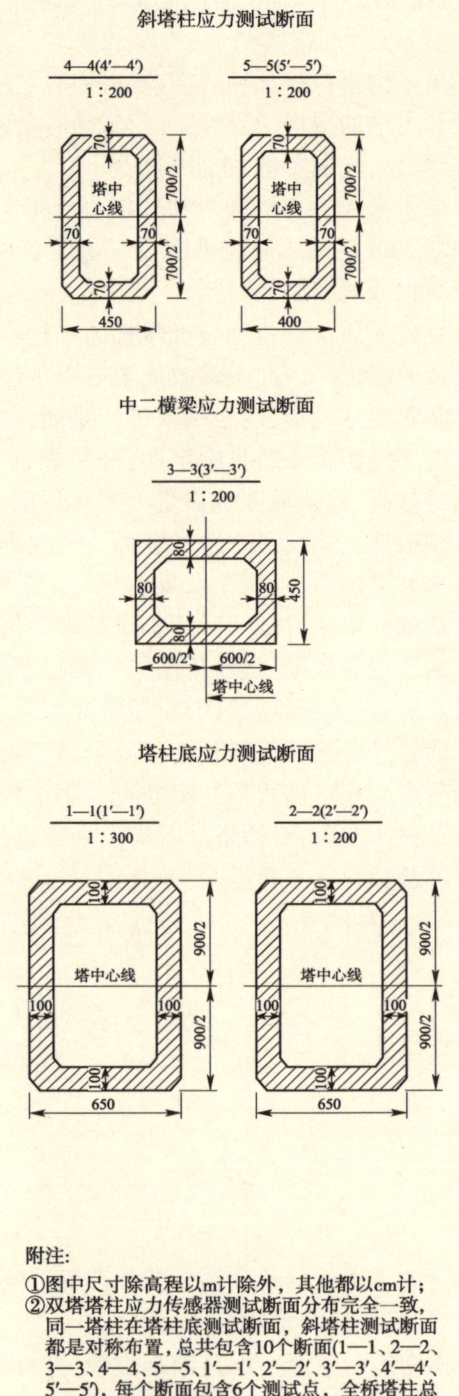

附注：

①图中尺寸除高程以m计除外，其他都以cm计；

②双塔塔柱应力传感器测试断面分布完全一致，同一塔柱在塔柱底测试断面，斜塔柱测试断面都是对称布置，总共包含10个断面(1—1、2—2、3—3、4—4、5—5、1′—1′、2′—2′、3′—3′、4′—4′、5′—5′)，每个断面包含6个测试点，全桥塔柱总共包含60个应力测试点；

③括号外值适用于Z1墩，括号内值适用于Z2墩。

图 6-10　塔柱应力测试断面位置及测点布置示意图

主梁应力控制是钢桁架主梁悬臂拼接施工过程中最重要的内容，它关系到结构施工安全的大问题。由于主塔是施工过程中唯一的支撑，故主梁向中跨和边跨两侧对称延伸的架设过程中，靠近塔根部的钢桁架所承受的施工荷载是最大的，它除了需要承受梁体本身的自重和施工的随机荷载之外，还需承受斜拉索索力水平分力对它的累积影响。部分钢桁梁由于是作为斜拉索索力传递到主桁的载体，故局部将出现很强的拉压应力。它们的受力状况对整个主桥的施工与安全起着决定性的控制作用。主梁上应力测点布置，见图 6-11。

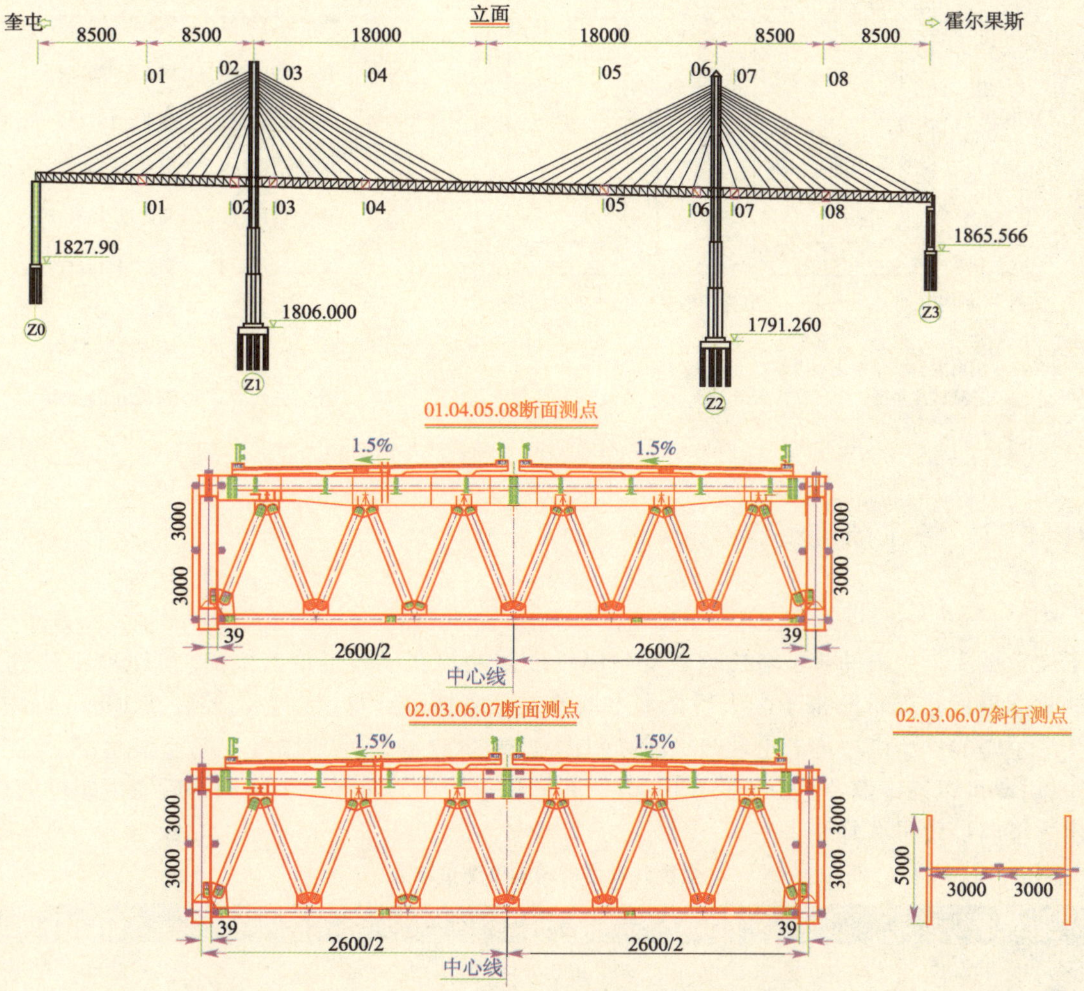

图 6-11　主桁上应力测点布置示意图（尺寸单位：cm）

斜拉桥索力测试的准确与否是关系到斜拉桥施工控制能否顺利实施、斜拉桥能否成功修建的几个关键问题之一。在工程实践中，常用的索力测定方法有压力表测定法（斜拉索张拉时，由经过标定的张拉系统上的油压表读数测读索力）、压力传感器测定法（在锚头与垫板之间放置压力传感器测定索力）以及频率法（由振动测试设备测得斜拉索的自振频率后，根据索力与其自振频率之间的关系而获得索力）。由于前两种方法要么仅适用于在张拉斜拉索的索力测定，很难用于对已张斜拉索的索力进行复测，要么成本太高。因此，当需要对已施工完毕的斜拉索进行索力复测时，频率法几乎是唯一选择。果子沟大桥索力测量采用频率式索力仪和施工单位的千斤顶油表同时进行监测。

（3）温度监测

温度变化对大跨桥梁结构的受力与变形影响很大，并且，这种温度变化相当复杂，包括日照温差、骤变温差和不同温度场等。采用悬拼施工的钢桁梁斜拉桥，由于拼装杆件的相对位置在制造时已经固定，而且也不能像悬拼钢箱梁或悬浇混凝土梁一样在每天固定时间施工主梁，所以日照温差对悬拼杆件的定位影响不大，在合龙阶段，一般采用在一天中较低的温度情况下进行合龙。

果子沟大桥主塔为混凝土材料，日照温差对其有一定影响，所以进行了混凝土主塔温度场观测。果子沟大桥主塔温度场观测测试断面为1个，位于Z1号索塔，断面布置20个测点，温度传感器详细信息见图6-12。温度场观测选在有代表性的天气进行。

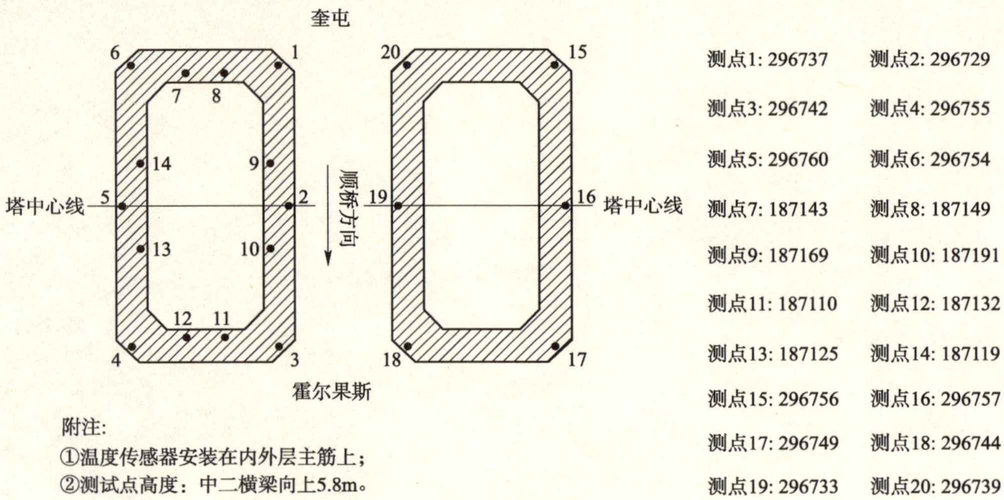

图6-12　Z1号索塔断面温度测试点示意

6.3.3　施工监控结果

（1）主塔

果子沟大桥2个主塔的4个塔柱垂直度观测垂度误差均在误差容许范围内（≤1/3000墩高），主塔阶段墩柱垂直度满足要求。果子沟大桥2个主塔的4个塔柱角点复模误差均控制在10mm以内。果子沟大桥2个主塔的4个塔柱均未出现向一面倾斜的现象，墩柱外观控制点垂度偏差很小，距控制点越近偏差越小，由此可以确定偏差是由于胀模引起的，并非构造物中心偏差。全桥调索后塔顶偏位见表6-22，可以看出主塔监控效果良好。

全桥调索后桥塔偏位测试结果　　表6-22

测点位置	*L*(mm)	R(mm)	理论值(mm)
Z1索塔偏位	-68.0	-63.0	-63.0
Z2索塔偏位	48.0	44.0	51.0

全桥施工完成后主塔承台沉降观测结果为：Z1承台最大累计沉降量为6.5mm；Z2承台最大累计沉降量为8.1mm。

在施工过程中主塔应力始终处于受压状态，且压应力最大值为13.77MPa，<15MPa，满足设计和规范的要求。

Z1号索塔截面温度场观测结果，见图6-13。

从温度场观测结果可知：

①从Z1号塔28节段温度场观测数据来看（晴天），晴天时环境温度大部分高于混凝土结构温度，最大内、外温差约5℃；

②从Z1号塔28节段温度场观测数据来看（小雪天），小雪天时环境温度大部分低于混凝土结构温度，最大内、外温差约6℃。

果子沟大桥主塔混凝土弹性模量试验主要为了测定混凝土弹性模量 E 随时间 t 的变化过程，即 E-t

曲线，为全桥施工监控结构计算提供实测材性数据。采用现场取样通过万能实验机试压的方法，分别测定混凝土在 3d、7d、14d、28d、60d 龄期的弹性模量 E 值，以得到完整的 E-t 曲线，见图 6-14，为主塔预拱度的修整提供依据。

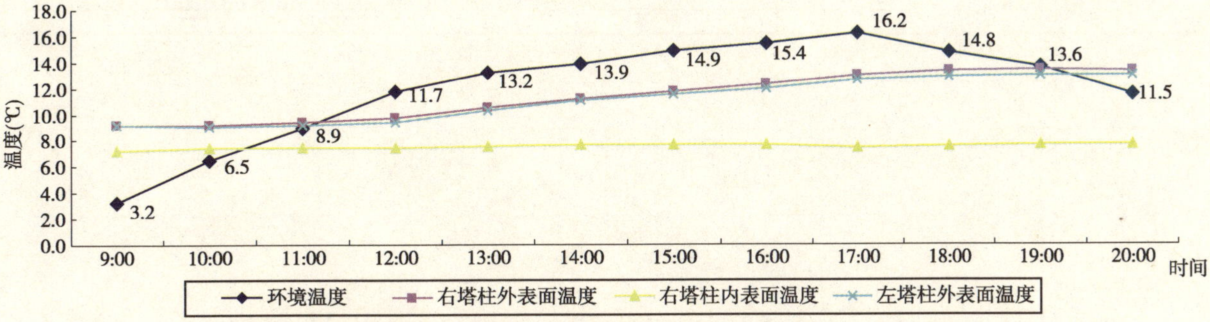

a)果子沟大桥Z1号塔塔柱第28节段测试断面温度变化日趋势图（2008-10-11 天气状况：晴）

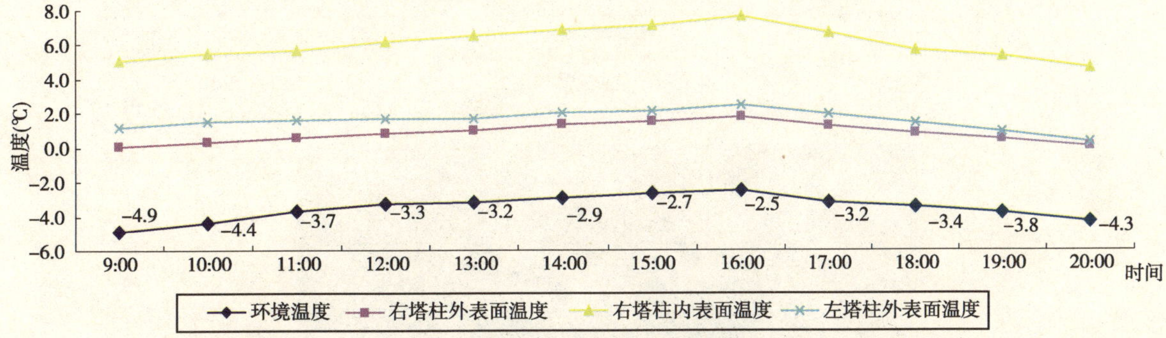

b)果子沟大桥Z1号塔塔柱第28节段测试断面温度变化日趋势图（2009-10-29 天气状况：小雪）

图 6-13　Z1 号索塔截面温度场观测结果

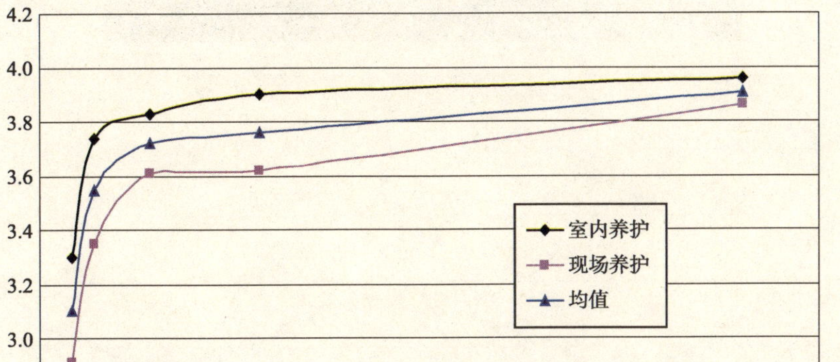

图 6-14　果子沟大桥 C50 号混凝土弹性模量 E-t 曲线

(2)主梁

果子沟大桥调索后和成桥时主梁预拱度见图 6-15；主梁施工完成后的果子沟斜拉桥见图 6-16。

从主梁施工开始，至全桥施工结束，主桥钢桁架控制断面应力正常，Z1 号塔钢桁梁最大压应力 -139.44MPa，最大拉应力 66.36MPa；Z2 号塔钢桁梁最大压应力 -138.81MPa，最大拉应力 69.09MPa；施工过程是安全的。

主桥调索从 2010 年 9 月 29 日开始，持续到 10 月 12 日结束，2011 年 4 月主桥施工完成，调索完成后和主桥施工完成后索力见图 6-17。从中可以看出,全桥索力偏差均控制到 10% 以内,平均索力偏差为 5.2%,最大索力偏差 11.7%。

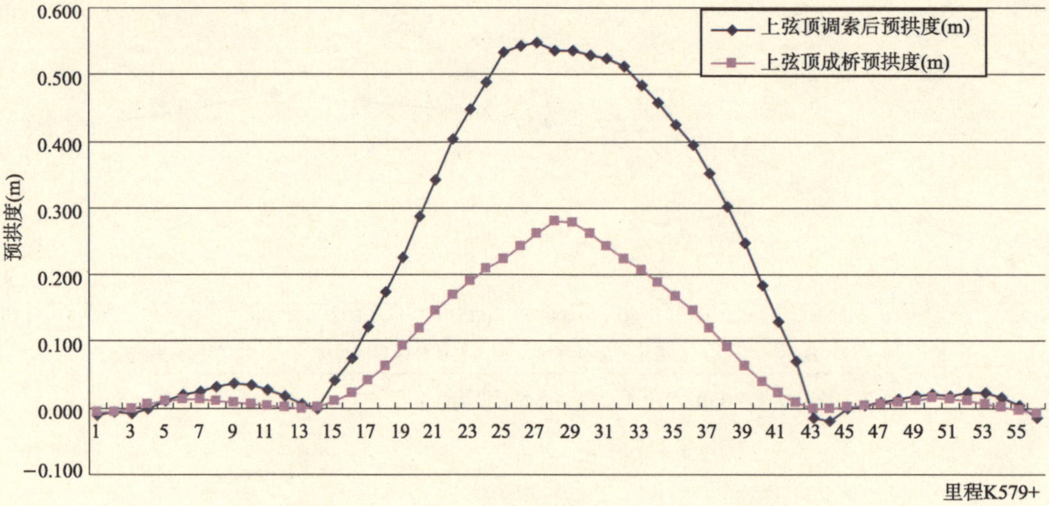

图 6-15 主梁预拱度

图 6-16 调索完成后的果子沟斜拉桥

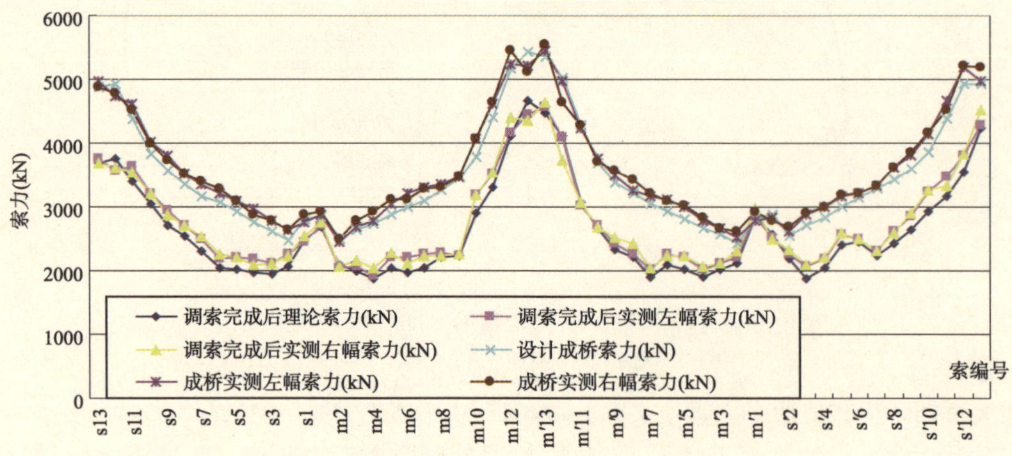

图 6-17 调索完成后和成桥后索力

果子沟大桥施工完成之后从桥梁线形、索力、应力等监控结果来看,线形和索力满足设计要求,应力安全,果子沟斜拉桥施工控制工作是成功的。

6.4 果子沟大桥健康监测系统

为掌握果子沟大桥在实际运营过程中的结果状态，确保桥梁结构的安全，建立了果子沟大桥桥梁结构健康监测系统。为配合大桥主体施工工程进度，果子沟大桥结构健康监测系统工程于 2008 年 5 月 15 日正式开工进行系统工程施工，至 2011 年 9 月 30 日已全部完成新疆果子沟大桥结构健康监测系统工程的现场安装工作，进入系统试运行和整体调试阶段。

6.4.1 健康监测系统框架

果子沟大桥结构健康监测系统框架，如图 6-18 所示。

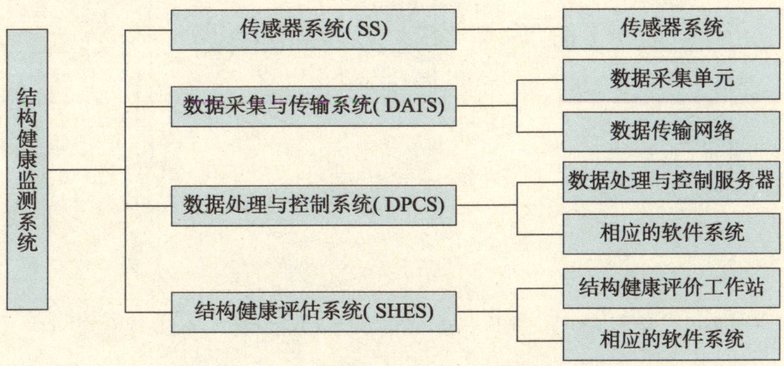

图 6-18　果子沟大桥结构健康监测系统框架

根据各系统功能层级的不同，桥梁结构健康监测系统的功能实现可分为以下 4 个层级：

(1)数据采集层级

在该层级，传感器系统收集来自各种传感器的信号，并通过电缆或光缆发送至数据采集系统。

(2)数据预处理及传输层级

数据预处理通常都是在数据采集系统中完成的，数据采集系统将传感器系统采集的各种传感器信号通过预处理将之转换成数字信号，然后通过数据传输网络将预处理后的数据传输至数据处理与控制系统中。

(3)系统控制与数据处理层级

系统的控制和数据处理工作由数据处理与控制系统来完成，内容包括：

①对传感器系统和数据采集系统的运行进行控制、管理；

②对所有来自数据采集系统的数据进行选择、处理、分析、显示；

③管理系统数据库。

(4)结构健康评价层级

结构健康评价工作由结构健康评价系统来完成，内容包括：

①分析、解释监测数据，并将其与定期的历史检测、监测数据和设定的标准数据进行对比；

②对监测的结构进行高级有限元分析，如结构的非线性静动力分析、抗风抗震分析、结构的稳定性分析和结构损伤分析；

③显示、存档/存储所有分析结果；

④生成结构健康监测报告和评估报告。

6.4.2 健康监测系统结构

果子沟大桥主梁传感器系统的布置，如图 6-19 所示。

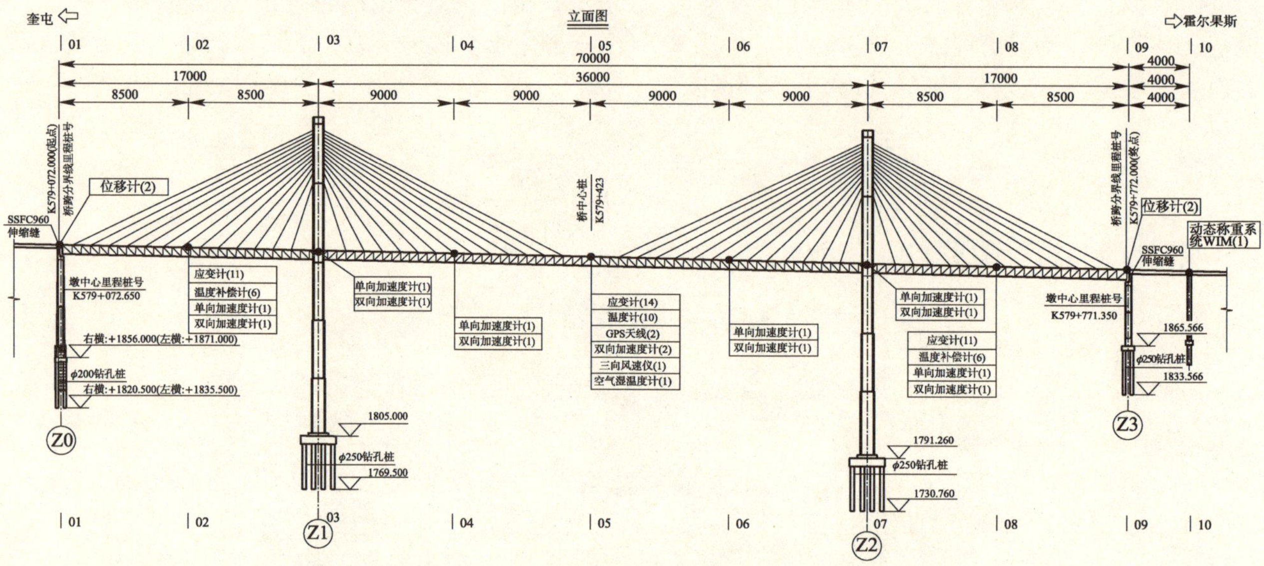

图 6-19　果子沟大桥主梁传感器系统的布置（尺寸单位：cm；高程单位：m）

果子沟大桥索塔传感器系统的布置，如图 6-20 所示。

果子沟大桥结构健康监测系统整体结构，见图 6-21 所示。

6.4.3 健康监测系统软件架构

果子沟大桥结构健康监测系统软件整体流程架构，见图 6-22 所示。

6.4.4 健康监测系统功能

果子沟大桥结构健康监测系统功能包括如下几个方面：

（1）环境荷载监测

果子沟大桥的环境荷载监测主要是通过风速仪对桥址处的风速风向进行监测，记录异常风荷载（如台风），从而为异常风速状况下的桥梁工作状况（如变形、应力变化等）的分析提供荷载数据。

（2）交通荷载监测

果子沟大桥的交通荷载监测主要是通过动态称重系统对通过大桥的所有车辆进行车速、轴距、轮距、轴载、总载等参数进行监测，记录超限超载车辆，一方面为大桥交通管理提供依据；另一方面为记录大桥交通荷载输入提供数据。

（3）挠度变形监测

挠度变形监测主要通过 GPS（全球卫星定位系统）来监测桥梁。在运营期间内，在活载、恒载及长期荷载作用下，监测桥梁主要结构断面的位移情况，从而预警和掌握桥梁结构刚度变化情况，为桥梁整体状况评估提供数据。

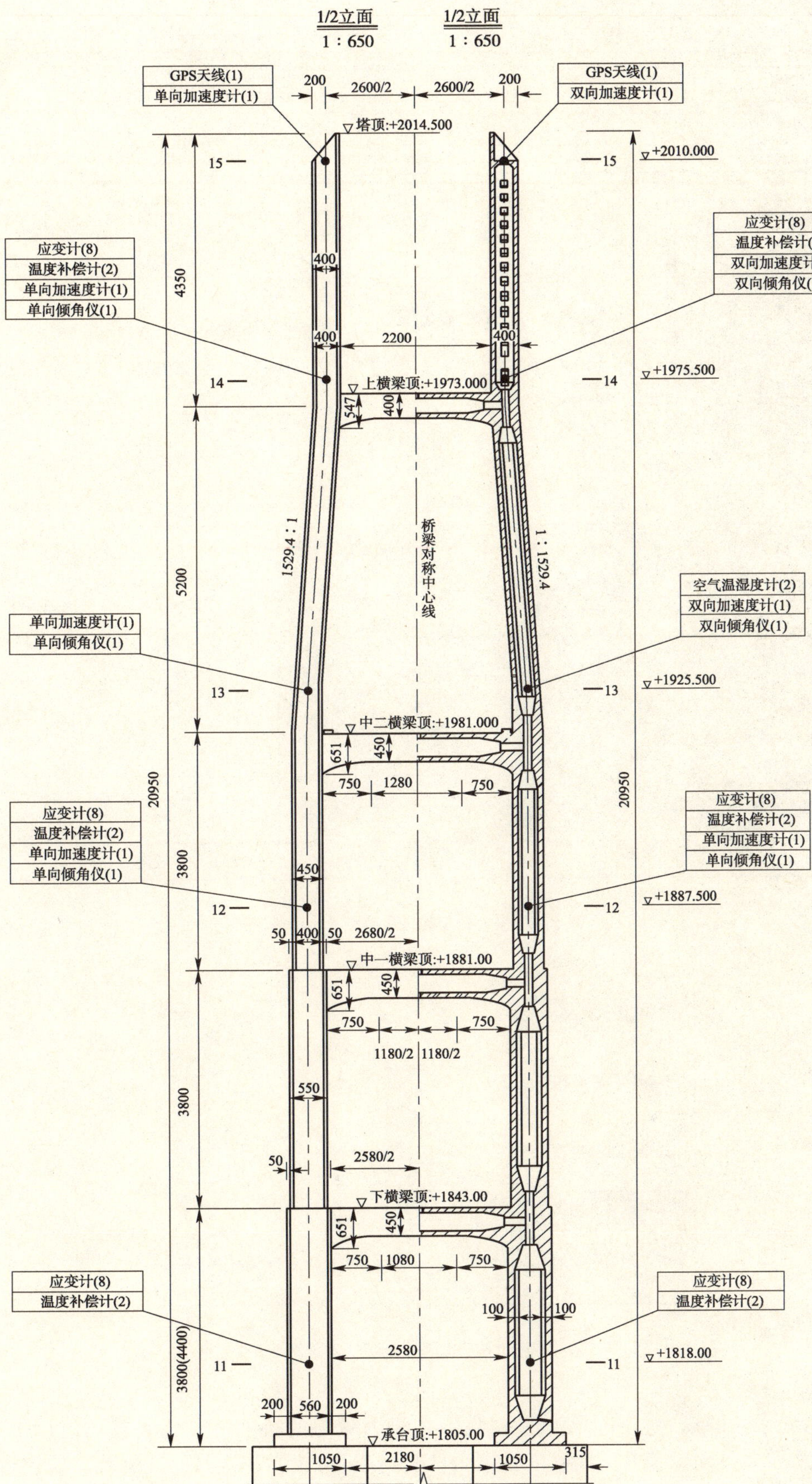

图 6-20　果子沟大桥索塔传感器系统的布置(尺寸单位:cm;高程单位:m)

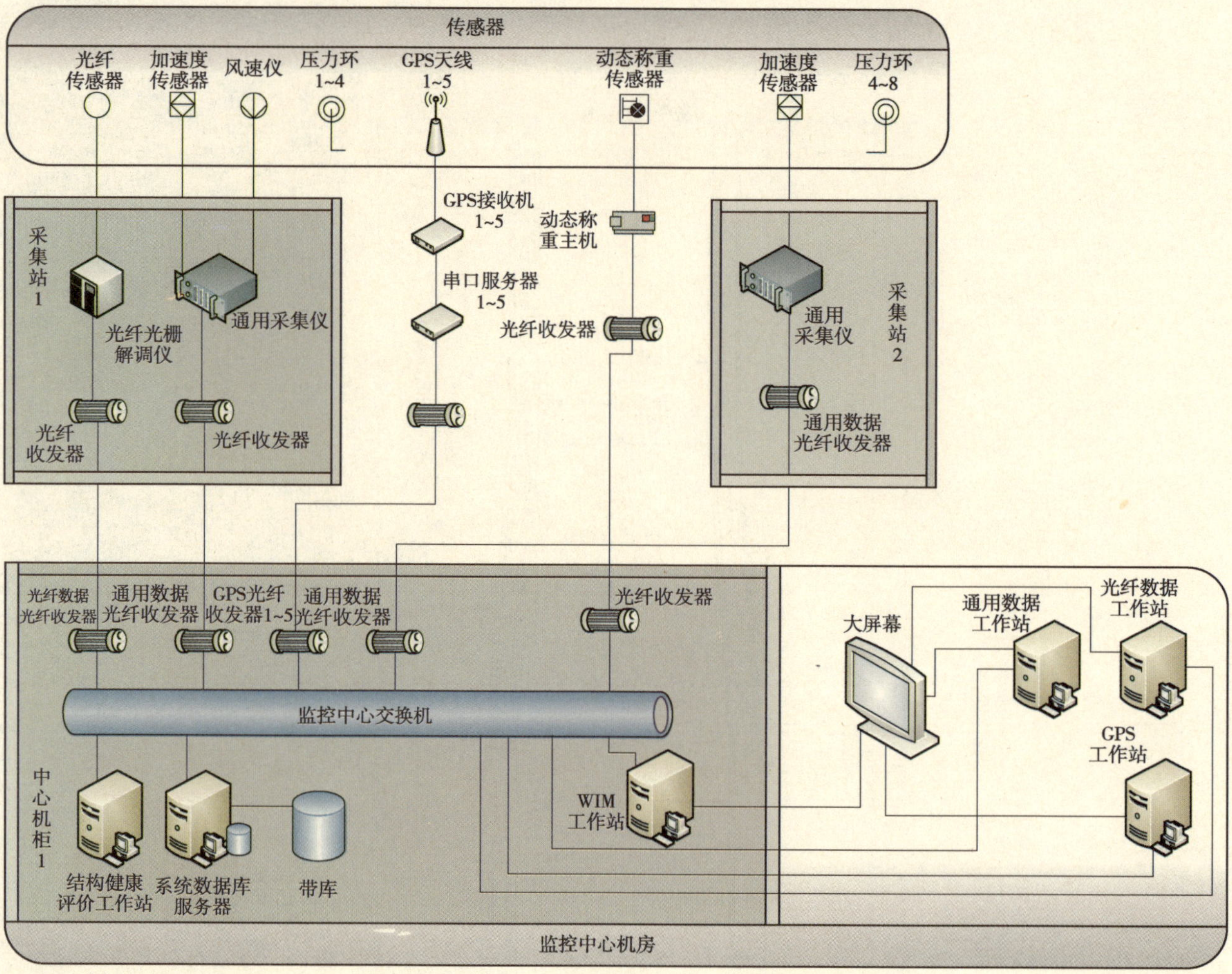

图6-21 果子沟大桥结构健康监测系统整体结构

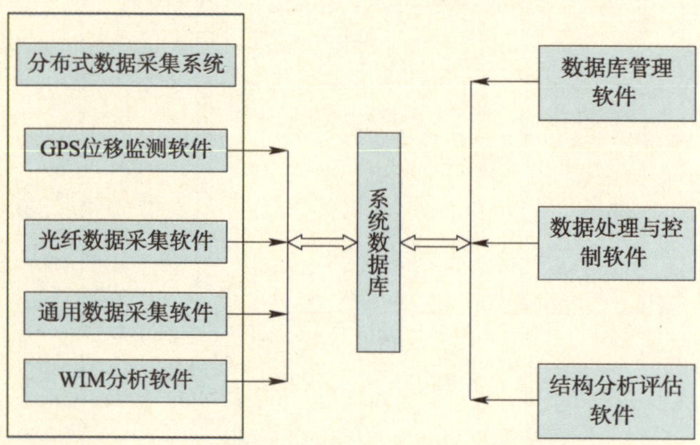

图6-22 果子沟大桥结构健康监测系统软件整体流程架构

(4)拉索索力监测

果子沟大桥斜拉索的索力监测主要是通过选取在索力敏感的拉索上安装锚索测力计来定期监测该索索力的变化,从而掌握和预警其所属索区的索力分配情况,为拉索和桥梁的状况评估提供数据。

(5)应力(应变)监测

通过对关键断面上的应力(应变)监测点的连续采集,监测桥梁在运营荷载作用下的工作性能,从而掌握和预警桥梁结构受活载冲击情况和桥梁刚度变化的情况；并且，通过对比在一段时期内的桥梁主要测试断面的应力变化情况，可以为识别桥梁结构是否存在病害提供分析数据。

(6)桥梁振动监测

通过对关键断面上的振动监测点的连续采集，监测桥梁在运营荷载作用下的桥梁动力特性参数（频率、振型和阻尼）和振动水平（振动强度和幅度），从而掌握和预警桥梁结构受活载冲击情况和桥梁结构刚度变化的情况。

(7)桥梁结构预警

根据以上桥梁的各个监测项目，系统将综合桥梁结构控制断面设计计算值、验收荷载试验数据以及历史监测数据等进行分析，确定桥梁结构最佳特征参数，和在不同服务水准下的正常使用控制值和极限值，并将实时监测数据与之相比较，以达到对桥梁工作状态和结构状态的两级报警，即桥梁结构的使用预警和桥梁结构的安全预警。

(8)结构健康状况评估

主要是根据对桥梁进行的综合监测结果，分析获取桥梁结构特性参数，建立桥梁结构特性参数与桥梁结构状况评估之间的精确关系，实现对桥梁结构健康状况的评估。

(9)辅助管理功能

在上述监测功能、预警功能和结构评估功能的基础上，系统能辅助进行大桥的日常交通管理，并能为桥梁养护检查或维修加固决策的制定和实施提供科学的依据，辅助管理单位进行大桥的养护管理。

"大桥结构健康监测系统"在新疆尚属首次应用。该系统通过设于桥上关键部位的温湿度计、风速仪、GPS系统、锚索测力计、光纤光栅应变计、温度计、加速度计、倾角仪、位移计、动态称重系统（WIM）等仪器设备，实时监测大桥运营状况，收集大桥运营期间尤其是超速超载、地震等极端状况下的综合监测数据，以掌握大桥运营常态并确定预警红线，最终实现对桥梁结构健康状况的评估，为大桥的运营安全、养护及维修决策提供科学依据，标志着新疆桥梁管理迈上了一个新的台阶。

7 高寒生态脆弱区生态环境保护关键技术

7.1 生态环境保护设计技术

果子沟高速公路沿线植被类型有农田、牧场、草甸、林区等，在山岭地段(海拔1600m以上)分布有大面积珍贵的雪岭云杉林和天山云杉林。路线所经区域生态基础很脆弱，土层薄，土壤中有机质含量低，植物种群简单，生态环境一旦被破坏，很难恢复。因此，果子沟高速公路建设以“保护环境、恢复自然、再造景观”为主线，最大限度地减少公路建设对自然环境的影响，科学地利用周围自然景观，创建富有地方特色的路域景观。

7.1.1 景观特色带划分

根据果子沟高速公路沿线地形地貌和自然景观资源状况，将整条线路划分为三个景观特色带：高原湖泊景观特色带(沿湖段)、森林峡谷景观特色带(越岭段)、干旱河谷景观特色带(沿溪段)3大景观区域。

(1)高原湖泊景观特色带

高原湖泊景观特色带(见图7-1)，以展示赛里木湖湖光山色和湖周围牧场风光为目的，开辟透景线、优化路线环境，把烟波浩渺的赛里木湖和碧绿起伏的牧场展现在游客面前。景观及环保设计的重点包括赛里木湖水体保护、草原的保护、边坡以及边沟植被恢复的设计等。

图7-1 高原湖泊景观特色带

(2)森林峡谷景观特色带

该区域山高谷深,雪岭云杉、天山云杉形成壮观的高山天然林景观。这里夏季郁郁葱葱,冬季白雪皑皑,自然环境十分优美。在设计和施工中以保护原始地貌为重点,尽量减轻隧道开挖、桥梁施工对林区植被的影响。施工后要对施工场地及施工便道及时进行植被恢复。隧道出入口的绿化要栽植云杉或沙地柏等针叶树种,与周围植被协调。选择周围景观效果突出的隧道口附近设置观景台。该段公路以桥隧相连,游客高空行车,置身林海之中定会心旷神怡。森林峡谷景观特色带,如图 7-2 所示。

a) b) c) d) e) f) g) h) i) j) k)

图 7-2 森林峡谷景观特色带

(3)干旱河谷景观特色带

干旱河谷景观特色带(见图 7-3),主要展示果子沟春季山花、秋季野果、山坡碧绿、溪流淙淙的自然风貌,加强水土保持、边坡防护和生物多样性保护,实现公路、山体、溪流、植被的和谐,营造富有自然气息的公路景观。景观及环保设计的重点包括挡土墙形式设计、上下边坡生物防护及植被恢复设计、生态保护设计、水环境保护设计等。

7.1.2 生态环境保护

(1)路堤边坡生态环境保护

沿线路堤边坡生态环境保护大致分为两类:浆砌片石拱形防护、生物防护(三维网植草和普通喷播技术)。

①沿溪段路堤边坡

a. 对浆砌片石拱形防护路堤边坡,工程防护之后要在拱形窗格中回填种植土,条件较好,采用普通喷播,草种选用草原老鹳草、无芒雀麦、早熟禾、冰草、黑豆、紫穗槐(见图 7-4);

b. 未进行工程防护的路堤边坡,采用三维网植草,喷播厚度为 3cm,植物选用草原老鹳草、无芒雀麦、早熟禾、冰草、锦鸡儿、黑豆。

a) b) c) d) e)

图 7-3　干旱河谷景观特色带

a) b)

图 7-4　沿溪段路堤拱形骨架框格护坡

②沿湖段路堤边坡

a. 浆砌片石拱形防护路堤边坡，采用普通喷播，植物选用无芒雀麦、冰草、黑豆、骆驼蓬、猪毛菜、紫穗槐（见图 7-5）；

b. 未进行工程防护的路堤边坡，采用三维网植草，喷播厚度为 3cm，植物选用无芒雀麦、猪毛菜、冰草、黑豆、锦鸡儿。

a) b)

图 7-5　沿湖段路堤边坡防护

(2)路堑边坡生态环境保护

沿溪段由于以往公路建设对两侧的边坡防护重视不够,坡面裸露、植被稀疏,致使这一区域公路两侧边坡景观效果与周围优美的自然环境极不相称。加之,坡体不稳定,每年冰雪融化期和汛期这里经常发生崩塌、滑坡、泥石流等灾害。沿溪段路堑边坡生态环境保护以边坡生态防护和保持、恢复自然景观为重点,采取工程防护和生物防护相结合的措施,做到公路与当地自然环境相和谐。

①沿溪段路堑边坡

沿溪段路堑边坡防护和植被恢复(见图 7-6)是整条线路边坡生态防护的重点,采取工程防护和生物防护相结合,针对不同的地段、不同的工程防护方式来采取如下几种相应的客土喷播方案:

a. 对高度不大的土质边坡,路侧用挡土墙进行防护后,对坡面进行清理和修整,使坡顶顺滑,坡面坡度不陡于 1:0.5。直接在坡面挂网实施客土喷播,由于是土质边坡,喷薄厚度 3cm 即可,植物选用草原老鹳草、无芒雀麦、早熟禾、冰草、紫穗槐、黑豆。

b. 对不易风化、坡体稳定的岩石边坡,由于基质坚硬、营养贫乏,不利于植物生长,在实施客土喷播时要加大喷播厚度,选用适应性强,对土壤改良效果显著的植物种类,确保客土喷播的效果。确定喷播厚度为 12cm,植物选用密穗雀麦、冰草、骆驼蓬、猪毛菜、黑豆、锦鸡儿。

c. 风化严重、坡体高大、碎落塌方严重的路堑边坡是防护绿化的重点和难点。在工程防护、坡体固定之后实施客土喷播,由于坡面风化程度较高,有利于植物的生长和发育。因此,喷播厚度 6 ~ 8cm 即可,植物选用草原老鹳草、无芒雀麦、早熟禾、冰草、锦鸡儿、紫穗槐。

②越岭段路堑边坡

越岭段以桥隧相连,隧道口开挖、桥梁施工不可避免要留下一些裸露的坡面,对周围景观环境造成极其不良的影响,因此对这些坡面采用客土喷播技术加快植被恢复速度。喷播厚度 8 ~ 12cm,植物种类选用草原老鹳草、无芒雀麦、早熟禾、猪毛菜、黑豆、锦鸡儿。图 7-7 所示为三维网护坡;图 7-8 所示为越岭路段路堑边坡防护。

图 7-6　沿溪段路堑边坡植被恢复

图 7-7　三维网护坡

a)

b)

图 7-8　越岭段路堑边坡防护

③沿湖段路堑边坡

沿湖段路堑边坡数量不大，分土夹石和石质边坡两种（见图7-9和图7-10），稳定性较好。由于这一区域周围以草场为主，没有林木分布，为与周围自然环境协调，确保植被恢复成功，在客土喷播中植物选用草本，不加灌木。沿湖段路堑边坡防护，如图7-11所示。

土加石边坡：客土喷播厚度为6～8cm，草种选用草原老鹳草、无芒雀麦、早熟禾、冰草、猪毛菜、黑豆。

石质边坡：客土喷播厚度为12cm，草种选用草原老鹳草、冰草、密穗雀麦、冰草、骆驼蓬、猪毛菜、黑豆。

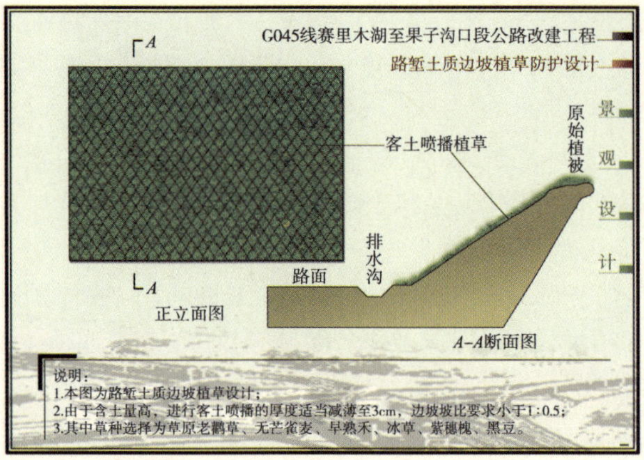

图7-9 路堑土质边坡防护设计图

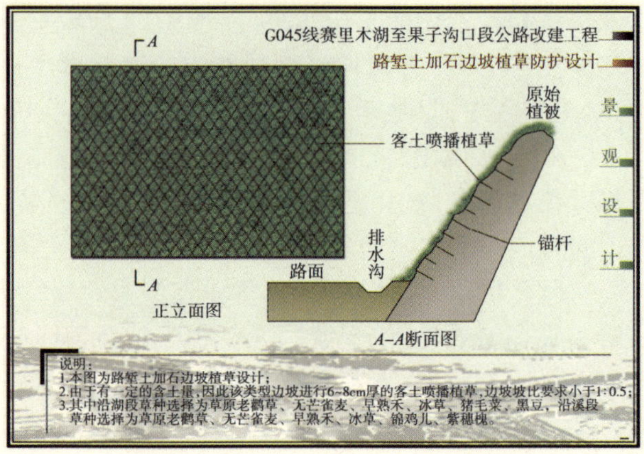

图7-10 路堑土＋石质边坡防护设计图

（3）桥梁生态环境保护

①施工期

a.合理处理弃渣

涉水桥梁施工避开汛期，应尽量选择在枯水季进行；桥梁施工中产生的桩基废渣、废弃物经过沉淀，集中处理，不得直接排入水体。涉水桥梁及时清除外运围堰填筑土方、基坑弃土及草袋、围堰等物。避免在汛期进行河槽内墩台施工（见图7-12）。桥梁墩台修筑完毕，拆除围堰，并将出渣、废浆、建筑垃圾运至集中弃渣场堆放，严禁倒入河道中或随意乱丢乱弃。

图7-11 沿湖段路堑边坡防护

图7-12 果子沟大桥Z1墩台施工过程中

b.统筹施工组织

在桥梁施工时，应加强施工机械的检修，严格施工管理，减少施工机械的跑、冒、滴、漏，避免机械油污污染水体；同时机械维修过程中产生的少量废油需回收，待施工结束后进行相应的处置。旱桥在施工中要严格保护植被，严禁机械的随意占压和人为破坏植被；在果子沟大桥施工过程中采用通过架设溜槽外运弃渣，最大限度地保护植被（见图7-13）。

②营运期

桥梁施工过程中对桥下、墩台周围植被不可避免地进行破坏，营运期加强对扰动地面可恢复面积最大限度的恢复(见图7-14),可增加墩台稳定性,减少水土流失,增添桥梁生态环境景观(见图7-15和图7-16)。

图7-13　桥梁施工桩基出渣采用溜槽外运

图7-14　墩台施工完毕植被恢复

图7-15　营运期展现桥周围植被状况

图7-16　营运期果子沟大桥周边植被情况

(4)公路沿线重要节点景观绿化设计

①果子沟口综合服务区

果子沟口综合服务区为此段路唯一的一处大型服务区,分为左右两侧。在设计上基本采取对称的栽植形式,以自然的栽植为主,在植物群落搭配上采用大乔木杨树、梓树,小乔木海棠及花灌木丁香、榆叶梅、野蔷薇等。

②果子沟口收费站

果子沟口收费站在路侧有一处站区,站区建筑基本上是在中轴线上布置,采用绿地左右对称的形式,以杨树为外篱,柳树为内行道树;以阔叶树为基调树种,再搭配云杉、桧柏等常绿树种,主要花灌木为珍珠梅、黄刺玫等(见图7-17)。

图7-17　果子沟服务区绿化效果示意图

③松树头养护工区

松树头养护工区的建筑为周围式的,中间有一大块平坦绿地,在中心绿地里以自然式植物组团为主,高低错落、突出层次感。建筑周围绿地以白榆绿篱修边,更显简洁、大方。所采用的植物以杨树、柳树、山杏、丁香、忍冬等为主。

④新二台养护工区

新二台养护工区的建筑形式与松树头养护工区的建筑形式基本一致,所以在绿化景观设计上采用相同的手法,即在中心绿地里以自然式植物组团为主,营造出疏林草地的自然效果,由此也与松树头养护工区在景观上相互呼应。

⑤将军沟互通

将军沟互通以两块绿地为主,左右两侧各一块,因为其的不规整性,在绿化设计上也采用了不规则的设计手法,即在这两块绿地上采用花灌木与乔木相结合,采用杨树、柳树、云杉、丁香、野蔷薇等植物。

⑥松树头互通

松树头互通位于沿湖段，在设计中应该与周围的自然景观相融合，所以在设计时，立交区的四块绿地均以草地为主，不进行任何植物栽植，以保持原始风貌。

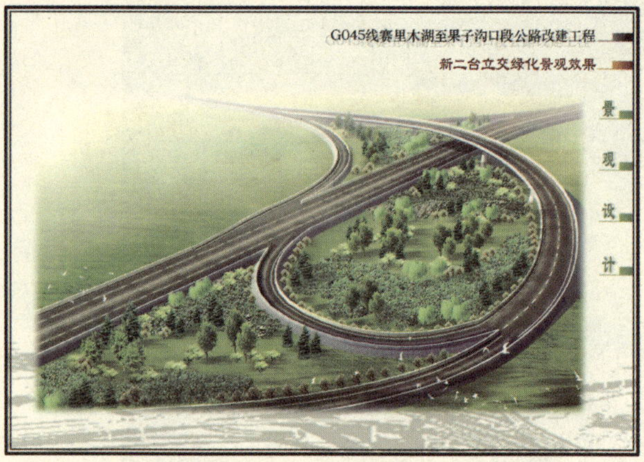

图7-18　新二台立交绿化效果示意图

⑦新二台互通

新二台互通为单喇叭形互通，以中心绿地为主，做成大的植物组团，四周三角绿地采用自然式栽植，植物群落错落有致、层次分明。主要采用的植物有杨树、柳树、山杏、野蔷薇、忍冬等（见图7-18）。

（5）取（弃）土场生态环境保护

本工程取土场共15处，取土深度为3～6m，除了部分利用原用取土场以外，新开挖取土场都设置地表植被不发育的地段。根据不同时期具体技术体系为：

①施工期

a. 分片开采

取土之前首要进行清表工作，取土前应先做好施工布局，分条带进行取土，减少取土场裸露时间；分片取土，分批运离现场，避免一次性大面积取土造成大面积的裸露坡面为水土流失创造条件。

b. 坡度要求

取土相对集中，取土量大，取土对山体形成临空坡面，形成不稳定边坡，汛期坡面径流对开挖坡面造成冲刷，极易发生滑落和坍塌，造成水土流失灾害。边坡太陡也给人工恢复植被带来施工难度，施工结束后削坡措施必然增加取土顶部边坡以外占地面积。因此，取土与削坡相结合一次成形，避免二次扰动。取土完毕后，及时进行平整，避免松散堆置产生水土流失。取土深度较大地段应进行削坡处理，将所有靠山侧距恢复后表层50cm以下范围，采用弃土顺着山体自然坡度填平。施工结束后，回填剥离表土进行植被恢复。取土坑恢复平整后，表面覆盖不小于50cm的腐殖土，播撒草籽，以便表面植被的恢复。

隧道产生大量弃渣，堆放就近堆放，采用“先拦后弃”，在弃渣场表面修筑一层厚度为0.3m的护面挡墙。若护面墙坡长较大，可根据实际情况分层修筑成台阶式护面墙，一般每层护面墙垂直高差应控制在6～9m。对弃渣场表面进行一定的整平、压实，使其堆砌体的自然临空面坡度达到1:1.2～1:1.5之间，堆砌体的顶部纵坡达到2%，以便顶部排水。

c. 截、排水沟的设置

取土场在取土前应在取土范围的上游设置截水沟，防止坡面汇水对取土场形成冲蚀。根据地形条件，依山势坡度设置截水沟，排水坡度不小于1%。

通过在弃土场护面墙顶部修建截（排）水沟（见图7-19），减少坡面汇水造成的冲刷，保持堆砌体稳定，避免堆砌体沿着山体整体滑动，继而发生泥石流等地质灾害现象。

a)

b)

图7-19　赛里木湖隧道弃渣场排水沟

②营运期

施工结束后，对取(弃)土场回填表土，撒播草籽进行恢复，必要地段采用工程 + 植物措施进行生态修复(如赛里木湖隧道弃渣场采用拱形骨架防护 + 撒播草籽)，如图 7-20 ~ 图 7-23 所示。

图 7-20　K601 + 820 弃土场植被恢复

图 7-21　赛里木湖隧道弃土场(拱形骨架 + 护面墙)

图 7-22　K602 + 850 取土场(2012 年)

图 7-23　桦木沟隧道取土料场植被恢复(2012 年)

(6)施工营地生态环境保护

施工营地集中建设，充分利用既有公路的交通条件，这样一方面可改善施工人员生活和医疗条件，又利于生活垃圾集中处理，并且避开湖泊、溪流等水体。施工营地需修建时，修建旱厕，粪便集中处理，不得排入水体。对生活垃圾进行回收、处理、排放。清洁洗涤污水应设砂滤池，经过滤后方可排放。施工结束后，施工营地要及时拆除，废渣废物都要搬走，同时要进行生态恢复。如图 7-24 ~ 图 7-27 所示。

图 7-24　施工营地周围植被

图 7-25　施工营地设置污水砂滤池

图 7-26　四标施工营地恢复(2011 年)

图 7-27　六标施工营地恢复(2011 年)

(7)施工便道生态环境保护

施工便道的选线应遵循少破坏植被、避绕不良地质、避免大挖方、易治理、易恢复等原则。施工便道严格控制占地,不得随意开道,便道宽度控制在4m之内(见图7-28)。由于工程建设中施工便道较多,施工过程中一般不采取路面硬化措施。施工中严格控制占地边界,如图7-29所示。开辟施工便道时新产生的废渣要及时处理。施工期间应采取施工便道的防、排水措施,如临时土质排水沟(必要时需铺砌石块以减少沟底和沟岸土壤的冲刷)等。施工结束后,应根据施工便道占地的后期规划利用方向,及时进行土地整治和植被恢复工作。

图7-28　施工便道设置充分利用原有自然道路

图7-29　施工中严格控制占地边界

(8)隧道生态环境保护

①施工期

为减少隧道施工对周边植被破坏,隧道工程施工采用自出口单头掘进的方法施工,严格控制扰动面积,保护原生植被,取得了较好的生态保护成效;施工过程中进口端隧道口山体及植被基本未遭破坏,也为后期生态恢复奠定了良好的基础。如果子沟隧道越岭段阳、阴坡植被差异明显,阳坡以草类为主,植被较稀疏,阴坡植被茂密,且多以乔木为主。路线选择在植被较稀疏的阳坡通过,大大减少对植被的破坏;在捷尔得萨依隧道入口路线避开了一大型的古老滑坡体,减少对其的扰动和破坏,保护了原生植被,既节省了工程造价,又最大限度地保护了环境。桦木沟、将军沟、捷尔得萨依隧道施工,如图7-30～图7-32所示。

图7-30　桦木沟隧道施工中(2008年7月摄)

图7-31　将军沟隧道口施工中(2008年7月摄)

②营运期

施工结束后,结合隧道周边自然生态环境进行植被恢复,减少坡面对洞口的冲刷,增加柔性景观。图7-33所示为藏营沟隧道洞脸采用喷播技术进行植被恢复;图7-34所示为桦木沟隧道植被恢复后的景观;图7-35所示为捷尔得萨依隧道植被恢复后的景观。

(9)公路沿线环保标牌设计

沿线设置三类公路环保交通标志,分别为:声环境敏感目标路段环保交通标志、水环境敏感目标路段环保交通标志和生态环境敏感目标路段环保交通标志。在施工期和营运期均可使用。

①声环境敏感目标路段环保交通标志。设置在沿湖段以及沿溪段声环境敏感目标路段的起点,赛里木湖是风景旅游区,同时沿线有马鹿等野生动物,对声环境敏感。声环境敏感目标路段应设置禁止鸣喇

叭标志(见图 7-36)。该标志的背景颜色采用《道路交通标志和标线》(GB 5768—1999)附录 A 中规定的绿色;其他部分颜色以及形状、尺寸按《道路交通标志和标线》(GB 5768—1999)有关规定设计。

图 7-32　捷尔得萨依隧道施工中(2008 年 7 月摄)

图 7-33　藏营沟隧道洞脸采用喷播技术进行植被恢复(2011 年 5 月摄)

图 7-34　桦木沟隧道植被恢复后(2012 年 7 月摄)

图 7-35　捷尔得萨依隧道(2011 年 7 月摄)

②水环境敏感目标环保交通标志。沿湖段及沿溪段为水环境敏感目标,设计的环保交通标志包括禁止乱丢垃圾标志(见图 7-37)。设置在水环境敏感目标路段的起点,用以减少车辆驾驶人员和乘客及车辆可能产生的污染。禁止乱丢垃圾标志可与限速标志配套使用。

图 7-36　禁止鸣喇叭

图 7-37　禁止乱丢垃圾

③生态环境敏感目标环保交通标志

生态环境方面主要考虑野生动物保护、天然林的防火标志牌设计。

a. 注意动物标志。设置在沿溪段野生动物出没处,和限速标志配套使用,用以促使车辆驾驶人员减速慢行。图中动物图案的颜色按《道路交通标志和标线》(GB 5768—1999)附录 A 中规定的红色执行(见图 7-38)。

b. 注意防火标志。设置在越岭段起点处,保护目标为天然林。通过竖立标志牌,用以促使驾驶人员和乘客注意用火。图案中的颜色按《道路交通标志和标线》(GB 5768—1999)附录 A 中的规定执行(见图 7-39)。

以上各标志板的设计符合按《道路交通标志板及支撑件》(GB/T 23827—2009)的规定,并且符合《道路交通标志和标线》(GB 5768—1999)中 14.2 的规定。

图 7-38 注意动物

图 7-39 注意防火

7.1.3 水环境保护

(1)施工期水环境保护

①隧道施工污水隔油处理设计(见图 7-40)

赛里木湖隧道和将军沟隧道施工过程中产生的大量污水,如未经处理直接排放对周围环境会产生不利影响。需要在隧道出入口设计隔油沉淀池进行沉淀处理,污水先注入隔油调节池,由泵送入含油废水处理机进行处理,然后达标排放。

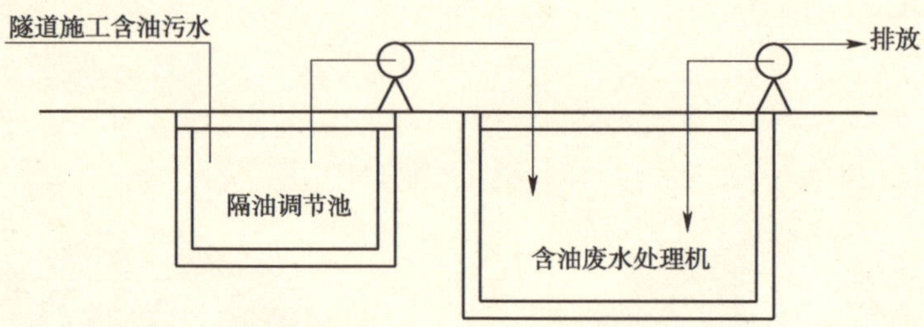

图 7-40 隧道施工污水隔油处理设计立面示意图

②其他区域处理设计

施工过程中,为保障果子沟自然水流形态,应及时清理河道,不阻隔自然水流、影响泄洪等,保证溪流不淤、不堵、不留工程隐患;控制施工路段和其他工地周围汇水,避免雨水冲刷排入水体。严禁将筑路材料堆放于湖泊、溪流等水体附近 200m 以内。

施工中产生的废泥沙、废渣等废弃物集中沉淀集中处理,不得直接排入水体。

(2)营运期水环境保护

①沿湖段路面径流污染控制设计

沿湖段经过赛里木湖,因其水源主要靠降雨和冰雪融化补给。在运营期间,地表水的污染物主要来自汽车尾气污染物和车辆所泄漏的石油类物质,这些污染物对湖水水质有一定的影响。为严格保护赛里木湖水体,针对沿湖段路面径流进行污染控制设计,具体采用土质浅碟形边沟和排水沟,土质边沟上进行植草,这种土质浅碟形边沟能够对路面径流起到一定的过滤作用。考虑到赛里木湖为风景区,过多开挖设沉淀池对景观和环境均不利,在排水低洼地带设置沉砂池,生态边沟排水通过过滤蒸发,最大限度地保护赛里木湖水体。

碟形边沟断面图及沉淀池平面示意,如图 7-41 所示。其边沟表层为土层,边沟上植草,边沟下层铺细砂,便于地表水下渗。

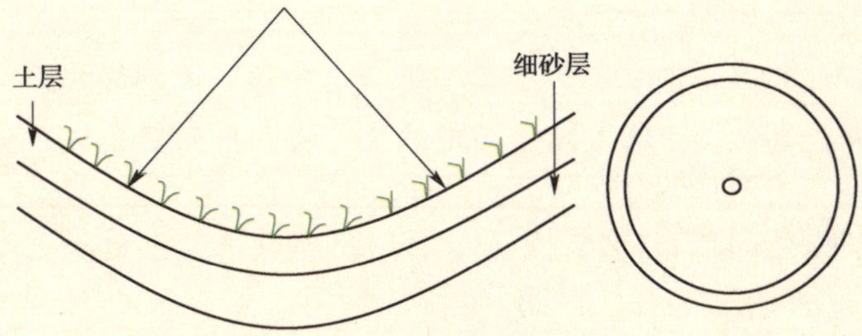

图7-41　生态边沟及沉砂池设置示意图

②服务区污水处理工程设计

果子沟西口设服务区和收费站一处。服务区及收费站产生的生活污水水量小,故采取简单的一体化活性污泥法进行处理,处理后的水不得直接排入地表水体,要增设储水池,将处理后的水用作绿化。服务区污水处理装置工艺流程,如图7-42所示。

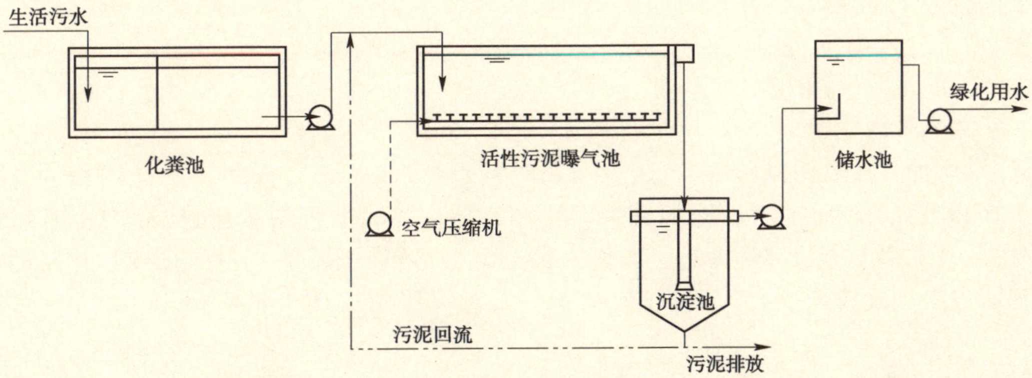

图7-42　服务区污水处理装置工艺流程

③危险品运输管理

沿线桥梁跨越自然沟道与地表水系联系紧密,营运期间严格执行《化学危险品安全管理条例》和《汽车危险货物运输规范》中的有关规定;严禁各种无证、无标志车或泄漏、散装超载危险化学品车辆上路。尤其是在天气不良的状况下,例如大雾、大雪及沙尘暴天气,应禁止危险品运输车辆进入。在发生油料、危险化学品、有毒有害物品泄漏等紧急情况下,应关闭该路段,启动应急计划,进行泄漏处理,不得将泄漏物打扫入水体。如危险品不慎进入水体,应立即报告有关部门,有关部门立即通知下游的乡镇、村庄停止使用被污染的地下水,并到现场进行监测,指导采取有效措施。制订危险品泄漏污染事故应急预案,争取纳入地方政府事故应急体系。其体现应包括指挥机构及相关协作单位的职责和任务,应急技术和处理步骤的选择、设备、器材的配置和布局,人力和物力的保证和调配,事故的动态监测制度,事故发生后的报告制度等。

7.1.4　声环境保护

沿线基本没有居民敏感点,施工期的主要工作内容为减少对施工人员,以及沿湖段水禽、越岭段马鹿等野生动物的影响;营运期,随着交通量逐年增加,对沿线野生动物也有一定的影响。

(1)施工期交通噪声污染防治

施工期间,噪声影响主要是施工驻地工人和沿线水禽、马鹿等野生动物。减少影响的具体做法为:

①加强施工管理,合理安排施工作业时间,尽量避免夜间进行高噪声施工作业。

②采用低噪声的施工机械，如用液压工具代替气压工具，用低噪声的钻孔灌注桩代替冲击式或振动式打桩等。

③做好施工人员的噪声防护：合理安排工作人员轮流操作辐射高强噪声的施工机械，减少接触高噪声的时间，或穿插安排高噪声和低噪声的工作。对距离高强噪声源较近的施工人员，除采取带保护耳塞或头盔等劳保措施外，也适当缩短其劳动时间。

④营运期间设置标识牌，夜间禁止鸣笛，以减少沿湖段赛里木湖水禽类、越岭段马鹿等野性动物的影响。

(2)营运期交通噪声污染防治

公路营运后，交通量逐渐增大，针对营运期交通噪声有以下具体做法：

①在道路适当位置设置动物警示标志，以防驾驶员鸣笛惊扰水禽以及马鹿等野生动物。

②临湖段为赛里木湖的风景区，游客会逐渐增多，应做好对来往驾驶人员的宣传和警示，预防交通噪声污染。

7.1.5 大气环境

(1)施工期环境空气污染防治

①集中设置拌和站

为了减少粉尘污染，本项目沥青、石灰、水泥和砂石料等实行集中拌和。沥青拌和站采用先进的沥青混凝土拌和装置，配备除尘设备、沥青烟净化和排放设施。沥青的融化、搅拌均在密封的容器中作业，不使用敞开式简易方法熬制沥青。操作人员应配备口罩、风镜等，实行轮班制，并定期体检。同样其他拌和站也必须配备除尘设备，加强劳动保护。对搅拌站操作人员实行卫生防护，为其配备口罩、风镜等。

②合理堆放粉状材料

注意合理安排粉状筑路材料的堆放地点及保护措施，减少堆积量并及时利用。筑路材料堆放地点选在环境敏感点下风向，距离在100m以上。本项目的筑路材料临时堆放点选择在就近的施工场地，另外在隧道进出口处也设置了临时堆土平台，基本能满足临时堆土的需要。堆放时应采取防风防雨措施，必要时设置围栏，并定时洒水防止扬尘，恶劣天气加篷覆盖。

出入料场的道路、施工便道及未铺装的道路应经常洒水，以减少粉尘污染。路基施工时应及时分层压实，并洒水降尘。粉状材料如水泥、石灰等应罐装或袋装，禁止散装运输，严禁运输途中扬尘、散落。堆放应有篷布遮盖。运至拌和场应尽快与黏土混合，减少堆放时间。土、砂、石料运输禁止超载，装运高度不得超过车厢板，并盖篷布，严禁沿途撒落。

③使用清洁能源

施工工作人员炊事和取暖灶等设施应设立在远离人群的地方，使用自带的燃油、液化气等清洁能源，禁止砍伐当地植物做燃料。

(2)营运期环境空气污染防治

从同类项目经验及环境空气质量影响预测分析可知，拟建公路对沿线地区环境空气质量影响较小，营运期可采取的技术为如下几个方面：

①路域植物选取植被在生态恢复具有良好效果的基础上，考虑植物抗污染性。

②加强道路管理及路面维修养护，使道路保持良好运营状态，减少塞车现象发生。

③积极推广使用无铅汽油，严格执行国家制定的尾气排放标准，加强车管执法力度，以减少尾气污染物排放。

④服务区内锅炉应根据实际需要选型，并应达标排放。

7.2 高寒生态脆弱区生态保护技术

7.2.1 植物资源保护技术

公路沿线的原生植被是在自然状态下长期演化的结果，在生态系统中是稳定的群落结构，对保持水土、改善环境、提供野生动物栖息地、维持自然界的生态平衡居于主导地位，具有重要生态作用。同时，原生植被又是展现区域自然特征和景观特色的重要元素，对打造原生态高速公路景观，实现公路主体工程与周围自然环境的和谐相融具有十分重要的意义。

果子沟高速公路沿线山地为中、高山森林草原带，林草丰茂，是优良的夏季牧场。海拔在 2150m 以下为山地草原，植被主要由狐茅、苔草、针茅、冰草、凤毛菊等类型组成。海拔在 2150 ~ 2400m 为山地草甸原与针叶林和中生灌丛混生，主要植被型有斗篷草、早熟禾、苔草、珠芽蓼、火绒草、老鹳草等。海拔在 2500 ~ 2900m 为高山草场类，以苔草和杂草为主。

在果子沟高速公路沿湖段公路建设过程中，势必会占用草原土地用于建筑路基。在占用过程中要对天然草地较好的区域挖出 15 ~ 20cm 的草皮，移植到取土场、边坡等裸露区域，用天然植被恢复公路建设中的扰动区域，并做好浇水养护，尽快恢复稳定的草本植被群落（见图 7-43），最大限度地保护公路沿线的生态环境。

a)

b)

图 7-43　草本植物保护

7.2.2 表土资源保护和利用技术

公路建设中开挖路堑、填筑路堤，就要取走或压埋表土，施工便道、施工营地、取弃土场等临时用地也会对表土资源产生较大的破坏。表土是长期积累形成的，极其重要的自然资源，是绿色植物赖以生长的基础，形成 1cm 厚的表土往往需要成千上万年。如果建设过程中，不注意保护表土，就会破坏表土资源，对植被繁衍和生态平衡极其不利。果子沟高速公路由于沿线气候寒冷、干燥，寒冬漫长，生长季短，表土有机质含量低，土壤资源十分宝贵。

果子沟高速公路在建设过程中认真贯彻我国关于“实行最严格的耕地保护制度”精神，在公路建设中进一步合理利用土地资源，引导集约用地，提高土地利用率，贯彻“以建设促保护”的表土资源保护新思路。根据国务院《土地复垦规定》和其他有关法律、法规，结合新疆实际情况，果子沟高速公路在项目立项时就明确提出在建设过程中要对高速公路沿线占用草场、山地表土进行剥离、再利用。在借鉴以往经验的基础上，将从草场剥离的表土回填至取、弃土场，从山地上剥离的表土作为客土进行绿化，在表土剥离和再利用方面进行了探索(见图7-44)。

a)

b)

图7-44　表土资源保护

(1)对拟实施表土剥离土地的设计

表土剥离是一项系统工程,由于地理位置的不同,需要对沿线的边坡开挖路线、取(弃)土场,尤其是对沿线拟占用的草地逐个进行地质勘察、地形测量,计算工程量。表土剥离时既要保证剥离的表土具有充足的肥力,还要将剥离的表土性状改变控制在最小范围内,尽量不改变土壤团粒结构,并在被剥离的表土堆放时间内,不发生新的水土流失。在进场之后、清表之前,应首先制订表土资源保护、剥离、存放及利用计划,根据现场情况确定表土剥离厚度。

(2)表土的剥离和存放

采用推土机、铲车等机械挖掘,进行表土剥离施工。一般厚度为20~40cm。将剥离的表土存储在预先确定的临时堆放地点,堆放高度一般不高于5m;为防止水土流失和土壤风化,堆放的表土应压实,有条件时可在土堆上加盖塑料薄膜以防止雨水冲刷。

(3)表土剥离要求

路基施工是表土资源的保护重点,在对路基实行第一次清表时,由于清场的范围是路基宽度范围,这一区域的表土资源要全部清除;表土清除数量大,要妥善予以保存,防止造成压埋和浪费。第二次清表时对于"环保绿线"范围的表土资源要结合植被资源保护,尽量连同地表植被一起保留在原地,减小对表土的扰动。

桥梁以及立交区、服务区施工减小作业面积,尽量保护土地及表土资源。能不扰动的坚决不要扰动,必须扰动的先剥离扰动区域的表土资源。

为减少表土存放时间,避免水土流失和表土资源浪费,加快植被恢复速度,建议实行公路主体工程与植被恢复工程同步施工。主体工程完成或施工占用结束的区域要立即覆盖上表土,迅速完成植被恢复,确保通车时大部分绿化区域的植被都有较长的生长、恢复过程,与周围自然植被群落比较接近。

(4)临时用地恢复

先对使用完毕的取(弃)土场、施工生产生活区等施工临时用地进行平整,尽量使地面高差不超过10cm;然后回填存放的表土,取、弃土场要求回填表土约40cm。同时,应考虑表土的沉降量,形成的地表坡度不超过20°为宜,以保证降水均匀分布而不积聚,能快速流掉多余的雨水,不至于出现新的水土流失。

(5)利用表土进行绿化

利用表土进行高速公路景观绿化,就是将表土从存放场运到需要绿化的地点,先对表土进行杂质清除和无害处理。边坡绿化防护时,使用60%~80%的表土和其他客土并掺入一定比例的肥料在搅拌设备内或人工充分搅拌均匀制成混合物,将混合物用液压喷播设备喷到预定的边坡区域或人工将混合物敷在边坡上。然后用喷播机将过渡性草种和其他乔、灌木种子喷到已喷表土的边坡上,盖上无纺布防雨水冲刷、保湿。

7.2.3 生态保护对策措施

(1)临时工程建设

①驻地建设

驻地选址应在所辖标段相对居中位置,上路距离近,与拌和场(站)相隔离而不远;驻地选址应尽量远离地表河流,减少对沿线水环境的影响;驻地尽量选在无自然植被的空地、台地,有植被的应做好驻地场地内原有植被的保护工作,减少公路建设对沿线植物资源的影响。

②混凝土拌和站建设

混凝土拌和站场地应该尽量选在既有道路路侧空地,减少项目建筑材料的运距。水泥混凝土拌和站应选在距离村庄较远(距离应 >300m)的地方,不得选在沿线村庄的夏季主导上风向;尽量远离河道等敏感水体,减少对水体水质的影响。设置拌和站应尽量避开植被生长情况较好的位置,减少对植物资源的影响。

采用较先进的设备和工艺,配备除尘设备,减少混凝土拌和中的粉尘;拌和站(场)区及附近运输道路应做好定时洒水降尘。合理安排粉状筑路材料的堆存点,材料堆放时应采取防风防雨措施,各类材料堆放位置间应分隔储存。河流水体、自然保护区、植被茂密区域的拌和站必须采用集中设置,禁止随意沿路分散设置;拌和站施工废水必须经三级沉淀处理后再排放。

③施工便道建设

施工便道尽量利用既有的道路;确需新建施工便道的要按照设计规定的施工便道路线和范围使用,不得擅自扩大施工便道的用地范围;尤其在农田、森林、灌丛、草原等植被茂密的区域避免新增施工便道;施工便道要绕避村庄等社会环境敏感点,避免对沿线居民造成不利影响。

施工便道建设应防止破坏沿线植被,同时要采取一定防治措施减少水土流失,尤其注意防止风蚀;在施工期间要做好定期洒水等抑尘措施,尤其在靠近沿线村庄路段,要加大洒水频次;利用旧路的施工便道应设置明显行车标志,划定行车范围,并根据交通流特点及时进行运输疏导和管理养护,协调好便道运输与道路保通的关系。

④临时占地的生态恢复

工程结束后,要对施工营地、混凝土拌和站、施工便道等临时工程建设用地及时恢复原状,做到人去场清。对自然条件较好、降雨相对丰富的区域,要对临时用地进行生态恢复,通过植草等办法修复公路建设中损坏的自然环境。

(2)路基施工

在气候土壤条件较好,植被比较茂密的森林或草原区域,清表采用资源节约、环境友好的方式,最大限度地保护植物资源和表土资源,凸显出路域自然景观特色。清表前施工单位需要划出主线填筑的行车道和路肩的征地区域,并对路线征地区域内的植物资源分布状况进行详细调查,按路段桩号分别列表指出;对主线路基填筑的行车道范围内的树木采取一次性砍伐;对土路肩及低缓边坡占地范围内的植物采取积极的保留措施,尽量按照乔木 > 灌木 > 草本 > 树桩的优先保护顺序进行合理保护利用;路基坡脚处对压埋较浅(30cm 以下)的灌丛予以保留,填方路基坡脚处遇到胸径 >8cm 的乔木且填方后压埋较深(30cm 以上),用砖、石砌筑树池予以保护;路基坡脚以外的所有植物资源(包括乔木、灌丛等)原则上要求全部保留,防止施工过程中造成人为扰动破坏。

对土壤条件较好、土层较厚的区域,在路基清表时要对表土资源进行剥离和收集,妥善储存,待路基填筑之后用于覆盖边坡、互通区、取(弃)土场等裸露场地,一方面保护和节约利用了珍贵的表土资源,同时为生态恢复创造了条件。

(3)排水与防护工程施工

①排水工程

施工中应特别注意边沟与涵洞洞口建筑的配合,连接应顺适、自然;边沟、排水沟边缘回填土应略高于沟顶并夯实，以利于排出地表水；施工中需要根据路基填筑后的地形特点、周边环境特征等确定合理的路面排水形式，避免生搬硬套传统的浆砌片石排水沟的设置，以达到节约造价和环境友好的效果。

在满足排水需求的情况下，尽可能采用浅碟式生态型排水边沟、宽浅自然式边沟或散排的形式。这种边沟有利于节约排水工程的建设投资，有较好的安全性；景观效果明显，建成后公路与排水沟能很好地融为一体。这类边沟生态恢复能力强，路面雨水散排后沟体内水分相对充足，能有效地促进植被自然恢复，生态效果好。

②防护工程

挖方路段的护坡、护面墙、挡土墙对视觉的影响较大，施工重点部位应精细，尤其对端部的处理，尽量做到与自然边坡或其他构造物的衔接自然平顺过渡，避免突兀与生硬；防护工程所采用的材料以当地石料为主，节约资源和投资，又与自然环境和谐；防护工程施工后的弃渣应集中堆放、集中清运，禁止随意丢弃在施工现场或公路路侧，影响运营安全和公路景观。

(4)取(弃)土场施工

①取土(料)场

取土(料)场尽量避开公路路域行车视线范围，减少取土(料)后形成不良公路行车景观；施工中严格按照设计文件中的取土(料)场设置位置进行开采，严禁随意开发新的取土(料)场。

取土(料)场开挖时需要考虑边坡的分级开挖；取土(料)场开挖后部分土石方如不能满足工程建设质量要求的，应集中堆放在取土(料)场一角，并做好碎石临时拦挡防护措施，禁止随意丢弃，避免发生水土流失、垮塌和影响景观。取土(料)场取土结束后应对场地进行平整处理，为后期自然恢复创造有利条件。

②弃土(渣)场

弃土(渣)场应充分考虑环保和水保要求，设置在距离本项目较近但不在线路视线范围内的、山间汇水面积比较小的沟谷中或台地上；弃土(渣)场的选址需要经过严格的规划勘测设计，不得擅自更改弃土(渣)场位置或随意变更其设计内容；自然保护区、环境敏感区、河道内禁止设置大的弃土(渣)场。

严格遵循"先挡后弃"的弃土原则，进行弃土场挡土墙设置，通常采用稳定性和整体性好的重力式浆砌片石挡渣墙，顶宽0.5m，外侧面竖直，内侧面采用台阶形式，坡比1:0.3，基础埋深>0.5m；挡渣墙顶设置马道，马道宽4m，墙顶以上堆渣按1:2.5起坡，当堆渣高度超过6m时，设二级马道，马道宽4m，以此类推；在弃土(渣)结束后，应及时对弃土(渣)场顶部和边坡采取平整、压实等场地整治工作，弃渣场顶部铺一层碎石后压实待自然恢复，有条件的地方可进行人工恢复。

(5)桥梁和隧道施工

①桥梁施工

在植被相对茂密的区域开展桥梁施工时，对桥头位置有高大树木、乔木林、灌丛等植物要重点予以保留，使之成为桥头位置的装饰和衬托，形成视觉亮点；桥梁施工中的预制场、混凝土拌和站、仓库等尽量设在路侧空地内，减少工程临时占地对沿线植物资源的破坏。

果子沟高速公路途经河流水体水质较好，是生产生活用水的源头；水资源十分珍贵，进行桥涵施工时要加强对沿线水体水质的保护，尽量不要扰动河岸现状，不改变现有河道过水情况，不改变过水断面形式。若需要采取全断面施工时必须设置足够大的导流渠，确保自然水体的连通性。桥梁桩基钻孔施工时，每组桥墩处应修建泥浆池1个，并设2个沉淀池(串联使用)，确保钻孔水能够循环利用。泥浆池周围设置良好的排水系统，用砂袋等做好围栏防护设置；施工过程中要及时对沉淀池清淤，清理后的泥浆须运往弃渣场晾晒，禁止泥浆随意排放，防止污染地表水环境。施工机械要定期维护，防止施工机械漏油，禁止机械运转过程中产生的油污水未经处理直接排放；或维修施工机械时油污水直接排放，防止污染附近自然水体。完成桥墩灌桩后，要及时清理、平整和掩埋泥浆池、沉淀池，对桥墩附近的施工废渣进行平整处理。

②隧道施工

隧道洞口开挖尽量减小破坏面积，周围有植被的要注意保护洞口周围的植被；尤其是高大乔木能保留的要千方百计保留，努力实现隧道自然进洞。没有植被的要使洞口的形式与周围的自然地形相协调。

隧道弃渣要选择合适的场地，防止压埋植被和堵塞河道。隧道施工中注意保护地下水系，防止引起地下水位的下降致使隧道上部植被因缺水而生长不良。隧道施工的废水往往含有有害物质，对洞口附近有河流、水体的隧道施工废水要经过沉淀处理，达标后才能排放到沿线河流水体，以免对水环境造成污染。根据施工中隧道出水情况进一步开展水资源的利用研究。

(6)环境敏感路段施工

环境敏感路段主要是指靠近自然保护区、敏感水体等的路段，这些区域施工环境保护是实现环境友好的关键。靠近保护区路段的施工要加强环境保护，努力降低对保护区生态环境和动植物的不利影响。保护区(包括核心区、缓冲区、试验区)内禁止设置取(弃)土场、施工营地、混凝土拌和站等临时工程；主体工程施工活动要严格限制在公路红线范围之内，严禁破坏红线范围以外的一草一木。对于有湿地、水域生态系统以及敏感水体分布的路段，施工中要加强对这些生态系统及敏感水体的保护。禁止在这些地段设置施工营地、混凝土拌和站，防止生活污水及施工废水进入敏感水体造成污染。尤其注意不要在这些区域设置弃土弃渣场，防止弃土弃渣破坏湿地、水域生态系统，避免挤压或堵塞河道污染敏感水体。

参考文献

[1] 中华人民共和国行业标准. JTG B01—2014 公路工程技术标准. 北京:人民交通出版社,2004.

[2] 中华人民共和国行业标准. JTG D20—2006 公路路线设计规范. 北京:人民交通出版社,2006.

[3] 中华人民共和国推荐性行业标准. JTG/T B05—2004 公路项目安全性评价指南. 北京:人民交通出版社,2004.

[4] 中华人民共和国行业标准. JTG D30—2004 公路路基设计规范. 北京:人民交通出版社,2004.

[5] 中华人民共和国行业标准. JTG D70—2004 公路隧道设计规范. 北京:人民交通出版社,2004.

[6] 中华人民共和国国家标准. GB 5768—1999 道路交通标志和标线. 北京:中国标准出版社,1999.

[7] 中华人民共和国行业标准. JTG D81—2006 公路交通安全设施设计技术规范. 北京:人民交通出版社,2006.

[8] 中华人民共和国推荐性行业标准. JTG/T D81—2006 公路交通安全设施设计技术细则. 北京:人民交通出版社,2006.

[9] 中华人民共和国推荐性行业标准. JTG/T D71—2004 公路隧道交通工程设计规范. 北京:人民交通出版社,2004.

[10] 中华人民共和国行业标准. JTG F60—2009 公路隧道施工技术规范. 北京:人民交通出版社,2009.

[11] AASHTO. Highway Safety Design and Operations Guide 1997.

[12] AASHTO. Roadside Design Guide 2002.

[13] AASHTO. A policy on Geometric Design of Highways and Streets.

[14] Austroads. Road Safety Audit (Second Edition 2002).

[15] ITA Working Group on Maintenance and Repair of underground Structures. Report on the damaging effects of water on tunnels during their working life[J]. Tunnelling and underground space technology, 1991, 6 (1):11-76.

[16] Ulrichs, Karl R., Avoidance of unfavourable influences on groundwater by long extended tunnels[A]. In: Serrano(Ed.), tunnel and water[C]. Balkema, Rotterdam, 1988: 341-350.

[17] Gunter Girnau. Water in construction[A]. In: Proceedings of the International Congress on Tunnels and Water[C]. Vol.3, Madrid/12~15, June 1998, 1181-1187.

[18] Russell, Herry A., Brian, P. E., Iske, J. The control of groundwater in underground strucures[C]. North American tunnelling'00, 2000: 589-597.

[19] Lunardi, P. Action to reduce the hydrogeological impact produced by underground works[C]. In: Tseuscher, P., Colombu, A. (Eds.), Proceeding of the AITES-ITA 2001 World Tunnel Congress, Milan, Italy, 2001, Progress in Tunnelling after 2000, Scientific Committee, 2001: 509-515.

[20] C. O. Aksoy. Chemical injection application at tunnel service shaft to prevent ground settlement induced by groundwater drainage: A case study[J]. Int J Rock Mech Mining Sci(2007), doi: 10.1016/j.ijrmms.2007.06.005: 1-8.

[21] Louis C. Rock hydaulics in rock Mechanics[M]. Muller L New York Vorlay Wien, 1974.
[22] Snow D. T. Rock fracture spacing opening and porosity[J]. Soil mech found divproc ASCE, 1968, 94: 73-91.
[23] Gale G. E. The effects of fracture type(induced versus natural) on the stress fracture closure permeability relationships[A]. In proc 23th symp on rock mech, Berkeley, Califonia, 1982.
[24] Kranz R. L. etc. The permeability of whole and jointed Barren granite[A]. int J rock min sci&Geomech Abtr, 1979, 16(4): 225-234.
[25] Jin Yoshimura, et al Design for frost prevention in road tunnels: Simplified design method for insulator between the outer and inner linings. Proc. of the int. Congress on tunnel and Underground Works Today and Future, Sept, 1990.
[26] I. Masters, W. K. S. Pao and R. W. Lewis. Couplint temperature to a double-porosity model of deformable porous media [J]. International Journal for Numerical Methods in Engineering, 2000,(49).
[27] J. Klein. Finite element method for time-dependent problems of frozen soils [J]. Int. J. for Numerical and Analytical Methods in Geomechanics.
[28] 2008. 6. L. Dunaszegi. "HPC for Durability of Confede-ration Bridge". HPC Bridge Views, 1995,(05).
[29] Proposed Recommendation on Durability Design for Concrete Structure, JSCE, Concrete Library of JSCE, No. 14, March 1990.
[30] 隧道水荷载的静力计算[J]. 水利学报. 1981,(05).
[31] 王建宇，胡元芳. 对岩石隧道衬砌结构防水问题的讨论[J]. 现代隧道技术,2001,(01).
[32] 蒋忠信. 深埋岩溶隧道水压力的预测与防治[J]. 铁道工程学报,2005,(06).
[33] 苏会锋，秦忠诚，席健. 山岭隧道"控制排水"原则下的围岩注浆[J]. 公路,2006,(10).
[34] 王建秀，杨立中，何静. 深埋隧道衬砌水荷载计算的基本理论[J]. 岩石力学与工程学报,2002,(09).
[35] 周乐凡. 考虑外水荷载作用的铁路隧道衬砌结构设计研究[D]. 北京：铁道部科学研究院,2003.
[36] 姜安龙，郭云英. 隧道衬砌外水压力计算方法研究[J]. 南昌航空工业学院学报(自然科学版),2006,(04).
[37] 王秀英，王梦恕，张弥. 计算隧道排水量及衬砌外水压力的一种简化方法[J]. 北方交通大学学报,2004,(01).
[38] 王建秀，杨立中，何静. 深埋隧道外水压力计算的解析——数值法[J]. 水文地质工程地质,2002,(03).
[39] 王建宇. 再谈隧道衬砌水压力[J]. 现代隧道技术,2003,(03).
[40] 张有天. 岩石隧道衬砌外水压力问题的讨论[J]. 现代隧道技术,2003,(03).
[41] 高新强，仇文革. 隧道衬砌外水压力计算方法研究现状与进展[J]. 铁道工程学报,2004,(04).
[42] 庄宁，阚二林，邓明镜. 隧道衬砌外水压力确定的渗流场——应力场耦合模型研究[J]. 中南公路工程,2007,(01).
[43] 吴顺华. 水文地球化学方法确定隧道外水压力研究[硕士论文][D]，南京:河海大学,2005.
[44] 张宇，万晓燕，陈礼伟. 圆梁山隧道溶洞地段抗水压衬砌结构试验分析[J]. 中国铁道科学,2006,(04).
[45] 潘建明. 高水压山岭隧道衬砌水压力有限元分析方法[J]. 长沙铁道学院学报(社会科学版),2006,(03).
[46] 付钢，王磊. 高压富水地层中隧道衬砌结构设计方法探讨[J]. 地下空间与工程学报,2007,(02).
[47] 王伟，苗德海. 高水压富水山岭隧道设计浅谈及工程实例[J]. 现代隧道技术,2007,(05).
[48] 陈五二. 基于有限单元法的隧道抗水压衬砌结构设计[J]. 铁道工程学报,2007,(07).

[49] 陈永彰. 隧道设计中外水压力取值的探讨[J]. 东北水利水电,2004,(03).
[50] 高新强，仇文革，高扬. 山岭隧道突水对衬砌结构受力影响数值分析[J]. 中国铁道科学,2004,(06).
[51] 高新强，仇文革，高扬. 山岭隧道高水压下衬砌结构三维数值模拟[J]. 中国铁道科学,2005,(02).
[52] 高新强，仇文革，高扬. 山岭隧道高水压下衬砌结构平面数值分析[J]. 岩土力学,2005,(03).
[53] 高新强，仇文革. 深埋单线铁路隧道衬砌高水压分界值研究[J]. 岩土力学,2005,(10).
[54] 王志，熊礼鹏. 浅谈隧道衬砌水荷载问题[J]. 城市道桥与防洪,2005,(05).
[55] 吴治生. 不同地质边界条件岩溶隧道涌水量预测及展望[J]. 铁道工程学报,2007,(11).
[56] 刘仁阳. 大风垭口隧道特大土石流及涌水处治[J]. 公路,2006,(5).
[57] 张全胜,等. 寒区隧道围岩变形机理分析初探[J]. 岩土力学,2007,28(2).
[58] 余积新. 梨树湾隧道岩溶涌水的处理[J]. 铁道建筑,2005,(7).
[59] 秦仁佩,等. 明月山特长隧道涌水突泥综合处理技术[J]. 成都:现代隧道技术第 44 卷第 6 期,2007.
[60] 刘丹,等. 秦岭特长隧道涌水量的预测研究[J]. 煤天地质与勘探,2005,33(1).
[61] 王建秀,等. 隧道涌水量的预测及工程应用[J]. 岩石力学与工程学报,2004,23(7).
[62] 王全胜,等. 铁峰山 2 号隧道涌水段施工技术[J]. 公路,2006,(2).
[63] 苏会锋,等. 武隆隧道涌水治理与支护体系稳定性分析[J]. 铁道建筑,2006,(6).
[64] 何发亮,等. 岩体温度法隧道施工掌子面前方涌水预测预报探讨[J]. 现代隧道技术,2007,44(2).
[65] 张民庆,等. 宜万铁路别岩槽隧道 F3 断层突发性涌水治理[J]. 铁道工程学报,2006,(1).
[66] 聂振平. 富水浅埋隧道断层破碎带拱顶下沉处理技术[J]. 西部探矿工程,2003,(10).
[67] 刘益勇,等. 歌乐山隧道岩溶富水区帷幕注浆设计[J]. 铁道标准设计,2003.
[68] 刘建国,等. 华蓥山隧道特大涌水突泥的综合治理[J]. 公路,2003,(10).
[69] 姚云晓. 青山隧道渗涌水原因分析及治理措施[J]. 岩土工程界,2004,7(10).
[70] 邹振华. 全断面帷幕注浆堵水在歌乐山隧道施工中的应用[J]. 现代隧道技术,2003,40(1).
[71] 陈良旺. 松南隧道涌水地段的综合整治[J]. 铁道标准设计,2002.
[72] 平树江,等. 隧道超前小导管注浆工艺的质量控制[J]. 山东交通科技,2004.
[73] 陈仕猛,等. 隧道帷幕注浆堵水施工技术[J]. 西部探矿工程,2003,(6).
[74] 王全胜,等. 圆梁山隧道全断面注浆技术[J]. 铁道建筑,2004,(8).
[75] 顾志刚. 圆梁山铁路隧道预注浆设计[J]. 水利水电科技进展,2002,22(5).
[76] 蒋树屏. 我国公路隧道建设技术的现状及展望[A]//国际隧道研讨会暨公路建设技术交流大会论文集[C]. 北京:人民交通出版社,2002.
[77] 夏才初,李永胜. 地下工程测试理论与监测技术[M]. 上海:同济大学出版社,1998.
[78] 吕康成. 隧道工程试验检测技术[M]. 北京:人民交通出版社,2000.
[79] 李晓红. 隧道新奥法及其测量技术[M]. 北京:科学技术出版社,2002.
[80] 郑颖人. 地下工程锚喷支护指南[M]. 北京:中国铁道出版社,1998.
[81] 李志业,王明年,翁汉民. 大跨度公路隧道结构模型试验研究[J]. 铁道学报,1996 .
[82] 杨彦民. 高寒区大坂山公路隧道设计[A]//国际隧道研讨会暨公路建设技术交流大会论文集[J]. 北京:人民交通出版社,2002.
[83] 潘建立. 厦门翔安海底隧道防水工程关键施工技术[J]. 新型建筑材料,2010.
[84] Danny. 关于对 HDPE 防水卷材与 EVA 防水材料应用在隧道防水中的优劣对比研究[J]. 中国建材科技,2010.
[85] 王晓琼. 隧道防水体系施工技术[J]. 山东交通科技,2009.
[86] 唐光文. 某高速公路隧道防水技术与施工工艺[J]. 广东科技,2009.
[87] 李成跃. 公路隧道防水技术中关键防线的探讨[J]. 公路交通技术,2008.
[88] 王永忠. 冻土地区隧道防水技术[J]. 公路交通科技,2008.